우리는
독점기업시대에
살고 있다

우리는 독점 기업 시대에 살고 있다

아마존부터 교도소까지, 대기업 권력 시대의 삶

데이비드 데이엔 지음 유강은 옮김

일러두기
각주 중 저자 본인이 단 주는 원주로 표기했고, 옮긴이주는 따로 표기 없이 실었다.

이 책은 실로 꿰매어 제본하는 정통적인 사철 방식으로 만들어졌습니다.
사철 방식으로 제본된 책은 오랫동안 보관해도 손상되지 않습니다.

누구든지 어떤 식으로든 독점을 행사하려 해서는 안 되며 ……
어느 누구든 감히 독점을 행사하려고 하면, 그의 재산을 몰수하고
영원히 추방할지어다.

— 동로마제국 황제 제논이
콘스탄티노플 근위대장에게 보낸 편지, 서기 483년

어느 누구도 그 모든 권력을 가져서는 안 돼.

— 카니예 웨스트, 『파워Power』, 서기 2010년

차례

서론
우리는 독점 기업 시대에 살고 있다

2019년 4월 15일, 세일즈포스닷컴Salesforce.com은 세일즈포스닷오그Salesforce.org를 3억 달러에 매입한다고 발표했다.

무슨 말인지 이해가 가지 않는다면 보충 설명을 해보겠다.

세일즈포스라는 이름의 이 회사는 〈고객 관계 관리〉 소프트웨어를 만든다. 회사는 판매 현황을 추적하고 향후 판매를 전망한다. 마치 스프레드시트를 공유하는 것처럼 보이지만, 나는 이 소프트웨어가 대단히 혁신적인 제품임을 확실히 안다. 어쨌든 어느 순간 세일즈포스는 독자적인 박애 부문을 분리했다. 멋대가리 없이 세일즈포스닷오그라는 이름이 붙은 이 사업단은 비영리단체와 교육 단체에 소액으로, 또는 한 푼도 받지 않고 소프트웨어를 제공한다. 사람들은 저렴한 물건을 좋아하게 마련이라 이 사업은 급격히 인기를 얻었다. 워낙 성공을 거두자 세일즈포스는 이 사업단을 매입하기로 결정했다.

매입을 발표하는 자리에서 세일즈포스는 이번 거래로 수입이 2억 달리 증가할 것이라고 자랑했다. 세일즈포스닷오그는 계속해서 비영리단체에 소프트웨어를 공급할 것이다. 단지 세일즈포스의 사업 부문으로 바뀔 뿐이다. 물론 만약 일부 고객에게 핵심 제품을 할인 가격에 내주면 이익률이 줄어든다. 처음에 세일즈포스닷오그가 분리된 것도 아마 그런 이유 때문일 테다. 화상회의에 참석한 세일즈포스 최고재무관리자(CFO) 마크 호킨스는 세일즈포스닷오그도 〈시간이 흐르면 우리 회사의 전반적인 영업이익률을 따라잡을 것〉이라고 애널리스트들을 안심시켰다. 세일즈포스닷오그가 비영리단체에 대해 공급가를 대폭 인상하거나 〈운영상 중복되는 조직의 군살빼기〉에 나설 것이라는 말을 일부러 복잡하게 말하는 것이다. 또한 〈군살빼기〉란 표현 역시 일자리를 감축하겠다는 말을 일부러 에둘러 하는 것이다.

요점은 이런 것이다. 기업 거래 추적을 전문으로 하는 크런치베이스에 따르면, 2006년 이래 60건의 인수를 수행한 세일즈포스는 성장에 굶주렸거나 월 스트리트를 만족시키려고 안달이 난 터라 자기 자신을 매입하기 시작했다. 그리고 이런 현상이 하나의 추세처럼 느껴지지 않는다면, 굳이 이 이야기를 꺼내지 않을 것이다. 세일즈포스/세일즈포스 인수가 진행되고 일주일 만에 익스피디아 그룹은 리버티 익스피디아 홀딩스를 사들였다. 이로써 일찍이 1990년대부터 배리 딜러와 존 말론에게 별도의 주주 집단을 만들어 준 거래가 바뀌었다. 부유한 두 산업 자본가는 각자의 제국을 거느리면서 지난 20년 동안 적수들을 주워 담아 온 온라인 여행사인 익스피디아에 대해 서로 별도로 소유권을 갖고 있다. 익스피디아는 한때

마이크로소프트의 일부였다가 딜러 회사의 소유가 되었고, 그다음에는 독립적인 기업이 됐지만 딜러가 여전히 관여했다. 지금 익스피디아는 자기 자신을 사들이는 중이다. 상황을 간단하게 정리하는 것이다.

지금 우리는 기업이 스스로를 매입하는 것이 서로 상대방을 매입하는 상황을 막는 유일한 안전장치가 되는 시대에 살고 있다. 황당하게 들리지만 우리 시대는 그만큼 황당하다.

자본주의 경제 체제는 당신이 그 가치를 어떻게 평가하든 간에 경쟁에 의존한다. 가장 좋은 경우에 경쟁은 기업들을 정직하게 만들고, 비용을 제한하며, 고용 기반을 확대하고, 혁신의 씨앗을 뿌리며, 생산성의 결실을 널리 퍼뜨리고, 사회의 모든 성원이 자기 재능을 활용해서 생계를 유지할 기회를 제공한다. 경쟁은 경제를 보호하고, 가능성을 제공하며, 민주주의가 번성하게 해준다. 어떤 한 기업도 권력의 회랑을 장악할 만큼 충분히 몸집을 키우지 못하기 때문이다. 적어도 이론상으로는 그러하며, 역사적 증거도 이를 뒷받침한다. 미국인 전체가 번영을 공유한 최고의 순간은 탄탄한 경쟁의 시대와 일치하는데, 이 시대에는 정부가 임명한 수호자들이 시장을 장악하려는 시도를 공격했다.

이런 공격은 40년 넘게 중단된 상태다. 정부는 경쟁의 수호자라는 지위를 포기했다. 그 결과, 우리는 이 독점의 시대, 금권 정치인들의 시대, 중산층이 절망에 빠지고 번영으로 오르는 사다리가 부러진 이 시대에서 분투하고 있다. 오늘날 소수의 기업이 점점 더 대부분의 경제 부문을 장악해 가고 있고, 이 사실이야말로 미국이 직면한 거의 모든 도전을 설명하는 데 도움이 된다.

이 책에서 나는 이런 연관성을 설명하고자 한다. 하지만 우리는 또한 반대자, 즉 여전히 지배적인 반독점 학자와 대학교수, 정책 결정권자 집단에도 말을 걸어야 한다. 그들은 세계를 바라보면서도 경제력 집중 문제에 관심을 기울일 필요가 없다고 생각한다. 나는 그 사람들이 모이는 학술회의에 참석해서 그들의 발언을 들었고 그들이 쓴 논문을 읽었다. 그리고 학계의 반박도 읽었다. 2018년, 연구자들은 지난 20년에 걸쳐 전체 산업의 75퍼센트에서 집중이 증대했음을 발견했다. 오바마 정부 백악관의 경제자문위원회도 2016년에 비슷하게 체계적으로 집중이 증대하는 현상을 목도했다.

독점 증대를 부정하는 사람들에게 하고 싶은 조언은 밖에 나가 보라는 것이다. 수많은 독점 기업이 우리 삶의 움직임 하나하나를 에워싸고 있음을 확인하기는 어렵지 않다(기억할 점 하나. 여기서 사용하는 〈독점 기업monopoly〉이라는 용어는 대단히 집중된 산업에서 시장 점유율이 상당히 높은 기업을 가리킨다. 〈과점 기업oligopoly〉이나 〈대기업large company〉이라고 말해도 되지만 편의상 〈독점 기업〉이면 충분하다).

일부 독점 기업은 누구나 알아볼 수 있다. 주요 항공사가 4개이고, 주요 상업은행도 4개, 주요 유무선, 인터넷 통신사도 4개다. 인터넷 검색은 한 기업이 거의 장악하고 있고, 소셜 미디어도 한 기업의 손아귀에 있으며, 전체 전자 상거래의 절반 정도를 한 기업이 좌우한다. 한줌의 기업들이 식품과 농산물 생산, 미디어, 군사 장비, 의료 기기, 지역 병원 운영 등을 사실상 모두 지배한다. 정치권의 논의에서는 〈대규모 제약 회사〉나 〈거대 정유사〉 같은 문구가 어디에나 등장한다. 거의 모든 주에서 상위 3개 의료보험사가 시장의 80퍼센트 이상을 점유하고 있다.

다른 독점 기업들에 대해서는 일종의 암호 해독 반지가 필요하다. 존 카펜터 감독의 1988년 B급 SF 고전 영화 「화성인 지구 정복They Live」에서 주인공이 쓰는 선글라스 같은 것이라고 보면 된다.[1] 카펜터 자신이 이 영화는 레이건 시대에 무제한의 자유를 누리는 자본주의를 그린 우화라고 말한 바 있다. 선글라스를 쓰면 세계의 추악한 본질이 눈에 들어온다. 정치, 경제의 엘리트들은 사실 피부가 없고 눈이 튀어나온 외계인이며, 광고에는 신민들은 순순히 따르고 소비하고 복종하라고 요구하는, 무의식을 건드리는 진한 글씨체 문장이 들어 있다. 라우디 로디 파이퍼와 키스 데이비드가 닥치는 대로 주먹다짐을 하는 6분짜리 장면도 놀랍지만, 지금으로서는 중요한 게 아니다.

선글라스를 쓰고 암호를 해독하면, 독점 기업들이 보인다. 미국인의 삶 곳곳을 지배하는 우스꽝스러운 독점 기업들이. 적당한 미혼 남녀를 소개해 주는 데이트 앱이 넘쳐나는 듯 보이지만, 거의 모두 한 회사가 소유하고 있다. 매치 그룹의 포트폴리오에는 틴더, 오케이큐피드, 매치닷컴, 힌지를 비롯해 40개의 사이트가 들어 있다. 매치 그룹 자체는 앞서 언급한 배리 딜러가 소유한 인터액티브코프라는 대기업의 계열사다. 매치 그룹에 속하지 않는 유일한 대형 데이트 사이트인 범블은 2019년 11월 세계 최대의 사모펀드 기업인

---

[1] 주인공이 주운 이 선글라스를 쓰면 해골 모양의 외계인이 보인다.

블랙스톤이 사들였다. 어쩌면 당신은 미국 각지에 있는 스키장에서 스키 타는 걸 즐길지 모른다. 알고 보니 대규모 스키장은 대부분 두 기업이 소유하고 있다. 매년 북미 전역에서 1800만 스키 동호인이 알테라(사모펀드 기업 KSL의 계열사)와 베일의 스키장을 이용한다. 당신은 분명 옷걸이에 관해 별로 생각해 본 적이 없겠지만, 옷걸이 산업은 20년 넘도록 독점 상태다. 처음에는 타이코 인터내셔널의 계열사가 장악했는데, 2006년 이후에는 마이네티라는 이탈리아 회사가 인수했다.

멀티플렉스 극장을 가면 온갖 장르와 스타일의 영화를 볼 수 있지만, 2019년 디즈니는 박스오피스 전체 수익의 40퍼센트 정도를 벌어들였다. 디즈니는 기존 제국과 나란히 마블과 루카스필름, 21세기폭스의 자산을 장악하고 있다. 하비 와인스타인이 결국 성폭력 가해자로 폭로된 것은 그의 권력(그는 자신이 소유한 미라맥스가 디즈니의 계열사이던 1990년대 말에 오스카 수상작 시장을 독점했다)이 기울기 시작해서 그를 추적하는 게 더 안전해졌기 때문이다. 오늘날 엔터테인먼트 산업이 통합된 결과로 어떤 참사가 일어날지는 아직 알지 못한다.

아무 슈퍼마켓에나 가서 통로마다 쌓여 있는 갖가지 취향의 수많은 제품이 자본주의의 영광을 펼쳐 보이는 모습을 보라. 네슬레부터 유니레버, 펩시에 이르기까지 대부분 소수 대기업이 만든 제품이다. 재미 삼아 게임을 하나 해보자. 동네에 있는 슈퍼마켓의 아무 통로나 골라서 죽 늘어선 모든 제품의 뒷면을 살펴보라. 나는 우리 동네에 있는 랠프스에 가서 해봤다(랠프스는 크로거의 계열사다.

크로거의 다른 계열사로는 프레드마이어, 딜런스, 푸드포레스, 마리아노, 해리스 티터 등이 있다). 아마 수많은 땅콩버터 상표가 보이겠지만, 거의 모두 세 기업에서 만든 것이다. 젤리도 많이 보이겠지만, 전부 세 기업에서 나온 것이다. 숱하게 많은 치약은 어떨까? 두 기업, 즉 프록터앤갬블과 콜게이트-팜올리브 제품이다. 건강에 좋다는 온갖 상표가 속을 더부룩하게 만드는 기존 제품과 대결하고 있을까? 네이키드주스는 펩시 제품이고, 건강 스낵바 라라바는 제너럴 밀스에서 나오며, 유기농 통밀 시리얼 카시는 켈로그 계열, 유기농 생활용품 업체 세븐스 제너레이션은 유니레버 계열이고, 블루보틀 커피는 네슬레 제품이다. 그 덕분에 기존 업체들이 소생하고 있다. 2018년의 한 헤드라인 기사는 상황을 이렇게 요약한다. 〈요거트는 쿨하고, 기업 거래 논의가 열기를 더해 간다.〉 사람들이 원하는 게 무엇이든 간에 대기업들은 신생 기업에 현금 뭉치를 쏟아부어 사들이는 식으로 대응한다.

선글라스를 쓰면 마지막으로 선글라스 시장을 장악한 독점 기업이 뚜렷하게 보인다. 미국에 있는 안경점 체인 — 펄 비전, 선글라스 헛, 타깃, 렌즈크래프터 — 은 거의 모두가 룩소티카라는 이탈리아 기업이 소유주인데, 룩소티카는 또한 레이밴, 보그, 프라다, 샤넬, 코치를 비롯한 수십 개 브랜드의 안경테를 만든다. 2018년, 세계 시장의 절반을 지배하는 프랑스 렌즈 제조업체 에실로가 룩소티카와 합병해서 연간 10억 개가 넘는 렌즈와 안경테를 공급하는 초거대 기업이 탄생했다. 2019년, 에실로룩소티카는 포아이즈를 비롯한 여러 소매업체를 소유한 네덜란드 기업인 그랜드비전을 사들였다. 그야말로 세계적인 안경 독점 기업이다.

숨은 독점 기업들의 이름만 나열해도 이 책을 충분히 채울 수 있지만, 출판사가 달갑게 여기지 않을 터. 전국적 업체인 스테이플스와 에센던트가 합병하자 사무용품 도매 독점 기업이 탄생했다. 생리대 부문도 독점 기업이 있어서 세 기업이 시장 점유율의 92퍼센트 정도를 흡수한다. 한 사모펀드 기업이 인기 서체인 타임스 뉴 로먼과 헬베티카를 소유한 기업을 사들인 뒤로 서체에도 독점 기업이 존재한다. 마니슈비츠가 수많은 코셔[2] 식품을 공급하는 대기업과 합병한 뒤 맛초[3]도 독점 기업 차지다.

오늘날 언론은 믿을 수 없을 정도로 빅 테크, 즉 거대 정보 기술 기업들에 흠뻑 빠져 있는데, 이 기업들은 커다란 위협 세력이다. 우리의 사생활을 침해하고, 우리의 관심사를 왜곡시키며, 그릇된 정보를 전달하는 통로 역할을 하고, 신생 기업을 짓밟기 때문이다. 조너선 태플린의 『재빨리 움직여서 무엇이든 파괴하라*Move Fast and Break Things*』에서 프랭클린 포어의 『생각을 빼앗긴 세계*World Without Mind*』에 이르기까지 거대 기술 기업에 관한 책이 쏟아져 나오고 있다. 다 좋은 책들이고 필독서다. 빅 테크에 관해서는 나도 나중에 책을 쓸 생각이다. 하지만 이 말은 믿어 달라. 당장 내일 페이스북과 구글, 애플과 아마존을 해체한다고 해도 미국의 독점 기업 문제는 여전히 심각할 것이다. 오늘날 현대 자본주의의 구조는 독점 기업에 유리하다. 정부가 독점을 방지하기 위해 행동을 하지 않기 때문

2 kosher. 유대교 율법에 따라 만든 음식.
3 matzo. 유대인들이 유월절에 먹는 전통 빵.

이다. 페이스북 초기 투자자이자 페이팔 공동 설립자로 당대의 내로라하는 독점 기업가인 피터 틸은 한 시대를 요약하는 말을 남겼다. 〈경쟁은 루저들이나 하는 짓이다.〉

미국은 풍요를 공유하는 나라와 약탈적 독점 기업들이 넘쳐나는 나라 사이를 습관적으로 오갔다. 영국 지배 아래 뉴잉글랜드에서 살던 시민들은 1773년 차조례Tea Act로 동인도 회사가 식민지에서 수요가 많은 홍차 판매권을 완전히 장악하자 보스턴 항구에서 차 상자를 바다로 던져 버리면서 반발했다. 요컨대, 보스턴 차 사건은 독점에 반대하는 폭동이었다. 그리고 우리는 미국 역사 내내 여러 차례 불만이 들끓는 광경을 목도했다. 우리의 삶을 독점 기업이 통합하고 통제하는 데 반발하는 움직임이었다. 상품 수송이 독점되자 농민이 주도하는 그레인저Granger(농민 공제 조합원) 운동이 촉발되었고, 공장 노동이 독점되자 노동 운동의 불길이 일었으며, 경제 곳곳에서 트러스트가 생기자 혁신주의 시대가 시작되고 시장 권력에 맞서 싸우는 데 필요한 정부의 도구가 만들어졌다. 그러나 오늘날 독점과 저항의 밀고 당기기라는 주제는 우리에게 가장 중요한 논쟁과 대화의 주변부에만 존재한다.

지금 우리는 이런 진자 운동에서 특히 불안정한 극단에 서 있다. 미국의 240년 역사상 좀처럼 가본 적이 없는 한쪽 끝이다. 가히 제2의 도금 시대[4]라 할 만하다. 그리고 만약 이런 사실에 대해 고마워

할 한 사람을 꼽아야 한다면, 도널드 트럼프를 백악관에 앉혀 준 대통령 선거 다음 날인 2016년 11월 9일에 나를 내려다본 바로 그 사람이다.

당시 나는 힐러리 클린턴의 모교인 예일 대학교 로스쿨에 있었다. 압류 소송 수업에서 내 전작인 『권리의 사슬 Chain of Title』에 관해 이야기를 하고 나서 미국헌법협회 지부에서 오찬 강연을 하는 일정이었다. 강의실 토론은 좋았지만, 예일 로스쿨 학생들은 선거 결과에 크게 심란해진 탓에 나하고 실없는 대화를 나눌 상황이 아니었다. 점심용 샌드위치가 그대로 남아 있었기 때문에 섭외자와 나는 강연이 예정돼 있는 이 거대한 텅 빈 대강의실로 내려가서 먹기로 했다. 조금 의기소침해서 위를 올려다보니 예일 대학교 로스쿨의 전설적인 교수들 중 한 명을 그린 육중한 초상화가 눈에 들어왔다. 노란 장막과 묵직한 법률 서적이 꽂힌 책꽂이 앞에 앉은 교수는 아미시 같은 수염을 자랑스럽게 기른 모습이었다. 로버트 보크 교수였다.

대중의 의식 속에 남아 있는 보크의 모습이라면 대법관 후보로 지명됐다가 결국 임명되지 못한 인물이다. 사실 로버트 보크는 평생의 판결에서 쌓은 업적보다 법원 밖에서 훨씬 더 많은 성과를 이루었다. 총 한 발 쏘지 않고 법률 분야 전체를 항복하게 만든 것이다.

보크가 1978년 소책자 『반독점의 역설 The Antitrust Paradox』에서

---

4 미국 역사에서 도금 시대는 남북전쟁이 끝나고 급속한 경제 성장을 이룬 1870~1900년을 가리키는 표현이다. 도시화와 이민 유입이 고조된 한편 독점 대기업이 등장하면서 불평등도 심해진 시기다.

정리한 사고는 그의 저술과 시카고 대학교의 일군의 학자들의 저술을 통해 20여 년간 이어졌다(이 개념들은 종종 시카고학파 경제학으로 간주된다). 하지만 보크가 이 책을 발표한 때는 민주당이 뉴딜의 틀을 포기하고 공화당이 대기업 보수주의를 중심으로 똘똘 뭉치던 순간이었다. 책이 나오고 몇 년 만에 로널드 레이건이 선거에서 승리해 보크의 이론을 실천에 옮겼다. 그다음은 역사가 보여 주는 대로 흘러갔다.

『반독점의 역설』에서 보크는 독점에 대항하기 위해 흔히 쓰이는 주요 법률인 셔먼 반독점법Sherman Antitrust Act을 재해석했다. 그러면서 셔먼법은 시장 권력에 대항하기 위한 법 집행 구조가 아니라 〈소비자 복지〉를 위한 안전판에 지나지 않는다고 주장했다. 보크에게 소비자 복지란 사실상 가격 인하를 의미했다. 따라서 합병의 결과로 만들어지는 사업체가 효율성이 높아져서 가격을 인하하면서도 수익을 벌어들일 수 있다면, 그 합병은 승인되어야 했다. 그리고 그가 보기에 규모가 커지면 대체로 효율이 향상되었다. 이런 주장은 완전히 순환 논법이다. 독점을 우려하는 이들에 대해서는 훨씬 단순한 이론을 내놓았다. 지배적인 기존 기업이 권력을 남용하면(여기서 권력 남용이란 가격 인상을 의미한다. 보크의 사고 틀에서는 가격 인상을 넘어선 어떤 남용도 상상할 수 없기 때문이다), 언제든지 자연스럽게 경쟁자들이 생겨나서 앞다퉈 그 피해를 메울 것이다. 책 제목에 붙은 〈역설〉이란 반독점법을 시행하면 소비자들의 형편이 나빠진다는 말이었다. 따라서 기업 집중은 미국에 아무 문제도 되지 않았다. 오히려 집중은 커다란 이득을 주었다. 오늘날 현

상태를 지지하는 이들에게서도 이런 태도가 여전히 눈에 띈다. 월마트에 가면 8달러에 10켤레짜리 양말을 살 수 있다면서 가능한 모든 세계에서 지금이 최상의 세계라고 선언한다. 독점은 좋은 것이고, 경쟁은 루저들이나 하는 짓이다. 로버트 보크만이 아니라 누구나 그렇게 말한다.

하지만 보크의 협소한 정의에 따르더라도 어떤 주장도 타당하지 않다. 합병을 하면 기업의 생산성이 향상된다는 실질적인 증거는 전혀 없다. 생산성이야말로 효율성에서 〈효율적인〉 부분일 텐데 말이다. 노스이스턴 대학교 경제학과 교수인 존 쿼카는 2015년에 새로운 아이디어를 내서 승인된 합병을 돌아보면서 산술적 계산을 했다. 그가 연구한 46건의 합병 가운데 38건이 가격 인상으로 귀결되었다. 평균 7.29퍼센트 인상이었다. 「누군가 제 연구가 합병 찬성론의 심장에 말뚝을 박는 행위라고 묘사했지요.」 쿼카에게 들은 말이다. 「제 연구는 시카고학파에서 내세우는 조건대로 대결해서 그 이론이 오류라고 설명합니다.」 2018년 얀 더 로커, 얀 에쿠트, 가브리엘 웅거 등이 발표한 논문에서도 비슷한 추세가 발견되었다. 『반독점의 역설』이 출간되고 불과 2년 뒤인 1980년 무렵부터 이윤폭 markup(이윤profit의 다른 표현)이 증가하기 시작한 것이다.

타이밍이 절묘하다. 왜냐하면 레이건이 백악관에 입성한 지 1년 뒤인 1982년에 반독점법 시행 책임자인 빌 백스터가 합병 검토에 활용되는 법무부 지침을 시카고학파의 이론에 맞춰 개정했기 때문이다. 백스터는 공식 심사를 필요로 하는 합병 유형을 대폭 축소하는 한편, 면밀히 조사한 합병의 승인 여부를 결정하기 위한 핵심 연구 주제로 효율성을 우선순위에 두었다. 백스터의 결정이 기업 집중이 맹위를 떨치게 된 유일한 이유는 아니었고 ─ 법원 판결에서 『반독점의 역설』을 직접 인용하기 시작함에 따라 보크와 시카고학파의 영향력은 사법부에도 미쳤다 ─ 셔먼법은 토씨 하나도 바뀌지 않았지만, 반독점 지침이 변경되자 공식 정책에 변화가 생겼다. 독점 시대의 역사 기록자로 손꼽히는 열린 시장 연구소Open Markets Institute의 배리 린은 내게 이렇게 말했다. 「미국 경제는 1978년에 비해 몰라보게 달라졌습니다. 완전히 혁명이 일어나고 있는 겁니다.」

이제 반독점법은 오로지 경제학이라는 부정확한 학문을 통해서만 이해되었고, 부유한 대기업들은 어떤 합병에서도 효율성이 대폭 증대했음을 보여 주는 도표를 만들 수 있는 사람을 찾아냈다. 덩치가 클수록 좋고, 합병을 하면 기업이 부유해지며, 인수를 통한 성장이야말로 성공의 지름길이라는 등 기업들이 듣고 싶어 하는 말을 해주는 하나의 산업이 성장했다. 이제 우리는 민주적으로 선출된 정부가 아니라 미국의 보통 사람들과 아무 관계없는 이론을 활용해서 사리사욕을 추구하는 경제학자, 은행가, 컨설턴트 등에게 공익을 보호하는 임무를 넘겨주었다. 그리고 40년이 흐르는 동안 대기업의 권력이 무럭무럭 자랐다. 매트 스톨러의 『골리앗Goliath』에서부터 팀 우의 『규모의 저주The Curse of Bigness』에 이르기까지 이 역사를 추적한 좋은 책들이 몇 권 있다(지금 당신 손에 들려 있는 책을 계속 읽는 것도 하나의 대안이다).

보크와 그의 사도들은 독점 문제를 소비자 복지로 빈틈없이 국한시켰고, 〈소비자 복지〉를 가격 문제로 한층 더 국한시켰다. 독점 때문에 세계에 넘쳐나는 수많은 위험을 편리하게 생략해 버리면 독점 찬가를 부르기가 쉬워진다.

❖

1. 독점은 임금을 도둑질한다. 기업들이 합병에서 〈효율〉을 입에 올릴 때, 그것은 대개 합병으로 탄생한 기업을 운영하는 데 필요한 노동자가 줄어든다는 뜻이다. 다시 말해, 효율성은 정리해고와 동의어다.

하지만 얼마 전까지 경제 분석의 뒷전으로 밀려나 있던 새로운 물결의 연구가 등장했다. 이 연구는 실업률이 그토록 낮은데도 어떻게 임금이 정체할 수 있는가라는 한층 어려운 수수께끼를 푸는 데 도움이 된다. 이 현상을 단일한 요인으로 설명할 수는 없으며, 노동조합의 쇠퇴가 확실히 큰 역할을 했다. 하지만 해답의 일부를 가리키는 전문 용어는 〈수요독점monopsony〉이다. 독점 상태에서는 다수의 구매자가 한 판매자와 만난다. 반면 수요독점 상태에서는 판매자는 많고 구매자는 한 명이다. 이 구매자는 노동이나 제조 원료를 구입할 수 있다. 한 산업에서 집중이 이루어지면 해당 산업의 노동자들은 자신의 노동력을 팔 장소가 줄어든다. 그리하여 기업들은 직원을 경쟁자에게 빼앗길 염려 없이 임금을 줄일 수 있다.

하버드 대학교의 네이선 윌머스는 1970년대 이래 임금 정체에서 구매자 권력이 최소한 10퍼센트를 차지한다고 추산한다. 시카고 대학교 박사과정인 심차 바르카이는 지난 30년 동안 소득에서 노동이 차지하는 비중(즉 경제에서 창출된 수입 중 노동으로 돌아가는 비율)이 10퍼센트 감소했음을 발견했다. 감소분은 거의 전부 이윤으로 옮겨갔다. 연간 노동자 1명당 약 1만 4,000달러에 해당한다. 연구자인 호세 아사르, 요아나 엘레나 마리네스쿠, 마셜 스타인봄은 고도로 집중된 산업에서 임금이 17퍼센트 감소했음을 발견했다. MIT의 데이비드 오터가 이끄는 또 다른 연구진은 〈슈퍼스타 기업〉과 독점력이 노동 분배율의 저하로 변환되는 현상을 확인했다. 오바마의 백악관도 이런 현상을 높은 수준의 기업 집중과 상관관계가 있는 노동 분배율의 급격한 저하로 보여 준 바 있다. 대기업의 이윤은 오르는데 임금은 따라가지 못한다. 일단 기업이 〈스타〉가 되면 마음대로 할 수 있기 때문이다.

독점 상태에서 노동을 한다는 것은 사장이 규칙을 정하는데 당신에게는 유리할 게 없다는 뜻이다. 수많은 사람들이 독립 계약직으로 분류되어 복리후생과 어렵게 얻은 권리를 누리지 못한다. 과점 기업들은 임금을 억누르기 위해 침범 금지 협정을 맺어서 경쟁자들과 공모한다. 댈러스에 있는 맥도날드에서 일하는 친구는 도시의 다른 맥도날드에서 일할 수 없는 것이다. 여름캠프 상담원, 낮 시간 애완견 돌보미, 건물 미화원만큼 다양한 직종이 경쟁 금지 약정[5]에 서명을 하기 때문에 다른 곳에서 동종 업계에 취업하지 못한다. 만약 업체가 미화원들이 수익성 좋은 청소업계의 비법을 배워서 경쟁 업체로 옮기는 것을 막아야 한다는 데 동의한다면, 당신은 장래에

---

5 noncompete agreement. 고용 계약 시에 노동자가 퇴직 후 일정 기간 동안 동종 업체에 취업하거나 창업을 하지 않겠다는 서약을 받는 것.

건물 청소 산업을 위한 전문가 증인이 될 자격이 충분하다. 그리고 노동자들이 이 규정에 대해 불만을 토로하고자 한다면, 일단 고용 계약서를 살펴봐야 한다. 아마 노동자는 법에 정해진 중재 계약의 구속을 받기 때문에 이 문제를 법원으로 가져가지 못하고 비공개 심사위원회에서 분쟁을 처리해야 한다. 이 경우에 고용주가 유리하다.

2. 독점은 경제를 약화시킨다. 모든 미국인이 웹 사이트나 앱을 개발하고 있다는 가정과 정반대로 스타트업 창업은 1970년대 말 이래 곤두박질치고 있다. 새로 문을 여는 업체가 점점 줄어들기 때문이다. 신생 기업에 고용된 노동자의 비중은 반 토막이 났다. 결과적으로 고임금 일자리를 창출하는 핵심 엔진이 힘을 잃었다. 많은 신생 기업은 기껏해야 대기업에 인수되는 꿈을 꿀 뿐이다. 그렇지 않으면 짓밟혀서 죽어 나갈 게 빤하기 때문이다. 하이테크 스타트업들이 활동하는 〈교전 지구kill zone〉는 언제든지 기술을 도용당하거나 기존 기업들에게 목이 졸릴지 모른다는 공포로 가득하다. 탁월한 아이디어로 무장한 어느 기업가가 독점 기업들이 쌓아 올린 장벽을 보고 포기하고 만다면, 우리 모두에게 손해이다. 합병 역시 대체로 혁신의 저하로 이어진다. 경쟁이 존재하지도 않는데 독점 기업이 경쟁에서 우위를 차지할 필요가 없기 때문이다.

일반적인 자본가는 수익 증대를 좋아하며, 여러 세기 동안 자본가들은 판매나 생산성을 높이기 위해서든 새로운 시장을 개척하기 위해서든 투자를 통해 수익 증대를 달성했다. 자본가들이 말하는 대로, 돈을 벌려면 돈을 써야 한다. 그런데 요즘은 그렇지가 않다.

오늘날에는 시장을 깔아뭉개고 앉아서 경쟁 업체를 인수하거나 다른 기업이 소비자에게 접근하지 못하게 막는다. 그러면 수익이 굴러 들어온다. 소작료를 거둬들이면서 지주 행세를 할 수 있는데 왜 굳이 투자를 하겠는가?

실제로 세전 수익은 역사적 고점을 찍는 반면, 투자는 여전히 낮은 수준이다. 기존 기업들은 굳이 할 필요가 없기 때문에 투자를 하지 않으며, 경쟁 후보들은 겁이 나서 투자를 하지 않는다. 세계 곳곳에 막대한 사회적·경제적 문제가 널려 있는데도 투자자들은 실제로 어디에 돈을 넣어야 할지 당황스러워한다. 동맥경화증에 걸린 저투자 경제는 그만큼 빠르게 성장하지 않는다. 실제로 21세기에 경제 성장은 오름세가 멈췄다. 요컨대 독점 경제는 경제 악화를 의미한다.

3. 독점은 품질을 떨어뜨린다. 내가 만약 제품을 판매하는데 아무도 이 판매에서 나와 경쟁하지 않는다면, 제품을 조금이라도 개선할 필요가 뭐가 있을까? 케이블 방송사 고객 서비스에 전화를 걸어 본 적이 있다면 답을 알 것이다. 고객에게 케이블 방송 선택권이 없으면, 고객 서비스 전문가에게 투자할 필요가 없다. 독점 업체는 오전 6시에서 오후 11시 사이에 수리 기사가 방문할 것이라고 답할 수 있나. 초라한 고객으로서는 달리 선택의 여지가 없기 때문이다.

품질 저하는 독점 시대의 특징이다. 비행기 여행을 해보면 아파서 찾아간 병원에서 어떤 보험이 처리 가능한지를 알아볼 때만큼이나 혐오감이 생긴다. 보잉은 하늘에서 추락하는 비행기를 만들며, 군 공급업체라고 한결 좋을 것도 없다. 대량 생산되는 과일과 채소는 맛과 향이 좋게 설계됐지만, 그만큼 값이 비싸다. 첨단기술 제품은 〈계획적 진부화〉나 〈의도적 성능 저하〉로 설계돼 있어서 어쩔 도리 없이 재구매를 해야 한다. 아마존은 기꺼이 수많은 위조품을 배송한다. 왜 그렇게 물건이 쉽게 고장 나는지, 돈값을 못하는 물건이 많은지 궁금하다면, 당신이 이용하는 지역 독점 업체에 감사할지어다.

4. 독점은 재난을 키운다. 우리 시대에 독점의 덩치를 키우는 한 가지 요인은 물류 운송, 즉 지구 반대편에서 제품을 만들어서 제 시간에 고객의 문 앞에 배송하는 능력이다. 물류 운송이 발달한 덕분에 생산을 집중하는 길이 열렸지만, 그만큼 우리의 경제는 취약해진다. 주요 금융 기관이 일제히 서브프라임 주택 시장에 아슬아슬한 투기를 하면서 폭발의 불씨가 생겨난 것과 마찬가지다. 상호 의존하는 시장이 문제를 키운다.

아마존 웹서비스가 인터넷 접속의 중추 역할을 떠맡았을 때, 서버가 돌아가며 정지되면서 각지의 사용자가 피해를 봤다. 오직 한 장소에서만 제품이나 원료에 접근할 수 있는 경우에 자연재해나 인재가 발생하면 세계 각지로 파문이 퍼져 나간다. 배리 린이 독점에 관심을 갖게 된 계기는 1999년 9월 대만 지지(集集)에서 일어난 지진이다. 지진 때문에 한 산업단지가 마비됐는데, 이 단지는 많은 양의 기술 부품이 만들어지던 곳이었다. 10년 뒤, 후쿠시마 핵원자로를 무너뜨린 일본 지진 역시 비디오테이프를 만드는 소니 공장의 가동을 중단시켜서 엔터테인먼트 산업을 절망 상태로 몰아넣었다. 우리는 이미 독감 백신과 암 치료약의 공급 대란을 목도한 바 있다.

휘발유 대란은 항상 있는 일이다. 이 책을 보면 나오겠지만, 최근에 우리는 식염수액에서도 공급 대란을 겪었다. 지구상에서 가장 풍부한 상품이 소금과 물인데 말이다.

5. 독점은 불평등을 부추긴다. 점점 더 소수의 승자에게 더 큰 전리품이 돌아간다. 미국에서 부와 소득의 불평등이 증대했음을 보여주는 풍부한 데이터가 존재하는데, 독점이 주요한 요인이다. 1978년 이래 일반적인 노동자의 임금이 겨우 12퍼센트 오른 반면 이제 940퍼센트가 오른 최고 경영자의 급여는 걷잡을 수 없는 수준이다. 그런데 2016년 연구자 네 명이이 발표한 한 논문을 보면, 소득의 불일치는 대부분 기업들 사이에서 나타난다. 독점 기업이 더 많은 소득을 올리며, 이런 차이가 보수까지 이어진다.

독점의 배후에서 이윤을 뽑아내는 세력은 노동자에게 이득을 주지 않는다. 그들은 중역과 주주들에게 돈다발을 뿌리면서 확실하고 지속성 있는 제품보다 단기 가치 평가(그리고 그것을 보호하는 경제적 안전망)를 소중히 여기는 주기가 끝날 때마다 배당금을 유출한다. 어마어마한 부를 선물로 받는 엘리트들은 현금을 보유하고, 자본을 적재적소에 배치하고, 부동산 임대료나 대출금 이자를 거둬들이는 식으로 돈을 벌어들인다. 최상위 1퍼센트는 역사상 전체 부에서 가장 많은 몫의 부를 소유하고 있다. 세계 최고 부자인 제프 베조스는 2018년에 개인 재산이 1310억 달러라면서 이렇게 말했다. 〈이 막대한 금융 자산을 쓸 수 있는 유일한 방법은 아마존으로 번 돈을 우주여행에 쏟아붓는 겁니다.〉 우리의 군주들은 말 그대로 우주에 돈을 쏘아 올리는 반면 그 주변의 수많은 사람들은 고통을 겪는다.

6. 독점은 지역 사회를 황폐하게 만든다. 이 책에서 이야기하겠지만, 불평등에는 지역적 차원도 존재한다. 우리의 슈퍼스타 기업들이 슈퍼스타 도시들에 몰려 있는 가운데 나머지 지역들은 방치된다. 상위 25개 광역 도시가 경제 성장의 절반을 책임진다. 이런 추세는 1980년대 초에 시작됐는데, 『반독점의 역설』이 출간되고 레이건이 부상한 시기와 일치한다. 그 결과 미국 내에 〈불만의 지리학geography of discontent〉이 생겨나서 낙심하고 분노한 낙오자 계급이 번영을 누리는 형제들과 싸움을 벌인다. 기회주의적 정치인들은 불평등을 무마하기 위해 이민자와 외국인을 희생양으로 삼는다. 나라 전체가 광란 상태에 빠져서 사회적·정치적 소요, 우파 포퓰리즘과 외국인 혐오, 미국인들에게 굳게 자리 잡은 고립된 삶 등과 반향을 일으킨다. 독점이 우리를 갈라놓고 권력으로부터 내동댕이치기 때문에 미국은 하나로 뭉칠 수 없다.

7. 독점은 정치를 망가뜨린다. 주별로 유권자 투표를 분배하는 대통령 선거 제도와 연관된 지역 간 불평등 때문에 도널드 트럼프가 상대 후보보다 거의 300만 표를 적게 득표하고도 대통령에 당선되는 상황이 생겨난다. 하지만 경제 권력이 곧바로 정치권력으로 변환되는 정도는 그보다 더 심하다. 독점 기업들은 정치인을 쉽게 매수하고, 입법자와 규제자를 자기 입맛대로 움직이며, 권한을 남용하고도 아무 탈이 없고, 특혜를 받아 가며 지위를 굳히고 주머니를 두둑하게 채울 수 있다. 어떤 정치인이 몇몇 정책은 〈현실적〉이지 않다거나 특권 집단의 공격에서 〈살아남을〉 수 없다고 말할 때면,

사실상 정부를 책임지지 않는다고 말하는 셈이다. 이런 발언은 부패를 표명하는 것이나 마찬가지다. 정치가 극소수만이 접근할 수 있는 수준에서 작동하면서 연줄이 좋은 이들에게는 특혜를 주고 나머지 모든 사람은 썩어 가게 내버려두는 것이다.

시민들이 따라야 하는 규칙이라는 의미에서 어느 나라 경제든 간에 규제가 존재한다. 〈탈규제〉라는 말은 잘못된 표현이다. 탈규제를 한다 함은 그저 민주적으로 선출된 대표자들로부터 대기업 중역실과 투자자들에게로 권한을 이전한다는 뜻이다. 그리고 민주당과 공화당을 막론하고 잇따른 정부는 기업 통합을 허용함으로써 규제를 고위 경영진에게 넘겨주고 있다. 이미 명문화된 법률만 가지고도 이 책에서 서술되는 모든 일을 저지할 수 있다. 하지만 이 법률을 집행하는 무관심한 사람들은 그렇게 하지 못한다. 그리고 금권 정치인을 위해, 금권 정치인이 운영하는 민주주의는 민주주의와 전혀 닮은 구석이 없다.

바로 이것이 로버트 보크와 그의 동료 학자들이 마음속에 그린 세상이다. 이것이 지금 우리가 숨 쉬는 공기다. 하지만 우리가 항상 이런 식으로 세상을 바라보는 것은 아니다. 우리는 미국 앞에 놓인 과제를 독점의 영향력 축소로 규정하지 않는다. 우리는 다른 설명을 내놓고, 다른 변명을 내세우며, 다른 원인을 찾는다. 우리는 집중된 대기업 권력을 진보를 좌절시키는 주된 요인이 아니라 부차적

요인으로 간주한다.

외국의 간섭으로부터 선거를 지키기를 바라는가? 페이스북과 구글은 미국의 전체 신규 광고의 99퍼센트를 좌지우지하면서 점점 사람들이 어떤 뉴스를 보고, 어떻게 소통하며, 무슨 메시지를 듣는지를 지시한다. 학자금 대출이 문제라고 생각하는가? 학자금 대출을 관리하는 양대 민간 기업인 그레이트 레이크스와 넬넷이 2018년 합병해서 현재 대다수 대출 계정을 관리한다. 그러면서 채무자가 상환 액수를 줄일 수 있는 선택권을 끊임없이 불법적으로 부정한다. 혹시 미국이 지금도 인종에 사로잡혀 있다고 생각하는가? 독점 기업들은 지난 40년에 걸쳐 흑인 소유 사업체와 흑인 농민, 흑인 기업가를 파괴하면서 짓밟힌 계급의 자급자족을 부정했다.

이민은 어떨까? 민간 기업, 주로 코어시빅과 GEO 그룹이 연방 이민자 보호소 침상의 60퍼센트 이상을 제공하며, 일군의 독점 지원 서비스의 조력이 없다면 이민 기관 전체가 존재할 수 없다. 기후 변화는? 만약 엑손모빌, 코크 인더스트리, 듀크 에너지의 지지를 받는 온실가스 배출 감축 방법을 찾을 수 있다면, 부디 내게 알려 주시길. 미국 역사상 최악의 약물 확산 사건인 오피오이드[6] 사태는? 독점 제약 회사와 유통업체, 보험 청구 대행업체와 약국이 돈 세느라 바쁜 가운데 수많은 오피오이드 알약이 운송되어 진통제를 가장한 중독성 마약으로 팔려 나갔다. 고장 난 의료보험 체계는? 물론 집중된 대기업 권력이 환자들에게 바가지를 씌운 덕분에 산업 국가 가운데 미국은 의료비가 가장 많이 드는 나라가 되었다.

6 opioid. 아편과 비슷한 작용을 하는 합성 진통·마취제.

앞서 이미 이 문제를 분석한 몇몇 저자와 사상가, 언론인을 언급한 바 있다. 지금 우리는 반독점 운동으로 변모할 수 있는 반독점 시대에 살고 있다. 이따금 이 운동은 미국 역사상 가장 단호한 대기업 권력 반대자였던 대법관 루이스 브랜다이스Louis Brandeis를 기념해서 신브랜다이스 운동이라고 불린다. 이런 지면 바깥에서 내가 바라는 만큼 포괄적으로 독점에 맞서는 싸움이 벌어져 왔다. 하지만 지적 주장과 설명, 역사, 허핀달-허쉬만 지수(시장 집중도를 측정하는 지수인데, 이 책에서는 다시 나오지 않을 것이다) 이외에 뭔가 빠진 것이 있었다. 독점이 사람들의 일상생활에 어떤 영향을 미치는지 아무도 주목하지 않은 것이다.

병원에 입원한 환자, 길거리 판매 대리점, 임차인, 농민, 뉴욕 시에 사는 여자나 테네시 농촌에 독점은 어떤 영향을 미칠까? 승진 가도를 달리는 노동자와 이미 꼭대기에 올라선 중역에게 어떤 영향을 미칠까? 부정을 바로잡지 못하는 현실에 분노한 시민운동가에게는 어떤 영향을 미치고, 미국 역사에 기여하고 싶어 하는 소상공인에게는 어떤 영향을 줄까? 독점은 실제로 이 나라에 무슨 일을 하고 있는 걸까?

나는 곳곳을 돌아다니며 사람들과 이야기를 나누고 실태를 알아보고 싶었다. 그리고 로버트 보크는 오로시 소비자 물가에 근거해서 독점을 정의했기 때문에 나는 정반대의 일을 하고 싶었다. 사람들이 청량음료나 에어컨에 2센트를 더 내는지, 덜 내는지를 계산하고 싶지는 않았다. 그런 계산이 미국의 전부라고 생각하지 않기 때문이다. 우리는 모두 아마존 프라임 계정 이상의 존재다. 나는 독점 기업이 현대인의 삶을 어떻게 왜곡하는지, 우리 가족과 일자리와 우리의 정신에 어떤 영향을 미치는지 알고 싶었다. 독점 기업이 이런 현실 세계에 미치는 파급력을 조사해야만 다음으로 할 일이 무엇인지 파악할 수 있다.

이 책에서 그런 이야기를 풀어놓고자 한다.

2019년 나는 우연히 버크셔 해서웨이의 연례 보고서와 의결 양식 출력본을 얻게 되었다(내게 자료를 보내 주신 분 감사합니다. 본인은 자기 이야기라는 걸 알겠지요). 버크셔는 미국에서 가장 사랑받는 투자자인 워런 버핏의 지주회사인데, 버핏이 보내는 회장의 편지는 온라인에서 볼 수 있지만, 보고서 전체를 손에 쥐어 보는 것은 다른 경험이다. 정말로 그런 것이, 예전에 주주용 공개 자료를 검토해 본 적은 제법 있어도 광고까지 실린 자료는 처음 보았기 때문이다.

〈가이코GEICO로 갈아타는 게 좋은 생각이라는 건 천재가 아니라도 알 수 있습니다.〉 전구 바로 옆에 가이코의 유명한 상징인 도마뱀이 있는 그림 바로 위에 실린 문구다. (이해가 되는가?) 광고는 주주들에게 자동차 보험 무료 견적을 받아 보라고 부추기는 내용인데, 해보는 김에 오토바이, 레저용 차량, 보트, 사업체, 주택, 또는 이 모든 것에 대한 포괄적 책임 보험도 한번 살펴보라고 한다. 가이코는 미국 2위의 자동차 보험사다. 두 번째로 실린 번지르르한 광고는 오마하에서 열리는 버크셔 해서웨이 연례 총회에 참석한 주주들은 그 주 내내 네브래스카 가구 마트에서 할인을 받을 수 있다고 선전한다. 네브래스카 가구 마트는 오마하 지역 가구 시장의 3분의 2를 차지한다.

연례 총회는 〈자본가들을 위한 우드스탁 축제〉라고 선전되었다. 4만 명의 사도들이 거대한 경기장에 빽빽이 모였는데, 버크셔 해서웨이의 제품 수십 가지가 진열된 전시장이 화룡점정이다. 버크셔의 계열사들이 후원한 유명 브랜드 행사도 진행된다. 네브래스카 가구 마트에서 제공하는 소풍 체험, 브룩스 스포츠가 진행하는 5킬로미터 달리기, 오마하의 보석 상점인 보섐에서 제공하는 칵테일 리셉션 등이다. 행사장에서 보섐이 판매하는 2캐럿 다이아몬드가 박힌 귀걸이 세트 가격은 8,950달러다.

누가 이런 일을 할까? 세계 최고의 부자는 말할 것도 없고, 자존감이 높은 억만장자라면 도대체 왜 자기 투자자들 앞에서 부끄러운 줄 모르고 서커스 호객꾼 같은 짓을 할까? 글쎄, 독점 기업가라면 이런 일을 할 법하다. 독점 기업가는 언제 청중이 매혹되는지, 언제 그 이점을 활용해야 하는지를 안다. 독점 기업가는 깨어 있는 모든 순간을 지대 추구의 기회로 본다. 그리고 워런 버핏은 어느 누구보다도 이 나라에서 으뜸가는 독점 기업가다.

버핏이 구사하는 수법은 다른 대기업과는 다르다. 디즈니 주주는 디즈니 제품이 무엇인지 대부분 알고, 제너럴모터스 주주라면 쉐보레나 캐딜락을 구입하는 식으로 회사를 지원하는 법을 안다. 하지만 버크셔 해서웨이의 사업이 얼마나 광범위한지 제대로 아는 사람은 아무도 없다. 버핏은 투자자로 더 유명하다. 애플과 코카콜라에 큰 지분을 가진 사람, 금융 위기 당시 골드만삭스에 50억 달러를 집어넣은 승부사, 블루칩 회사 주식을 매점하는 투자자로 유명하다.

하지만 하나의 회사로 보자면 버크셔는 구식의 문어발식 대기업으로, 언뜻 닥치는 대로 수십 개 사업체를 소유하고 있는 것 같다. 1960년대를 풍미한 ITT나 링-템코-보트, 걸프+웨스턴 같은 회사들과 비슷하다. 버크셔의 자회사로는 보섐, 네브래스카 가구 마트, 가이코 등이 있다. 버크셔는 또한 보험사 11개, 벤자민무어 페인트, 듀라셀 건전지, 저스틴 부츠, 넷젯 개인 비행기, 데어리퀸 아이스크림점, 시즈 캔디, 애크미 벽돌,

BNSF 철도, 에너지 회사 14개, 100개가 넘는 별도의 사업체를 거느리는 마몬 홀딩스라는 글로벌 제조업체, 프룻오브더룸 의류 등을 소유하고 있다. 모두 합쳐 버크셔는 63개의 각기 다른 주요 사업체와 수백 개의 하위 업체를 보유하고 있다. 시장 가치로 따지면 정보 기술 기업을 제외하고 미국에서 가장 규모가 큰 회사다.

보험업체들은 다른 모든 사업체가 굴러가게 만드는 기반이다. 보험료로 쌓인 돈이 곧바로 보험금으로 청구되어 지급되는 게 아니다. 버핏은 현금으로 쌓인 보험료를 자본 시장에 투자할 수 있다. 이렇게 적립된 보험료를 〈유휴 자금float〉이라고 하는데, 버크셔 해서웨이의 유휴 자금은 1970년 3900만 달러에서 오늘날 1000억 달러라는 천문학적 액수로 늘어났다. 세계 최대의 이자 없는 대출금에 해당한다. 버핏은 다른 사람들의 돈으로 제국을 건설하고 있다.

본인이 거듭 공언하는 것처럼, 버핏은 그 돈을 활용해서 자기 성 둘레에 해자를 쌓는다. 독점을 가리키는 귀여운 완곡어법이다. 「우리는 그 해자에 대해, 그리고 아무도 넘어오지 못하게 널찍하게 해자를 관리하는 일에 대해 생각합니다.」 2000년 버크셔 해서웨이 연례 주주총회에서 버핏이 한 말이다. 「우리는 관리자들한테 매년 해자를 더 넓히라고 말합니다.」 거대 기업들은 다른 장점도 있다. 버핏은 독점 기업에 투자하고 사들이는 쪽을 신택한다. 정부가 아무 일노 하지 않는 탓에 그런 전략에 전혀 위험성이 없기 때문이다.

버핏은 자본주의를 찬양하길 즐기지만 진심으로 응원하지는 않는다. 살아온 역사 내내 그는 이른바 자본주의의 미덕, 즉 경쟁, 혁신, 능력주의 등을 존중하는 모습을 한 번도 보이지 않았다. 그 모든 미덕 대신에 버핏은 시장 지배력을 지닌 기업을 발굴해서 공격적으로 지배력을 행사하도록 요구해야 한다고 믿는다. 그는 낮은 투자와 높은 기업 수익이라는 미국 자본주의의 이런 스펙터클을 추구한다. 해자가 없다면 불가능할 위업이다. 그는 투자의 아이콘이기 때문에 독점을 선호하는 그의 태도는 끊임없이 모방된다. 모닝스타는 자기 사업체를 중심으로 가장 높은 장벽을 쌓은 20개 기업으로 이루어진 〈경제적 해자〉 인덱스 펀드를 제공한다. 또다른 자산관리사는 〈해자MOAT〉라는 주식 시세 표시를 붙인 시세 추적 펀드를 만들었다. 버핏은 독점 추세의 수동적인 방관자가 아니라, 이 추세를 선도하고 있다.

그는 또한 투자자들에게 보험을 저당 잡히는 방식으로 그들의 돈을 이중으로 활용하는 사람이다. 미국의 진정한 아이콘이라 할 수 있다.

이 책을 읽다 보면 버핏의 이름이 두어 차례 튀어나올 것이다. 버핏을 거론하지 않고 독점에 관한 책을 쓰기란 불가능하기 때문이다.

1
항공 산업

독점 기업 때문에 사람들이 장거리 비행에서
심부정맥혈전증에 걸린다

2006년 12월 29일, 케이트 해니와 남편 팀, 그리고 두 자녀는 샌프란시스코에서 댈러스로 향하는 아메리칸 항공 1348편에 탑승했다. 와인 생산지 나파밸리에 사는 47세의 부동산 중개인 케이트는 토스티드 헤즈라는 이름의 리듬앤블루스 밴드에서 가끔 아르바이트를 했다(팀이 기타를 연주했다). 케이트의 말에 따르면, 6개월 전에 자신이 중개하는 주택 중 한 곳에서 심하게 폭행을 당해서 이후 몇 달간 그 사건으로 입은 상처를 치료받아야 했다. 성탄절이 낀 주에 팀은 앨라배마주 포인트클리어에 있는 리조트로 여행을 가기로 했다. 케이트가 다시 일을 시작하기 전에 스트레스를 풀 기회를 마련한 것이다.

처음 비행기를 타고 놀러 가는 터라 가족은 새벽 3시 반에 일어나서 부랴부랴 샌프란시스코로 향했다. 기계 결함으로 45분이 지연된 끝에 비행기가 이륙했다. 하지만 1348편은 댈러스에 도착하지 못했다. 폭풍우가 심해서 오스틴에 착륙할 수밖에 없었다. 비행기는 정비 구역으로 들어갔다. 창밖으로 계류장 여러 구역에 서 있는 다른 비행기 13대 중 일부가 보였다. 이후 9시간 17분 동안 케이트는 그 자리에 꼼짝없이 앉아 있었다.

아무도 내리지 못했다. 심지어 오스틴에 사는 몇몇 승객도 내리는 게 허용되지 않았다. 아메리칸 항공 지상 직원들은 비행기 승객들을 돌보지 않았다. 사실 이미 퇴근한 상태였다. 비행기에는 음식이나 물도 보충되지 않았다. 이코노미석 승객들은 1등석에 조금 남은 주류를 찾아냈다. 그런데 비록 팀 해니는 와인업계에서 최고 전문가로 간주되는 와인 마스터 자격증이 있었지만, 알코올 중독에서 회복되는 중이었기 때문에 술로라도 목을 축인다는 생각은 전혀 하지 않았다. 케이트는 어떤 여자가 비행기 좌석 주머니에 있는 구토 봉지를 갓난아이 기저귀 대용으로 쓰는 걸 보았다. 다른 승객들은 그 봉지를 일반적인 용도로 사용했다. 화장실 변기가 넘쳐서 만원인 객실 전체에 냄새가 퍼졌기 때문이다.

4시간 정도 흐르자 케이트는 정신적, 신체적으로 한계점에 도달했다. 「최악의 상태였어요.」 케이트가 해준 말이다. 「땀을 뻘뻘 흘리면서 생각했죠. 〈왜 이런 일이 벌어지는 거지?〉」 다른 승객들도 점점 미칠 지경이었다. 폐쇄공포증인 한 승객(지금도 케이트와 연락을 주고받는다)은 휴대 전화로 창밖으로 신호를 보내면서 애타게 구조의 손길을 기다렸다.

오스틴 공항의 운영 책임자는 조종사들이 환자 승객들을 내려 줘야 한다고 간청을 해도 어떤 항공기도 게이트로 들어올 수 없다고 단호하게 막았다. 훗날 케이트는 그날 아메리칸 항공 승객 13,000명이 전국 각지의 24개 공항에서 비행기 모양의 감옥에 갇혀 꼼짝도 하지 못한 사실을 알게 되었다. 「우리가 내리지 못한 건 항공사가 비행기표 값의 일부를 환불해 주는 일을 막으려고 기를 썼기 때문이에요.」케이트의 말이다. 「승객을 내려 주면 비용이 발생하는 걸 아는 거죠.」그녀가 보기에 아메리칸 항공의 방침은 승객에게 자유를 줘서 통제할 수 없는 상황을 막는 데 집중되었다.

마침내 오후 9시 30분, 1348편이 게이트로 들어왔다. 탑승교를 벗어나자마자 마지막까지 영업하던 공항 식당이 셔터 문을 내리는 모습이 눈에 들어왔다. 「영화 〈불의 전차〉 같았어요. 문을 향해 냅다 뛰었지요. 닫히기 전에 슬라이딩이라도 하려고요.」그녀가 말을 이었다. 「식당 사람들한테 말했어요. 우리는 아홉 시간 갇혀 있었는데, 아무것도 먹지 못했고, 아이들도 쫄쫄 굶었다고요. 그런데도 시간이 늦어서 문을 닫는다고 하더군요.」가족이 이용할 수 있는 거라곤 수하물 찾는 곳에 있는 자판기뿐이었다.

항공사는 아무 짐도 내주지 않았다. 가족은 싼 호텔을 찾아 잠을 자고 다음 날 아침 공항에 와서 댈러스로 갔다. 계속되는 기상 악화와 무더기 지연 사태 때문에 항공사 본부의 서비스가 마비되었다. 연결편 게이트에 도착한 해니 가족은 탑승할 수 없다는 말을 들었다. 이미 짐은 비행기에 실린 상태였다. 「조종사가 앉아 있었어요.」케이트가 그때 기억을 떠올렸다. 「우리 둘 다 눈동자가 파란색이었는데, 눈길을 피하는 그를 집요하게 응시하면서 말했죠. 〈지난 24시간 동안 우리가 무슨 일을 겪었는지 아시나요?〉 그러자 이렇게 대꾸하더군요. 〈당신이 영국 여왕이라도 상관없습니다. 이 비행기 못 탄다고요.〉」

가족은 며칠이 날아간 나머지 휴가를 망쳤고, 나파밸리에 돌아오자마자 음성 메시지 수십 건이 온 걸 발견했다. 오스틴에서 첫날 밤에 케이트는 뉴스 카메라 앞으로 뛰쳐나가 활주로에 감금돼 있었다고 분노를 표출했었다. 평소에 갈고 닦은 연기력과 애교 있는 미소에 눈길이 쏠린 뉴스 담당자들이 앞다퉈 인터뷰를 요청했다. 이후 6년간 케이트의 삶을 바꿔 놓은 시발점이었다. 소비자 운동가가 될 생각은 꿈에도 없었지만, 자기 가족이 겪은 끔찍한 일이 다시 벌어져서는 안 된다는 결심은 단호했다.

그녀 앞에는 오르막길이 펼쳐져 있었다. 해마다 무려 20만 명의 승객이 극심한 활주로 지연 사태를 겪었다. 1999년 1월 디트로이트에서 비슷하게 날씨 때문에 대규모 출발 지연 사태가 벌어진 뒤, 활동가들은 이런 관행을 끝장내려면 연방항공청(FAA)이 〈승객 권리 장전〉을 제정해야 한다고 요구했다. 하지만 미국 상공회의소는 활주로 지연을 최대 3시간으로 제한하려는 시도를 무력화했고, 9·11 사태 이후 규제 당국은 새로운 규칙을 만들기보다는 항공사를 미온적으로 대하는 데 치중했다.

그러나 케이트는 단념하지 않았고, 부동산 일과 음악 공연을 잠시 멈추고 이 일에 인생을 바쳤다. 뉴스 프로그램에 수십 차례 출연했다. 블로그와 온라인 청원을 시작해서 2만 명의 서명을 받았다. 핫라인 전화를 개통해서 다른 승객들도 경험담을 풀어놓게 했다. 케이트가 창설한 플라이어스라이츠닷오그FlyersRights.org라는 비영리 단체는 몇 년 만에 미국 최대의 소비자 단체로 우뚝 섰다. 지역구

하원의원인 마이크 톰슨에게 문제를 호소하고 의회에서 열린 각기 다른 일곱 개의 청문회에 나가서 증언했다. 2007년 9월 워싱턴의 내셔널몰 공원에서 〈좌초strand-in〉 시위를 주도했는데, 당시 여객기 객실 같은 텐트를 만들어서 장시간 활주로 지연이 어떤 느낌인지 생생하게 재연했다(이동식 화장실을 가져와서 냄새까지 재연했다). 음악적 재능을 활용해서 애니멀스의 옛날 히트송을 개작했다.「이 비행기에서 빠져나가야 해We Gotta Get out of This Plane」로 개작한 노래[1]를 연주한 것이다.

「언론 담당 업무를 관리하는 데만도 상근자를 채용해야 했답니다.」케이트가 한 말이다.「거기서 모든 사람의 이야기를 들었거든요.」

하지만 이렇게 많은 추진력 — 텔레비전에 딱 맞는 지도자, 많은 열렬한 자원봉사자, 지옥 같은 상황에 방치된 승객들이 분노를 자아내는 광경, 알기 쉽고 분명한 해법 — 을 얻었음에도 유의미한 규제가 도입되는 데는 다시 3년이 걸렸다. 항공사들은 각종 소송으로 주 차원의 시도를 저지하는 데 성공했다. 규제 관할권은 연방 교통부에만 있다는 게 그들의 주장이었다. 그러자 교통부는 항공사 중역들이 우글거리는 태스크포스를 구성했는데, 태스크포스는 1년이 지나서야 모호한 결론을 내놓았다. 버락 오바마가 조지 W. 부시에게서 백악관을 인계받기 몇 주 전에 교통부는 마침내 활주로 규정을 내놓았다. 그런데 승객이 비행기에서 대기하는 시간에 아무 제한이 없었다. 새로운 체계를 선제적으로 막으려는 노골적인 시도였

1 애니멀스의 원곡은「We Gotta Get ouf of This Place」이다.

는데, 다시 1년이 지난 2009년 12월 30일에야 오바마의 교통부는 최종 규정을 제시했다. 활주로 대기를 3시간으로 제한하고 음식, 물, 환기, 기능상 문제없는 화장실 등을 제공해야 한다는 내용이 들어 있었다.

이 규정으로 마침내 활주로 위의 비행기 안에 꼼짝없이 수감되는 사태가 끝이 났다. 그러니까, 대체로 끝이 났다. 규정이 시행되고 5년 뒤 교통부는 불법적으로 16시간 활주로 지연 사태를 일으킨 사우스웨스트 항공에 과징금 160만 달러를 부과했다. 그리고 조사 결과를 보면, 항공사들은 과징금을 피하기 위해 항공편을 신속하게 취소하는 식으로 새로운 규정에 대응하면서 전반적인 승객 지연을 줄이기는커녕 오히려 늘렸다. 하지만 그 자체만 놓고 보더라도 활주로 지연 규정으로 이어지는 과정은 교훈적이다. 애초에 1999년에 벌어진 사태부터 워싱턴 당국이 NFL 평균 풋볼 경기 시간보다 오랜 시간 승객을 가둬 둬서는 안 된다는 극히 온당한 제안에 항공사들의 동의를 끌어내는 데 11년 가까이 걸렸다. 그 정도가 규제자들이 기꺼이 시정하려 한 최소한의 피해다. 유력 항공사들은 거듭해서 강력한 개혁을 물리친 한편, 고객들은 피해와 모욕을 당했다.

케이트 해니가 오스틴에서 끔찍한 밤을 보낸 뒤, 항공사들은 더욱더 힘을 키우면서 한 줌의 항공사만 남을 때까지 결합과 합병을 계속했다. 미국의 많은 여행객들에게는 사실상 하나만 남은 셈이었다. 규제 완화로 상업 항공 시장의 성격이 바뀌고 40년 뒤, 항공사들은 대부분 경쟁을 걱정할 필요가 없어졌고 투자자와 중역들은 희희낙락했다. 오늘날 여행객들에게 고통을 강요하는 것은 단순히 불가피한 골칫거리가 아니다. 일종의 영업 전략이다.

❖

첫 번째 도금 시대에 대륙 횡단 철도로 동부와 서부가 연결되었다. 그렇게 미국이 작아짐에 따라 사람들은 친구와 가족을 방문하고 농민과 제조업자들은 전국 곳곳에서 제품을 팔 수 있었다. 경쟁하는 철도 노선을 여러 개 까는 것은 경제적으로 타산이 맞지 않았기 때문에 철도 사업은 순식간에 독점을 향해 치달았다. 날강도 귀족robber baron 철도 소유주들은 자신들이 태생적으로 권력을 갖고 있음을 알았다. 그리하여 가격을 고정하고 고객에게 바가지를 씌웠다. 노동자를 살해하고, 파업을 깨뜨리고, 정치인을 매수하고, 투자자를 벗겨먹고, 안전 조치를 무시한 것은 말할 것도 없다.

19세기 미국의 풀뿌리 반독점 연합인 그레인저 운동은 터무니없이 비싼 철도의 곡물 보관료와 운송료에 분노한 농민들이 모인 결과물이었다. 그레인저 조합원들은 주 차원에서 운송료 상한을 정하려는 소송에서 승리했다. 혁신주의 시대에 반독점 정서가 점점 고조되자 결국 연방 정부는 주간통상위원회Interstate Commerce Commission를 만들어 철도 회사의 권한 남용을 단속했다. 시어도어 루스벨트 대통령 시절에 의회는 철도의 독점 권력을 깨뜨리기 위해 주간통상위원회의 권한을 확대함으로써 전국적으로 폭넓은 접근성을 보장하는 한편 철도를 관리하는 민간 기업들에게 합리적인 이윤을 제공했다.

라이트 형제가 천재적인 비행 능력을 실현하고 기업가들이 이 발명을 상품화한 뒤, 미국은 공공 철도 모델을 항공 여행에 적용했다. 1938년, 신생 항공 산업은 민간항공위원회(CAB)의 통제 아래 들어갔다. 프랭클린 루스벨트 행정부는 항공 여행을 모든 지역이 누려야 하는 〈공공 편의·필수〉 항목으로 지정했다. 민간항공위원회는 좌석의 55퍼센트를 채우는 비행에 대해 항공사에 12퍼센트의 이윤을 보장해 주었다. 연료를 비롯한 고정비용의 변동에 따라 요금이 바뀔 수 있었다. 더욱 중요한 점으로, 항공사는 국민 전체의 수요에 부응해야 했기 때문에 인기 있는 노선일수록 더 많은 보조를 받았다. 우편 서비스가 통신 접근성을 폭넓게 공유한 것과 흡사하게 정부는 국민들에게 항공 여행의 사회적·경제적 혜택에 접근할 수 있는 동등한 기회를 제공할 터였다.

민간항공위원회의 통제는 엄격했다. 항공사들은 노선과 요금을 변경하거나 심지어 유니폼 색깔을 바꿀 때에도 허가를 받아야 했다. 항공사 중역들은 이 때문에 발끈했을지 몰라도 민간항공위원회는 기업과 승객을 위해 번성하는 민간 항공 산업을 관장했다. 규제 완화 이전에는 비행기 여행이 소수 특권층의 전유물이었다는 신화가 존재한다. 사실을 따져 보면, 1962년에는 18세 이상 미국인의 33퍼센트만이 비행기 여행을 경험한 반면, 1977년에 이르면 그 수치가 63퍼센트로 높아졌다.

민간항공위원회가 종언을 고한 시점은 1973년 석유 파동과 그에 뒤이은 경제 불안이 불거진 때와 같았다. 유가 때문에 요금 규제에는 언제나 면제 조항이 있었지만, 민간항공위원회의 적들은 요금 인상을 비행기에 필요한 연료가 아니라 규제자들 탓으로 돌릴 수 있었다. 당시 저명한 소비자 운동가 랠프 네이더는 항공사 중역들이 민간항공위원회를 볼모로 잡았다고 비난했다. 하지만 진짜 적은 테드 케네디[2]였다. 대통령 출마를 준비하던 케네디는 포퓰리즘적 쟁점을 찾고 있었다. 그의 고위 참모로 훗날 대법관이 되는 스티븐 브레이어는 민간항공위원회와 정면 대결을 벌이면 포퓰리스트 영웅이 될 것이라고 설득했다.

시장 지향적 자유주의 경제학자들은 민간항공위원회를 비롯한 중앙 계획 기구를 무너뜨리기를 간절히 바랐다. 당시 코넬 대학교 교수 앨프리드 칸이 으뜸가는 대변인 노릇을 하면서 규제를 완화하면 항공사의 효율이 높아져서 모두에게 이익이 된다고 장담했다. 현재 맥길 대학교 법학 교수인 폴 스티븐 뎀프시가 1990년에 경제 정책연구소를 위해 『계기 비행 *Flying Blind*』이라는 제목의 규제 완화 연대기를 작성했을 때, 경제학자들은 진입 및 요금 제한 때문에 승객들은 〈과도한 서비스〉를 누리는 반면 항공사들은 〈적정 이윤〉을 보장받지 못한다고 믿었다. 다시 말해, 승객들은 지나치게 편안한 반면 대기업들은 너무 가난하다는 것이었다. 어쨌든 이 보고서는 친소비자 정서를 대변한다는 평을 받았다.

「대중이 속고 있었습니다.」뎀프시가 내게 말했다. 「워터게이트 사건을 계기로 좌파가 워싱턴에 등을 돌렸습니다. 사건이 끝날 무렵 좌파와 우파가 같은 경로에 모이면서 정부 통제를 적으로 여겼지요.」

케네디는 훗날 자신의 경쟁자가 되는 민주당 대통령 당선자에게서 규제 완화 목표를 함께 추구할 동맹자를 찾아냈다. 지미 카터는

2 에드워드 케네디. 존 F. 케네디 대통령의 동생. 〈테드〉는 〈에드워드〉의 애칭이다.

민간항공위원회의 적수임을 공언한 칸을 위원장으로 임명해서 운영을 맡겼다. 1978년 10월 카터는 의회에서 거의 만장일치로 통과된 항공규제완화법에 서명했다. 「취임 직후에 항공사 규제 완화를 지지한다고 발표했을 때만 해도 이 법안을 지지하는 이가 별로 없었습니다.」 카터가 서명하는 자리에서 한 말이다. 「지금은 법안의 적수가 거의 없는 것 같아 기쁘군요.」

하지만 반대자가 최소한 한 명 있었다. 청문회가 진행되는 중에 〈뾰족한 치아에 올백으로 머리를 넘긴 심술궂은 인상의 남자〉가 케네디 보좌관 한 명에게 다가와서 말했다. 「이런 ×××먹물들 같으니! 당신들은 지금 항공 산업을 망가뜨리고 있는 거야!」 남자의 정체는 아메리칸 항공의 영업부장으로 훗날 최고 경영자가 되는 보브 크랜달이었다. 「그자들이 항공 산업을 망가뜨렸다고 생각해요.」 지금은 은퇴한 크랜달이 40년 뒤 인터뷰 자리에서 해준 말이다. 「그 사람들은 체제가 도처에 있다는 걸 고려하지 않았습니다. 게다가 경쟁이 전혀 없어요. 그 모든 걸 저렴한 요금과 맞바꾼다니 순전히 거짓말이죠.」[3]

항공업의 규제를 완화하면서 공언한 목적은 경쟁 항공사들을 시

3 크랜달이 경쟁의 부재에 관해 불만을 토로하다니 흥미롭다. 규제가 완화되고 불과 4년 뒤에 그는 어느 경쟁 항공사 중역과 통화하면서 요금을 20퍼센트씩 올리자고 제안했다—원주.

장에 끌어들여 요금을 낮추고 편의를 높인다는 것이었다. 실제로 경쟁 업체들이 몰려들기는 했다. 피플 익스프레스, 에어플로리다, 심지어 뉴욕과 보스턴, 워싱턴을 운항하는 소규모 항공사인 트럼프 셔틀[4]도 등장했다. 요금도 내려갔는데, 대부분 시의 적절하게 원유 시장이 폭락한 덕분이었다. 1980년에서 1986년 사이에 유가가 절반 이하로 떨어진 것이다. 그전에 유가가 폭등한 사실을 감안하면, 기술 발전 덕분에 요금은 실제로 1978년 이전에 〈더 빠르게〉 하락하고 있었다. 규제 완화 시기에 미국은 이미 세계에서 항공 요금이 가장 낮은 상태였다. 하지만 그렇다고 규제 완화 옹호자들이 재빨리 요금 인하 공적을 챙기지 못한 것은 아니다.

오래지 않아 폭발적 경쟁이 수그러들었다. 항공사들이 요금 전쟁을 감당하지 못했기 때문이다. 1980년대 10년 동안 이스턴과 브래니프 같은 메이저 항공사를 포함해서 200개 항공사가 파산했다. 항공사규제완화법은 특별히 정부에 〈무분별한 산업 집중〉과 〈과도한 시장 지배〉에 대비하도록 지시했다. 하지만 1979년에서 1988년 사이에 51개 항공사가 합병했다. 교통부는 한 건의 합병에도 이의를 제기하지 않았고 결국 합병 감독 권한을 법무부에 넘겨주었다. 신문 칼럼니스트 출신의 저술가 데이비드 모리스는 코넬 대학교 시절 칸의 제자였다. 언젠가 모리스는 규제 완화 이후 문제가 되는 항공사 통합을 자세히 서술한 편지를 예전 스승에게 보냈다. 「답장이 왔는데 독점이 생길 가능성을 간과했다고 하더군요.」 모리스의 말이다. 「생각해 보면 참 대단한 일이지요.」

4 Trump Shuttle. 1989~1992년간 운항한 도널드 트럼프 소유의 항공사.

두 가지 결정저인 전환점이 항공 산업에 큰 영향을 미쳤는데, 둘 다 경제적 파국과 동시에 일어났다. 첫째로 9·11 사태는 항공 여행과 항공사들에 근본적인 변화를 안겨 주었다. 수요가 급락하고 보안 조치가 강화됨에 따라 2000년대에 사실상 모든 주요 항공사가 파산 선언을 했다. 주로 〈유산 비용legacy cost〉, 즉 노동자들이 임금과 복지 혜택이라고 부르는 비용을 털어 버리기 위해서였다.

　2001년에서 2005년 사이에 항공사 정규 일자리의 4분의 1 정도가 사라졌다. 다른 일자리들은 비조합원용으로 남겨졌다. 항공사들이 그런 방식을 유지하기로 결정했기 때문이다. 2019년에 등장한 악명 높은 전단에서 델타 항공은 승무원과 램프 서비스[5] 노동자들에게 이제 조합비를 멋진 신제품 비디오 게임기에 쓸 수 있다고 조언했다. 청소와 기내식 인력은 여전히 외주로 운영되는데, 대개 또 다른 복점duopoly(LSG 스카이셰프와 게이트구르메)의 차지다. 두 업체는 노동자의 극심한 반감을 사서 2019년 여름 내내 노동자들이 파업으로 위협할 정도였다. 여객기 정비도 외주화되어 엘살바도르, 멕시코, 중국의 저가 업체가 도맡았다. 사우스웨스트항공의 조종사 노동조합은 2019년에 항공기의 80퍼센트가 비조합원 정비공들에게 정비를 받는다고 주장했다. 사우스웨스트에서 비행 중 비상 사태가 발생한 것과 시기가 일치했다. 2018년 한 사건에서는 엔진의 팬블레이드가 떨어져서 창문이 깨지고 여자 승객 한 명이 창밖으로 빨려 나갔다.

　5　ramp service. 항공기의 승객 탑승과 수하물 처리, 이륙 준비 등 항공기 운항과 관련된 주요한 지상 서비스.

다른 항공사 직원들을 직접 고용하지 않으면서 다른 이의 문젯거리로 만드는 것이 핵심적인 혁신이었다. 만약 당신이 타는 유나이티드나 델타의 연결 항공편이 메사 항공이나 스카이웨스트, 리퍼블릭 항공에서 〈운영〉한다는 걸 발견한다면, 당신은 별도의 지역 항공을 이용하는 것이다. 다만 로고와 유니폼, 기내 잡지, 땅콩 포장지를 유나이티드나 델타에서 공급한 것이다. 대형 항공사는 이런 식으로 많은 인력을 절감한다. 승객의 마지막 여정에서 저비용 임시 직원을 활용하면서 연봉과 복지 혜택의 책임을 덜기 때문이다.

최대 규모의 승무원 노동조합인 승무원연합Association of Flight Attendants의 위원장 세라 넬슨에 따르면, 대형 항공사에 남은 노동자들은 30~40퍼센트의 전반적인 임금 삭감을 당했다. 특히 지역 항공사의 조종사 초임 연봉은 1만 5,000달러까지 떨어졌다. 「이런 임금은 이제 더 이상 중산층 소득이 아닙니다.」 넬슨이 한 말이다. 산업 통합 때문에 선택지가 줄어들어서 대다수 직원들로서는 선택의 여지가 전혀 없다.

항공사 파산의 주요한 표적은 연금이었다. 항공사들이 401(k) 연금으로 갈아탔기 때문이다. 2005년 유나이티드는 38개월간의 극심한 파산 상태를 활용해서 4개 연금 보험의 연금 채무[6]를 차단해서 노동자 12만 6,000명에게 피해를 주었다. 유나이티드의 파산 절차를 처리한 제임스 스프레이리건 변호사는 PBS의 「프론트라인」에 출연해서 유나이티드가 고의적으로 시간을 끌면서 노동자 소요를 막기 위해 서서히 양보를 강요했다고 인정했다. 세라 넬슨은 이렇

6 pension obligation. 퇴직 연금을 지불하기 위해 충당해야 하는 준비금.

게 말했다. 「5년에서 10년 뒤에 은퇴를 앞두고 있지만 아직 은퇴를 할 수 없는 노동자들은 정말 큰 영향을 받습니다.」

두 번째 전환점 — 2008년 금융 위기 — 은 핵심적인 합병 4건과 더불어 항공 산업의 최종적 변화를 나타냈다. 빌 클린턴 시절 법무부는 2000년 US 항공/유나이티드의 합병안에 엄격한 조건을 붙여서 결국 양쪽은 합병을 포기했다. 하지만 2008년 노스웨스트와 델타가 합병을 신청했을 때, 조지 W. 부시의 법무부는 별다른 조건 없이 통과시켜 주었다. 그러자 항공 산업 전체가 선례를 따랐다. 「워싱턴 DC가 결국 두 손을 들고 항공사의 통합을 허용한 겁니다.」 폴 스티븐 뎀프시의 말이다.

오바마 대통령 시절에는 유나이티드/콘티넨탈, 사우스웨스트/에어트랜의 합병이 이어졌는데, 후자의 경우는 요금 인하 공세를 주도하면서 이제 막 확장을 시작한 저비용 항공사 한 곳을 쓸어 버린 것으로 유명하다. 마지막으로, 아메리칸 항공과 US 항공이 2013년에 합병 계획을 발표했다. 오바마의 법무부는 처음에 합병을 막기 위해 소송을 제기하면서 〈대형 항공사들의 통합이 늘어나면서 승객에게 고스란히 피해가 돌아간다〉고 주장했다. 유나이티드와 사우스웨스트의 합병을 허용함으로써 이 과정에서 주요한 역할을 했는데도 말은 달랐다. 하지만 법무부는 3개월 만에 방침을 바꿔서 소송을 담당한 검사들을 깜짝 놀라게 만들었다. 전 대통령 비서실장 람 이매뉴얼이 항공사 로비스트가 합병을 장려하는 내용으로 쓴 편지에 지지 서명을 한 것을 필두로, 전직 오바마 행정부 관리들이 열띤 로비를 펼친 것이 결정적인 역할을 했을지 모른다. 항공사들은 민주당에 우호적인 로비스트들에게 1300만 달러를 쏟아부었다. 법무부 관리의 개인적 친구들도 로비의 대상이었다. 결국 법무부는 합병을 막기 위해 소송을 벌이는 대신 워싱턴과 뉴욕 공항의 일부 게이트 이용권을 매각하도록 강제했을 뿐이다.

이제 유나이티드, 아메리칸, 델타, 사우스웨스트 등 네 개의 주요 항공사만 남았다. 네 항공사가 미국 전체 항로의 80퍼센트 이상을 장악한다. 자세히 들여다보면 상황이 훨씬 심각해진다. 100대 공항 가운데 93개에서 한두 항공사가 전체 좌석의 대다수를 장악하고 있다. 수많은 중소 도시까지 직항편을 찾기가 어렵고, 그 대신 항상 시카고나 애틀랜타, 댈러스를 경유해야 하는 사정을 알지 않는가? 항공사들이 미국 전역에 직항 노선을 두어야 하는 의무에서 벗어난 탓에 생겨난 이런 상황은 규제 완화가 낳은 의도적인 부산물이다. 그 대신 항공사들은 수백 개의 연결편이 경유하는 〈허브 공항〉을 만들었다. 항공사 입장에서는 운영을 집중하고 인력과 장비 비용을 절감할 수 있기 때문에 허브 공항을 좋아하지만, 허브 도시의 주민들은 왕왕 항공 여행에서 선택권이 없다. 아메리칸 항공이 샬럿에서 출발하는 비행기의 90퍼센트를 장악하고 전국 평균보다 21퍼센트 비싼 요금을 매긴다. 항공 산업에는 모든 게이트 이용권을 사들여서 집중도가 부쩍 높은 공항에 대한 용어가 있다. 〈요새 허브 공항fortress hub〉이 그것이다. 경쟁 업체들이 이 요새를 뚫고 들어가기란 중세 시대 성을 공략하는 것만큼 어렵다.

요새 허브 공항이라고 해서 허브 도시에 전적으로 유리한 것은 아니다. 대다수의 승객은 도시를 경험하기보다는 그냥 공항만 들렀다 가기 때문이다. 허브 공항은 여러 병목 지점에 혼잡이 추가되기 때문에 시스템이 지연 사태에 더욱 취약해진다. 이착륙이 늘어날 뿐만 아니라 원래 항로에서 벗어나 허브 도시로 가는 우회로도 많아지면서 환경에도 피해가 간다. 하지만 허브 공항이라는 복을 받은 도시들은 최소한 신뢰할 만한 서비스를 누리며, 철도의 경우와 흡사하게 이런 서비스는 잠재적인 경제 발전 도구가 된다. 활력 있는 국제공항이 없으면 영향력 있는 도시로 부를 수도 없고 기업 투자를 끌어들이지도 못한다.

항공사들이 합병하면 허브 공항도 통합되거나 사라진다. 한때 공무원들이 보편적 접근성을 보장해 주었지만, 지금은 기업 중역들이 전국 대도시들 가운데서 승자와 패자를 정한다. 도시들은 사실상 운신의 폭이 없었다. 도시로서는 공항이 경쟁을 통해 요금을 인하하기를 원했지만, 지배적인 항공사가 허브를 다른 곳으로 옮기는 사태가 벌어지는 것은 원치 않았다.

허브 공항 통합으로 피츠버그와 멤피스, 세인트루이스 같은 도시들의 운명이 기자회견 한번으로 바뀌었다. 델타는 2010년에 신시내티/노던켄터키 국제공항의 허브 사업을 감축했는데, 2005년 이래 여객기 운항이 75퍼센트 감소했으며, 지금은 직항 국제 노선이 파리행 한 편에 불과하다. 공항은 물류 기지와 화물 도착지로 변신해서 가까스로 살아남았다. 하지만 출장 여행객에게는 거의 도움이 되지 않는다. 신시내티로 가는 비행기가 있더라도 전부 연결편이라 거기서 미팅이라도 있으면 가기가 어렵기 때문이다. 포춘 선정 1,000대 기업인 치키타 바나나는 신시내티를 떠나 미국 항공사들의 허브인 샬럿으로 옮겼다. 캐터필러도 같은 이유, 즉 비행 접근성이 떨어진다는 이유로 일리노이주 피오리아에서 시카고로 본사를 이전했다. 다른 도시들에서도 각종 총회와 기업 회의가 사라졌다. 다국적 기업으로서는 항공 여행 수준이 2등급인 도시에 본사를 두면 일이 되지 않는다.

「전에는 오하이오에서 오곤 했습니다.」 케이트 해니가 만든 소비자 권리 단체 플라이어스라이츠에 합류했다가 결국 단체를 떠맡게 된 항공 전문 변호사 폴 허드슨의 말이다. 「한때는 클리블랜드, 컬럼버스, 신시내티 등 허브 공항이 세 개였습니다. 지금은 하나도 없어요. 클리블랜드에 산다고 칩시다. 어떨 때는 피츠버그까지 차를 몰고 가서 비행기를 타야 해요. 경제에 아주 좋지 않은 영향을 미치죠.」

허브 공항이 있었던 적이 없는 중소 도시들의 경우에 항공편이 보장되지 않아서 즉각적인 곤란이 생겨났다. 항공편이 수익성 좋은 인구 중심지로 옮겨가고 공급과 수요의 경제학이 작동하자 요금이 전반적으로 오른 것이다. 일부 도시는 아예 탈락했다. 규제가 완화되고 2년 만에 100개 도시가 상업 항공 지도에서 사라져 버렸다. 1980년대에 이르면 델라웨어주 도버나 오리건주 세일럼 같은 주도(州都)로 가는 비행편은 개인 비행기뿐이었다. 이런 학살극이 계속되어 2015년에서 2018년 사이에 추가로 32개 지역 공항에서 항공편이 사라졌다. 연방 차원에서 필수 항공편 보장을 통해 중소 지방 공항에 보조금을 주지만, 그렇다고 출혈 사태가 중단된 것은 아니다. 미국의 많은 지역이 항공 접근성이 끊기면서 고립되고 있다.

케이트 헤니와 남편 팀은 4년 전 오리건주 벤드로 이사했다. 팀은 와인 사업 때문에 캐나다와 아시아를 다녀야 한다. 지겨운 일일 수 있다. 「남편이 가야 하는 곳은 거의 전부 레드먼드에서 출발해서 비행기를 갈아타야 해요.」 케이트가 약 32킬로미터 정도 떨어진 지방 공항을 가리키면서 말했다. 흥미로운 점은 벤드가 해니 부부가 전에 살던 나파보다 별로 작지 않다는 사실이다. 하지만 나파는 샌프란시스코에서 가까워서 이동이 문제가 된 적이 없었다. 요즘은 〈외진 데 사는 게 가끔 방해가 된다〉고 케이트는 말한다.

합병 이후의 여러 문제가 현장을 시작으로 거의 곧바로 생겨났다. 허브-스포크 체계[7]는 허브 공항에 기상이 나빠지거나 정체가 발생하면 불가피하게 지연 사태로 이어진다. 모든 항공기 지연 사태의 절대 다수는 그 근원을 거슬러 올라가면 한 줌도 안 되는 대형 공항들(대부분 뉴욕과 시카고에 있다) 때문이다. 엄청난 규모의 항공 교통이 대형 공항에 집중되는데, 그 때문에 야기된 지연 사태는 거의 모든 곳의 여행객에게 영향을 미친다.

일부 항공사는 정시 출발을 소중히 여기지 않는다. 「우리는 출발·도착 시간 준수에서 상위 25퍼센트 안에 드는 것이 반드시 비용 효율적이라고 보지 않습니다.」 프런티어 항공의 상무 대니얼 슈어

7　여객 운송과 물류에서 허브 공항을 축으로 삼아 바큇살처럼 승객과 화물을 사방으로 보내는 체계.

츠가 2017년 블룸버그 뉴스에서 한 말이다. 이런 항공사는 당신의 비행기표에 찍힌 도착 시간을 지키는 데 돈을 쓰려고 하지 않는다. 많은 항공편이 규제 담당자들에게 신속하고 기민하다는 거짓된 인상을 주기 위해 비행 일정을 조작하는 식으로 〈정시에〉 도착지에 도달할 뿐이다. 오늘날 비행기가 빨라졌을지는 몰라도 항공편은 느려졌다.

주요 항공사들의 경우에 몇 달이 멀다 하고 〈기계 결함〉(무슨 이유에서인지 허구한 날 똑같은 문구를 들먹인다) 때문에 수천 편의 비행기가 이륙을 못 한다는 이야기가 들린다. 유나이티드는 2015년과 2017년에 전체 시스템이 마비되었다. 2016년 사우스웨스트, 2016, 2017, 2018년 델타, 2018년 아메리칸에서도 똑같은 문제가 발생했다. 항공 산업의 혁신 약속을 반영이라도 하듯, 2019년 만우절에 유나이티드와 사우스웨스트, 델타, 아메리칸에서 전부 동시에 기계 결함이 발생했다.

주요 항공사가 극소수인 가운데 개별 항공사가 운항하는 편수는 많다. 따라서 결함이 발생하면 시스템 전체에 연쇄 작용이 일어난다. 비행기가 상공에서 오도 가도 못하고, 연결편이 끊어지고, 승무원이 비행 일정을 준수하지 못한다. 이런 상황은 또 다른 변화 때문에 악화되고 있다. 예전에는 지연된 항공편 티켓을 다른 항공사에 가지고 가면 티켓을 교환받을 수 있었다. 지금은 〈상호호혜 규칙〉이 무의미해졌다. 그리고 대형 항공사가 워낙 힘이 세기 때문에 경쟁 업체 고객의 예약 변경 신청을 거부하고 있다. 자사 항공편에 자리가 비어서 손실이 생길까 우려하기 때문이다.

미국의 집중된 항공 여객 시스템의 취약성을 보여 주는 고전적인 사례는 2015년 7월 유나이티드의 컴퓨터 고장 사태다. 같은 날 뉴욕 증권 거래소에서도 비슷하게 성가신 기계 결함이 발생했다. 하지만 경쟁하는 거래소가 여럿 있었기 때문에 다른 곳에서 구멍 난 거래를 채워서 거래량은 사실상 변화가 없었다. 그런데 유나이티드에서는 기계 결함으로 전국 곳곳에서 수천 편의 비행기가 이륙을 하지 못해서 며칠 동안 병목 상태가 이어졌다. 항공 교통을 계속 유지할 수 있는 여유 시설이 전혀 없었다.

델타의 최고 경영자가 인정한 것처럼, 항공사들은 대체로 합병 이후에 정보 기술을 업그레이드하지 않고, 대신에 예약과 비행기 출발, 승무원 일정을 담은 기존 시스템을 그냥 합쳐 버린다. 수십 년 전부터 여러 합병이 이루어졌기 때문에 결국 컴퓨터 네트워크마다 1990년대부터 임시 수정된 데이터가 쌓여 있다. 미국 반독점 연구소American Antitrust Institute의 다이애나 모스가 작성한 보고서를 보면, 컴퓨터 시스템 다운 현상이 합병 이후에 더욱 빈번함을 알 수 있다. 모스의 말이다. 「거대한 IT 시스템을 보유한 거대 항공사가 제대로 작동할 리 없죠.」놀랍게도, 이 모든 합병이 〈효율성〉 증대를 근거로 내세웠다. 특히 만성적으로 결함이 있는 컴퓨터 시스템을 통합해서 효율을 높인다고 홍보했다. 물론 합병의 언어에서 〈효율성〉이란 그저 돈을 절감한다는 뜻이다. 승객들에게 달리 선택의 여지가 없는 한 허구한 날 고장 나는 시스템을 고칠 이유는 전혀 없다.

❖

두둑한 돈지갑을 가지고 다른 대안을 선택할 수 있는 사람은 거의 없기 때문에 항공사들은 고객의 안녕을 살필 필요가 없다. 하지만 모든 승객에게 한계점이 있고, 대가도 따른다는 사실을 모를 리 없다. 항공사가 승객을 얼마나 비참하게 만들 수 있는지, 그리고 기업의 수익이 얼마나 개선되는지 사이에는 뚜렷한 연관성이 존재한다.

곤경은 비행기를 더욱 꽉꽉 채우면서 시작된다. 항공사들은 1970년대에 좌석율 55퍼센트를 목표치로 잡았던 반면, 2018년에는 평균 83퍼센트가 채워졌는데, 다음 항공편을 타기 위해 왕복하는 승무원은 계산에 넣지 않은 것이다. 항공사 중역들은 이런 식으로 유지되기를 바란다. 항공 산업 회의장에서 중역들은 비행 일정에서 〈수용 능력 통제capacity discipline〉를 유지하는 문제를 공공연하게 거론한다. 빈 좌석을 줄이는 것을 가리키는 일종의 암호다. 인력과 제트 연료를 사용하는 비행기는 돈이 드는데, 이륙이 지연되는 비행기가 많을수록 나머지 항공편이 빽빽하게 채워지고 수익성이 좋아진다. 비행 일정이 불편해져서 승객들이 화가 나도 상관없는 일이다.

현대의 갖가지 혁신적 제품에서부터 포로 수용소에서도 보장되는 기본 생필품에 이르기까지 모든 게 9,000미터 상공에서는 무척 형편없다. 좌석은 더 좁고 앞뒤 승객 사이의 거리도 줄어들었다(이 점에 관해서는 뒤에서 다시 이야기하겠다). 2019년 4월 델타는 등받이가 젖혀지는 폭을 약 5센티미터 줄이겠다고 발표했다. 뒷자리 승객이 노트북을 편하게 사용하도록 하기 위한 조치라는 설명이었다. 승객의 머리 위 공간도 계속 줄어드는 중이다. 조만간 중세 스페인 종교 재판소에서 사용하던 고문 도구와 비슷한 선 채 앉는 〈의자〉가 깔릴지도 모른다.[8] 비행기 와이파이는 욕이 절로 나오는 수준인데, 기내 인터넷 접속을 장악한 업체인 고고가 장기 계약을 체결하고 더 좋은 서비스가 진입하는 것을 철통같이 막기 때문이다. 화장실은 최대 약 18센티미터나 크기가 줄어들고 있다. 좌석을 한 줄이라도 더 깔기 위해서다. 승객들은 화장실 문까지 가는 데만도 몇 번이고 몸을 비틀어야 해서 자포자기 심정이 된다. 비행기 안에서 〈개선〉된 게 하나 있다고? 프라이버시를 침해하는 카메라가 의자 뒷부분 모니터 바로 아래 설치돼 있어서 승객을 염탐해서 항공사에 데이터를 보낸다. 비행기를 자주 이용하는 양당 정치인들이 이 카메라에 분노를 표하고 있다.

바가지 요금에 다리에 쥐가 나고 불편하니 필연적으로 객실 난동이 일어나게 마련인데, 비행 승무원들도 저임금에 부적격자가 허다하다. 「국내 항공편은 모두 연방항공청의 최소 인력으로 운항합니다.」 승무원 노동조합 지도자 세라 넬슨의 말이다. 「앞뒤 양옆으로 좁은 자리에 남들과 끼어 앉아서 기분이 언짢은 승객들을 상대해야 하는데 오히려 승무원이 줄었어요.」 승무원들은 갈등을 누그러뜨리

---

8 〈스페인 당나귀〉라는 고문 도구는 피심문자의 양다리에 무거운 추를 단 채 쐐기가 박힌 삼각형 목마에 앉히는 방식이었다. 사타구니에서 피가 흐르고 고통이 이루 말할 수 없이 심했다고 한다.

는 교육을 받지만 불만이 들끓고 있다. 국제항공운송협회(IATA) 보고서를 보면, 2017년 1,035회 비행당 한 건꼴로 기내 난동 사건이 벌어져서 1년 전에 비해 35퍼센트 늘어났다. 이 가운데 4분의 1 이 상이 술 취한 승객과 관련되는데, 이제 비행기 여행의 일상이 되어 버린 고통을 덜기 위한 방편으로 술을 마시는 것도 어느 정도 이해 가 간다.

가장 악명 높은 기내 난동 사건은 2017년 4월 9일 시카고에서 루 이빌로 가는 유나이티드 3411편에서 일어난 것이다. 여러 승객이 휴대 전화 카메라로 공항 경찰이 피를 흘리면서 비명을 지르는 데 이비드 다오 박사를 비행기 통로로 인정사정없이 끌고 나가는 모습 을 찍었다. 다음 날까지 루이빌에 가야 하는 항공사 승무원들에게 자리를 내주기 위해 비행기에서 내리라는 요청을 거부했다는 이유 였다. 유나이티드 항공은 예약 변경 보상금으로 800달러를 주겠다 고 했지만 자진해서 나서는 승객이 부족하자 무작위로 다오를 선택 했다. 소문이 퍼지면서 불매 운동을 호소하는 분노의 물결이 크게 일었다. 돈을 내고 티켓을 사서 자리를 배정받아도 특권을 휘두르 는 항공사의 횡포에서 자유롭지 못하다는 사실이 드러났다.

다오 박사는 결국 액수를 공개하지 않은 합의금을 받고 법정까지 가지 않았다. 교통부는 유나이티드에 벌금조차 부과하지 않았다. 그로부터 1년 뒤, 항공편 초과 예약의 표준 관행이 적어도 어느 정 도 줄어들었다. 하지만 다오의 변호사인 토머스 디메트리오는 『워 싱턴 포스트』에 항공 산업에서 바뀐 것은 별로 없다고 밝혔다. 「승 객은 기본적으로 그냥 앉아서 입을 다물라는 겁니다.」 폴 스티븐 뎀프시의 설명이다. 「마음에 들지 않아도 뭘 어쩌겠습니까?」

노동조합 지도자 넬슨은 승객과 승무원이 같은 거대 기업들에게 동시에 착취를 당하고 있으며, 그 결과는 일종의 사회적 추세를 압축해서 반영한다고 힘주어 말한다. 「엘리자베스 워런이 흔히 말하는 것처럼 승부 조작이 벌어지는 겁니다. 닫힌 문 안에서 상공을 가르는 우리 비행기를 대상으로 미국의 거대한 실험이 진행되는 중이에요. 어디다 도움을 요청할 방법이 없습니다.」

탈출구, 즉 달콤한 위안을 주는 안전판을 원하는 승객들이 돈을 지불하도록 항공사들은 승객들을 훈련시키고 있다. 실험실에서 쥐를 대상으로 버튼을 눌러서 사료를 받아먹게 훈련시키는 방법과 흡사하다. 그전까지 무료로 누리던 모든 게 이제 비용이 부과된다. 따뜻한 식사, 편안한 좌석, 위탁 수하물, 항공편 변경 등이 이제 모두 유료다. 그리고 대다수 항공사는 승객이 탑승할 때 상품 — 이 경우에는 기본적인 인간의 편안함 — 을 진열해 놓는다. 「항상 뒤쪽 열 좌석부터 승객을 탑승시켜야 합니다.」 케이트 해니의 말이다. 「그래야 비용하고 시간이 절감돼죠. 그런데 사실 항공사가 노리는 건 1등석을 지나가면서 보게 만드는 겁니다. 모든 승객이 1등석이 얼마나 좋은지 구경해야 하는 거죠.」

1등석은 값이 꽤 비싸다. 한 계산에 따르면, 3배 정도 비싼 값에 공간은 약 45퍼센트가 넓어진다. 하지만 이코노미석이 워낙 불편해서 1등석 수요가 꾸준히 높아지고 있다. 게다가 부가 요금이 점점 수익의 중심을 차지하면서 항공사들은 시종일관 요금을 인하한다고 자랑할 수 있다. 요금은 그야말로 기본 요금인데 말이다. 1995년에는 부가 요금을 비롯한 수수료가 전체 수입의 10분의 1을 약간 상회했는데, 지금은 4분의 1이 넘는다. 10대 항공사는 2017년 한 해에만 부가 요금으로 297억 달러를 거둬들였다.

　항공 산업 컨설턴트인 마크 거식이 쓴 『등받이를 완전히 세워서 고정된 자세로Upright and Locked Position』에 따르면, 언젠가 아이디어 웍스의 부가 요금 전문가들이 〈부가 수입 훈련 캠프〉 주말 행사를 열어서 추가적인 수입 흐름 창출에 관한 아이디어를 모았다고 한다. 지금 우리는 그런 자유 토론의 결실을 목도하는 중이다. 항공사들은 유류 할증료를 추가로 적용하고 유가가 떨어진 뒤에도 계속 할증료를 유지한다고 알려졌다. 2011년 연방항공청의 인가가 소멸되어 일시적으로 연방세 징수가 중단되자 항공사들은 요금을 인상했다. 승객들 모르게 차액을 주머니에 챙긴 것이다. 위탁 수하물 요금을 비롯한 기타 요금을 면제해 주는 제휴 신용카드 수수료 수입이 늘어나면서 항공권 판매 증가분을 앞지르고 있다(비행기 여행이 한 편의 긴 신용카드 광고로 바뀌는 이유가 여기에 있다). 일부 항공사는 새로운 〈게이트 서비스〉 요금을 부과한다. 승객들이 객실에 짐을 넣을 자리를 찾지 못해 탑승교 위에 짐을 올려 두어야 하는 경우를 대비하는 것이다. 다른 항공사들은 승객들을 상대로 편안한 좌석을 경매에 붙인다. 이베이와 비슷한데, 예전에는 티켓값에 포함됐던 것에 웃돈을 내야 한다. 또한 영국 정부의 연구에 따르면, 다른 항공사들은 알고리즘을 활용해서 가족을 일부러 떨어뜨려 놓고는 좌석 변경 요금을 추가로 챙긴다. 항공사 로비스트들은 이런 관행을 〈고객에게 선택권을 주는 것〉이라고 말하지만, 승객 입장에서는 노상

강도를 만나는 셈이다. 돈을 내놓든지 어떤 결과든 감수하든지 선택하라는 짓이니까 말이다.

객실에서 지루하게 고생을 하는데 부가 요금까지 내야 하니 여행객들이 행동으로 반응하는 게 당연하다. 가령 위탁 수하물 요금이 비싸면 승객들은 캐리어를 들고 탈 수밖에 없다. 그러면 비행기에 타자마자 먼저 머리 위 선반에 빈자리를 찾아야 한다. 그리하여 항공사들은 사전 탑승에 요금을 매기기 시작했다. 게다가 모든 승객이 기내에 짐을 갖고 탄다면, 지상에서 돈을 받는 수하물 담당자가 줄어든다. 객실에서 기내식이 사라지자 항공사는 기내 조리실 면적을 줄여서 좌석 공간을 더 늘릴 수 있었다. 좌석 등받이에 있는 모니터는 새로운 편의 시설처럼 보이겠지만, 알고 보면 공용 스크린을 없애고 승객마다 시청료를 뜯어내기 위한 수작이다.

이와 같은 요금 체계는 경쟁자가 없어서 마음 놓고 푼돈을 뜯어낼 수 있을 때만 작동한다. 2018년 가을에 수하물 요금이 일제히 인상된 경우처럼 사실상 모든 항공사가 기묘하게 서로를 모방한다. 어느 편인가 하면, 스피리트 항공 같은 저비용 항공사가 더 심해서 좌석 배정, 온라인 예매, 담요, 탄산음료, 지갑보다 큰 모든 휴대용 짐에 요금을 매긴다. 왓츠앱 메신저로 스피리트에 문자를 보내면 25달러가 비용으로 청구된다. 스피리트가 벌어들이는 수입 가운데 무려 46.6퍼센트가 부가 요금에서 나온다. 유나이티드를 비롯한 유서 깊은 항공사들도 스피리트에서 〈기본 이코노미〉 요금 아이디어를 배우고 있다. 이 요금제로 하면 안전벨트 빼고는 다 돈을 내야 한다. 당분간은 그렇다.

　　2014년, 제트블루는 항공 산업 전반의 추세를 거스르기로 결정했다. 최고 경영자 데이비드 바저는 널찍하고 편안한 좌석과 무료 위탁 수하물, 고속 와이파이 등을 갖춘 고품격 항공사를 추구한다고 선언했다. 바저에게 이 발표는 창립 원칙을 지키겠다는 제트블루의 약속이었다. 창립 때부터 제트블루에서 일한 그는 기업의 〈서비스 지향〉 문화를 설계하는 데 힘을 보탰다. 지역 신문에 밝힌 대로 〈승객에게 바가지를 씌우지 않고도 충분히 수익을 올릴 수 있었다〉.

　　하지만 증권 애널리스트들은 그런 생각을 혐오했다. 그들은 주주의 수익보다 고객을 〈지나치게 걱정한다〉는 이유로 바저를 호되게 두들겼다. 결국 바저는 쫓겨났다. 바저가 사임하고 두 달 뒤, 제트블루는 다리 뻗는 공간을 다시 줄이고 수하물과 와이파이 요금을 인상했다. 애널리스트들은 〈개선〉의 성과를 잔돈까지 분석했다. 위탁 수하물 요금으로 주가가 26센트 오르고, 와이파이 유료화로 다시 9센트 오른다는 것이었다. 코웬 앤 코의 애널리스트 헬레인 베커는 연구 노트에 급작스러운 요금 인상으로 〈제트블루가 언론에서 평이 나빠질지 몰라도 회사가 거둬들이는 수입은 분명 고객의 반발을 능가할 것〉이라고 썼다.

　　이 일화를 보면, 정부의 규제 완화 이후 월 스트리트가 어떤 식으로 항공 산업을 장악하고 소수 독점의 획일화를 요구하는지가 드러난다. 항공사들은 한때 재계의 극약으로 간주되었다. 세계 최고의 투자자인 워런 버핏은 2007년 어느 투자 현황 보고에서 농담조로 말했다. 「선견지명이 있는 자본가가 키티호크에 있었더라면 오빌 (오빌 라이트)을 격추해서 후계자들에게 큰 은혜를 베풀었을 겁니 다.」[9] 그런데 2018년 말 무렵에 이르면, 버핏은 총 투자액 100억 달러 가운데 아메리칸 항공에 4400만 달러, 델타에 6550만 달러, 사우스웨스트에 5500만 달러, 유나이티드에 2200만 달러의 지분을 보유했다.

버핏의 도박은 어떤 한 항공사가 성공한다는 가정에 입각한 게 아니다. 미국이 가장 자랑스럽게 여기는 독점가로서 그는 집중된 항공 여행 시장이 영원히 수익성이 좋을 것이라고 자신하며, 월 스트리트도 같은 믿음을 공유한다. 2014년 조사 기록에서 골드만삭스는 항공 산업을 〈소수 독점의 꿈〉이 실현되는 분야라고 부각시키면서 투자자들에게 〈파괴적인 통합으로 창출되는 기회를 노리라〉고 조언했다. 〈고객의 선택권이 줄어들면서 (항공사의) 가격 설정 권한이 (……) 커지고 공급 업체에 대한 영향력도 강해지는 동시에 신규 진입자를 막는 장벽이 높아진다〉는 것이었다. 이 말을 번역하면 이렇게 된다. 고객, 공급 업체, 노동자, 경쟁 업체는 압박과 고통을 느끼겠지만 중역과 투자자들은 돈더미에 깔린다는 전망이다.

기관 투자자들은 항공사 주식을 사들이고 있다. 버핏, 자산 운용 회사 블랙록, 스테이트 스트리트, 뱅가드, 그리고 헤지펀드 PAR 캐피탈 매니지먼트 등은 모두 4대 항공사의 상위 10개 투자자에 속한다. 블랙록과 뱅가드, PAR는 또한 그다음으로 큰 두 항공사인 제트

9 노스캐롤라이나주의 키티호크는 라이트 형제가 최초로 비행기 시승을 한 곳이다.

블루와 알래스카 항공에도 많은 지분을 보유하고 있다. 원래대로라면 얌전한 경제 언론도 이 점에 관해서는 우려를 제기하고 있다. 「주요 항공사 전체에 대해 그렇게 많은 지분을 사들이고 있는데, 이를테면 독점 행위 비슷한 거 아닙니까?」 CNBC의 베키 퀵이 2017년 2월에 버핏에게 던진 질문이다. 「당신이 입김을 불어넣어서 항공사들이 가격 경쟁을 하지 않게 만든다고 생각한다면 괜한 걱정일까요?」 버핏은 자기는 수동적 투자자일 뿐 경영에는 일절 관여하지 않는다고 대답했다.

하지만 여러 조사와 연구를 보면 대규모 투자자들의 공동 소유가 변화를 야기할 수 있다는 사실이 드러난다. 마틴 슈말즈, 호세 아사르, 이사벨 테쿠는 2017년에 쓴 연구 논문에서 개별 소유인 경우에 비해 공동 소유 회사가 평균 노선의 항공 요금이 3~7퍼센트 높음을 보여 주었다. 여기에는 일정한 논리가 존재한다. 만약 몇몇 〈수동적〉 기업들이 전체 시장을 소유한다면, 명목상 경쟁자일 뿐 소유주가 같은 기업들이 과연 경쟁할 이유가 있겠는가? 「버핏은 소수 독점 산업에 투자하는 걸 좋아한다고 공공연하게 말하고 있습니다.」 옥스퍼드 대학교 사이드 경영대학의 부교수인 슈말즈의 말이다. 「델타 최고 경영자가 자기가 유나이티드와 경쟁하면 버핏이 그렇게 좋아하지 않을 거라고 생각한다고 추정해도 이상할 게 없죠.」

투자자들은 특별히 의도를 숨기지도 않았다. 기업 실적 발표장은 특정한 경로에 관한 수고로운 토론으로 가득하다. 슈말즈와 아사르, 테쿠는 논문에서 어느 포트폴리오 매니저가 〈LA와 시애틀을 벗어난 성장 계획〉을 비판하면서 〈다른 항공사들의 허브에 운송 능력을 더해 주면 당신네 주주들의 확신이 약해지고 (주가가) 위험해진다〉고 경고한 말을 인용한다. 또 다른 투자 매니저는 이렇게 말했다고 한다. 「(사우스웨스트 항공이) 요금을 올리면서 운송 능력은 감축하면 좋겠습니다.」 주식 애널리스트들은 항공사들이 〈공급 증가를 억제〉하기를 갈망하는 보고서를 작성한다. 그러면서 항공사들이 직원들을 위해 푼돈을 챙겨 두면 불만을 터뜨린다. 「실망스럽군요. 이번에도 노동자들이 먼저 돈을 받다니요. 주주들한테는 찌꺼기만 주고 말이죠.」 아메리칸 항공이 2017년 소폭의 임금 인상을 발표했을 때 시티은행 애널리스트 케빈 크리시가 투덜대면서 한 말이다. 아메리칸뿐만 아니라 다른 모든 주요 항공사의 주가도 폭락했다. 항공 산업 지도자 중 한 명이 감히 직원들 편을 들자 투자자들이 산업 전체를 응징한 것이다.

항공사들은 상호 경쟁을 방지하기 위해 첨단 기술 시스템을 완비해 놓았다. 항공사들이 100퍼센트 소유하고 있는 기업인 항공 요금 공표사(ATPCO)는 미국 각지의 모든 공표된 항공 요금에 관한 정보를 실시간으로 알려 준다. 항공사 대형 컴퓨터들이 대규모 팀을 이뤄서 매일 ATPCO를 모니터하면서 요금 변경을 파악하고 경쟁 업체의 움직임을 따라한다. 항공사끼리 상대방의 주요 수입원을 압박하지 않기로 합의하는 일종의 불가침 조약이 등장할 수 있다.

법무부는 1992년 ATPCO에 대해 항공 산업에 소송을 걸었지만, 별다른 제한 조치 없이 사건이 합의됐고, ATPCO는 계속 활용되었다. 최근에 법무부는 비행 일정을 감축하고, 객실을 과밀화하고, 요금을 인상하기로 공모한 혐의로 항공사들에 대한 조사에 착수했다.

아메리칸과 US 항공의 합병에 반대하는 소송에서 많은 증거를 모은 덕분이었다. 하지만 조사는 2017년에 소리 소문 없이 종결됐고, 어떤 행동도 취해지지 않았다.

승객의 다리 뻗는 공간, 일명 〈좌석 간격〉을 둘러싼 싸움을 보면, 현대 항공 산업의 경제적·정치적 권력이 어느 정도인지 분명히 드러난다. 규제 완화 이전에 비행기 좌석은 평균적으로 너비 약 46센티미터, 열 사이 간격은 약 89센티미터였다. 그런데 2016년에 이르면 너비가 약 42센티미터, 좌석 간격이 약 79센티미터로 줄어들었다. 언제나 혁신의 선도자인 스피리트 항공에서는 좌석 간격이 약 71센티미터다. 미국인의 독특한 식생활과 운동법 덕분에 이렇게 점점 작아지는 좌석에 끼여 앉는 여행자들의 몸집은 해마다 커진다. 앞사람이 등받이를 젖힐 때마다 뒷사람 무릎이 깨지는 가운데 이런 불편이 상공에서 긴장 상황이 발생하는 주요 원인으로 부상하고 있다.

항공사들 입장에서 보면 간단한 공식이다. 열 간격을 약 3센티미터 줄일 때마다 비행기 뒤편으로 좌석 열을 더 늘려서 6명 이상의 요금을 더 받을 수 있다. 충전재를 줄이면 비행기가 가벼워져서 연료비가 절감된다. 게다가 좌석이 불편해지면 결국 많은 이들이 항복 선언을 하고 〈선호〉 좌석값을 치른다. 선호 좌석이라고 해봤자 10~20년 전만 해도 일반 좌석이었던 똑같은 좌석 간격이다. 케이트 해니의 말을 들어 보자. 「심부정맥혈전증에 걸리고 싶지 않으면 돈을 내게 만드는 겁니다.」

공중보건의 측면도 타당하다. UN 세계보건기구(WHO)에 따르면, 협소한 좌석 때문에 관절염과 허리 손상이 악화될 뿐만 아니라 4시간 이상 비행하는 승객 6,000명당 1명꼴로 심부정맥혈전증에 걸린다. 해니는 의료 전문가들이 이 병에 별명을 붙였다고 말한다. 「응급실에서는 〈이코노미석 증후군〉이라고 불러요.」 첫 번째로 묻는 질문도 똑같다. 「혹시 장거리 비행을 하셨습니까?」 여러 연구를 보면, 자주 비행기를 타는 사람일수록 위험한 혈전이 생길 가능성이 높다. 「대다수 사람들이 혈전 증세를 느끼지만 그냥 사라지죠.」 현재 플라이어스라이츠의 회장인 폴 허드슨의 말이다. 「소수의 사람들의 경우에 혈전 때문에 혈액 공급에서 산소 이동이 막힙니다. 비행기에서 멀쩡히 내리고 바로 사망하는 사례들이 있습니다.」 테니스 여제 서리나 윌리엄스는 2017년 폐색전증 치료를 받았다. 혈전이 폐까지 이동하는 증세를 가리키는 의학 용어다. 윌리엄스의 잦은 여행 일정 때문에 색전증이 생겼는지는 불분명하지만, NBC 뉴스 통신원 데이비드 블룸은 2003년에 이 병 때문에 사망했다. 이라크 주둔 부대에 합류하기 위해 항공 여행을 한 직후였다.

수년간 경고가 나온 끝에 2015년, 플라이어스라이츠는 연방항공청에 좌석 너비와 간격에 최소한의 요건을 마련해 달라고 공식 청원을 했다. 건강, 편안, 안전 등을 근거로 내세웠다. 연방항공청은 앞의 두 가지는 곧바로 부정하면서 건강상의 근거는 자신의 관할이 아니고 편안을 보장하는 것 역시 책임이 없다고 주장했다. 하지만 이 기관은 안전을 해명해야 했다. 안전이야말로 연방항공청의 핵심 사명이었기 때문이다. 이전의 규제 지침에 따르면, 비상 상황이 발생하는 경우에 모든 승객이 90초 안에 비행기에서 탈출할 수 있어야 했다. 플라이어스라이츠는 이제 좌석이 좁아져서 1990년에 발효된 탈출 규정을 지키는 게 불가능하다고 주장했다.

연방항공청은 플라이어스라이츠의 요청을 거부하면서 항공 산업에서 실시한 테스트 결과, 승객들이 제 시간에 탈출할 수 있다고 주장했다. 그러나 어떤 테스트냐고 묻자 관리들은 공개를 거부했다. 플라이어스라이츠는 연방항공청을 법정으로 끌고 갔다. 그리고 2017년 7월, 워싱턴 DC 연방 항소법원은 연방항공청에 조치를 재고해 보라고 주문했다. 패트리샤 밀레트 판사의 말이다. 「본 건은 믿기 어려울 정도로 비좁아지는 비행기 좌석에 관한 일입니다.」 1988년 스코틀랜드 로커비 상공에서 팬암 103편이 폭발한 사고에서 딸을 잃은 뒤 항공 안전에 뛰어든 허드슨의 오랜 노력이 입증된 순간이다.

하지만 밀레트 판사의 판결은 연방항공청이 이 문제를 재고하게 만들었을 뿐이다. 항공 산업 협회인 미국 항공사 모임Airlines for America은 기업이 좌석 간격을 결정하는 데 〈정부가 간섭할 필요성〉을 느끼지 못했다. 연방항공청이 손을 떼라는 신호였다. 규제 당국도 그들의 말에 귀를 기울였다. 1년 뒤, 연방항공청은 플라이어스라이츠에 좌석 간격 축소로 탈출에 영향이 미친다고 볼 만한, 〈즉각적인 안전 문제가 존재한다는 증거가 전혀 없다〉고 통고했다. 그러면서 승객들이 비좁은 좌석에서 빠져나오는 일이 안전과 관련된 요인이 된다는 사실을 부인했다.

연방항공청은 자신의 주장을 입증하기 위해 테스트 동영상 몇 개를 공개했다. 허드슨이 말했다. 「이 테스트들을 보면 다들 신체 건강한 사람들이죠.」 나는 엠브라에르, 에어버스, 보잉 등 주요 항공기 제조업체들이 각각 만든 동영상을 검토했다. 탈출하는 사람들 가운데 직업 운동선수는 없었지만, 모두 30대로 보였고 특별히 비만인 사람은 아무도 없고, 단 한 명도 통로를 내달리는 데 문제가 없었다. 보잉의 동영상에서는 한 여자가 아기 인형처럼 보이는 물건을 들고 있었다. 시뮬레이션 상황에 어린이는 한 명도 없었다. 내가 비행기에서 본 인구 구성을 정확히 대표한다고 보기 어려웠다.

연방항공청이 관여하지 않는 가운데 제조업체들이 테스트를 시행한다는 사실은 은연중에 진실을 드러낸다. 「제조업체들은 어떤 일에도 실패하는 법이 없죠. 저는 1993년 이래 이 문제와 관련된 여러 위원회에 참여했습니다.」 그러면서 허드슨은 이 테스트를 여러 차례 예행 연습한 걸로 보인다고 덧붙였다. 「미로에 쥐를 놔두고 스무 번 기회를 주면 결국 빠져나가는 길을 찾습니다.」 그러나 연방항공청의 결정에 항의하려는 플라이어스라이츠의 시도는 실패로 돌아갔다.

의회의 연방항공청 재승인에는 좌석 규정에 대한 요건이 포함되었다. 하지만 항공사 컨설턴트들은 새로운 규제가 좌석 간격 확대로 이어질 가능성은 없다고 생각하며, 실제로 오히려 간격이 줄어들 수도 있다. 의회의 어떤 주문도 규제 당국이 71센티미터 좌석 간격을 만드는 것을 저지하지 못한다. 이 간격은 이미 스피리트 항공에서 승인된 사실상의 최저한도다. 바로 그 연방항공청 승인법에는 원래 항공권 변경 수수료에 대한 감독을 강화하는 조항이 있었다. 규제 당국이 합리적인 수수료를 결정할 권한이 있었던 것이다. 미국 항공사 모임의 한 로비스트는 이렇게 말했다. 「이 조항이 법률이 되지 않게 (……) 보장하는 게 우리의 최우선 과제였습니다.」 결과는 성공이었다. 이 조항은 마술처럼 사라져 버렸다. 의회가 내놓은 35가지 다른 주문도 아무 답변을 받지 못했다. 규제 당국이 바로잡은 것처럼 보인 유일한 사항인 극단적인 활주로 지연 상황도 다시 부활하고 있다. 2016년에서 2017년 사이에 빈도가 두 배로 늘어난 반면 과징금 부과는 거의 중단되었다.

폴 허드슨하고 이야기를 나눌 때 그는 미국에서 등장한 최악의 신형 항공기에 관해 말해 주었다. 대다수 주요 항공사들이 구입하는 기종보다 충전재가 더 얇아지고 좌석 간격도 좁아졌다. 원래 74센티미터까지 좁아졌다가 대중적인 분노가 높아지자 76센티미터로 늘어났다. 승객 정원이 150명인데 화장실은 3개밖에 없었다. 통로가 너무 좁아서 〈몸집이 큰 사람은 옆으로 걸어야 한다〉고 허드슨은 말했다.

이 비행기는 보잉 737 맥스라는 기종이었는데, 2019년 3월에 이르러 진 세계가 그 이름을 알게 되었다. 5개월 사이에 두 차례 치명적인 추락 사고가 일어나 346명이 사망하면서 자동 조종 소프트웨어에 심각한 결함이 있음이 드러난 것이다. 에티오피아와 인도네시아에서 고장 난 여객기에는 보잉이 추가 옵션으로 판매한 경고 표시등 두 개가 없었다(추락 사고 이후 보잉은 둘 중 하나를 기본으로 장착하기로 결정했다). 보잉이 일부 소프트웨어 설계, 제작을 인도 출신의 동안의 임시직 코딩 전문가들에게 외주를 주었다는 사실이 나중에 드러났다. 시간당 고작 9달러를 받는 인력이었다.

맥스 비행기가 전 세계에서 이륙을 못하게 되자 사람들은 애초에 왜 그런 기종이 상업 운항 승인을 받았는지 의아해하기 시작했다. 연방항공청 관리자들은 안전 평가의 대부분을 제조업체에 직접 위임했다. 빡빡한 생산 일정을 맞추는 데 도움을 주기 위해서였다. 수십 년 동안 이런 관행이 이어졌다. 1993년 정부가 발표한 보고서를 보면, 연방항공청은 747 점보제트기에 대한 안전 인증의 95퍼센트를 보잉에 위임했다. 맥스 기종의 경우에 안전 평가가 결함이 있는 것으로 나왔다. 특히 추락 사고의 결정적 원인인 자동 비행 시스템에 문제가 있었다. 하지만 연방항공청은 그냥 통과시켜 버렸다. 전직 관리들에 따르면 연방항공청은 보잉에 대한 감독 의무를 게을리했다. 하급 직원들은 과실에 대해 보잉을 호출했다가 상관의 질책을 받는 것을 두려워했다. 몇몇 하급 직원들은 연방항공청 핫라인에 전화를 걸어 737 맥스와 관련된 문제를 은밀하게 신고했다.

연방항공청장 권한대행 대니얼 엘웰은 상원에 출석해서 답변을 재촉받자 정부가 직접 항공기 안전 인증을 하려면 연방 예산 18억 달러와 신규 직원 1만 명이 필요할 것이라고 답했다. 다시 말해, 안전 관련 결정을 독점 대기업에 외주를 주는 것은 재난을 자초하는 결함이 아니라 예산 절감용 조치다. 보잉은 미국에서 유일한 상업용 항공기 주요 제조업체이기 때문에 미국으로서는 여러 모로 대마불사처럼 다뤄야 한다.

정부가 추락 사고를 조사하는 가운데 보잉은 법무 자문위원 J. 마이클 루티그를 대변인으로 선임했다. 루티그는 연방 판사 시절 개인적으로 법과 대학생 수십 명을 서기로 채용했는데, 이 학생들이 현재 정부 곳곳에 자리를 잡고 있다. 연방수사국장 크리스토퍼 레이도 그중 한 명이다. 한편 법무장관 윌리엄 바는 오랫동안 보잉 담당 로펌인 커클랜드 앤 엘리스에서 일했으며, 법무차관과 형사국장도 같은 곳에서 일했다. 연줄망이 거의 외설에 가까운 수준이다.

「항공 산업은 권한을 남용하는 산업입니다.」 허드슨의 말이다. 「각종 소비자 보호 규제를 전부 면제받아요. 사실상 어느 누구도 적용받지 못하는 특권으로 의회를 매수하고 있습니다. 이런 관행이 계속돼선 안 된다고 말해야 하는 시점입니다.」

케이트 해니는 소비자 운동가로서 생각한 최종 목표에 결코 도달하지 못했다. 「항공사 재규제의 어머니가 되려고 했거든요. 모든 문제를 떠맡고 싶었어요. 그런데 이제 집까지 날릴 판이에요.」 플라이어스라이츠에서 무임 자원 활동가로 일하는 해니는 워싱턴 DC를 비롯해 여러 곳을 수십 차례 자비로 다녔다. 더는 버틸 수가 없었다. 「계속 활동가를 할 수 없었어요. 결국 가족이 그러더군요. 〈플라이어스라이츠하고 우리 중에 하나를 선택해.〉」 해니는 2013년 폴 허드슨에게 지휘봉을 넘겼다. 지금은 비영리 음악학교에서 모금 책임자로 일한다.

미국 대기업 역사상 로비스트가 권리 옹호 활동을 하면서 재정적으로 살아남을 수 없으리라고 걱정하게 된 경우는 없었다. 로비스트가 유나이티드가 어떤 식으로 수익을 끌어올리는지 상원의원에게 이야기하려고 워싱턴에 가기 위해 친구들을 재촉한 경우도 없었다. 미국 항공사 모임과 항공 부문의 개별 대기업들은 한 해에 8500만 달러를 로비에 지출한다. 독점을 옹호하는 이들과 공공의 권리를 옹호하는 이들 사이에는 심각한 불균형이 존재한다. 후자가 기금 조성에 무능한 틈을 타서 전자가 번성한다.

하지만 〈재규제〉라는 표현은 잘못된 말이다. 규제는 항공 산업에 여전히 존재한다. 단지 소수의 최고 경영자와 월 스트리트 투자자들의 수중에 있을 뿐이다. 우리는 그저 공공을 위한, 공공에 의한 규제를 금권 정치인들에 의한 규제로 전환했다. 이 금권 정치인들은 현재 자신들의 이익을 위해 우호적인 하늘을 지배한다. 「19세기에 철도가 운송의 원천일 때 이런 말이 있었습니다. 〈사람들이 궁지로 몰렸다people were being railroaded.〉」폴 허드슨의 말이다. 「지금은 비행기가 장거리 운송의 유일한 원천이니까 지금은 우리가 토끼몰이를 당하고 있는 거죠we're being airlined.」

나는 디모인 국제공항 수하물 찾는 곳 옆에 있는 엔터프라이즈 렌터카의 체크인 카운터로 갔다. 담당 직원은 친절하고 믿음직한 전형적인 아이오와 사람이었고, 우리는 판매원과 고객으로 통상적인 대화를 나누었다. 사인을 해야 하는 18곳에 전부 사인을 했고, 모든 준비가 끝났다. 그러자 직원이 말했다. 「잠깐만요, 어떤 차가 있는지 볼게요.」

안쪽 사무실로 들어가는가 보다 생각했지만 이내 살펴보니 이 작은 공항에는 안쪽 사무실이 있을 법한 공간이 없었다. 직원은 엔터프라이즈 카운터를 나와 뒤쪽에 있는 내셔널 카렌탈 카운터로 가서는 작은 서랍을 살살이 뒤져서 자동차 열쇠를 하나 꺼냈다. 그러고는 다시 와서 내게 열쇠를 건넸다.

아예 처음부터 내가 내셔널 카렌탈로 갔으면 다들 편했을 것 같다는 의문이 들었다. 내가 빌린 차가 있는 지정 주차 공간에 가자 바닥에 〈내셔널 에메랄드〉라는 표시가 그려져 있었다. 내셔널에서 관리하는 마일리지 서비스를 가리킨다. 내셔널 에메랄드 클럽이 완전히 독보적이어서 엔터프라이즈까지 아우르는 것 같다. 적어도 디모인에서는.

내셔널과 엔터프라이즈의 열쇠가 같은 서랍에 있는 것은 작은 공항이기 때문이 아니다. 내셔널과 엔터프라이즈를 소유한 모기업이 같은 회사이기 때문이다. 정확히 말하면 엔터프라이즈 홀딩스다. 앨러모와 짐라이드도 엔터프라이즈라는 우산 아래 있다. 열린 시장 연구소에서 수행한 연구에 따르면, 엔터프라이즈 가문에 속하는 기업을 모두 합치면 미국 렌터카 시장의 27퍼센트 정도를 차지한다. 나머지 중 15퍼센트를 차지하는 허츠는 스리프티와 달러를 운영한다. 그리고 8퍼센트가 에이비스버짓 그룹의 수중에 있는데, 이 그룹은 에이비스와 버짓 같은 브랜드, 카 셰어링 네트워크 집카Zipcar, 그밖에 남아메리카와 유럽, 오스트레일리아 등지에서 몇몇 브랜드를 거느리고 있다. 미국 공항에 있는 렌터카로 시장 정보를 제한하면, 집중도가 한층 높아진다. 가령 앞에서 말한 디모인 공항에는 내셔널, 엔터프라이즈, 앨러모, 에이비스, 버짓, 허츠, 달러, 스리프티 등이 있다. 선택지가 꽤 많아 보이지만, 사실상 세 회사뿐이다.

식견이 넓은 사람이라도 이런 사실을 아는 이는 거의 없다. 2018년 『더 힐The Hill』의 한 기사를 시작하는 첫머리는 이런 문장이었다. 〈3대 렌터카 회사가 전미총기협회(NRA) 회원에 대한 할인 프로그램을 중단하면서 총기협회와 유대 관계를 끊는 가장 최근의 기업체 반열에 올라섰다.〉 하지만 이 세 회사는 내셔널, 엔터프라이즈, 앨러모로 모두 엔터프라이즈 홀딩스 소유다.

설령 내셔널과 엔터프라이즈가 같은 서랍에 열쇠를 넣어 두기를 원한다 해도 그게 도대체 나하고 무슨 상관일까? 우선 내셔널과 엔터프라이즈는 고객들이 두 업체가 다르다고 생각하기를 바란다. 엔터프라이즈 홀딩스 최고 경영자의 말에 따르면, 브랜드는 각자 고유의 시장을 위해 일한다. 내셔널은 출장 여행자를 대상으로 하고, 앨러모는 휴가 여행자를 상대하며, 엔터프라이즈는 가성비를 따지는 고객에게 합리적인 선택지다. 하지만 세 회사가 모두 동일한 자동차를 사용하고 열쇠를 같은 서랍에 섞어 둔다면, 도대체 어떻게 구분되는 걸까? 엔터프라이즈 홀딩스는 바가지를 씌울 수 있는지 여부에 따라 시장을 분할할지 모르지만, 그건 그냥 잘못된 구분일 뿐이다.

같은 서랍에 열쇠를 넣어둔다고 가격도 같은 것은 아니라는 나의 가정을 시험해 보기 위해 디모인 렌터카를 검색해 보았다. 가격 비교 사이트인 카약을 이용했는데, 카약은 자체 검색 결과를 프라이스라인, 핫와이어, 익스피디아, 오비츠에 올라 있는 가격과 비교하고 싶은지 물었다. 역시 선택지가 많은 것처럼 보이지만, 실제로는 두 회사다. 카약은 부킹 홀딩스 소유인데, 이 그룹은 프라이스라인, 부킹닷컴, 아고다, 렌탈카스닷컴 그리고 레스토랑 예약 서비스인 오픈테이블 등도 소유하고 있다. 익스피디아 그룹은 핫와이어, 호텔스닷컴, 트리바고, 카렌탈스닷컴(렌탈카스닷컴과 혼동하지 말 것), 휴가지 주택 임대 회사인 버보와 홈어웨이, 그리고 2015년에 매입한 오비츠 등 나머지 전부를 소유하고 있다. 그러니 카약이 자체 가격을 프라이스라인, 핫와이어, 익스피디아, 오비츠의 가격과 비교해 보고 싶은지 물었을 때, 사실은 프라이스라인이 자사의 가격과 익스피디아의 가격을 비교해 보라고 물은 셈이다.

곁길로 샜다.

어쨌든 카약은 똑같은 닛산의 베르사 차량을 엔터프라이즈에서는 233달러, 앨러모에서는 294달러에 1주일간 빌릴 수 있다고 말해 주었다. 그러니 같은 회사에서 같은 차를 빌리는 데 60달러가 차이가 난다. 흥미롭게도, 내셔널 카렌탈의 가격은 찾을 수 없었다. 아마 디모인 공항에서 내셔널이 하는 일은 열쇠를 보관하는 업무뿐인가 보다.

2
농업과 축산업

독점 기업 때문에 어느 농민의 딸이
호텔 데스크 뒤에서 울고 있다

아이오와주의 큰 물줄기들은 중서부 북부와 어울리지 않지만(이
웃한 미네소타주는 〈1만 개 호수의 땅〉이다), 중심부에서 생겨난 클
리어레이크는 노란 모래사장에 보트 잔교, 리조트 호텔 등이 수려
해서 익숙해지는 데 잠깐 시간이 필요했다. 클리어레이크에 자리한
아리따운 20세기 중반 음악당인 서프 볼룸은 스물두 살의 버디 홀
리가 탄 비행기가 도시를 벗어나는 길에 추락하기 전에 마지막으로
노래를 부른 곳이다. 돈 매클린은 똑같은 가사가 끝없이 이어지는
유명한 곡에서 그날이 음악이 죽은 날이라고 읊었다.

호숫가 산책길에 관광객이 바글바글하면 클리어레이크 인구도
늘어나지만, 지금은 휴가객들이 이미 떠난 바람 찬 10월의 밤이다.
메인스트리트(실제 이름은 메인애비뉴)는 6시 30분이 되자 텅 비
었고, 술집 두어 곳과 토네이도 대피소 겸용인 해외참전군인회 건
물만 불이 켜져 있었다. 클리어레이크 인구는 1990년 이래 줄곧 줄
어드는 중인데, 나는 호숫가를 터벅터벅 걷다가 바람이 거세지자

곧바로 괜히 나왔다는 생각이 들었다. 그러다가 도로 위에 침낭을 펼쳐서 아무 방해도 받지 않고 누울 수도 있었던 때가 떠올랐다.

클리어레이크는 적어도 여름철에 즐길 거리가 있어서 항상 이렇게 조용하지는 않다. 아이오와 북부의 나머지 지역들은 혜성이 떨어져서 인구를 싹 쓸어버린 것 같은 느낌이 들 정도다. 도로 가에 풀을 뜯는 짐승 한 마리 없다. 농장 지역임을 감안하면 놀라운 풍경이다. 지나치는 땅은 대부분 옥수수밭과 콩밭이고, 저 멀리 곡식 저장고가 몇 개 우뚝 서 있다. 오래된 소도시들은 목적지라기보다는 여행 중에 지나치는 장소처럼 보인다.

다음 날 아침, 몇 킬로미터 남쪽으로 향해 또 옥수수밭과 콩밭을 몇 군데 지나 크리스 피터슨이 사는 집으로 갔다. 크리스는 아일랜드와 덴마크 혈통의 65세 남자로 3대째 돼지를 키우는데, 농장에 있는 헛간과 창고를 전부 직접 지었다. 문을 두드리자 고전적인 농부 차림의 크리스가 나왔다. 닳아빠진 트럭 운전사 모자에 플란넬 작업복 셔츠, 캔버스 외투, 청바지를 입었다. 부엌 식탁에서 이야기를 나눴는데, 이 자리는 오랜 세월에 걸쳐 유명한 상원의원과 주지사, 심지어 대통령도 앉았던 곳이다. 크리스는 민주당 정치에 활발히 관여하는데, 아이오와에서는 그 덕분에 적어도 4년에 한 번은 권력자와 만날 기회가 생긴다.

크리스의 조부모는 뉴욕의 엘리스섬을 통해 미국에 들어와서 서부로 계속 이동하다 아이오와까지 왔고, 땅 한 뙈기를 살 돈을 모았다. 아버지는 클리어레이크 동남쪽 약 16킬로미터 거리에서 농사를 지었고, 처가는 북쪽 약 8킬로미터 거리에서 농사를 지었다. 「고등학교 2학년 때 내 돼지가 생겼지요.」 내게 설명하는 그의 눈이 가늘어지다가 거의 감은 것처럼 보였다. 「하고 싶은 일이라곤 농사뿐이었다오.」

하지만 그런 전통은 사라지는 중이다. 요즘 피터슨의 농장은 규모가 작은 틈새 사업이고, 그 자신이 이런 농장은 끝물이라는 걸 잘 안다. 「덴마크와 아일랜드 시절부터 수백 대는 아니라도 수십 대를 이어 농사를 지었고, 이게 그 결과물이오. 내가 마지막이지. 막다른 길이에요, 서글프지만.」 독립 가족농의 생활 방식은 거대 농산업으로 대체되고 있다. 산업 규모의 격리 부지, 무자비한 가축 회사와 종자 장사꾼, 끝도 없이 펼쳐진 단일재배 작물. 독점화된 우리의 먹거리 시스템 때문에 전 세계의 수많은 크리스 피터슨은 시대에 뒤처져 어떻게 살지 막막해지고 있다. 지역 사회가 환경적으로나 사회적으로나 무너져 내렸다. 부와 기회가 농촌 공동체와 농업 주farm state에서 유출되면서 역사적으로 사회적 소요로 이어지는 지역 간 불평등의 동학을 야기하고 있다. 모든 농가가 이런 시스템의 영향을 받지만 전문직과 지역도 영향을 받으며, 궁극적으로 우리의 정치와 세계에도 충격이 가해진다.

딸 베키가 농장 아이로 태어나 자라면서 아버지의 가업을 이어 가기를 바랐다는 이야기를 들려주는 동안 크리스의 목소리가 갈라지기 시작한다. 베키는 돼지와 닭을 치는 일을 돕는 걸 좋아했다. 크리스는 딸을 자기 오른팔로 여겼다. 하지만 베키는 농산업 중역이 아니면서 농업에 종사하고자 하는 모든 사람을 가로막는 견고한 벽에 부딪혔다. 결국 다른 일로 옮겼다. 겨우 열아홉 살 나이에 클리어레이크의 베스트웨스턴 홀리데이 롯지의 관리자 일자리를 얻었다. 「어느 날 딸애가 전화를 하더군.」 크리스가 말했다. 「뭔가 잘못된 게 분명했지. 〈무슨 일이냐?〉 〈아, 아빠, 끔찍한 날이었어요. 담당자가 출근을 하지 않아서 결혼식을 바로 앞두고 음식 준비가 안 된 거예요. 이 사람을 해고해야 하는데, 그럴 용기가 나지 않네요.〉 계속 그런 말을 늘어놓더니 울먹였어요. 그러고는 어떤 말을 내뱉었는데, 그 말을 절대 잊지 못할 거요.」

크리스가 잠시 숨을 고르면서 마음을 가라앉히려고 애를 쓰는데, 그의 낯빛이 붉어졌다. 「이런 말을 하더군요. 〈아빠, 집으로 돌아가서 농사를 지을 수 있으면 좋겠어요.〉」

크리스가 눈가를 훔쳤다. 「이거 노인을 울리는구먼.」

농민의 삶은 언제나 불안해서 항상 날씨가 나쁘거나 병해충 때문에 수확을 망치곤 한다. 미국의 농업이 생계형에서 상업화로 이동함에 따라 새로운 위협이 여러 차례 등장했다. 19세기에 철도가 농민에게 바가지를 씌우자 농민들은 맞서 싸웠다. 대공황 이전인 1920년대에도 농촌은 1차 세계 대전 이후의 물가 폭락과 수확을 증대시킨 기계화 때문에 불황을 겪었다. 이제 기계화가 대세가 되자 농민이 그렇게 많이 필요하지 않았다. 창고와 임시 가축 사육장, 도매상까지 소유하면서 수직적으로 결합하고 가격을 조작하는 정육업체의 횡포 역시 농민과 목장 주인들을 괴롭혔다. 1929년 주식 시장이 폭락하면서 금융가들이 20만 개가 넘는 농장을 압류하자 고통은 더욱 커졌다. 대공황이 맹위를 떨치면서 절망의 나락에 빠진 그레이트플레인스Great Plains 농민들은 농사에 적합하지 않은 초지를 경작했고, 더스트볼[1]을 덮친 가뭄으로 토양의 표층이 날아가서 땅이 황폐해지자 그 지역을 떠났다.

농민들이 규모와 정치적 영향력이 커진 투표 집단을 형성할 때마다 정부가 주기적으로 개입했다. 20세기 초 내내 힘이 커진 주간통상위원회는 약탈적 철도 가격 인상에 제한을 가했다. 우드로 윌슨 행정부는 정육 트러스트를 해산시켰고, 1921년 정육 및 임시 가축사육장에 관한 법률을 제정해서 시장 조작을 방지하고자 했다. 대공황 이후 각 주는 저당 구제와 압류에 대한 일시 중단을 시행했다. 〈가격 패리티price parity〉 조정이라고 알려진 뉴딜의 농작물 생산 통제로 연간 수확물의 적정 수익이 보장되었다. 「그 조치로 가족농들이 구제를 받았지.」 크리스 피터슨의 말이다. 「아마 그런 구제책이 없었으면 우리 할아버지는 굶어죽었을 거요.」

다음번 위기는 1980년대에 닥쳤다. 과잉 생산과 소련에 대한 곡물 수출 금지 조치로 상품 가격이 급락했다. 연방준비제도이사회(이하 연준) 의장 폴 볼커가 인플레이션을 잡겠다고 공언하면서 1980년대 초에 금리가 급등했다. 금리 인상은 농지와 소모품, 종자, 농기계 등을 거의 전적으로 신용 대출로 구입하는 농민들에게 직접 영향을 미쳤다. 농민들이 투입 비용 상승과 높은 이자 지불, 가격 폭락에 대응하면서 1978년에서 1984년까지 농가 부채가 두 배 늘었

---

1 Dust Bowl. 모래바람이 몰아치는 서부 대초원 지대.

다. 농가 수입은 1973년 921억 달러에 달했다가 10년 뒤에는 82억 달러로 감소했다. 압류 건수가 급증함에 따라 농가 신용 시스템은 대공황 이래 처음으로 대규모 손실을 입었다. 그리고 레이건 정부는 이런 고통에 굼뜨게 대응하거나 아예 대응할 의지를 보이지 않았다. 1985년 윌리 넬슨, 크리스 크리스토퍼슨, 닐 영 등이 주도한 팜 에이드 콘서트가 필시 그해에 정부보다 가족농들에게 더 많은 지원을 해주었을 것이다. 의회가 개입할 시점이면, 이미 때늦은 상태였다. 이미 농촌 풍경은 유령 도시와 버려진 농가가 지배하고 있었다.

1980년대는 크리스 피터슨의 농사가 자리를 잡는 시기였다. 어쨌든 그는 암돼지 비용을 대기 위해 제조업 공장에서 야간 교대조로 풀타임 일을 하면서 살아남았다. 대부분의 땅을 빌려서 돼지를 수용할 우리를 저렴하게 지었고, 돼지 판매 수입으로 더 많은 돼지를 샀다. 1990년대 중반에 이르러 야간 교대조를 그만둘 수 있었다. 「약 49만 평을 일궜지.」 그가 말했다. 「생활이랄 게 없었어요. 그런 식으로 농사일에 몰두했다오. 여섯 개 농장에 돼지를 길렀으니까. 두 시간 자고 하루 종일 일했어요. 코카콜라로 끼니를 삼았지.」 몇 년간 여섯 자리 수입을 올린 끝에 피터슨 일가는 큰 포부를 품기 시작했다. 「아내하고 상의하면서 말했지. 〈세상에 이제 다 됐어. 아이들을 대학에 보낼 수 있을 거요. 애들이 농사를 짓고 싶다고 하면 그렇게 해줄 수 있지. 땅을 살 수 있을 테니까. 꿈같은 일이야.〉 그런데 2년 만에 물거품이 됐지.」

결정적인 전환점은 1998년이었다. 1년 만에 돼지 가격이 약 45킬로그램당 46달러에서 17달러로 떨어졌다. 농산업이 집중 가축 사육 시설(CAFOs, 공장식 사육 시설)을 선구적으로 활용하던 시기였다. 거대 농산업체가 돼지 수천 마리를 대형 창고 크기의 사육장에 쑤셔 넣고 햇빛을 차단하고 움직일 공간도 주지 않았다. 한 지붕 아래 중앙 집중식 사육으로 비용은 절감됐지만, 규모가 커지면서 돼지 공급이 급증해서 가격이 떨어졌다. 대규모 사업체만 번성할 수 있었다. 공장식 사육 시설을 낳은 주요한 촉매는 대단히 낮은 사료 가격이었는데, 1950년대의 유물인 초저가 사료는 아이젠하워가 가격 패리티 조정을 폐지한 결과였다. 옥수수 가격이 워낙 싸서 수많은 돼지를 먹일 수 있게 되자 소규모 농부는 경쟁할 수 없었다. 「공장식 시설에서는 생산비 이하의 옥수수를 구매해서 자기네 돼지를 먹였으니까.」 크리스의 말이다. 「가족농이 가축을 기르고 돼지를 소유하고 싶어도 농장에서 생산하는 옥수수는 공장식 시설이 시장에서 구매하는 것보다 비용이 더 많이 든단 말요.」

이상하게도, 돼지 농가가 받는 가격은 떨어지는데 돼지고기 가격은 떨어지지 않아서 중간 정육업체들은 두둑한 이윤을 챙기면서 공장식 시설의 감소하는 채산성을 메웠다. 하지만 가격 폭락 사태로 크리스는 밀려났다. 몇 주일 만에 수만 달러 손실을 봐서 결국 파산 상태에 빠졌다. 많은 동료 농사꾼들도 똑같은 운명을 겪었다. 농무부 통계에 따르면, 1990년대 중반 이래 전체 돼지 농가의 70퍼센트 이상이 폐업했고, 2007년에서 2012년 사이에만 25퍼센트가 감소했다. 아이오와의 경우에 1997년에 돼지 농가가 1만 8,700곳, 사육하는 돼지가 2730만 마리 있었는데, 2017년에 이르면, 사육 농가는

6,200곳뿐이었지만 돼지는 6000만 마리였다. 공장식 시설이 장악해 버린 것이다.

오늘날 4대 돼지 사육 기업이 전체 시장의 3분의 2를 장악하고 있다. 최대 업체인 스미스필드 푸드는 미국의 전체 돼지의 4분의 1을 직간접적으로 사육하고 연간 3200만 두를 가공 처리한다. 스미스필드는 돼지 농장, 도살장, 창고, 유통 트럭을 소유해서 농장에서 식탁까지 전부 도맡는다. 독립 생산자는 수직 통합된 경쟁자의 상대가 되지 않는다.

스미스필드를 비롯한 농산업체는 직접 돼지를 소유하거나 가족농을 10~12년짜리 계약으로 묶어 둔다. 이런 계약서는 헛간과 우리의 설계에서부터 사료 공급 장치와 환풍기의 종류, 지불 가격까지 일방적으로 정해져 있다. 거래와 동시에 대금이 지불되는 현물 시장에서는 가격 교섭이 존재하지 않는다. 가공업체는 서로 공장이 멀리 떨어져 있기 때문에 농가로서는 어디에 고기를 팔지 선택권이 없다. 농민과 축산농은 판촉과 광고를 위한 〈공제〉 프로그램이라는 명목의 정부 기금에 수익의 일부를 납부하기도 하지만, 그 돈은 축산업 협회로 흘러 들어간다. 이 협회들은 거대 농산업체의 이윤을 극대화하는 로비 활동에 그 돈을 사용한다. 따라서 농민들이 내는 돈은 워싱턴과 각 주의 주도에서 그들의 이익을 해치는 데 쓰인다.

「지금 체제는 소련에 있었던 공산주의 집단 농장하고 다를 게 없어요.」 크리스의 말이다. 「소련에선 정부가 운영했다면, 여기서는 대기업이 운영하는 거지. 농민을 자기 미래에 대한 어떤 발언권도 없는 하찮은 노동자로 바꾸는 거요.」

2013년 중국 재벌 기업 WH 그룹이 스미스필드를 미국 소유주들에게서 사들였다. 당시에 중국 기업이 미국 기업을 인수한 역사상 최대 규모의 거래였다. WH 그룹은 현재 세계 최대의 육류 회사로, 그룹 회장은 2017년에 2억 9100만 달러를 벌어들였다. 가족농을 계속 유지하기 위해 고안된 가격 지원과 농작물 보험을 비롯한 각종 농업 보조금이 스미스필드 같은 상위 기업에 흘러 들어간다.

도널드 트럼프는 대중국 무역 전쟁으로 돼지고기를 비롯한 미국의 수입 농산물에 매기는 관세가 높아지자 농민들에 대한 두 차례의 구제금융으로 280억 달러를 쏟아부었다. 2018년 1차 구제금융 시기에 스미스필드는 잉여 농산물을 푸드뱅크와 학교 급식용 구매 계약으로 처분할 수 있는 자격을 얻었다. 그대로 실행됐더라면 중국을 응징하려는 트럼프의 계획이 오히려 중국 회사에 보상으로 돌아갔을 것이다. 처음에 24만 달러를 받은 뒤, 스미스필드는 대중의 압력에 굴복해서 계약을 거절했다. 하지만 미국에서 2위 규모의 돼지고기 기업인 브라질의 JBS 역시 외국계 회사인데, 구제금융 자금으로 7800만 달러를 받았다. 뇌물 제공 혐의로 법무부 조사를 받던 시기였는데도 말이다. 환경활동그룹(EWG)의 연구에 따르면, 모두 합쳐 농가 구제금융 자금의 절반 이상이 상위 10퍼센트의 농가에 돌아갔다. 최상위 1퍼센트의 농민은 지불금으로 18만 3,000달러를 받았고, 하위 80퍼센트는 평균 5,000달러를 받았다. 트럼프 행정부는 거대 다국적 기업들이 지배하는 공장식 시스템 속에서 가족농을 보호하는 일이 만만치 않음을 깨달았다.

공장식 사육 시설은 또한 농촌 지역 사회에 파괴적인 부작용을 낳는다. 전형적인 공장식 시설은 널조각 돈사 바닥을 통해 분뇨를 축구장 크기의 거대한 오수 처리용 저수지로 흘려보내기 때문에 악취와 파리가 들끓어 인근 지역에 사람이 살지 못한다. 「바깥에 서 있을 수가 없어요.」 크리스 피터슨의 말이다. 「아내가 빨랫줄에 빨래를 널지 못하고, 집 안에서도 냄새가 나지. 차에 타도 냄새가 나고 여행 가방을 열면 갇혀 있던 악취가 코를 찌른다고. 개인의 권리를 침해하는 거야.」 선거철이 되면, 크리스는 방문한 정치인들을 공장식 농장으로 안내하는 일을 즐긴다. 그때마다 공장식 시설에 가면 옷에 냄새가 배니까 여분의 양복을 가져오라고 조언한다. 공장식 시설은 또한 전염병 발생에도 취약하다. 2015년 아이오와에서 조류독감이 발생해서 닭 2600만 마리가 폐사하거나 살처분되었다. 건강한 개체를 병든 개체에서 분리하지 않았다. 워낙 시설이 넓어서 그냥 한꺼번에 살처분하는 게 더 쉬웠기 때문이다.

아이오와주를 제외하고 가장 큰 돼지 사육 주는 노스캐롤라이나로, 970만 마리를 사육하면서 연간 약 3억 7854만 리터의 오수가 나온다. 1999년 허리케인 플로이드가 축사와 분뇨 처리 시설을 덮쳐서 인근의 여러 강에 끈적끈적한 연분홍색 오수가 유입되고 돼지 수천 마리가 공장식 시설 지붕 위에 고립되었다. 주 당국은 오수 처리용 저수지보다 환경적으로 안정된 대안을 연구하고 시행하기 위해 수백만 달러를 투자하기로 스미스필드와 협약을 맺었다. 하지만 공장식 시스템을 바꾸는 것은 〈경제적으로 현실성이 없다〉고 간주되었다. 그리하여 2018년 허리케인 플로렌스가 휩쓸고 간 뒤 오수 처리 저수지 57곳이 추가로 범람하거나 둑이 터지거나 침수되었다.

여러 강이 분뇨 오수로 오염되어 녹조가 발생했고, 물고기가 떼죽음을 당했다. 그리고 이 지역은 지하수면이 높아서 유출된 오수에 식수가 오염된다.

허리케인 플로렌스 시기에 돼지 축산업계가 보인 주요한 대응은 오수를 들판에 뿌리는 식으로 오수 처리 저수량을 미친 듯이 늘리는 한편, 홍수에 갇히거나 떠내려가는 돼지의 모습을 보이지 않기 위해 축사에 있던 돼지를 트럭으로 다른 데로 이동시키는 것이었다. 들판에 뿌린 오수는 결국 지류로 흘러 들어갔다. 「그 회사들은 자기네 상품은 안전한 곳으로 옮기고, 오물은 전부 연안 평지에 남겨 뒀습니다.」 노스캐롤라이나주 환경 단체인 물 지키기 연맹에서 일하는 윌 헨드릭의 말이다. 그런데도 돼지 수천 마리와 닭 300만 마리가 익사했고, 지하수 바로 근처에 대량으로 매립되었다.

노스캐롤라이나의 공장식 사육 시설 가운데 압도적으로 많은 수가 유색인 거주 지역 근처에 있으며, 허리케인이 발생하지 않아도 피해를 끼친다. 여러 연구들이 공장식 사육 시설 근처에 거주하는 것과 폐 기능 저하, 결핵, 호흡 곤란, 균형 감각 이상 같은 공중보건 문제의 상관관계를 밝힌 바 있다. 듀크 대학교의 한 연구에서는 빈혈, 신장 질환, 결핵, 패혈증으로 인한 사망률이 높다는 사실이 밝혀졌다. 잠재적 주택 구입자들도 이런 문제를 모를 리가 없기 때문에 부동산 가격이 떨어지고, 결국 기존 주민들은 건강에 좋지 않은 주거지에 묶여 산다. 허리케인 플로렌스 이후 벌어진 몇 건의 소송에서 공장식 사육 시설 인근에 사는 주민들은 이런 위험에 대해 보상금을 받았다. 축산업계는 노스캐롤라이나 주의회로 하여금 공장식 사육 시설에 대한 소송 위험과 소송 시 피해 보상을 제한하게 만들었다. 농산업체들은 또한 종종 공장식 사육 시설을 소유하고 있다는 사실을 숨기기 위해 다른 이름으로 명의뿐인 회사를 활용하면서 농촌 지역 사회가 책임을 묻는 것을 어렵게 만든다.

육가공 공장에서 일하는 이들의 삶이라고 더 나을 게 없다. 공교롭게도 이런 노동자는 대부분 유색 인종이며 거의 3분의 1이 미국 밖에서 태어난 이주 노동자다. 예리한 칼, 축축해서 미끄러운 바닥, 위험한 장비, 조립 라인의 빠른 속도, 계속 움직여야 하는 압박 등 온갖 끔찍한 위험이 도사리고 있는데도 식품 가공 노동자의 평균 연봉은 빈곤선 언저리에 머무른다. 2018년 스미스필드는 한 노동자가 조립 라인에 오줌을 누는 장면이 촬영된 뒤 고기 약 2만 2,680킬로그램을 폐기해야 했다. 생산직 노동자의 65퍼센트가 작업 중에 부상을 입었다고 말하면서도 많은 이들이 상관에게 이야기하는 건 두려워한다. 국외 추방을 당할까 봐 두려운 나머지 스스로 알아서 예속되는 기적이 일어난다.

이런 상황은 점점 악화될 게 분명하다. 2019년 미국 농무부는 조립 라인 속도 제한을 대부분 폐지하는 한편 정부 감독관을 40퍼센트 감축하고 안전 점검 업무를 공장 직원들에게 떠넘겼다. 아프다고 알리거나 휴식 시간을 챙기는 것을 두려워하는 사람들이라면 돼지가 병들었거나 감염된 걸 발견한다고 생산을 멈출 것 같지는 않다. 이런 변화가 일어나기 전에도 돼지 도살장은 위생의 무덤이었다. 감독관은 숨 돌릴 틈 없이 눈앞을 지나가는 고기 몸통을 보면서 건강한 상태에서 도살된 개체임을 입증하는 데 3.5초가 걸렸다. 그 시간을 줄인다고 당신이 먹는 음식의 상태가 개선되지는 않을 것이다.

게다가 공장식 시설은 식료품의 질을 떨어뜨린다. 더 빠르게 살을 찌우기 위해 돼지에 항생제 주사를 놓는다. 분뇨와 유출수는 인접한 토양에 높은 수준의 박테리아를 침출시켜서 과실과 채소에 영향을 미친다. 이런 고기를 먹으면 인체에 항생제 내성이 있는 〈슈퍼버그〉가 침투할 수 있다. 「그건 그냥 쓰레기 고기예요.」 아이오와 토박이이자 전 재무부 직원으로 지금은 예일대 로스쿨에서 공부 중인 오스틴 프레릭의 말이다. 「크리스 아저씨네 폭찹이 진짜 풍미가 있죠.」

피터슨의 농장은 버크셔골드 품종 돼지 500마리 정도를 기르는데, 요즘 같이 가라앉은 시장에서도 고기가 워낙 질이 좋아서 좋은 값을 받는다. 농장에서는 닭 100마리도 키우는데, 갈색과 청록색 알을 낳는다(크리스의 말처럼 〈1년 내내 부활절인 셈이다〉). 또한 작은 텃밭에서 토마토와 감자, 수박, 캔털루프 멜론을 기른다. 돼지는 개방된 우리에서 살아서 풀을 뜯고 뛰어놀 수 있는 공간이 많다. 진창에서 야단법석을 피우는 돼지들 옆을 걸으면서 크리스가 말했다. 「아침에 일어나면 들리는 소리로 돼지들 상태를 알 수 있지요.」 공장식 사육 시설과는 달리 보통은 조용하다. 소음이 잡다한 공해 가운데 하나일 뿐인 그런 시설과는 다르다. 조용한 돼지는 행복한 돼지다.

크리스의 부인은 집에서 나오는 계란을 팔고, 딸은 통닭용 닭 몇 마리를 기른다. 하지만 맛 좋은 고기와 인도적인 사육은 딱 거기까지다. 「다른 수입이 있어야 해요.」 크리스의 말이다. 「가족농을 그런 지경으로 내몬 거지. 30년, 30년 전만 해도 당시에는 주류 농업이라고 말하던 게 이제는 대안 농업이나 틈새 농업이 됐지. 그렇게 된 거요.」

돼지 사육 농가는 집중 생산 증대가 낳은 결과를 감내하는 유일한 농민이 아니다. 사실 독점의 힘은 우리 식품 생산 시스템의 모든 곳에 도사리고 있다. 농민과 축산농이 식품 소매가 1달러에서 가져가는 비중은 37센트에서 고작 15센트로 크게 줄었다. 독점 기업들이 나머지를 집어삼킨다.

육류 산업은 업턴 싱클레어가 폭로 소설 『정글 *The Jungle*』을 발표한 시기에 비해 더욱 기업 집중이 심해졌다. JBS, 타이슨 푸드, 카길, 내셔널 비프가 쇠고기 산업의 85퍼센트 정도를 지배한다. 독립적인 소 축산농들이 사육장 경매에 소를 내다 팔던 시대는 거의 끝났다. 거대 정육업체들이 대다수의 사육장과 도살장을 직간접적으로 소유하고 있다. 독립적 축산 회사인 아이오와 프리미엄과 내셔널 비프(JBS와 마찬가지로 내셔널 비프도 브라질 기업이다. 아마 이름의 〈내셔널〉은 브라질을 가리키는 것일 테다)가 2019년 제안대로 합병을 하면 미국에 남아 있는 몇 안 되는 현금 시장 가운데 하나가 사라질 것이다. 월마트가 축우의 직접 구매자로 진출하는 것이 희망의 빛으로 보이는 지금, 이 산업이 얼마나 집중도가 높은지 충분히 짐작이 된다(월마트는 또한 현재 우유를 자체적으로 가공하고 있다).

대부분의 소 축산농은 이른바 〈선도 거래forward contract〉 방식으로 특정 정육업체를 위해서만 일한다. 축산농이 한 매입자한테만 팔 수 있고 그 매입자가 어떤 소를 살지, 그리고 소매점까지 어떻게 가져갈지를 좌우한다면, 공급과 수요의 경제학이 무용지물이 된다. 돼지의 경우와 마찬가지로, 쇠고기 정육업체는 고수익을 누리지만 그 수익이 아래로 내려가지는 않는다. 독립적 도매상들은 2019년에 진행된 소송에서 4대 정육업체가 전략적으로 도살장을 폐쇄하거나, 가축 매입을 중단하거나, 축산농에게 지불하는 값을 인위적으로 낮출 것이라고 주장했다. 4대 업체는 축산농이 싼값에라도 소를 팔려고 필사적으로 매달리게 만들기 위해 공모했다. 많은 축산농이 살아남기가 어려운 현실을 깨닫고 있다. 1980년 이래 해마다 1만 7,000명이 손을 털고 축사를 정리하고 있다. 소비자에게도 좋지 않은 것이 거대 정육업체들이 절차를 제대로 지키지 않아서 리콜 사태가 되풀이되기 때문이다. 2018년에 살모넬라균에 오염됐을 가능성이 있는 쇠고기 분쇄육 약 5,440톤이 JBS 공장에서 출하되었다. 병든 소를 생산 라인에 집어넣은 탓이었다. 독점의 시대에는 한 번의 잘못된 결정이 어마어마한 영향을 미친다.

어느 편인가 하면, 양계농의 상황은 더욱 좋지 않다. 닭고기 산업에도 4대 기업이 있는데, 퍼듀, 필그림스, 샌더슨팜스, 그리고 지난 20년 동안 수십 개 경쟁 업체를 주워 담으면서 시장을 이끄는 타이슨 푸드가 그 주인공이다. 닭고기 산업의 90퍼센트 이상이 계약 사유으로 이루어진다. 양계 농가는 사료와 병아리를 받고, 통통하게 살찐 닭을 키우기 위해 어떤 식으로 수용하고 먹이를 주고 약을 주사하는지 지시를 받는다. 「양계농은 베이비시터나 다름없는 존재예요.」 프레릭의 말이다. 부지와 설비를 확보하고, 계사를 짓고, 기업이 지시하는 대로 시설 개선을 하고, 작업을 하는 비용을 전부 감당하지만, 닭의 소유주는 아니고 비용을 충당할 만한 가격을 보장받지도 못한다.

양계 농가는 토너먼트 방식으로 운영된다. 후기 자본주의의 특히 소름 끼치는 고안물인 이 방식 아래 양계 농가는 대형 가공업체에 닭을 공급하기 위해 경쟁하는데, 제대로 살이 찌지 않은 닭을 납품하면 공급자 명단에서 제외된다. 사들이는 업체가 방식을 인위적으로 조작하기 때문에 진정한 경쟁이 아니다. 수요가 어떤 식으로 변동해도 매입 가격은 절대 변하지 않는다. 2018년 중소기업청은 양계 농가가 거대 농산업체에 노예 계약으로 묶여 있기 때문에 자영업자로 간주해서는 안 된다고 결정했다.

조작하는 버릇은 어디 가지 않아서, 거대 닭고기 기업들은 슈퍼마켓과 식당도 비슷하게 다룬다. 2016년 이 기업들이 부정확한 정보를 제공해서 사실상 모든 닭고기 소매업체가 참고하는 〈조지아독Georgia Dock〉의 기준 가격 산정치를 부풀린 사실이 밝혀졌다. 결국 타이슨을 비롯한 대형 업체들이 수십억 달러의 부당 이득을 챙겼다. 2019년 법무부가 다른 가격 담합 사건에 개입해서 범죄 수사에 나섰다. 다른 슈퍼마켓 체인과 식품 유통업체들도 소송을 제기했다. 애그리스태츠라는 회원 서비스에 가입하면 어떤 육가공업체든 산업 전반의 가격을 곧바로 입수할 수 있기 때문에 공모가 어렵지 않다(생선도 여기서 제외되지 않는다. 참치 시장에서도 가격 담합 스캔들이 벌어진다). 항공 산업에는 ATPCO가 있고, 거대 농산업체에는 애그리스태츠가 있지만, 목표는 똑같다. 정보 우위를 활용하는 것이다.

2013년 퓨 리서치는 한 보고서에서 전체 양계 농가의 71퍼센트가 빈곤선 이하의 수입을 올린다고 언급했다. 양계농은 닭고기 약 450그램당 5~6센트를 받는다. 「20년 동안 매입가가 오르지 않았습니다.」 2000년부터 2005년까지 미주리주 부지사를 지낸 돼지 사육농 조 맥스웰의 말이다. 「양계농들이 10만 달러를 들여 닭을 키우면서 꿈과 희망을 품고 있는데, 이도 저도 못 하는 상황인 거지요.」 이런 관행에 양계 농가가 불만을 토로하면, 닭고기 회사는 더 작은 병아리를 주고 값을 적게 쳐주는 식으로 보복한다. 물론 그전에 토너먼트 방식 때문에 먼저 파산하기 십상이다. 1950년대에는 자영 양계 농가가 160만 곳이었는데 지금은 2만 5,000곳에 불과하다. 토너먼트 방식은 빈곤뿐만 아니라 지역 사회의 불신도 조장한다. 「이 방식 때문에 지역 사회가 분열되고 지역 사회의 구조 자체가 박살납니다.」 맥스웰의 말이다. 「범죄가 분명한데, 미국에서는 좋은 사업이라고 하지요.」

미국의 낙농가는 전면적인 위기 상태다. 2014년 이래 우유 가격이 폭락해서 수익을 창출하는 데 필요한 손익 분기점에 한참 못 미치기 때문이다. 해마다 4,600곳의 낙농가가 폐업하는데 이 수치는 더욱 가속화될 것으로 전망된다. 「지금 당장 낙농가에서 돈을 벌 만한 구멍이 전혀 없어요.」위스콘신의 농민 에밀리 해리스가 『밀워키 저널-센티널』에 한 말이다. 하지만 일부 사람들은 돈을 벌고 있다. 비좁은 사육장에서 소젖을 짜는 거대 낙농업체들이다. 로스앤젤레스와 샌프란시스코 사이를 운전하다 보면 콜링가에서 거대한 소 떼와 소똥 냄새를 마주치는 게 일상이다. 낙농가에서 기르는 평균 젖소 두수는 2004년 이래 두 배로 뛰었고, 전체 농장이 줄어드는 가운데서도 공장식 축산으로 전반적인 생산이 늘어나고 있다. 농무장관 소니 퍼듀는 2019년 가족 낙농가를 찬미하면서 뻔뻔하게도 그들이 살아남을 수 있는지 의문을 던졌다.「미국에서는 규모가 클수록 수익도 크고 작은 업체는 퇴출됩니다.」

이번에도 역시 문제는 매입 업체다. 딘 푸드가 미국 전체 우유의 3분의 1 정도를 가공한다. 2019년 11월 이 기업이 파산 절차에 착수하자 낙농가는 이제 누가 우유를 매입할지 걱정하게 되었다. 또 다른 가공업체인 그래슬랜드는 위스콘신주 낙농가 수백 곳의 유일한 매입 업체였는데, 2017년에 매입 양을 점점 줄이자 낙농가들은 농장을 접을 수밖에 없었다. 그래슬랜드 같은 기업은 과잉 생산을 좋아한다. 그렇게 되면 비용이 절감되면서도 낙농가가 무너지기 때문이다.

과거에는 농민들이 소유하는 낙농업 협동조합이 거대 매입 업체에 맞서 낙농가의 이익을 보호해 주곤 했다. 하지만 오늘날의 낙농업 협동조합에는 미국낙농협회(DFA) 같은 거대 독점 기업이 포함된다. 이 협회는 생우유 공급의 30퍼센트를 생산하는 1만 3,000명의 낙농인을 〈대표한다〉. 생산자 겸 매입자인 미국낙농협회는 다른 대안이 없는 지역의 낙농가에 조건을 일방적으로 강요할 수 있다. 또한 우유 가공업체와 판매업체를 소유하거나 파트너 관계를 맺는다. 결국 협동조합 조합원에게서 매입하는 가격이 떨어지면 〈더 많은〉 돈을 번다. 미국낙농협회는 수익을 절대 회원들하고 공유하지 않는다. 딘 푸드는 파산 신청을 하면서 곧바로 미국낙농협회에 합병에 관해 〈진전된 논의〉를 하자고 요청했다. 논의가 순조롭게 진행되면 농민들을 더욱 쥐어짜서 수익을 늘리는 거대 기업이 생겨날 것이었다. 딘 푸드와 미국낙농협회는 과거에 가격을 낮게 유지하기 위해 공모한 혐의로 고발당한 적이 있는데, 합병을 하면 가격 억제가 한 기업 내부의 결정이 될 뿐이었다.

괴물로 변한 다른 협동조합으로는 버터 업체인 랜드오레이크와, 크랜베리 공급을 크게 늘려서 막대한 양의 크랜베리를 냉동 보관하거나 폐기하게 만들어 자영농 중심의 크랜베리 시장을 망가뜨린 오션스프레이가 있다. 1922년 캐퍼-볼스테드법은 농업 협동조합에 대해 반독점 조치를 면제해 주는데, 이런 협동조합들이 실제로 다국적 기업이 아닐 때는 의미가 있었다. 하지만 지금 이 법은 농민들에게 아무런 의지도 되지 못한다.

2017년과 2018년에 일련의 합병으로 전 세계 종자 시장의 60퍼센트 이상을 지배하는 4개 기업만이 남았다. 악명 높은 몬산토를 사들인 바이엘, 다우와 듀퐁의 합병으로 생겨난 코르테바, 신젠타를 인수한 켐차이나(중국화공집단), 그리고 BASF가 그 주인공이다. 현재 바이엘은 세계 최대의 채소와 목화 종자 회사일 뿐만 아니라 잇따른 배심 재판에서 암을 유발한다고 판정된 라운드업 같은 제초제의 최대 판매 회사다. 그럼에도 불구하고 환경보호청(EPA)은 라운드업의 사용을 계속 승인하고 있다.

사정을 잘 모르는 사람들에게 설명해 주면 숨이 턱하고 막히는 관행이 있는데, 농민들은 자기 종자를 소유하지 않으며, 인간이 수천 년 역사 동안 해온 것처럼 종자를 보관했다가 다음 해에 심는 것은 대개 불법이다. 어떤 경우에는 아예 처음부터 종자 자체가 수확이 끝나면 후손을 낳지 못하게 개량된다. 그리하여 거대 종자 기업은 해마다 농민들에게서 돈을 뽑아낸다. 1995년 이래 종자 가격이 3배 넘게 폭등했지만 수확량은 같은 속도로 증가하지 않았다. 이런 시스템 때문에 또 한번 농민들은 종자와 짝을 이루는 살충제에 의존할 수밖에 없다. 예를 들어, 바이엘의 엑스텐드 대두 종자는 유전자가 변형되어 제초제인 디캄바에 죽지 않는다. 그런데 디캄바를 살포하면 인근 농장까지 날아가는데, 이 농장주들이 디캄바 내성 종자를 사용하지 않으면 작물이 말라 죽는다. 따라서 엑스텐드가 현재 시장의 4분의 3을 장악하고 있다. 지역에서 한 농장이 대두 종자를 바꾸면 모든 농장이 따라서 바꿔야 하기 때문이다. 농민들은 2018년에 이 문제에 대해 반독점 소송을 제기했는데, 다시 소송을 걸어야 할지 모른다. 바이엘이 2016년에 디캄바 내성 옥수수 종자의 승인을 받아서 조만간 출시할 수 있기 때문이다.

지구 생명의 토대인 종자가 이처럼 상품화되면서 시장에서 다양싱이 사라지고 있다. 아이오와의 상징인 옥수수 가운데 무려 99퍼센트가 당신의 주방으로 가는 대신 에탄올(휘발유에 사용된다)과 가축 사료, 심지어 포장재와 직물로 변신한다. 옥수수의 경우처럼,

밀과 대두, 사실상 다른 모든 곡물에서 생물 다양성이 연기처럼 사라지고 있다. 어마어마한 규모의 사용 가능한 농지가 단일 작물 재배에 흡수될 뿐만 아니라 마름병이 한 번 휩쓸면 농민들은 농사 전체를 망쳐 버린다. 「전에는 농장에서 서너 가지 작물을 길러서 한 작물이 잘 안 돼도 쫄딱 망하는 일은 없었죠.」 오스틴 프레릭의 말이다. 「그런데 지금은 모든 사람이 바하 또는 캘리포니아의 같은 지역에서 기른 똑같은 토마토 종자를 받아요.」 그런데 이 종자는 대개 고무공 같은 품종의 토마토로, 지구 구석구석까지 가는 탄소 집약적인 장거리 운송에 견딜 수 있게 개량된 것이다. 풍미와 고유성은 부차적인 관심사다.

시장의 집중도가 높아짐에 따라 식품 안전 위험도 급격히 커진다. 2018년 최대 규모의 리콜 사태는 식품 체인점 수십 곳과 수백 개 상품, 약 4만 5천 톤의 식품에 영향을 미쳤는데, 모두 맥케인 푸드가 운영하는 캘리포니아의 한 공장이 발원지였다. 맥케인 푸드는 세계인이 먹는 냉동식품의 재료를 공급하는 기업이다. 로메인 상추는 대부분 애리조나주 유마의 단일한 대장균 변종에 오염돼서 전국 각지에 유통되었다.

잠깐, 여기서 끝이 아니다. 디어앤코와 네덜란드 기업 CNH 인더스트리얼은 트랙터를 비롯한 농기계의 절반가량을 판매하는데, 농민들이 직접 수리하는 것을 금지한다. 수리에 필요한 내장 소프트웨어에 접근을 제한하는 것이다. 그리하여 잔고장이 날 때마다 매번 서비스 비용 수천 달러가 제조업체와 공식 정비 센터로 집중된다. 트랙터의 회로에 불량이 생겨도 직접 고칠 수가 없기 때문에 수

확 시기를 놓쳐서 농장을 빼앗길 수 있다. 트랙터 독점에 맞서 싸우기 위한 지하 해킹 네트워크와 〈정비 권리〉 운동이 생겨나고 있다. 트랙터 산업은 두 흐름을 막기 위해 수백만 달러를 쏟아부었는데, 디어는 트랙터를 구입하는 농민은 단지 〈트랙터를 운전할 수 있는 인가〉를 소유할 뿐이라고 주장한다(워런 버핏은 오랫동안 디어의 다수 지분을 보유했지만 2017년에 전부 매각했다).

몬산토와 신젠타, 듀퐁 같은 거대 농산 기업들은 수년간 영농 기술 기업을 쓸어 담으면서 작물 수확량과 토양 비옥도, 농기계 효율 등에 관한 빅 데이터 결과를 들여다보고 있다. 이 데이터를 지렛대로 삼아 개인별로 가격을 매기고, 인접한 농장들에 더 나은 농사법을 판촉하고, 작물에 투기하고, 그밖에도 농민보다 대기업에 유리한 방향으로 수십 가지로 활용할 수 있다. 과거에는 이런 정보가 정부 보고서에서 추산됐지만 지금은 대기업의 대형 컴퓨터에 비밀리에 저장된다.

농민 신용 대출 기관들도 재벌 기업에 합병되는 중이다. 1980년대 농가 위기 이래, 대출 보증을 해주는 준정부 기업인 팜 크레디트 서비스를 통해 운영되던 900개 대부 기관이 겨우 80개로 줄었다. 많은 농촌 지역 은행도 사라지거나 대형 지역 은행으로 합병되었다. 농민에게 대출을 해주는 상위 은행은 웰스 파고, 뱅크 오브 아메리카, 네덜란드계 라보뱅크, 프랑스인 소유의 뱅크 오브 더 웨스트, 그리고 농민들이 디어의 농기계를 구입하거나 임차할 수 있게 농민 신용대출 사업에 뛰어든 존 디어 같은 거대 은행들이다.

대형 은행(과 트랙터 회사)에서 돈을 빌린 농민은 대부자에 대해 과거 역사에서 생존을 도와준 기관의 경우와는 전혀 다른 입장에 서게 된다. 「전에는 농민과 은행원이 신뢰에 바탕을 둔 가까운 관계였습니다.」 아이오와에서 종자를 팔던 할아버지를 보고 자란 J. D. 숄턴의 말이다. 「그런데 지금은 은행원한테서 대답을 들으려면 일주일이 걸려요. 은행은 손익 계산만 하고 인간적 관계 같은 건 전혀 없죠. 웬만해선 대출을 안 해주려고 해요.」 민주당원인 숄턴은 2018년에 공화당의 스티브 킹을 상대로 열띤 하원의원 선거전을 치렀는데, 공화당 우세 지역에서 간발의 차로 졌다. 선거운동 당시 농업 독점에 관해 끊임없이 이야기한 그는 2020년에 다시 도전하는 중이다.[2]

마지막으로, 식품을 유통, 판매, 제조하는 기업들도 모두 통합되는 중이다. 통합의 논리는 언뜻 보면 타당하다. 거래의 한쪽 편에 있는 소수의 기업들이 반대편에 있는 기업들에 구매력을 그대로 유지하려면 팀을 이루도록 압박을 가하는 것이다. 이런 현상을 가리키는 공식적 명칭은 없지만, 많은 반독점 개혁가들은 이를 〈기업 통합의 연쇄 반응concentration creep〉이라고 부른다. 식품 부문 전반에서 흔히 볼 수 있다. 곡물 거래는 4개 기업이 지배한다. 병원과 경기장, 정부 청사의 대규모 카페테리아 식당은 거의 전부 3개 기업이 운영한다. 전체 식료품의 절반 가까이를 4개 체인점이 판매한다. 그리고 네슬레 한 기업이 2,000개가 넘는 브랜드를 판매한다.

2018년 닥터페퍼 스내플은 큐리그 그린마운틴과 합병했다. 보통 사람들이 그 제품 라인 4개(닥터페퍼, 스내플, 큐리그, 그린마운틴)

2 2020년 연방 하원의원 선거에서도 공화당 후보에 패배했다.

를 전부 별도의 기업이 제조한다고 생각하는 것도 이상한 일은 아니다. 같은 해에 큐리그닥터페퍼(합병된 기업의 이름이다)는 생수와 스포츠 음료를 만드는 코어Core와 합병했다. 여기서 끝나는 게 아니다. 큐리그닥터페퍼는 사모투자 회사들의 연합체가 전액 출자한 자회사이기 때문이다. 이 기업들의 87퍼센트는 JAB라는 이름의 정체불명의 유럽 기업의 수중에 있는데, JAB는 카리부 커피, 피트 커피, 인텔리겐차 커피, 스텀프타운 커피, 마이티 리프 티, 아인스타인 브로스 베이글, 노아 베이글, 파네라 브레드, 브루거 베이글, 크리스피 크림 도넛, 오봉팽, 패러다이스 베이커리 앤 카페, 프레타망제 등의 대주주거나 완전한 소유주다. 미국의 아침과 점심, 커피 휴식 시간 가운데 커다란 부분을 지배하고 있는 상황에 관한 질문을 받은 JAB 회장 바트 브레크트는 무표정한 얼굴로 대답했다. 「소비자가 선택을 원하잖아요.」

이런 독점화가 낳은 결과는 농가 앞에 세워진 〈매물〉 표지판에 새겨지고, 묵혀 두는 푸석푸석한 땅에 휘갈겨지며, 불확실한 미래와 더더욱 불확실한 자신들의 자리를 느끼며 식탁에 앉아 흐느껴 울면서 저금통장을 헤아리는 겁먹은 가족의 얼굴에 깊이 각인된다. 미니애폴리스 연방준비은행에 따르면, 중서부 농장 지대의 파산은 2009년 대불황Great Recession 시기보다 2017년과 2018년에 더 높은 수준으로 급등했다. 준비은행 애널리스트들은 이 수치가 아직 정점에 도달한 게 아니라고 판단했다. 다른 대다수 농촌 지역에서도 파산이 증가했다. 변호사들한테는 좋은 일이지만, 그게 전부다. 농무부는 전체 농가의 절반 이상이 소득이 줄어드는 중이라고 추산한다.

현장에서 나타나는 모습은 어떨까? 나는 2018년 중간선거 전에 며칠 동안 디모인부터 수시티를 비롯한 서북부 모퉁이의 여러 도시까지 아이오와를 동분서주하면서 농민과 정책 결정권자, 언론인, 주민들의 말에 귀를 기울였다. 50년 전에 아이오와에는 의회 선거구가 7개였지만, 지금은 4개로 줄었다. 주의 일부 지역에서는 인구 감소를 피부로 느낄 수 있다. 「원래 농가가 멀쩡하게 경작하던 옥수수 밭을 보여 줄 수 있지요. 무너져 내리는 농가를 보여 줄 수도 있고.」 크리스 피터슨의 말이다. 「그 가족은 성공하려고 애를 쓰는 거요. 피와 땀, 눈물과 희망이 전부 담겨 있지. 나도 어쩔 수가 없다오.」

현재 J. D. 숄턴이 출마한 선거구는 광대한 아이오와 땅의 40퍼센트를 대표한다. 숄턴은 마이너리그 투수로 여기저기 옮겨 다니다가 아이오와로 돌아와서 가족 농장을 맡으라는 할머니의 말을 들었다. 고향에 돌아가야 한다고 생각했지만, 학력도 괜찮고 젊은 나이인데도 괜찮은 일자리를 찾기가 어려웠다. 「일자리를 찾았는데, 기껏해야 시급 15달러에 다른 복지 수당은 전혀 없는 자리뿐이었지요.」 숄턴은 클레이 카운티의 중심지로 인구가 1만 6,170명인 스펜서 읍사무소에 모인 사람들에게 이야기했다. 「얼마 전에 고등학교 졸업 20주년 동창회를 했습니다. 같이 자란 친구들은 다들 대단한 일을 하고 있는데, 여기 살지는 않더군요.」그 순간 숄턴은 출마를 결심했다. 자기 같은 사람들에게 아이오와에 눌러 살 더 나은 이유를 만들어 주기 위해서였다.

사람들이 고개를 끄덕였다. 자기 아이들이 바로 숄턴이 이야기하는 농촌 출신 젊은이였다. 미국 농민의 평균 연령은 58세다. 아이오와에서는 전체 농장주의 60퍼센트가 65세 이상이고, 1퍼센트만이 34세 이하다. 아이오와 농지의 절반 이상이 임대된 상태고, 토지와 기계를 비롯해 농사를 시작하는 데 필요한 초기 비용이 너무 많이 들어서 진입 장벽이 높다. 상당수의 농장주가 농지를 상속받은 나이든 여자다. 이 할머니들이 세상을 떠나면 아이오와는 바뀔 것이다. 「제일 높은 값을 부르는 구매자한테 땅을 팔 텐데, 아마 이런 농산 대기업은 땅이나 소읍에는 신경도 쓰지 않겠지요.」 숄턴이 〈수시티 수Sioux City Sue(고발하는 수시티)〉라는 별명이 붙은 위니베이고 캠핑카를 운전하면서 다음 읍사무소로 향하며 한 말이다.

농업과 기타 관련 산업이 여전히 경제의 30퍼센트를 차지하는 아이오와 같은 주에서 농업 위기가 발생하면 광범위한 다른 문제들이 촉발된다. 농가를 위해 식품을 쌓아 놓은 슈퍼마켓, 저녁 외식을 책임지는 식당, 대출을 해주는 은행, 미용실과 철물점과 술집이 모두 예전만큼 손님이 없고, 어떤 경우에는 존재할 이유 자체가 사라진다. 그리하여 소도시는 규모가 줄어들고 중심가는 위축된다. 지역 사회마다 잇달아 학군과 공공 시비스를 통합한다. 병원도 문을 닫는다. 대다수 소도시에서 새로 문을 여는 가게는 멕시코 식당뿐이다. 공장식 사육 시설과 도살장에서 일하는 이민자들을 반기는 신호다.

시골길에 10여 개가 늘어서 있던 농장이 두 개로 줄어든 가운데 아이오와에서 끝까지 버티는 농민들은 고립된 채 어쩔 줄을 모른다. 크리스 피터슨은 클리어레이크에서 멀지 않은 곳에 스웨일데일이라는 이름의 소읍이 있던 걸 기억한다. 1960년대와 70년대에는 중심가가 북적이던 곳이었다. 「늦은 오후에 읍내에 가보면 동네 사람들이 전부 모여서 왁자지껄한 분위기였지.」 크리스가 기억을 더듬는다. 「중심가가 활기가 있었어요. 그런데 지금은 전부 사라졌지. 거대 농산업체는 이런 소읍은 거들떠도 안 봐요. 그런 게 필요가 없으니까.」 버려진 농장들과 나란히 사회 조직도 허물어진다. 농촌의 삶은 점점 더 외로워진다.

계속 버티려고 애를 쓰는 이들은 엄청난 압박을 받는다. 필요 없는 장비나 땅을 조금 팔아버린다. 농사 이외의 일자리를 구해서 힘든 시기를 견뎌 낸다. 어떤 이들은 비극으로 끝날 위안거리를 찾는다. 농민은 미국의 모든 직종에서 가장 자살률이 높은데, 우리가 보통 주요 자살 위험군으로 여기는 참전 군인보다도 두 배 높다. 농장의 삶은 언제나 스트레스가 높았지만, 끝이 보이지 않는 가운데 슬로모션으로 진행되는 위기는 스트레스를 더욱 부추긴다. 실패, 굴욕, 소외의 감정이 배출구를 갈망한다. 낙농업 협동조합은 거래용 수표 봉투에 자살 예방 긴급전화 목록을 집어넣기 시작했다.

농민과 축산농을 상담하는 심리학자 마이크 로스만은 하루가 멀다 하고 점점 절망에 빠지는 사람들의 이야기를 듣는다. 『뉴 리퍼블릭New Republic』에 기고한 글에서 그는 자살 급증은 〈농민들의 경제

직 상태)를 보여 주는 하나의 징후라고 설명했다. 「농산품 가격을 좌우하는 집단은 대체로 주와 연방 차원에서 막대한 로비를 하는 재계와 관련이 있다. 농민의 정신 건강 상태가 좋지 않다면 그런 로비가 성공을 거두고 있다고 보아도 무방하다.」

이런 로비가 성공을 거두면 농촌 지역 사회의 부가 대기업의 금고로 이전된다. 이런 이전 때문에 제2의 도금 시대의 대표적인 유해 현상인 지역 간 불평등이 생겨난다. 힐러리 클린턴은 2018년 인도 뭄바이에서 연설을 하면서 우연히 이 문제를 거론했다. 〈저는 미국 국내총생산의 3분의 2를 차지하는 지역에서 승리했습니다.〉 2016년 일반 투표에서 승리하고도 선거인단 투표에서 패배한 사실을 자랑하는 말이었다. 〈그러니까 낙관적이고 다양하고, 역동적으로 앞으로 나아가는 지역에서 승리한 겁니다.〉 대부분 연안 지역과 대도시에 자리한 클린턴이 승리한 카운티가 2015년 미국 국내총생산에서 64퍼센트를 차지한 것은 사실이다. 선거 이후 그런 추세는 더욱 고조되었다. 브루킹스 연구소의 한 연구에서는 인구 100만 명 이상인 대도시 지역이 금융 위기 이래 미국 고용 증가의 72퍼센트를 책임진 것으로 추산했다. 승자독식 도시가 존재하는 것처럼 승자독식 기업도 존재한다.

좋은 일은 아니다. 나라의 많은 지역에서 경제적 삶이 약화되면서 기성 체제의 무시에 대한 분노가 끓어오른다. 그 지역에서 궁지에 몰린 수많은 사람들은 자기가 데이난 곳에서 사업체를 만들거나 자녀와 가까이에 살 수 있다는 희망을 품지 못한다. 미국의 이념은 두 갈래로 갈라지는데, 단지 공화당 지지 주와 민주당 지지 주로만 갈라지는 게 아니다. 뉴욕주 북부와 캘리포니아주 센트럴밸리가 노스캐롤라이나와 아이오와, 앨라배마와 아칸소, 심지어 오하이오주 데이턴 같은 몰락한 블루칼라 도시와도 손잡으면서 미국의 승자로 나설 만큼 운이 좋은 극소수의 카운티에 공공연하게 도전한다. 그 바깥에서 안을 들여다보는 이들은 사회적·경제적으로 아무 힘이 없고 무시당한다고 느낀다.

지역 간 불균형은 미국과 영국에서 우파 포퓰리즘이 부상하는 현상과 깊은 상관관계가 있다. 위로가 되진 않겠지만, 클린턴이 〈몰락한〉 것도 이 때문이다. 펜실베이니아와 오하이오, 미시건의 대도시 지역이 쇠퇴한 탓에 클린턴이 패배했다. 선거인단의 불균형이 지역 간 불평등과 직접 연결되면서 가장 많은 표를 받는 대통령 후보에게서 승리를 앗아갔다. 상원 구성에서도 비슷한 동학이 작동하는 중이다. 민주당은 인구의 56퍼센트의 지지를 받지만 전체 표결권의 47퍼센트만이 대표된다. 그리하여 미국 정치의 제도적 정당성이 위협을 받는다.

더 넓은 수준에서 보면, 지역 간 불평등은 나라를 좀먹는 파벌주의와 부족적 혐오를 자극한다. 그런데 대기업 권력의 집중이 이 모든 현상의 중심에 자리한다. 초당적 정책 연구 기관인 경제혁신그룹(EIG)은 수년간 이런 경고의 목소리를 냈다. 2017년 보고서에서 몇 가지 고통스러운 진실을 표출한 것이 시작이었다. 〈미국인들이 사업을 벌이거나, 다른 지역으로 이주하거나, 직장을 옮길 확률이 최근 어느 때보다도 더욱 줄어들었다.〉 경제혁신그룹은 이런 현상을 〈역동성의 감소〉라고 지칭하는데, 몇몇 대도시 지역만이 이와 같은 활력 부족에서 자유롭다. 2007년부터 2016년까지 농촌 카운티의 20퍼센트에서만 사업체가 늘어났고, 다섯 개 대도시 지역(뉴욕, 마이애미, 로스앤젤레스, 휴스턴, 댈러스. 뒤의 두 도시는 석유 호황이라는 우연의 일치가 있었다)이 나머지 국가 전체보다 신규 사업체가 더 많이 생겨났다. 역동성이 부족한 지역에서는 임금이 낮아지고 기회도 줄어들고 있다.

경제의 성과 전체가 몇몇 도시에 집중되면, 그런 부를 먹고 사는 생태계가 발달한다. 스타트업 기업들은 언젠가 자기를 매입할 수 있는 다국적 기업과 노동력 인재가 풍부한 곳으로 몰려든다. 이런 창의적 부류를 따라 새로운 서비스와 혁신이 모여든다. 나머지 지역은 다른 시대에 갇힌 채 근대의 행진을 감당하지 못하며, 심지어 목격하지도 못한다. 농촌의 병원들이 문을 닫으면서 의료 비용은 점점 비싸진다. 주요 결절점이 너무 멀리 떨어져 있는 까닭에 대중교통은 아예 존재하지 않는다. 항공 여행은 힘이 든다. 주요 대기업 본사는 이미 빠져나갔다. 지역 업체가 아니라 체인점이 풍경을 지배한다. 시민 사회랄 것도 거의 존재하지 않는다. 주변에 신선 식품이 널려 있지만, 몸을 많이 움직이지 않는 생활 방식과 건강에 좋지 않은 식습관 때문에 비만이 증가한다. 오피오이드가 손쉬운 해결책이 된다. 〈절망으로 인한 죽음(절망사)〉이 뚜렷한 추세다.

「경제적 불안과 정치적 분노를 설명하는 데 그 정도면 충분합니나.」 경제혁신그룹의 존 레티어리의 말이다. 「경제가 크게 회복됐다는 말이 들려오는데, 정작 자기네 지역의 현실은 반영되지 않으니까 사람들이 진력이 났지요.」 뉴스에 나오는 통계 수치 집계는 농촌의 절망적 상황과 반대로 경기 호황을 찬미하기 때문에 가짜 뉴스라는 아우성이 터져 나오는 것도 이해가 된다. 몇몇 도시와 대기업만이 이 모든 부를 끌어 모은다. 반면 다른 모든 사람은 불행하다.

「우리는 미국의 노가다야.」 크리스 피터슨이 설명했다. 「가족농, 건설 노동자, 교사, 자기 손으로 이 나라를 만들 사람들. 우리는 노가다지. 뼛속까지 착취당한다고. 우리가 아는 미국, 제대로 된 미국이 망가지고 있어.」

아이오와 사람들이 좌절감을 느끼는 게 당연하다. 지난 10년 동안 정치는 허무한 약속을 줄줄이 늘어놓았다. 아이오와 사람을 붙잡고 물어보면, 적어도 한 사람은 버락 오바마가 2008년 민주당 당원대회와 대통령 선거에서 농업 독점 기업을 해체하겠다고 약속하면서 승리를 거둔 사실을 이야기할 것이다. 선거가 끝난 뒤 오바마의 법무부는 전국 각지에서 다섯 차례 공청회를 열어서 농업 문제와 반독점법 집행을 논의했다. 공청회는 농민들을 돕기 위해 실질적인 행동에 나서는 신호탄으로 여겨졌다.

크리스 피터슨은 콜로라도주 포트콜린스에서 열린 공청회에 참석해서 증언했다. 당시 그는 오바마가 농무장관으로 지명한 전 아이오와 주지사 톰 빌색 바로 옆자리에 앉았다. 전에 피터슨은 빌색이 주지사로 당선되는 데 힘을 보탰다. 부인끼리 친구 사이였다. 빌색은 포트콜린스의 발언자들에게 각자 가족농의 삶을 개선시킬 방안을 한 가지씩 말해 보라고 했다. 피터슨은 자리에서 일어나서 자기 농장을 설명하면서 자영 돼지 축산 농가가 서서히 죽어 가는 사정을 이야기했다. 「이 문제를 해결하려고 하면 정육업체들이 가축을 소유하는 걸 금지해야 합니다. 이상입니다.」 떠들썩한 박수갈채가 이어졌다. 크리스가 기억을 떠올렸다. 「모두들 일어나서 박수를 치면서 환호성을 보내더군. 빌색의 눈이 정말 동그래지더라고.」

공청회는 모든 쟁점을 다루고 유익했으며, 사실상 오바마 행정부에서 이 주제에 관해 마지막으로 다룬 자리였다. 농민들은 보복의 위협을 무릅쓰고 공개적 발언에 나섰지만, 법무부는 거대 농산업체의 권력을 약화시키기 위한 어떤 법 집행 조치도 하지 않았다. 그러면서 보고서를 통해 반독점법 때문에 소송을 제기하기가 불가능해졌다고 의심쩍은 주장을 펼쳤다. 여러 합병이 대부분 분쟁 없이 성사되었다. 그리고 일찍이 2008년에 하원에서 농무부가 곡물검사·정육·임시가축사육장관리청(GIPSA) 관련 규정을 개정해서 거대 농산업체가 농민에 보복하는 것을 공식적으로 금지하고 농민들에게 권력 남용을 막을 수 있는 확고한 법적 수단을 부여할 것을 요구했지만, 빌색은 머뭇거리다가 결국 최종 승인했다. 2011년에 공화당이 다수가 된 하원은 부칙을 추가해서 개정안의 시행을 보류했지만, 2015년에 HBO의 존 올리버가 시사 토크쇼에서 많은 시간을 할애해서 창피를 주자 결국 부칙을 삭제했다. 오바마 행정부 막바지에 이르러서야 빌색은 GIPSA 규정 전반을 마무리했지만 그때에도 약화된 형태였다. 현재 빌색은 농업 위기를 부추기고 농민들에게 바가지를 씌운 회원사들의 모임인 낙농산업협회의 로비스트로 활동 중이다. 자기 돈줄인 거대 농산업체를 너무 가혹하게 다루지 말라고 민주당에 경고하면서 아이오와를 확보한다.

전반적으로 볼 때, 오바마 행정부는 농업 독점에 관해 침묵으로 일관했다. 거대 농산업체는 이런 소심한 태도를 약탈적 관행을 계속해도 된다는 신호로 받아들였다.

도널드 트럼프 또한 농촌 유권자들에게 〈미국의 학살극〉을 끝장내겠다고 약속했다. 자신의 거래술을 활용해서 나라를 무너뜨리는 무역 법률을 개정하겠다고 호언장담한 것이다. 그러나 실제로 트럼프가 관세를 바꾼 탓에 농민들의 상황은 더욱 나빠졌다. 수출이 둔화되면서 저장 창고의 냉동육이 그대로 쌓여 있었다. 정부는 악전고투하는 농민 일부를 돕기 위한 구제금융을 약속했지만, 옥수수 재배농 지원금은 모욕에 가까운 1부셸³당 푼돈에 불과했다. 그리고 무역 전쟁은 농촌 지역 사회에 타격을 주는 현실의 경제 세력과 아무 관계가 없었다. 농민들이 농산물에서 수익을 얻지 못한다면, 각종 조약이 아무리 미국에 유익하다고 해도 농민에게는 그림의 떡이다.

이 문제와 관련해서 트럼프 팀은 공격적으로 거대 농산업체의 편을 들었다. 조지아 주지사 출신 농무장관 소니 퍼듀(거대 닭고기 업체 퍼듀의 회장인 프랭크 퍼듀와 친척은 아니지만, 닭고기 업계와의 연관성 때문에 혐오감이 드는 것은 어쩔 수 없다)는 빌색이 대통령 당선인 취임 한 달 전에 최종 승인한 개정된 GIPSA 규정 시행을

---

3 야드파운드법에 의한 무게의 단위. 곡물, 과실 따위의 무게를 잴 때 쓴다. 1부셸은 미국에서 약 27.2154킬로그램에 해당한다.

연기하다가 결국 철회했다. 이런 규정 가운데 하나는 양계 농가를 괴롭히는 토너먼트 방식을 개혁하는 내용이었다. 퍼듀에게 기부금을 준 업체들은 이 과정에 관여하기를 원치 않았다. 트럼프 정부의 GIPSA 청장은 철회된 규정이 농민들에게 〈더 광범위한 보호와 공정한 대우〉를 보장해 주었을 것이라고 인정하면서도 이 규정을 시행하지 않음으로써 절감된 예산이 사회적 이득보다 더 크다고 말했다. 아이오와주 출신 공화당 상원의원 척 그래슬리도 트럼프가 〈대기업에 영합하고 있다〉고 인정해야 했다.

목축업자 조 맥스웰을 비롯한 농민들이 결성한 초당적 단체인 경쟁시장기구Organization for Competitive Markets(크리스 피터슨도 이사진이다)는 GIPSA 규정을 폐기한 농무부를 상대로 소송을 벌이면서 세인트루이스의 연방 항소법원 앞에서 농민들을 모아 집회를 열었다. 하지만 법원은 소송을 기각했다. 그리고 2019년에 규정 재검토를 약속한 뒤, 퍼듀는 실제로 GIPSA 자체를 없애 버렸다. 농산물 판매지원청Agritural Marketing Service으로 통합해 버린 것이다. 맥스웰이 이끄는 단체는 이 홍보 기관을 정육업체들의 위성 사무소라고 부른다. 그나마 남아 있는 법률을 시행한 결과로 부과된 과징금도 오바마 시절에 비해 10퍼센트도 되지 않았다. 「지금까지 정부는 약속을 전혀 지키지 않았고 미국 농촌과 가족농을 살리겠다는 미래상도 실현하지 못했습니다.」 맥스웰이 열변을 토했다. 「농촌 지역의 지속 가능한 미래와 안전한 식량 체계의 확보는 가족농의 생명력에 달려 있는데 말이지요.」

맥스웰은 가족농의 죽음이 미국의 존재를 좌우한다고 본다. 「이

나라는 공통의 믿음이나 조상을 토대로 세워진 게 아닙니다. 우리가 미국에서 공유하는 신념은 기회의 희망이라는 한 가지뿐입니다. 자유와 정의의 이념, 그러니까 내가 땀 흘려 일하면 기회가 주어진다는 것이지요. 공정하고 열린 시장이 제공하는 경제 정의가 없다면, 그런 희망이 무너집니다.」

완전히 새로운 일군의 정치인들이 2020년 대통령 선거철을 맞아 아이오와를 돌아다니면서 콘도그를 먹고 원탁회의를 소집하며 다시 농촌 지역에 지키지 못할 약속을 맹세했다. 몇 가지 구상은 무척 좋았다. 상품 공제 프로그램[4]을 개혁하고, 농업과 식품업 부문의 합병을 일시 중단하며, 전국적인 정비권법을 제정하고, 농산업체를 해체하며, 모든 농민의 적정한 생활을 보장하기 위해 가격 등가제로 복귀하는 등의 안이 나왔다. 하지만 제 아무리 낙관적인 농민이라도 이제는 모든 희망이 꺼져 버렸다. 일부 분석가들은 한 세대 안에 거대 농장이 모든 식품 생산을 지배할 것이라고 예측한다. 현장에서 일하는 어느 누구도 다른 미래를 보지 못한다.

「미국의 농촌은 무너지는 중입니다.」 크리스 피터슨이 식탁에서 말했다. 「큰돈이 편법을 쓰고 있지. 미래에 어느 날 우리가 분연히 일어서서 〈타이타닉호〉의 방향을 돌리지 않으면 막다른 길에 다다라서 시스템이 고장 날 거요. 그러면 어떻게 될까요? 도대체 뭘 먹고 살까요?」

---

4   commodity checkoff program. 정해진 상품의 판매 가격의 일부를 공제해서 해당 상품과 관련된 산업의 진흥과 연구 기금으로 쓰는 제도.

토니 호너의 아버지는 NBA 오클라호마시티 선더 팀의 팬이다. 중계가 있으면 빼먹지 않고 본다. 하지만 토니는 크리스마스에 아버지에게 더 짜릿한 경험을 선사하고 싶었다. 직접 관람을 위해 경기장 표 두 장을 사기로 한 것이다. 잘한 일이었다. 적어도 토니가 티켓마스터*를 통해 좌석을 구입해야 한다는 걸 깨닫기 전까지는 그랬다. 그런데 갑자기 고문 같은 일이 돼버렸다.

티켓마스터는 토니에게 표를 받을 수 있는 두 가지 방법을 제시했다. 먼저 휴대 전화 앱으로 아버지에게 직접 표를 보낼 수 있었다. 그러나 모바일 티켓은 인쇄하거나 이메일로 보낼 수 없기 때문에 아버지에게 직접 보내야 했다. 「아버지는 일흔이 넘으셔서 스마트폰을 쓰지 않아요.」 토니가 말했다. 「이 방식으로는 할 수 없었죠.」

다른 대안으로 티켓마스터는 우편으로 표를 보내 주기도 한다. 하지만 구매자의 청구서 발송지로만 보내 줄 뿐이다. 표를 산 건 토니고, 그는 오클라호마시티에서 약 1,600킬로미터 떨어진 버지니아주 알링턴에 산다. 토니는 경기장에서 1,600킬로미터 떨어진 곳에 사는데도 티켓마스터에는 아버지에게 직접 표를 보낼 방법이 없다. 현장 수령 방식도 제공되지 않았다.

다행히도 홈페이지에 전화번호가 있어서 토니는 전화를 걸어 봤다. 〈모든 상담원이 통화 중이오니〉라는 안내 음성이 들렸지만, 다른 번호로 걸면 자동응답 안내를 받을 수 있었다. 그 번호로 전화해서 표를 사려고

* Ticketmaster. 캘리포니아주 웨스트할리우드에 본사를 둔 티켓 판매 회사.

했다. 하지만 자동 주문 방식은 청구서 발송지가 오클라호마시티 인근에 있어야 했다. 토니의 신용카드상 주소는 그곳이 아니었기 때문에 다시 막다른 길에 부딪혔다. 이 시점에서 토니는 이렇게 단순한 거래를 하려고 한 시간을 허비한 상태였다.

「제가 말할 수 있는 한, 유일한 선택지는 계속 상담원 연결 전화를 걸면서 언젠가 한 명이 받기를 기다리는 겁니다.」 토니가 아직도 분이 풀리지 않은 듯 목소리를 높였다. 「정말 상상도 하기 힘들게 맥 빠지고 힘겨운 경험이었죠.」

토니가 다른 예매 중개업체를 이용할 수 있지 않은지 궁금해하는 이가 있을 법하다. 하지만 그런 궁금증을 품어서는 안 된다. 콘서트나 스포츠 경기, 아니 표를 사야 하는 어떤 행사든 간에 가본 적이 있는 사람이라면 누구나 티켓마스터 아니면 라이브 네이션 둘 중 하나를 거쳐야 한다는 걸 알기 때문이다. 그리고 눈치가 빠른 사람이라면 티켓마스터와 라이브 네이션이 같은 회사라는 걸 안다. 2010년 합병으로 예매 시장의 80퍼센트를 장악한 독점 기업이 생겨난 것이다.

사정이 이러하니 티켓마스터로서는 토니 호너가 원하는 표를 쉽게 사게 해줄 필요가 없다. 티켓마스터는 팬과 경기 사이에서 문지기 노릇을 한다. 토니 같은 사람들은 달리 갈 곳이 없다. 이런 이유 때문에 토니를 비롯한 모든 사람은 티켓마스터의 어처구니없이 불편하고 불친절한 서비스를 이용하는 특권을 누리기 위해 엄청난 비용을 감내한다. 여기에는 서비스 요금, 주문 진행료, 시설 이용료, 그리고 (원하는 곳까지 배송되지도 않는데도) 배송료가 포함된다. 2018년 4월에 회계감사원(GAO)은 평균적으로 각종 비용이 표 값의 27퍼센트에 해당한다고 추산했다. 이 비용이 라이브 네이션의 전체 수입의 절반가량을 차지한다.

제 아무리 혼란스러운 상황이 생겨도 이 제국이 몰락하는 일은 없다. 라이브 네이션은 200개가 넘는 공연장과 경기장을 소유하고 500명이 넘는 주요 아티스트의 홍보를 맡고 있기 때문이다. 이런 지위를 지렛대로 삼아 티켓마스터가 이런 장소와 공연의 독점 중개인 역할을 하도록 보장해 준다. 실제로 티켓마스터는 오클라호마시티 선더의 홈 경기장인 체사피크에너지아레나의 매표를 독점하고 있다. 경기장 운영진은 아리아나 그란데나 테일러 스위프트가 계속 자기 시설에서 공연하기를 원할 테다.

덧붙여 말하자면, 티켓마스터와 라이브 네이션이 합병할 당시 그 결과로 경쟁을 짓밟는 무책임한 거대 기업이 생겨날 게 분명했다. 티켓마스터가 착취를 일삼는다는 불만은 1990년대 펄 잼으로까지 거슬러 올라간다. 하지만 나는 라이브 네이션 이사진에 아리 이매뉴얼이 있다는 사실이 도움이 됐다고 확신한다. 그가 드라마 「안투라지Entourage」의 등장인물 아리의 모델이기 때문이 아니라 그의 형 람 이매뉴얼이 합병 당시 백악관 비서실장으로 일하고 있었기 때문이다.

하지만 당신은 또 다른 선택지가 있다고 말한다! 새롭게 활력을 얻는 온라인 티켓 재판매 시장은 어떨까? 물론이다. 그 시장의 절반은 스텁허브 소유다. 2위 판매자는…… 티켓마스터로 홈페이지 주소가 TicketsNow.com일 뿐이다.

2차 재판매 시장이 존재하는 것은 개인들이 보통 로봇 프로그램을 이용해서 표를 무더기로 확보한 뒤, 초기 판매에서 표를 구입하지 못한 팬들의 절망을 등에 업고서 가격을 올리고 수수료로 돈을 벌기 때문이다. 2018년 캐나다방송(CBS)은 티켓마스터가 재판매 업자들을 파트너로 발탁해서 한껏 부풀려진 표를 고객들에게 판매한다고 보도했다. 재판매 업자들은 티켓마스터의 초기 판매에서 도박을 해서 표를 확보한 것인데 말이다. 티켓마스터는 심지어 가수와 손을 잡고 재판매 사이트에서 부풀려진 가격에 판매하도록 표를 양도하기도 했다. 결국 티켓마스터는 티켓나우닷컴에서 액면 가격보다 비싸게 표를 사게 고객을 유도했다는 혐의에 대해 비공개로 연방거래위원회(FTC)와 법정 밖에서 합의를 보았다. 콘서트에 다니는 사람들은 또한 실제로는 티켓마스터와 연결된 재판매 업체에서 비싼 값에 표를 사는데도 마치 현장에서 직접 표를 사는 것처럼 현혹당한다고 불만을 토로하고 있다.

정부는 표 예매를 홍보 및 가수 매니지먼트와 분리하고, 표 예매 독점을 깨뜨림으로써 이 문제를 해결할 수 있다. 하지만 그러려면 집중된 권력에 맞서 싸우려는 의지가 필요하다.

한편 토니 호너는 힘든 일이지만 꿋꿋하게 버텼다. 표를 사서 오클라호마에서 버지니아의 집까지 우편으로 받은 다음, 다시 오클라호마의 아버지 집으로 우편 발송했다. 대단한 일은 아니고, 그저 약간 성가시고 무의미하게 시간을 뺏기는 일이었다. 오늘날과 같은 대기업 권력의 시대에 흔히 있는 일이다. 「정말 웃기는 짓이죠.」 토니가 이죽거렸다. 「그래도 아버지가 재미있게 보셨답니다.」

3
미디어 산업

독점 기업 때문에 수백 명의 언론인이
실업자로 전락한다

제이미 피어슨(본인의 요청에 따라 가명으로 바꾸었다)은 문자 메시지를 이해하지 못했다. 「소식 들었어요, 괜찮아요?」 제이미는 그때 병원에 예약을 해두었었는데, 예전 동료가 그 사실을 알 리가 없었기 때문이다. 그런데 이내 마이크Mic와 관계가 있을지 모른다는 생각이 들었다. 밀레니얼 세대에 초점을 맞추는 디지털 뉴스 기업인 마이크는 2년 동안 일하고 있는 직장이었다.

「버슬Bustle이 마이크를 매입한다는 소문이 돌고 있다고 말하더군요.」 제이미의 말이다. 「SNS를 뒤져 봤는데 아무것도 없더라고요.」 버슬은 젊은 여성을 겨냥한 디지털 뉴스 사이트로 그해 내내 소규모 온라인 미디어를 사들였다. 한때 인기가 있었지만 지금은 껍데기뿐인 고커도 그중 하나였다.

제이미는 맨해튼 남부 원월드트레이드센터 단지 82층에 있는 사무실로 달려갔다. 2018년 추수감사절 다음 주 수요일이었는데, 지난 몇 달간 그랬던 것처럼 뉴스룸이 텅 비어 있었다. 고위직은 전혀 눈에 보이지 않았고, 몇몇 지원은 동영상 제작을 손놓고 있었다. 퇴사에다가 몇 차례 정리해고까지 겹치면서 바글바글하던 건물이 휑해 보였다. 「다른 회사에 사무실 공간을 임대해 주고 있었거든요. 그러니 우리 공간이 얼마나 넓었는지가 더 두드러지죠.」 하지만 그날 사무실에 있던 마이크 기자들은 잔뜩 흥분해서 여기저기 뛰어다녔다. 많은 이들이 노동조합 지부인 뉴욕 뉴스길드에 전화를 걸었다(마이크의 직원들은 몇 달 전에 투표로 노동조합 결성을 결정했다). 노동조합도 별다른 정보를 주지는 못했지만 그날 오후 리코드Recode가 뉴스를 공개했다. 버슬이 마이크를 매입하려고 협상 중이라는 것이었다.

그로부터 두 달 전, 서른한 살의 젊은 최고 경영자인 마이크의 크리스 알트첵은 회사가 인수자를 찾는 중이라는 사실을 인정했다. 그때 이후 마이크는 〈마이크 디스패치〉라는 이름으로 페이스북에 연재하던 동영상 계약을 중단했다. 500만 달러 상당의 수입이 날아간 것이다. 마이크는 금세 활력을 잃었고, 주요 자금원인 벤처 자본 자금을 확보하는 것도 위태로워졌다. 버슬과 합치는 것은 이론상으로는 나쁘지 않았다. 그런데 리코드 기사에 눈길을 끄는 구절이 하나 있었다. 〈마이크는 직원이 100명이 넘는다. (……) 지금 당장은 버슬은 마이크 직원의 절반 이하만 받아들이는 안을 고려하는 것으로 보인다.〉 그날 고위 경영진은 과거에도 그런 것처럼 이메일을 보내 소문을 잠재우지 않았다.

제이미가 사무실을 나설 무렵에는 분위기가 칙칙했다. 그는 사무실이 추워질 때마다 언제나 가져다 두었던 코트 생각이 났다. 다음

날 아침, 11월의 쌀쌀한 냉기가 느껴졌지만 코트를 입고 가지 않기로 마음먹었다. 사무실에 둔 코트를 입고 퇴근할 거라는 느낌이 들었기 때문이다.

「아홉 시 반에 편집가 미팅이 있었어요. 보통 여섯에서 아홉 명이 참석했죠.」제이미가 설명했다. 「그런데 그날 미팅에는 전부 왔더군요. 기사 올릴 거 있으면 몇 시간 안에 올리라고 하더군요.」이날이 마이크에서 일하는 마지막 날이 될 거라는 느낌이 모두를 엄습했다. 웹 사이트에서 제이미가 맡은 섹션은 다음 주 월요일부터 시작하는 대형 프로젝트를 맡고 있었는데, 아침 내내 전에 보류해 두었던 수십 건의 기사 가운데 몇 개를 질서정연하게 올리는 일을 도왔다.

10시에 크리스 알트첵이 주방에서 눈물의 발표를 했다. 마이크가 매각되고 거의 모든 인원이 정리해고 대상이라는 내용이었다. 직원들은 2시까지 자리를 비우라는 말을 들었다. 그 후에는 컴퓨터와 내부 네트워크가 모두 꺼진다는 것이었다. 해고되는 100명 이상의 사람들 가운데 한 명은 그주 월요일에 처음 출근한 직원이었다. 정리해고 소식이 흘러나오자 많은 이들이 SNS에서 작별인사를 고했다. 편집장 콜린 커리는 〈마이크에서 보낸 시간은 내 경력에서 최고였다〉고 트윗을 날렸다. 기자 에밀리 싱어는 〈뛰어난 내 동료들을 채용해 달라〉고 썼다. 에린 에번스는 작별인사와 이력서를 결합한 트윗을 작성했다. 〈저는 훌륭한 관리자이자 저자 담당 편집가로, 사업 프로젝트의 큰 그림을 그릴 줄 압니다.〉제이미는 서로 끌어안고 눈물을 흘리며 적당히 술 한 잔을 하면서 〈참으로 복잡 미묘한 감정〉을 느꼈다고 설명했다. 「사람들이 전부 술을 마시기 시작했이요.」

　여기서 대체 무슨 일이 벌어진 걸까? 버슬에 매각되기 불과 5개월 전인 최근까지도 투자를 받으면서 5950만 달러를 끌어 모은 회사가 어떻게 그렇게 갑자기 기세가 꺾여서 겨우 500만 달러에 인수될까? 직설적으로 말하자면, 그 답은 페이스북이다. 페이스북은 오로지 변덕스러운 판단에 근거해서 20억 사용자 부대에 어디로 갈지를 지시하면서 즉석에서 디지털 미디어 혁명을 가능케 하고 숙청까지 진행했다. 신생 미디어 사이트들은 유의미한 수의 방문자를 확보하려면 페이스북의 물결에 올라타는 것 말고는 선택의 여지가 없었다. 이 네트워크가 포용 전략으로 지시하는 바를 그대로 받아들여야 했다. 그리고 페이스북이 이랬다저랬다 하는 가운데 마이크(그 밖의 수많은 회사)가 무너졌다. 〈페이스북에 크게 의존하면서 올인했다가 결국 홀라당 타버린 겁니다.〉 한 내부자가 리코드에 한 말이다.

　그리하여 이제 막 경력을 시작한 대다수 기자들이 전국 각지의 지방 일간지에서 일하던 반백의 베테랑 기자들과 나란히 실업자 대열에 합류했다. 페이스북(과 구글) 때문에 지방 일간지도 이런저런 식으로 문을 닫은 것이다. 디지털 광고를 독점한 두 공룡은 언론사의 수입을 사실상 전부 집어삼키면서 독립 언론 수십 곳의 생존을 위협하고 있다. 2019년이 시작되고 불과 몇 달 만에 기자들이 일자리를 잃었다. 「기자들은 우리 자신에 관해 이야기하지 않도록 훈련을 받아요. 우리는 우리 이야기를 기사로 만드는 게 불편합니다.」『허핑턴 포스트』에서 10년을 일한 끝에 정리 해고당한 로라 바세트의 말이다. 「하지만 페이스북과 구글이 저널리즘을 어떻게 목 졸라 죽이고 있는지 이야기하는 사람은 많지 않죠.」

단지 공교롭게도 내가 언론인이기 때문에 언론인이 미국 헌법에서 거명되는 몇 안 되는 전문직 가운데 하나라는 이야기를 하는 것은 아니다. 건국의 아버지들은 언론인이 권력을 견제하는 역할을 하며 이런 기능을 보호할 가치가 있다고 보았다. 하지만 헌법은 언론의 존재가 아니라 언론의 자유만 보장할 뿐이다. 주 의회에서 공익을 위해 정책 결정권자들을 감시하는 이가 아무도 없을 때, 뉴스 사막[1]이 미국 전역으로 퍼져 나갈 때, 누가 그 침묵을 채우고 어떤 의제를 추구할까? 젊은 전문가 집단 전체가 자기 경력을 쌓기 위해 악전고투해야 할 때, 그들의 일자리가 취약하고 생계가 불확실할 때, 우리는 한 세대의 기자들을 잃을 텐데 그 결과는 어떻게 될까? 그리고 대체 왜 마크 저커버그가 우리가 어떤 종류의 언론과 살아가야 하는지를 결정하는 걸까?

미국을 만든 신문들은 정치적 편견과 가짜 뉴스로 가득했다. 토머스 제퍼슨은 1791년 알렉산더 해밀턴의 구상을 불신하게 만드는 수단으로 『내셔널 가제트』를 창간하는 산파 노릇을 했다. 『가제트 오브 유나이티드 스테이츠』는 정반대의 목표를 추구했다. 해밀턴

---

1 news desert. 지역 일간지가 문을 닫으면서 사건이 일어나도 언론에서 다뤄지지 않는 지역.

이 이끄는 재무부의 대변인 역할을 한 것이다. 연방주의Federalism 언론과 반연방주의 언론이 존재했다. 1800년 선거에서 양쪽은 존 애덤스가 세습 군주제를 선호한다는 이야기에서부터, 혁명 전쟁 당시 영국군이 접근했을 때 몬티셀로 근처 경계 초소에서 제퍼슨이 꽁무니를 뺐다는 일화에 이르기까지 상대편에 대해 험악한 거짓말을 쏟아냈다. 어느 정치 만화는 제퍼슨이 제단 위에서 헌법에 불을 붙이는 장면을 묘사했다.

미국 역사 내내 편향된 기관지가 일반적인 현상이었고, 언론 사주들은 세계에서 벌어지는 사건에 관해 그냥 보도하기보다는 그런 사건에 영향을 미칠 수 있었다. 1876년 AP통신의 서부 지국장인 공화당 정보원 출신 윌리엄 헨리 스미스는 친구인 러더퍼드 B. 헤이스가 공화당 대통령 후보 지명을 받도록 음모를 꾸몄다. 헤이스의 개인적 특징에 관해 극찬하는 속보가 전국 각지의 신문에 실렸다. 헤이스는 후보 지명을 받았고, 일반 투표에서 새뮤얼 틸던에게 졌지만, 선거인단 투표에서 승패를 가르는 남부 주 세 곳이 아슬아슬한 접전이었다. 의회 위원회가 선거 결과를 조사하는 가운데 친공화당 전보 회사인 웨스턴 유니언이 민주당 간부들이 AP통신에 보내는 전보를 유출해서 헤이스의 선거운동 본부에 보냈다. 틸던의 움직임을 예상할 수 있게 해준 것이다. AP통신을 개인 소유 폭스뉴스처럼 거느린 헤이스는 결국 대통령에 취임해서 비판론자들이 헤이소시에이디드 프레스Hayeassociated Press라며 비아냥댄 통신사에 기쁨을 주었다. 민주당원들은 1877년 AP통신의 대항마로『워싱턴 포스트』를 창간했다. 헤이스를 추적하는 게 주요 임무였다.『워싱턴 포스트』는 〈사기꾼 각하His Fraudulency〉라는 별명을 고안해 냈다.

윌리엄 랜돌프 허스트의 황색 언론은 스페인이 전함 〈메인호〉를 침몰시켰다고 아무 근거도 없이 비난한 끝에 1890년대에 미국을 스페인-미국 전쟁으로 몰아갔다. 1964년, 한층 전문적이고 객관적인 언론이 통킹만에 관한 존슨 행정부의 거짓말을 그대로 되풀이하면서 또다시 무의미한 전쟁을 재촉했다. 그로부터 40년 뒤, 이 전문적이고 객관적인 언론은 이라크의 대량 살상 무기에 관해 딕 체니가 제공한 거짓 이야기를 기사화했다. 그 결과는 여러분이 익히 아는 바다.

지금까지 이야기한 사례와 나란히, 미국 역사의 대부분 시기 내내 언론 내부의 경쟁 때문에 독자들은 뉴스의 질을 스스로 판단할 수 있었다. 대다수 주요 대도시 지역에는 조간과 석간이 여럿 있었다. 1970년대에 이르러 일부 언론 사주는 지역 독점 체제 구축을 최종 목표로 삼았다. 네브래스카 출신의 워런 버핏이라는 사람도 그중 하나였다. 보험 산업 이외에 그가 처음에 한 투자의 일부는 1977년 『버펄로 이브닝 뉴스』 매입 등 신문에 집중되었다. 버핏은 곧바로 일요판을 기획해서 버펄로의 유일한 경쟁 신문인 『쿠리어 익스프레스』를 겨냥했다. 1982년에 이르러 『쿠리어 익스프레스』는 문을 닫았고, 버핏의 지역 독점은 단일 투자로 최대 규모가 되었다. 버핏은 2010년 금융 위기 조사위원회에 출석해서 이렇게 말했다. 「탄탄한 사업체가 있거나 독점적 신문이나 네트워크 방송사를 거느리고 있으면, 멍청한 조카한테 경영을 맡겨도 충분합니다.」

언론 산업이 쇠퇴한 주된 요인으로 흔히 인터넷이 거론되지만,

꼼꼼하게 따져 볼 필요가 있다. 처음에는 세계 어디에서든 대부분 무료로 곧바로 뉴스에 접속할 수 있다는 점이 커다란 자원이었다. 그리하여 탁상 출판 기기를 이용하면 어느 누구든 시민 기자가 되어 자기 집 거실에서 의견과 통찰을 게시할 수 있었다(솔직히 말하자면, 나도 이 디지털 혁명의 일원으로 2004년 4월에 개인 블로그를 시작했다. 이라크에서 재난이 벌어지면서 자유주의자들이 점점 우편향되며 이슬람 혐오와 전쟁광에 빠지는 언론으로부터 도피처를 찾던 때였다). 블로거들은 정부가 공식적 화제로 삼는 내용을 무비판적으로 받아들이지 않으려는 의지를 틈새를 파고드는 전문성과 결합했다. 그들은 객관적이지 않았지만(블로거는 미국 독립혁명 시대의 팸플릿 저자들과 비슷했다), 2000년대 초반 언론을 향상시키고 민주화했다.

물론 언론 수호자를 자처하는 이들은 블로그 세상을 혐오했다. 너무 당파적이고, 독선적이며, 언론의 전문성을 존중하지 않는다는 이유에서였다. 기자들 또한 블로거들이 〈진짜〉 언론인의 작업을 도용해서 자기 멋대로 활용한다고 비난했다. 블로거들은 대개 뉴스 기사에서 몇 문단을 인용한 뒤 전체 기사는 링크를 제공한 반면, 거대 언론사의 기사는 〈어느 블로거〉의 특종을 통째로 따다 쓰면서도 블로그 링크 따위는 무시하기 일쑤였다. 하지만 블로거들이 언론의 사업 모델을 망가뜨리는 기생충 같은 존재라는 사고가 팽배했다. 2005년 봄 『허핑턴 포스트』가 첫발을 뗐을 때는 이러한 편견이 더욱 심했다. 『허핑턴 포스트』는 돈 한 푼 받지 않는 수많은 블로거를 활용해서 기명 칼럼란을 채우는 한편, 뉴스 집성news aggregation에 몰두하면서 다른 여러 뉴스 보도에서 나온 기사를 개작하고 트래픽을 끌어 모으기 위해 검색에 최적화하도록 바꿨다. 「우리는 처음부터 문젯거리로 간주됐어요.」 2009년에 『허핑턴 포스트』에서 일을 시작한 로라 바세트의 말이다. 「우리가 바로 신문을 죽이는 악성 세력이었죠. 모두들 우리를 혐오했어요.」 하지만 블로그 활동은 인터넷에서 문제였던 적이 없다. 오직 플랫폼 독점 세력이 언론의 수입 모델을 허물어뜨렸을 뿐이다.

많은 이들이 언론의 몰락을 가져온 주범으로 1995년 크레이그리스트Craiglist 설립을 꼽는다. 크레이그 뉴마크가 샌프란시스코에서 이메일 뉴스레터로 음악과 미술 행사를 소개하면서 시작된 사업은 70개국에서 한 달에 500억 페이지뷰를 기록하는 무료 온라인 벼룩시장 제국으로 성장했다(솔직히 말하자면, 나도 크레이그리스트에서 소파를 하나 샀다. 아직 크레이그리스트가 샌프란시스코를 중심으로 일을 하던 1998년의 일이다). 한 연구에서는 크레이그리스트가 2000년부터 2007년까지 신문의 광고 수입 가운데 50억 달러를 뺏어간 것으로 추산했는데, 광고는 신문 산업 수입의 40퍼센트 정도를 차지했다.

물론 누군가 인터넷의 편리를 활용해서 중고 장터를 만들 것이었다. 공교롭게도 그 주인공이 뉴마크였고, 그는 이후 최소한 5000만 달러를 언론 기업에 기부하는 식으로 속죄했다. 크레이그리스트는 사실상 광고가 없고 구독할 필요도 없는, 인터넷상에 유일하게 남은 유용한 사이트다. 이 사이트가 재앙을 가져온다고 비난하는 게 오히려 이상한 일이다. 게다가 신문 발행 부수가 감소한 원인을 찾자면 계속 거슬러 올라갈 수 있다. 1950년대의 텔레비전 방송부터 1980년대의 24시간 케이블 뉴스, 1990년대의 폭스뉴스 채널에 이르기까지 다른 원인도 많다.

저널리즘의 소멸을 촉진한 진짜 요인은 구글과 페이스북의 부상이다. 두 기업은 디지털 광고 시장을 싹쓸이하면서 동영상 뉴스 사이트들이 이제 막 신문 광고 손실을 메우기 위해 발견한 새로운 수입원을 대부분 가로챘다. 뿐만 아니라 구글과 페이스북의 거대한 연계 네트워크는 편집가와 기자들이 시청률을 좇게 만드는 일종의 왜곡 렌즈가 되었다. 〈우리가 보고 발견하는 내용은 주요 플랫폼이 결정하는 규칙에 크게 좌우됩니다.〉 온라인 미디어 협회인 디지털 콘텐트 넥스트의 최고 경영자 제이슨 킨트의 말이다.

크레이그리스트와 마찬가지로 구글도 수요를 충족시켰다. 인터넷을 조직화해서 사람들이 편리하게 찾아다닐 수 있게 만든 것이다. 그런데 크레이그리스트와 달리, 구글은 광고를 통해 자기 활동을 화폐로 전환하려고 했다. 그리고 성공을 거뒀다. 2002년에 4억 달러였던 수입이 2018년에는 〈1360억 달러〉로 늘었다. 크레이그리스트는 8년 동안 신문업계에서 광고 수입 50억 달러를 증발시켰다. 반면 뉴스 미디어 얼라이언스는 구글이 2018년에만 광고로 47억 달러를 챙겼다고 추산한다. 그해에 뉴스 산업 전체가 디지털 광고로 벌어들인 액수와 맞먹고, 크레이그리스트 때문에 입은 손실의 〈7배 이상〉이다.

구글은 오래전부터 검색을 독점했지만 두 차례 대규모 매입으로 큰돈을 벌었다. 2006년 구글은 유튜브를 사들였다. 겨우 1년 전에 인터넷 최초의 디지털 동영상 사이트로 시작한 유튜브는 구글에 유일무이한 광고 공간을 가져다주었다. 2007년에는 더블클릭을 매입하면서 프로그램 광고 기술을 확보했다.

유서 깊은 온라인 뉴스 사이트인 토킹 포인츠 메모(TPM)의 크리에이터 조시 마셜은 자기 사이트에 쓴 글에서 구글이 현재 어떤 식으로 온라인 언론 위에 군림하는지를 적절하게 묘사했다. 더블클릭은 TPM에 광고 소프트웨어를 제공하는 한편, 구글의 경매 사이트 애드익스체인지는 광고주들을 찾아 배치한다. 구글 애널리틱스는 트래픽을 추적할 수 있게 사이트의 데이터를 수집한다. TPM의 내부 웹 사이트 검색 역시 구글을 그대로 복제하며, 회사 이메일은 구글을 통해 제공된다. 〈마치 보그에게 동화되는 것 같다[2]. 우리는 멋지고 새로운 힘을 얻는다. 하지만 이미 동화됐기 때문에 주입 물질이 제거되면 죽을 게 분명하다.〉

극히 정상적인 상황이다. (솔직하게 말하자면, 내가 일하는 잡지 『아메리칸 프로스펙트』는 이메일로 지메일을 사용하고, 워드프로세서는 구글 독스, 자료 저장과 파일 공유는 구글 드라이브를 사용한다.) 인터넷 미디어는 구글의 각종 도구를 사용하면서 구글이 각 사이트의 데이터를 모으게 허용하고, 구글의 광고 네트워크를 통해 광고를 운영한다. 그리하여 구글의 손길은 자체 웹 사이트들을 훌쩍 넘어서 확대되면서 인터넷 곳곳에서 이용자의 모델을 만들고 추적한다. 조녀선 태플린이 2017년 저서 『재빨리 움직여서 무엇이든 파괴하라*Move Fast and Break Things*』에서 설명한 것처럼, 〈구글은 모

2 「스타트렉」에 등장하는 외계 종족 보그는 다른 종족을 동화해 버린다.

든 콘텐츠를 광고를 붙일 수 있는 상품으로 간주한다). 어떤 이는 인터넷 미디어나 웹서핑을 하는 사람 둘 다에게 간단히 말할지 모른다. 〈마음에 들지 않으면 구글을 사용하지 않으면 되지.〉 하지만 구글 시스템이 인터넷 도처에 퍼져 있기 때문에 구글을 쓰지 않기란 거의 불가능하다.

수십 년 동안 언론 광고에 종사하는 영업사원들은 광고주를 끌어들일 수 있는, 독자에 관한 자료를 정리했다. 만약 『월 스트리트 저널』이 고소득, 고학력 독자를 보유하고 있고 그 가운데 다수가 기업 중역이라면, 광고주들은 그 소중한 잠재 고객에게 다가가기를 원할 것이다. 하지만 이런 특별함은 지금은 아무런 의미가 없다. 수십억 건의 데이터 포인트를 축적한 구글은 어떤 광고주에게도 꼼꼼하게 모델화된 이용자를 제공할 수 있다. 만약 당신이 스포츠를 좋아하고 최근에 시계를 검색한 젊은 여성을 대상으로 광고를 하고 싶다면, 곧바로 가능하다. 그리고 그 여성들이 어떤 사이트를 방문하든 간에 광고는 계속 따라다닌다. 〈뉴욕 타임스 닷컴과 포르노 사이트에 아무런 차이가 없다.〉 갑자기 그런 데이터가 생겨나자 이제 열심히 쫓아다니던 『월 스트리트 저널』의 독자들은 무의미해지며, 독자들을 중심으로 구축된 광고 지면도 가치를 잃어버린다. 신문사들은 구글이 이용자들에 관해 축적한 정보와 도저히 경쟁할 수 없다. 웹사이트마다 구글 광고 툴을 사용해서 자잘한 광고비를 챙기면서 구글의 지배는 더욱더 가속화된다.

구글이 유튜브를 사들이기 한 달 전인 2006년 9월, 페이스북은 유효한 이메일 주소를 가진 모든 사용자에게 사이트를 개방했다.

페이스북은 검색 분야의 구글처럼 사회관계망 형성에서 없어서는 안 될 공간이 되었고, 정보보다는 사람들 사이의 연결을 조직화했다. 그리고 이 관계망은 지금 세계 전역에서 20억 명의 이용자를 자랑한다. 광고주로서는 군침을 흘릴 수밖에 없다.

구글과 마찬가지로, 페이스북도 당신에 관한 시시콜콜한 정보까지 캐서 맞춤형 광고에 제공한다. 구글과 마찬가지로, 페이스북도 경쟁자들을 집어삼키면서 성장했다. 2012년에는 인스타그램을, 2014년에는 왓츠앱을 흡수했다. 또한 구글과 마찬가지로 페이스북 역시 감시와 맞춤형 광고를 결합함으로써 수십억 달러를 벌어들였다. 2017년에 이르러 전 세계 디지털 광고 지출이 세계 텔레비전 광고 지출을 앞질렀고, 2018년 사상 처음으로 미국에서 1000억 달러에 도달했다. 페이스북과 구글은 전체 디지털 광고 수입 증가의 99퍼센트를 차지한다. 두 기업은 사실상 첨단 기술 기업이 아니라 스팸 메일 회사에 가깝다.

여기서 잠깐 맞춤형 디지털 광고가 모든 이가 생각하는 것만큼 효과를 발휘하지 못한다는 점을 지적해야겠다. 분명 효과가 있어야 한다. 데이터 기업들은 열람과 검색 이력, 앱 사용, 이메일 통신, 소셜 미디어의 〈좋아요〉와 공유, 메타데이터, 스마트 TV와 스마트 가정 기기 시청 내역, 신용카드 구입 내역, 유권자 등록, 사용자 위치 정보, 심지어 당신의 친구들에 관한 정보까지 결합해서 당신을 3만 개의 인물 프로필 중 하나로 분류한다. 앱을 끈 뒤에도 당신은 추적당한다. 암호 메시지를 사용해도 추적당할 수 있다. 꽤 자세한 그림이 그려지는 게 당연하다.

물론 맞춤형 광고가 오싹할 정도로 개인적일 수 있고, 연령과 인종, 성별 차별의 수단, 아이들의 관심을 끌기 위한 방법, 수상쩍은 사기, 이용자가 응급실에 앉아 있다는 사실을 알고 로펌이 맞춤형 광고를 보낼 때처럼 분명한 사생활 침해일 수 있다. 하지만 우리 모두는 온라인에서 신발을 한 켤레 사고 10분 뒤에 똑같은 신발의 광고를 화면에서 마주치는 경험을 한 적이 있다. 맞춤형 광고는 반응이 느리다. 부모님이 돌아가신 지 오래인 사람들에게 어버이날 선물 광고를 보여 주고, 자녀를 잃은 부모에게 양육 물품 광고를 내보낸다. 광고의 바탕이 되는 추론이 항상 제대로 풀리는 것은 아니다. 2018년의 한 연구에서 밝혀진 것처럼, 데이터 중개업체들이 언뜻 쉬워 보이는 맞춤형 광고의 대상 성별을 제대로 맞추는 확률도 42퍼센트에 불과했다. 세계 최대의 광고주인 프록터앤갬블(P&G)이 디지털 광고의 효과가 크지 않다는 판단 아래 2018년 해당 예산을 2억 달러 삭감했다는 사실은 의미심장하다. P&G는 페이스북 이용자가 한 모바일 광고를 보는 평균 시간이 1.7초에 불과하다고 추산했다.

IT 플랫폼들은 광고주들에게 광고의 도달 범위와 효과에 관해 거짓말을 하다가 여러 번 들통이 났다. 〈그들이 말하는 숫자는 전부 가짜고, 계량 분석도 엉터리고, 성실 의무를 감독해야 하는 기관들은 거짓말쟁이들이 가짜 숫자로 폭리를 취하고 있고 실제 사용자 규모로 볼 때 이떤 모델도 말이 안 된다는 건 다 안다.〉2018년 말에 트위터에 관해 애럼 저커샤프가 한 말이다. 그냥 흔한 트위터 이용자의 말이 아니라 『워싱턴 포스트』의 광고 기술 부장이 한 말이니

믿어도 된다. 그리고 그는 가짜 이용자, 가짜 관심도, 가짜 광고 노출 빈도 등등 자기 주장을 뒷받침할 데이터를 갖고 있다. 한 예로, 페이스북은 읽는 데 소요된 시간에서부터 추천 트래픽, 동영상 시청에 이르기까지 수년간 광고주들에게 수용자 측정치를 허위 보고했다. 심지어 페이스북의 계산에서는 동영상 시청 〈시간〉도 연속적일 필요가 없다.

대다수 광고주들은 이런 사항을 면밀히 검토하지 않으며, 구글과 페이스북은 확실히 아무런 단서도 제공하지 않는다. 따라서 광고주들은 이용자 맞춤형 광고를 위해 계속 상당한 액수를 지불한다. 하지만 중간 상인들이 이 돈을 전부 가로채고 있다. 2019년의 한 획기적인 연구는 인터넷 미디어들이 무작위 광고보다 맞춤형 광고를 가능케 해서 겨우 4퍼센트를 더 번다는 사실을 밝혀냈다. 광고당 0.00008달러에 해당한다. 시장은 완전히 불투명하고, 연구 보고서 작성자들도 돈이 어디로 가는지 해독하느라고 애를 먹는다.

불투명한 통계를 바탕으로 광고주를 설득하는 관행은 역사도 길고 사연도 많다. 어떤 이들은 이런 관행을 〈닐슨 시청률〉이라고 부르곤 했다. 하지만 이 경우에는 그런 사기가 구글과 페이스북이 다른 모든 사람에게 피해를 주면서 맞춤형 광고의 보상을 모두 챙기는 결과로 이어진다. 그리고 만약 투자자들도 가짜 숫자에 투자를 하고, 인터넷 미디어들이 가짜 숫자에 근거해서 편집상의 결정을 내리며, 언론인들이 가짜 숫자를 바탕으로 업무 지시를 받는다면, 우리가 만드는 것은 사상누각일 뿐이다. 그리고 이 사상누각은 금방 무너지게 마련이다.

❖

마이크는 2011년 폴리시마이크PolicyMic라는 이름으로 설립되었
다. 골드만삭스 애널리스트와 조지 W. 부시 백악관의 인턴을 지낸
알트첵과 좀더 진보 성향의 공동 창립자 제이크 호로위츠는 고등학
교 친구로 20대가 중요한 쟁점을 토론하는 공간을 만들고 싶었다.
당시에 일군의 선구적인 사이트들이 온라인에 등장했는데, 주로 벤
처 자본의 자금 투자에 힘입은 것이었다. 버즈피드, 복스 미디어, 바
이스 미디어, 리파이너리29 같은 매체들이 투자자들의 돈을 빨아들
이면서 다양하고 탐나는 이용자를 다수 끌어모으겠다고 약속했다.
디지털 미디어 버블 같은 현상이었다.

폴리시마이크는 시작하자마자 굉장히 운이 좋았다. 튀니지에 사
는 미국 작가 데이비드 디츠가 청하지도 않았는데 먼저 나서서 〈아
랍의 봄〉의 생생한 봉기 소식을 독점 보도해 준 것이다. 알트첵과
호로위츠는 계속 잭팟을 터뜨렸고, 2014년 중반에 이르면 수백만
회의 페이지뷰를 활용해서 1500만 달러에 가까운 벤처 자본 투자
를 얻어 냈고, 1년 뒤에 다시 1700만 달러의 투자를 받았다. 알트첵
은 CNN에 겸손하게 말했다. 「우리는 우리 세대에 가장 중요한 뉴
스 미디어 회사가 되고 싶습니다.」 수익성은 주요한 관심사가 아니
었다. 벤처 자본의 지원을 받은 다른 신생 기업처럼, 첫 번째 임무는
이용자를 확보하는 것이었다.

제이미 피어슨이 회사 사무실에 처음 왔을 때, 모두들 20대 중반
에서 후반으로 열정이 대단했다. 「금방 사람들을 알게 됐죠.」 제이

134

미의 말이다.「다들 거기서 정말 만족을 느꼈고, 좋은 일을 한다고 흥분했답니다.」직원 수는 많지 않았지만 젊은 독자들이 어떤 기사를 클릭할지 환히 꿰뚫었다. 2014년에 이르면 폴리시마이크는 한 달 순방문자 수가 1400만 명을 기록했고, 이듬해에는 그 수가 3000만 명으로 늘어났다. 그 독자들 가운데 최소한 절반은 페이스북을 비롯한 소셜 미디어에서 넘어온 것이었는데, 이 때문에 편집 방향이 큰 영향을 받았다.「누가 이 기사를 공유하고 있는지 자문하게 되요.」제이미의 설명이다.「그런데 그 단계 전에 이 기사가 왜 세계에 중요한 의미를 갖는지도 묻게 되죠.」

기사 제목이 트래픽의 많은 부분을 움직였다. 마이크는 공식에 딱딱 들어맞는 기사 제목 스타일의 기준을 내세웠다. 호기심을 자극하거나 부당한 점을 부각시키거나 목록을 내세우거나 하는 식이었다(솔직히 말하자면, 나는 그 이유를 도무지 모르겠지만 사람들은 〈인생에서 소중한 열 가지 교훈〉 같은 목록을 정말 좋아한다). 이런 방식 자체가 구글에서 눈동자를 좇는 데서 페이스북을 주로 겨냥하는 것으로 디지털 미디어가 변화함을 나타냈다.「구글 헤드라인에서는 키워드를 넣는 게 핵심이었죠.」전『허핑턴 포스트』기자로라 바세트가 검색 엔진 최적화 전략을 설명하면서 한 말이다.「존 맥케인이 내통령에 출마한다는 내용의 기사라면, 구글 헤드라인에 〈존 맥케인 대통령〉을 집어넣어야 해요. 그런데 입소문이 중심인 페이스북 헤드라인에서는 바뀌죠.〈이 여자는 XYZ를 생각했는데, 당신은 다음에 무슨 일이 생길지 짐작도 못할걸.〉」

2014년 정책policy의 중요성을 최소화하기 위해 이름을 바꾼 마이크에서는 진정성과 기동적 방식의 균형이 페이지뷰를 움직였다. 대화를 유도하기 위한 기사가 중심이었다. 때로는 다른 출처의 내용을 단순히 모아놓고, 때로는 도발적으로 편집부의 강한 논평을 내세웠으며, 또 때로는 심층적이고 의미심장한 보도를 게재했다. 『허핑턴 포스트』의 경우처럼 마이크도 글을 기고하는 수천 명의 블로거를 찾아냈고(허프포스트와 달리 마이크는 블로거에게 원고료를 지불했다), 기사 빈도와 독자층을 넓혀 나갔다. 마이크는 또한 경쟁 업체가 페이스북과 트위터에 올리는 글을 모니터하면서 어떤 기사가 반응이 좋은지를 판단해서 재빨리 기사를 내보냈다. 마이크의 사이트는 문화가 정치가 되고 정치가 문화가 되는 동시적인 뉴스 사이클을 만들어 냈다. 하지만 일종의 초점은 있어서 사회 정의와 도덕적 선명성, 악당 쓰러뜨리기 등에 집중했다. 젊은 직원들은 주변으로 밀려난 사람들의 목소리를 높이고, 미디어가 대상으로 삼고 귀를 기울이는 이들을 다양화해야 한다고 믿었다. 이런 생각에는 어느 정도 고귀함이 있었다.

2015년에 이르러 마이크는 전문화로 나아갔다. NPR 편집국장 출신의 마둘리카 시카가 영입되어 보도국을 진두지휘했는데, 보도국 인원이 100명을 훌쩍 넘었다(시카는 불과 7개월 뒤에 떠났는데, 일종의 위험 신호였다). 블룸버그, 『뉴욕 타임스』, 『뉴요커』 중역들이 외부 고문으로 영입되었다. 투자자 가운데는 CNN의 모기업인 워너미디어도 있었다. 마이크의 사이트는 오바마 대통령과 일대일 인터뷰를 하는 쾌거를 올렸다. 사이트가 부문별 섹션(〈버티컬 vertical〉이라고 불렀다)으로 개편되었고, 검색용으로 기사를 최적화하는 팀이 만들어졌다. 그리고 투자자들이 바라는 대로 콘텐츠를 돈으로 만드는 시도에 나섰다. 마이크 기자들이 후원을 받아 정규 뉴스 기사와 비슷하게 작성한 〈네이티브 광고native advertising〉가 그 시작이었다. 그레이구스 보드카, 마이크로소프트, 제너럴 일렉트릭, 맥도날드 등이 브랜드 파트너였다. 그리고 많은 스폰서 콘텐츠가 영상으로 제작되었다.

마지막 부분은 산업 차원의 추세로, 심지어 〈동영상으로 중심축이 이동한다〉라는 이름까지 붙여졌다. 2014년 중순 페이스북은 플랫폼에서 하루에 동영상 시청이 10억 건 이루어진다고 발표했다. 텔레비전 방송 규모의 미디어 예산을 놓고 군침을 흘리는 광고 판매 중역이라면 누구나 알겠지만, 동영상은 풍부한 수익의 잠재적 광맥을 제공했다. 동영상과 관련해서 페이스북이 부딪힌 문제는 유튜브가 선두주자의 우위와 수많은 스타를 보유하고 있다는 사실이었다. 페이스북 이용자들은 본능적으로 유튜브 링크로 나가서 동영상을 보곤 했다. 페이스북의 알고리즘은 페이스북 자체 플레이어와 연동된 동영상을 위에 올려놓아서 유튜브 동영상 링크를 잘 안 보이게 했다(모델 자체가 페이스북 이용자에게 유튜브 콘텐츠를 제공하는 것을 기반으로 삼는 웹 사이트인 업워디Upworthy는 그 결과로 트래픽의 절반 가까이가 줄어들었다). 하지만 페이스북은 이용자들을 계속 묶어 두기 위해 자체 플레이어에 많은 양의 콘텐츠를 보관해 둘 필요가 있었다.

지금은 삭제됐지만 인터넷 아카이브를 통해 볼 수 있는, 2015년 1월의 한 블로그 게시물에서 페이스북은 〈콘텐츠 생산자들〉에게 바로 지금 플랫폼상에서 동영상으로 이동하는 과정을 보고 있다고 알렸다. 게시물은 웹 사이트들이 페이스북에 동영상을 홍보하는 방법을 안내하는 기본적 내용이었다. 다른 뉴스 피드보다 두드러지게 부각시키고 처음부터 시청자를 꽉 잡으라는 것이었다. 〈당신이 현장 취재 중인 기자든, 생활의 일부를 공유하는 유명인이든 간에, 재미있고 공유 가능한 원본 동영상을 올리세요. 다른 사람은 전혀 갖지 못하는 영상을요.〉 페이스북이 유체 이탈한 목소리로 쓴 글이다. 그로부터 1년 뒤, 마크 저커버그는 페이스북 개발자 회의에서 이렇게 말했다. 오래지 않아 〈동영상은 휴대 전화와 마찬가지로 우리 모두가 공유하고 소통하는 방식에서 일대 전환처럼 보일 겁니다.〉 그러면서 페이스북도 5년 안에 대부분 동영상이 될 것이라고 덧붙였다.

그 함의를 말로 표현하지는 않았지만 분명했다. 페이스북은 알고리즘을 통해 자체 동영상[3]에 더 많은 관심과 주의를 기울일 계획이었다. 페이스북은 〈외부 사이트 링크를 해결해야 할 문제로 본다〉고 지금은 사라진 웹 사이트 아울The Awl의 미디어 비평가 존 허먼은 말한다. 「페이스북은 원래 다른 데서 만들어진 미디어 링크에 대항해서 광고를 팔아 엄청난 돈을 벌고 있어요. (……) 그런데 페이스북이 이론상으로만이 아니라 실제로도 인터넷 전체를 장악한다는 새로운 구상은 잠재적으로 〈더욱〉 수익성이 높아요. 페이스북이 보기에 인터넷 미디어는 중개업자예요.」

인터넷 미디어들이 받은 재정적 제안은 다소 불분명했지만(페이

3   native video. 외부 동영상 링크가 아니라 플랫폼 자체에 올려진 동영상.

138

스북은 결국 지속적으로 동영상을 올리는 사이트에는 돈다발을 흔들 터였다), 필사적으로 방문자를 모으려는 웹 사이트라면 누구나 성공으로 가는 유일한 도로 지도는 동영상 제작자가 되는 데 있다는 말만 들었다. 그래서 많은 사이트가 전환을 시작했다. 버즈피드와 복스는 동영상 팀을 추가했다. 나우디스는 웹 사이트 없이 운영하면서 동영상 제작자로 올인하기로 결정했다. 보도 자원에 대규모 투자를 했던 MTV뉴스는 몇 년 뒤 전원 해고하고 중심축 이동을 완료했다. 『뉴 리퍼블릭』이 조직을 정비하면서 직장을 잃은 자밀 스미스는 MTV뉴스로 갔는데, 1주일 뒤 상사에게 해고 통보를 받았다. 「연달아 두 번 전환의 현장에 있었던 거죠.」(그는 지금 『롤링스톤』에서 일한다.)

마이크도 전환 열풍에 사로잡혀 페이스북을 위한 동영상을 여러 개 만들었다. 〈플립 더 스크립트Flip the Script〉 같은 오리지널 시리즈부터 버티컬 팀이 페이스북 라이브에 매일 올리는 영상에 이르기까지 다양했다. 제이미 피어슨이 그때를 회상한다. 「〈일주일에 X시간씩 페이스북에 접속해서 뭔가 재밌는 걸 내놓으라〉고 윗사람들은 말했어요.」 중역들이 입소문의 승리를 요구하는 가운데 압박이 심한 브레인스톰 회의에서 페이스북 라이브의 히트 영상들이 나왔다. 모든 게 약간 질이 조잡했다. 「그냥 체크 박스에 불과했어요.」 제이미의 말이다. 「가끔 영상이 인기를 얻으면 흥분이 되죠. 그런데 영상을 보는 사람이라곤 엄마하고 동료 엄마뿐인 것 같았어요.」

마이크의 동영상 전략에는 관심을 끌기 위한 단편 영상인 〈마이크-로스Mic-ros〉도 있었다. 칼럼니스트들이 출연한 영상, 특파원의

영상 보도, 음성을 끄고 휴대 전화로 보게 만든, 자막 해설이 달린 영상도 있었다. 일부 영상에는 협찬사 로고가 구석에 크게 박혔다. 브랜드 홍보용 콘텐츠 제작팀은 특정 광고주와 링크된 동영상을 만들어서 소셜 미디어에 밀어냈다. 브랜드 홍보 영상 제작 할당량이 정해져 있어서 1주일에 최대 3개까지 만들어야 했다. 때로는 마이크가 뉴스 매체인지 아니면 광고 대행사인지 분간하기가 어려웠다.

페이스북 열풍 시기에도 마이크는 다른 방향으로도 활발하게 전환하고 있었다고 제이미가 설명했다. 구글은 마이크에 스탬프Stamp라는 이름의 슬라이드쇼 개발 프로젝트를 제안했는데, 마이크는 이 프로그램의 사유 기술[4]을 구축했다. 그러나 구글은 이 프로젝트를 진행시키지 않았다. 인스타그램이 인기가 좋다는 것을 안 마이크는 인스타그램 팀을 채용했지만 2주일 만에 곧바로 해고했다. 「엄청난 시간 낭비였어요.」 제이미가 씁쓸하게 회상했다. 마이크의 다른 곳에서는 여러 팀이 급조됐는데, 신입 직원들이 신기술을 배우려고 애쓰는 고참 기자들과 짝을 이뤘다. 기자들은 건강 관리 같은 온갖 주제들에 관해 정보를 모으라는 말을 암묵적으로 들었지만, 이 주제들이 자동적으로 수백만 독자를 끌어들일 리는 만무했다. 신규 동영상 사업이 계획되고, 폐기되고, 다시 계획될 때마다 스트리밍 플랫폼도 바뀌었다. 마이크는 텔레비전 스튜디오를 만들었지만 얼마 지나지 않아 외부 업체에 영상 제작을 맡겼다.

중역들은 분명히 동영상을 미래로 점찍었다. 〈우리는 이제 막 발전 — 비주얼 혁명 — 의 초기 단계에 서 있다〉고 편집인 코리 하이

4 proprietary technology. 개발자가 소유권을 갖는 기술.

크는 리코드에 기고한 글에서 말했다. 마이크는 2017년 8월 직원 25명을 정리 해고했는데, 알트첵은 〈비주얼 저널리즘이 이미 우리 독자들이 마이크와 보내는 시간의 75퍼센트를 차지하기 때문〉이라면서 해고를 정당화했다. 직원 전체 회의에서 알트첵과 그의 동료들은 항상 편집 콘텐츠를 마이크의 토대라고 간단히 인정하고는 그날 뒤쫓고 있는 흰 고래로 관심을 돌리곤 했다.

기자와 편집가들은 고개를 숙이고 좋은 기사를 쓰려고 노력했다. 잡지『타임』과 제휴해서 작성한 오피오이드 사태에 관한 한 기사는 미국잡지편집가협회상을 받기도 했다. 하지만 동영상에 초점이 맞춰지자 사이트의 나머지 부분은 금세 황폐화되었다. 콘텐츠가 페이스북과 다른 플랫폼으로 옮겨감에 따라 마이크의 방문자 수는 한 달에 2000만 명에서 400만 명으로 감소했다. 마이크가 편집부의 작업보다 우선시한 웃기는 영상(이중적 의미의 〈#69TheVote〉 페이지는 특히 최악이었다)은 직원들을 기진맥진하게 만들었을 뿐이다. 「너무 무모하고 아무 생각이 없었어요.」제이미의 말이다. 「편집부의 많은 이들이 그냥 도깨비 방망이나 휘둘렀지 자기들의 존재 이유를 제대로 생각하지 않았던 거예요.」

그리고 폭탄이 떨어졌다. 페이스북이 끈질기게 홍보한 동영상 통계, 여러 웹 사이트의 직원과 편집 방향을 바꾸게 만든 노다지가 거짓말에 근거한 것이었다. 페이스북은 시청 시간이 3초 이하인 조회는 모두 제외하는 식으로 동영상 시청을 엄청나게 과다 집계하고 있었다. 평균 동영상 시청 시간을 부풀린 것이다. 웹 사이트들이 동영상으로 몰려간 이유라곤 페이스북이 이용자가 계속 시청하게 만드는 비밀 암호를 푼 것처럼 보였기 때문인데, 어느 하나 사실이 아니었다. 내부 문서를 보면, 페이스북은 광고주들에게 이 사실을 공개하기 전에 1년 이상 이미 문제를 알고 있었다. 마침내 페이스북의 통계가 무려 900퍼센트 부풀려졌음이 드러났다. 이런 광고 사기는 페이스북에 새로운 일이 아니었다. 2017년에 이미 페이스북 광고가 당시 플랫폼에 존재하는 수보다 더 많은 2500만 젊은이에게 도달한다고 주장한 바 있었다.

변덕스러운 십대가 인스타그램 피드를 휙휙 넘겨 보는 것처럼, 페이스북은 이내 마음을 바꾸었다. 온라인 미디어에 돈을 주고 동영상을 만들게 하는 것을 중단했다. 그리고 알고리즘을 통해 가족과 친구들의 게시물을 더 많이 보여 줄 계획이라고 발표했다. 페이스북 알고리즘의 변덕성은 언제나 미디어를 미치게 만들었지만, 〈이용자 팀〉이 메타 데이터나 기사 제목을 조정해서 출혈을 막아 주곤 했다. 그러나 이번에는 다른 문제였다. 동영상을 부각시키지 않으면서 전체 사업 모델이 클릭 한 번으로 날아갔다.

이런 변화 이후에 페이스북상에서 마이크의 단기간 동영상 조회 수는 12개월 만에 90퍼센트 감소했다. 중역들은 태연한 척했다. 2018년, 페이스북은 마이크로부터 「마이크 디스패치」라는 주 2회 뉴스 프로그램을 500만 달러에 사들였다. 이 계약이 최종적 전환이자 회사를 구하기 위한 최후의 시도였고, 마이크는 어려운 상황을 수용하는 한편 동영상 제작자를 채용하고 편집부 채용은 동결했다. 프로그램은 회당 10만 명 정도의 조회 수를 기록했는데, 페이스북은 이 수치에 만족하지 못했다. 「마이크 디스패치」는 계약을 갱신하지 못했다.

사업 전체를 페이스북에 놀아나는 데 의존하는 것은 결코 현명한 처사가 아니다. 컬럼비아 언론대학원 교수 빌 그루스킨이 『워싱턴 포스트』에 말한 것처럼, 마이크는 수년간 끌어 모은 자본의 고작 12분의 1 정도의 가격에 버슬에 팔렸다. 〈대부분의 보도국이 결국 저널리즘에 별로 관심도 없는 회사의 변덕에 근거해서 채용과 투자 결정을 내린 것을 후회하게 된다.〉 그루스킨의 말이 옳다. 하지만 마이크 같은 기업은 선택의 여지가 없었다. 독점이란 그런 것이다. 독점은 독점 기업의 네트워크로 통하지 않는 모든 경로를 틀어막는 다. 사람들의 눈이 페이스북에 집중되었고, 디지털 미디어가 번성 하고 성공하기 위해서는 페이스북이 원하는 대로 굽신거려야 했다. 분명히 질 게 빤한 경기였지만 다른 대안이 전혀 없었다.

마이크의 붕괴는 디지털 세계의 종말이 한창 진행되는 와중에 찾 아왔다. 미디어 기업들은 2018년 1만 5,474개의 일자리를 삭감해 서 2009년 대불황 이래 최고를 기록했고, 2019년 9월까지 다시 7,200명을 정리 해고했다. 리틀씽스 같은 몇몇 온라인 미디어가 문 을 닫았다. 복스 등 다른 기업들은 동영상 팀을 정리 해고했다. 버즈 피드는 200명을 정리했다. 바이스 미디어는 직원 10퍼센트를 내보 냈고, 리파이너리29도 똑같이 규모를 줄였다. 결국 바이스가 리파 이너리29를 사들였다. 거대 통신기업 버라이즌이 소유한 『허핑턴 포스트』와 야후, 그밖에 여러 미디어는 기자 800명을 정리 해고했다. 로라 바세트는 해고될 당시에 친구가 『허핑턴 포스트』에 인턴으로 취직하는 과정을 도와주고 있었다. 친구는 바세트가 해고되는 날 인턴으로 채용됐다. 「축하한다고 말했죠.」 바세트의 말이다. 「그러자 이렇게 대답하더군요. 〈이걸 어떻게 받아들여야 해? 이 산업에 어떤 미래가 있을까?〉」

디지털 뉴스만 날벼락을 맞은 것은 아니다. 페이스북이 외부 링크에서 손을 떼고 다른 방식으로 전환하자 지역 언론도 황폐화되었다. 많은 언론사가 링크 방문자가 80~90퍼센트 감소했다고 밝혔다. 이런 전환은 체계적인 쇠퇴를 가속화했다. 구글과 페이스북이 디지털 광고 수입을 지배하면서 남아 있는 수익 기회가 많지 않았기 때문이다. 클리블랜드의 『플레인 딜러』는 지난 20년 만에 340명의 기자가 33명으로 줄었다. 뉴올리언스의 『타임스-피카윤』은 경쟁지에 흡수되어 182년의 역사를 마무리하면서 직원들을 해고했다. 미국에서 명성이 자자한 신문인 영스타운의 『빈디케이터』는 150년 동안 이어온 문을 닫았다. 『USA투데이』의 소유주이자 미국 최대의 언론사인 개닛은 계열 지역 신문들에서 400명을 해고했다.

개닛의 경험은 언론의 생명을 유지하는 몇 가지 새로운 모델 가운데 하나인 월 스트리트 소유가 반영된 결과였다. 2019년 8월, 400개 정도의 신문을 소유한 게이트하우스 미디어가 215개를 소유한 개닛과 합병을 발표하면서 미국의 양대 신문 체인이 손을 잡았다. 게이트하우스의 모회사는 사모투자 회사인 포트리스 인베스트먼트 그룹이 운영하는데, 개닛 직원들로서는 간담이 서늘할 게 분명하다. 포트리스가 구사하는 전략에는 가차 없는 비용 절감이 수반되기 때문이다. 이 기업들은 연간 비용을 3억 달러 절감할 것으로 기대된다고 곧바로 발표했다. 기자와 일반 직원의 연봉을 줄이겠다는 의미일 것이다. 별도의 사모투자 회사인 아폴로 글로벌 매니지먼트가 고금리 대출로 이 합병의 자금을 대주고 있는데, 이 기업 또한 비용 압박을 가할 게 분명하다. 모두 합쳐 사모투자 회사들이 약 1,500개의 신문을 소유하고 있다.

헤지펀드인 올던 글로벌 캐피탈은 『덴버 포스트』를 비롯해 50개 신문사를 거느리고 있다. 올던 또한 언론인들의 경력을 끝장내면서 승승장구한다. 노동조합이 있는 12개 계열 신문사의 직원 규모는 2012년의 3분의 1이다. 올던은 종종 여러 사업체를 결합해서 원격으로 일간지를 내면서 부동산으로 수익을 올린다. 또한 신문사 건물과 인쇄소를 매각하고 재개발하는 일을 전문으로 하는 유용한 부동산 계열사도 소유하고 있다. 뉴스는 건물의 지배권을 확보하는 일에 비해 부차적인 관심사인 것 같다. 월 스트리트는 디지털 미디어도 사들이고 있다. 가령 사모투자 회사 그레이트 힐 파트너스는 기즈모, 데드스핀, 스플린터, 『어니언』의 모기업을 사들였다. 스플린터는 그 후 문을 닫았다.

언론의 또 다른 생존 전략은 부유한 후원자를 찾아내는 것이다. 제프 베조스와 『워싱턴 포스트』, 패트릭 순시옹과 『로스앤젤레스 타임스』, 세일즈포스 최고 경영자 마크 베니오프와 『타임』, 로렌 파월 잡스(스티브 잡스의 부인)와 『애틀랜틱』이 그런 관계다. 하지만 독점화된 세계에서 기꺼이 손해를 보려는 억만장자는 그렇게 많지 않으며, 그들 모두가 마음이 따뜻한 재벌인 것도 아니다. 카지노 재벌 셸던 아델슨이 처음에 『라스베이거스 리뷰-저널』을 비밀리에 매입한 것은 자신에 대한 부정적 보도를 막으려는 의도가 분명했다. 재벌 개인들은 또한 마음이 바뀌기도 한다. 세라 맥퀸이 자선 기부를 끝내기로 마음먹자 잡지 『퍼시픽 스탠다드』는 순식간에 사라졌다.

그나마 좋은 점은 유료 구독자가 증가하고 있다는 사실인데, 2016년 대통령 선거에서 도널드 트럼프가 언론을 공격한 이후 유료 구독이 한층 늘어났다. 하지만 『뉴욕 타임스』나 『월 스트리트 저널』 같은 거대 언론만이 대규모 유료 독자 전환에 도움을 받았고, 그 대부분은 지역 신문 구독자가 옮겨온 것이었다. 지면 유료화는 또한 정보의 자유로운 흐름을 경제적 여력이 있는 계층에 제한한다. 인터넷 민주화 세력은 현재 관문을 세우면서 독점을 만들어 내고 있다. 다른 지속 가능한 수입 모델이 전혀 없기 때문이다.

IT 기업들은 도움을 준다는 그럴 듯한 말만 늘어놓으면서 6억 달러 자금 조성을 약속하고 있다. 하지만 그들 또한 자기들의 이익을 염두에 두고 있었다. 구글은 이용자들이 구글 암호로 구독 암호를 대신하게 하는 식으로 디지털 미디어를 돕겠다고 약속했다. 구독 과정을 〈간소화〉한다는 취지이지만, 구글은 그 결과로 더 많은 데이터를 거둬들인다. 게다가 구글은 시장을 선도하는 자사의 크롬 웹 브라우저에서 〈침입형intrusive〉 광고를 차단함으로써 구글이 제공하는 광고만 수용 가능한 광고로 만들었다. 그리고 크롬을 활용해서 인터넷 곳곳에서 이용자들을 추적하는 제3자의 쿠키를 차단하고 있다. 구글은 자체의 추적 능력은 유지하면서 디지털 미디어에는 프라이버시의 잣대를 들이대며 가로막는 것이다.

다른 플랫폼들은 절망적인 상태의 디지털 미디어를 상대로 노골적인 강도 행각을 벌였다. 페이스북은 디지털 후원 모델을 만들어서 사람들이 자기 작업에 대해 기부를 받을 수 있게 하면서 30퍼센트를 수수료로 챙겼다. 애플의 구독 기반 서비스인 〈뉴스+〉는 훨씬 더 나쁜 조건이었다. 애플이 수입의 50퍼센트를 가로챈 것이다. 「좋은 경험이지만 경제적으로는 끔찍하죠.」 디지털 콘텐트 넥스트의 제이슨 킨트가 솔직하게 고백하는 말이다. 디지털 콘텐트 넥스트의 몇몇 회원사는 독자를 끌어 모으는 데 혈안이 되어 어쨌든 이 애플 서비스에 굴복했다. 「애플은 플랫폼으로 다른 뉴스 앱들과 경쟁하는 뉴스 앱을 제공해요. 당신이 경기에 나서지 않으면, 경쟁자가 아이폰 알림을 받는 트래픽을 차지하겠죠?」

일부 디지털 사이트는 구글/페이스북의 광고 복점에 영향력을 행사하기 위해 협력 관계나 심지어 합병을 통해 한데 뭉치자는 아이디어를 내놓았다. 독점이 독점을 초래하는 또 다른 〈기업 통합의 연쇄 반응〉의 사례. 선택지가 줄어들면 누구에게도 유리하지 않으며, 8개 회사가 플랫폼에 유통을 의존하기 때문에 수익을 내지 못한다면, 회사가 2개로 줄어든다고 수익이 날지는 불분명하다.

전체적인 상황을 보면 재앙이 펼쳐지고 있다. 2018년 노스캐롤라이나 대학교에서 나온 한 연구에 따르면, 미국 전역의 1,300개 지역에서 지역 언론이 완전히 사라졌다. 전체 숫자를 보면, 2004년 이래 1,800개 신문사가 문을 닫았고, 2012년 이후로 발행 부수가 평균

40퍼센트 정도 감소했다. 페이스북은 독자들에게 더 많은 지역 뉴스를 제공한다는 구상을 공개했지만, 뉴스 공급원을 충분히 찾을 수 없었다. 놀랍게도, 뉴스 사막은 전염병 확산과 상관관계가 있다. 역학자들이 전염병 발생을 추적하기 위해 지역 언론 기사에 의존하기 때문이다.

한 세대의 젊은 언론인들은 경력을 시작하는 데 필요한 시험 무대가 전혀 없고, 한 세대의 베테랑 기자들은 역량을 펼칠 공간이 없다. 웰스파고 은행의 가짜 계좌 스캔들에 관한 중요한 기사를 터뜨린 『로스앤젤레스 타임스』의 E. 스콧 레커드 기자는 연방 규제 기관이 이 은행에 과징금을 부과할 무렵에 언론계를 떠난 상태였다. 2015년 퓰리처상 수상자 두 명도 언론계를 떠나 홍보 분야로 옮겼다. 교활한 독점 자본가 워런 버핏조차 자산을 현금화하면서 기존에 소유하던 신문사를 별도의 관리 회사로 이전했다. 2019년 버핏은 신문은 이제 〈끝장났다toast〉고 말했다. 〈조만간 사라질 겁니다.〉

그렇게 많은 지역에서 뉴스가 사라지는데 누가 그 공백을 메울까? 텔레비전 방송은 전국적 대기업과 지역 독점 기업으로 가득 차 있다. 특히 싱클레어 방송 같은 기업은 193개 방송국에 우파 성향 지역 뉴스 방송을 내보내는 것을 주요 업무로 삼는다. 이런 뉴스는 대개 똑같은 대본과 현장 보도에 의존한다. 유튜브의 유독한 콘텐츠가 관심을 끌기 위해 경쟁하는데, 유튜브 알고리즘은 음모론과 선동적 내용을 내세운다. 유튜브는 브라질 국민을 과격하게 만든 주요한 요인이었다. 인공 지능 로봇이 사실 관계만 작성하는 기사를 한창 개발 중인데, 최소한 대중에게 정보는 줄지 모르지만 수천 명의 생계를 무너뜨릴 것이다. 보수적인 정치 활동이 지역 웹 사이트를 표방하면서 객관적인 보도의 가면을 쓴 가짜 뉴스를 제공한다. 일제 정리된 페이스북 뉴스 피드조차 당파성이 강한 저질 뉴스를 특별 대우하며, 구글은 기성 거대 언론을 선호하면서 독립 미디어에는 전혀 공간을 주지 않는다.

하지만 지역 언론의 점진적 쇠퇴에서 가장 큰 이익을 누리는 것은 구경만 하던 한 올드 미디어다. 라디오 토크쇼 역시 최근에 엄청난 통합 물결을 목도하고 있다.

브래드 프리드먼은 선거 보안(해킹 방지)에 초점을 맞추는 진보 블로거로 성공을 거둔 뒤 라디오에서 게스트로 유명해진 다음, 게스트가 진행하는 즉흥 방송에서도 승승장구했다. 그는 라디오라는 매체의 자유분방한 방식과 직접성을 좋아했다. 그리고 많은 팬을 기반으로 직접 매일 진행하는 프로그램을 시작했다. 하지만 프리드먼은 아주 잘못된 시점에 극히 잘못된 장소에 온 것이었다. 토크쇼 중심 라디오가 통합되면서 우파 의제를 도모하는 방향으로 변신한 뒤였다. 「나는 라디오에 서투르지 않아요.」 프리드먼의 말이다. 「그런데 우파가 아니라면 라디오 토크쇼를 진행해서 생계를 꾸리기는 불가능하죠.」

진보 토크쇼 진행자들은 라디오 역사에서 몇 차례의 결정적인 순간을 지적한다. 1987년, 로널드 레이건의 연방통신위원회(FCC)는 공정 원칙Fairness Doctrine을 폐지하면서 공중파 방송의 정치적 균형 요건을 없애 버렸다. 1996년, 공화당의 하원과 민주당 대통령은 언론 소유에 관한 제한을 철폐하는 내용의 통신법을 통과시켰다.「이 둘이 결합하면서 소유주 집단이 아무런 제한도 받지 않게 됐죠.」또 다른 진보 토크쇼 진행자 피터 B. 콜린스의 말이다.「소유주들은 돈과 자기 자신들의 편견을 좇았습니다.」

1980년대 말, 콜린스는 샌프란시스코의 KNBR에서 우파 진행자 러시 림보 다음 프로그램에 출연했다. 몇 년 뒤 KNBR은 콜린스를 스포츠 프로그램으로 보내 버렸다. 전국 각지에서 림보를 비롯해 수많은 신디케이트 소속 우파 진행자들이 우후죽순처럼 등장했다. 클리어 채널과 큐뮬러스 라디오 같은 거대 방송사가 발탁한 사람들이었다. 차에서 많은 시간을 보내는 사람들은 대부분 뉴스 토크쇼에 선택권이 없었다. 걸러지지 않은 보수적인 독설을 퍼붓는 토크쇼를 들을 수밖에 없었다. 콜린스는 이렇게 말했다.「러시한테 동의하지 않으면서 그를 출연시키는 방송국장은 만나 본 적이 없어요.」

진보주의자들은 2004년 대통령 선거와 동시에 탄생한 에어 아메리카로 이런 상황에 맞서려고 공공연하게 노력했다. 에어 아메리카는 종종 클리어 채널 방송국들에 막대한 돈을 쏟아부으면서 프로그램 송출을 따내려고 했다. 하지만 처음부터 재정 관리가 부실한 게 분명했다. 에어 아메리카는 출범 몇 주 뒤 제휴 방송에 보낸 수표가 부도 처리되면서 로스앤젤레스와 시카고에서 방송을 중단했다. 에어 아메리카가 다시 겨우겨우 방송을 시작했을 때, 2008년에 밋 롬니의 사모투자 회사인 베인 캐피탈에 팔린 클리어 채널과 규모에서 상대가 되지 않았다.

「예를 들어 로스앤젤레스에서는 〈짧은 막대기short stick〉, 그러니까 아무도 들을 수 없는 방송국에서 프로그램을 송출해요.」프리드먼의 말이다. 에어 아메리카의 로스앤젤레스 제휴 방송인 K토크는 우파 성향으로 지역 최고의 토크쇼 방송국인 KFI와 같은 스튜디오에서 방송을 했다. 하지만 KFI는 빌보드 음악방송에 라디오 주파수도 잘 잡히는 데 반해, K토크는 해가 지고 나서야 겨우 들을 수 있었다. 프리드먼이 K토크 프로그램이 아니라 한 팟캐스트에서 이 점을 지적하자 방송국 편성 책임자에게 그 말이 들어갔다. KFI 프로그램도 만드는 사람이었다. 프리드먼은 에어 아메리카에서 마이크 맬로이라는 진보 인사가 맡은 프로그램을 게스트로 진행하곤 했는데, 버뱅크에 있는 KFI/K토크 스튜디오에서 만들었다. 「그런데 편성 책임자가 와서는 거기에는 맬로이 쇼를 진행할 공간이 없다고 하더군요.」그것으로 임시 진행은 끝이 났다. K토크는 결국 방송을 중단하고 K-EIB로 바뀌었다. 러시 림보 토크쇼의 표어인 〈Excellence in Broadcasting(최고의 방송)〉의 약자였다.

콜린스는 한 방송국에서 유출된 메모를 전달받았는데, 에어 아메리카 프로그램에 자사의 광고를 넣고 싶어 하지 않는 광고주 명단이었다. 「일종의 블랙리스트였죠.」주저하는 광고주와 방만한 재정 관리, 무기력하고 시시한 프로그램 등이 결합되면서 결국 에어 아메리카는 침몰했고, 그와 더불어 진보 라디오 시사 토크쇼라는 개념 자체가 사라졌다. 당시에 콜린스는 에어 아메리카를 뒤에서 떠받히는 진보의 성채에 제2의 방송국들을 채우기 위해 신디케이

트 네트워크를 구축한 상태였다. 「그런데 문제가 생겼죠. 에어 아
메리카가 성공을 거두지 못해서 어느 누구도 〈제2의 방송사가 필
요하다〉고 말하지 않았거든요.」 콜린스의 말이다. 「에어 아메리카
가 파산한 뒤 라디오 경영진은 실제로 드러난 증거를 놓고서 진보
토크쇼 따위는 필요하지 않고 아무도 관심을 안 둔다고 말했습
니다.」

콜린스는 현재 라디오 채널을 떠나 일간 팟캐스트를 운영한다.
프리드먼이 진행하는 토크쇼는 전국 각지의 30개 방송국에서 나오
는데, 그 자신은 믿기 어려워하지만 그는 미국에서 5위권에 드는 진
보 토크쇼 진행자다. 한편 수십 명의 보수 토크쇼 진행자들은 사실
상 프로그램을 시작하자마자 수백 곳의 제휴 방송국을 확보한다.
이런 비즈니스 모델은 소규모로 운영되는 게 불가능하다. 신디케이
트 라디오 토크쇼 진행자들은 방송을 송출하는 방송국에서 돈을 받
는 게 아니라 광고료의 일정 비율을 받는다. 따라서 전국의 청취자
에게 광고를 판매하려면 규모를 키울 필요가 있다. 30개 방송국에
서 방송을 내보내는 프리드먼이 자기 몫으로 받는 광고료는 상대적
으로 보잘것없다. 청취자가 내는 기부금에 전적으로 의존하는데,
일부 방송국에서는 기부금 요청을 하지 못하게 한다. 「〈방송을 계속
할 수 있게 기부해 주시면 감사하겠습니다〉 정도만 말할 수 있죠.」
쥐꼬리만큼 떨어지는 수익을 보면, 유명 라디오 진행자라기보다는
생계형 농민에 가깝다.

2018년, 클리어 채널(아이하트미디어IHeartMedia로 이름을 바꿨
다)은 유서 깊은 사모투자 회사들이 떠넘긴 부채 부담을 줄이기 위

해 파산 신청을 했다. 하지만 전국 각지의 849개 방송국을 그대로 보유한 채 파산 보호 절차를 마쳤다. 상황이 악화될 수도 있다. 전국 방송사업자협회(NAB)는 그나마 남아 있는, 비교적 미약한 미디어 소유 규정을 폐지할 것을 제안한 바 있다. 만약 당신이 팟캐스트 덕분에 사상의 균형과 경쟁 시장이 회복될 것이라고 생각한다면, 스포티파이5를 비롯한 통합의 물결이 이제 막 시작되었다는 사실을 잊지 마라. 그냥 블로거 — 아직까지 남아 있는 블로거가 있다면 — 를 붙잡고 독립적이고 자유로운 형태의 미디어가 어떻게 되는지 물어보라.

팟캐스트 기술을 제쳐 두면, 수많은 미국인들은 여전히 매일 라디오를 켜고 몇 시간 동안 귀를 기울인다. 폭스뉴스의 진행자 션 해너티의 시청자 수 — 350만 명이라는 인상적인 수 — 는 그의 주간 라디오 청취자 수 1400만 명에 비할 바가 아니다. 프리드먼은 눈에 띄지 않는 문화적 힘이 결정적인 영향을 미친다고 본다. 「이건 우리의 공중파고, 국민이 소유하는 겁니다. 대기업을 지지하는 우파의 목소리가 아닌 소리를 발견하면 행운이에요. 사람들이 폭스에서 기괴한 방송을 보는 건 그렇다 칩시다. 라디오는 놀라운 매체입니다. 캄캄한 어둠 속에서 혼자, 차 안에서 이런 목소리가 들려주는 메시지에 귀를 기울이는 겁니다. 적어도 지난 15년간 이 나라에서 우리가 목격한 모든 일은 그 목소리의 지지를 받았습니다. 이 독점은 다른 모든 독점을 가능케 만듭니다.」

5 Spotify. 2008년 스웨덴에서 출범한 세계 최대의 오디오 음원 스트리밍 플랫폼.

　　　　　　　　　　❖

　　주로 페이스북과 구글의 지배에 의해, 그리고 미디어 사업 모델의 붕괴에 의해 만들어진 뉴스 사막은 민주주의에 중대한 함의를 갖는다. 2018년 2,900여 카운티를 대상으로 진행한 한 연구에 따르면, 신문 구독자가 가장 적은 지역에서 도널드 트럼프가 공화당의 이전 대통령 후보 밋 롬니보다 더 많은 표를 얻었다. 치열한 경합주에서 선거 결과를 좌우하기에 충분한 차이였다. 『워싱턴 포스트』는 〈민주주의는 어둠 속에서 죽는다〉는 표어를 내세워서 가끔 조롱을 받지만, 언론이 존재하지 않는 곳에서 부패가 퍼지고, 음모가 만들어지고, 진실이 가려지는 것은 부인할 수 없는 사실이다.

　　이런 상황에 대처한 초기의 방식 — 정보 기술 기업들에 허구에서 진실을 가려내는 일을 맡기는 방식 — 은 모든 문제를 더욱 악화시킬 것이다. 광고주와 정치인들이 페이스북과 구글의 목구멍에 들어앉은 가운데 이 기업들은 방송 사업자를 플랫폼에서 쫓아버리고 뉴스를 사전 선별하기 위해 〈팩트 체크〉 서비스를 만들기 시작했다(대부분 보수 성향 웹 사이트와 제휴하기 때문에 문제가 된다). 이론상 이 사적 사이트들은 자체 서비스 규정을 갖추고 있으며 회원에 제한을 두는 것도 그들의 권리다. 하지만 페이스북과 구글이 우리 시대의 뉴스 가판대를 지배하는 세계에서 사람들이 어떤 정보를 볼지를 검열하는 권한을 준다면 문제가 생길 게 분명하다. 간단히 말하자면, 미국인들이 무엇을 들을지, 어떤 발언이 유포될지를 마크 저커버그가 결정해서는 안 된다. 페이스북이 이용자들에게 스팸을 보내는 〈광고 농장들ad farms〉이라고 지목하면서 수백 곳의 소규모 디지털 미디어를 금지했을 때, 몇몇 미디어는 자신들이 합법적인 정치 활동가들인데 반전을 주장하거나 반정부 입장을 표명한다는 이유로 벌을 받는 것이라고 주장했다. 보수주의자들 또한 이 거대 정보 기술 기업들에게 부당한 대우를 받는다고 불만을 토로하고 있는데, 누가 더 탄압을 받는지를 놓고 싸우는 심판 끌어들이기 논쟁은 핵심에서 벗어난다. 페이스북과 구글이 너무도 많은 권력을 가로챈 나머지 두 시스템에 접근하는 것만으로도 효과를 극대화할 수 있다는 사실 자체가 문제다.

두 기업이 구축하고 있는 디지털 생태계는 너무 광대해서 조정하기가 어렵다. 페이스북은 러시아가 정치 광고에 침투하자 동화를 동성애자 주인공으로 각색한 풍자만화 광고를 차단하는 방식으로 대응하는 한편, ISIS를 자처하는 집단의 광고 구입은 여전히 허용했다. 구글은 러시아 루블화로 결제된 광고는 계속 통과시키지만 아무 해도 없는 기사 페이지는 광고를 위해 차단한다. 조시 마셜의 토킹 포인츠 메모는 페이스북이 2015년 사우스캐롤라이나주 찰스턴에서 인종차별주의자 딜런 루프가 저지른 총기 난사 사건에 관한 뉴스 기사가 혐오 발언 가이드라인에 위반된다고 주장하면서 자사 사이트의 기사에서 광고를 차단한 사정을 설명했다. 플랫폼들은 너무 규모가 커서 이런 요청을 도저히 공정한 방식으로 처리할 수 없다. 어떤 기업도 사적인 정부 역할을 하는 권한을 부여받아서는 안 된다.

하지만 언론의 자유를 열고 닫는 열쇠를 두 민간 거대 정보 기술 기업에 건넨 결과는 바로 이런 식이다. 사람들은 뉴스를 소중히 여기며 더 많은 뉴스를 보고 싶어 한다. 하지만 뉴스를 만들어 내는 기업들은 돈을 제대로 받지 못한다. 탐사·책임 저널리즘을 제작하는 비용을 고스란히 부담하지만 수익은 거의 누리지 못한다. 「구글하고 페이스북이 우리 콘텐츠를 활용하면서 우리의 생존은 어렵게 만듭니다.」 로라 바세트의 말이다. 「언론이 존폐의 위기에 빠져 있어요.」

마이크는 지금도 건재하지만, 주로 가계 경제 관리 같은 거슬리지 않는 주제에 관한 기사를 쏟아낸다. 노동조합도 여전하지만 노동조합에 속하지 않은 기자들이 주로 기사를 쓰는 것 같다. 대규모 정리해고는 아마 이런 결과를 노린 조치였을 테다. 모기업인 버슬이 노동조합원을 계속 직원으로 쓰는 부담을 덜어 주기 위해서였다. 마이크의 많은 전 직원은 어려운 상황에서도 운이 좋았다. 제이미 피어슨은 여전히 프리랜서로 활동 중이지만 언론계 바깥에서 풀타임 직장을 구했다. 다수의 기자를 채용해서 사실을 좇고 불의를 폭로하는 임무를 부여한 뒤 단지 독점 기업가가 마음이 바뀌었다는 이유로 그 임무를 없애 버리는 데는 인간적 희생이 따른다. 언론계에서 신입 일자리가 사라짐에 따라 차세대 언론 자유 수호자들을 훈련시키는 일이 점점 불확실해진다.

제이미는 마이크에서 한 경험 때문에 저널리즘에 대한 열정이 시들해졌다고 속내를 밝힌다. 「채용된 사람들은 변화를 만들어 낼 수 있다고 생각하는 낙관적인 이들이었어요. 우리 목소리를 듣는 사람들이 있으면 계속 일을 할 거예요. 결국 신규 직원을 뽑는 걸 보면서 정말 끔찍했죠. 세상을 바꾸고 싶겠지만 아무것도 바꾸지 못해요.」

나는 저커버그 샌프란시스코 종합병원에 있는 뱅크 오브 아메리카 광장 밖에서 버스를 기다렸다. 앞을 막고 있던 차들이 사라질 때마다 길 바로 건너편에 판자로 문을 막은 빅토리아풍 저택이 눈에 들어왔다. 다락방에는 낡은 가구와 쓰레기가 가득했다. 리치몬드구(區)로 가는 길이었다. 도시의 서쪽 끝 골든 게이트 파크와 프레시디오 사이에 끼어 있는, 예전에 살던 동네였다.

샌프란시스코로 이사 온 것은 1990년대 말 1차 닷컴 호황이 정점에 달한 때였다. 그때에도 오래된 주민들은 도시가 예전의 보헤미아풍 시절과 너무도 달라졌다고 애석해하곤 했다. 예전 히피와 비트족들은 「사랑의 여름Summer of Love」을 향수를 자극하는 숭배 대상으로 만들었지만, 그들의 아련한 그리움에는 진실의 고갱이 이상이 들어 있었다. 언젠가 사무실에서 나가다가 중앙분리대에서 대관람차를 본 기억이 난다. 벤처 자본의 두둑한 투자를 받은 어떤 기업이 도로 한가운데에서 창립 파티를 열기로 한 것이었다.

주식 시장이 폭락하고 9·11 사태가 터진 뒤 그런 정신은 사그라들었다. 하지만 거대 정보 기술 기업들은 가까스로 샌프란시스코에 돌아와서 도시를 집어삼켰다. 샌프란시스코에서는 주민 1만 1,600명 중 1명이 억만장자다. 평균 주택 가격은 160만 달러다. 어린이는 거의 없고 아프리카계 미국인은 훨씬 적다. 경계선의 반대편에는 4만 5,000명의 긱 노동자*

---

* gig worker. 고용주의 필요에 따라 단기 계약이나 건당 계약으로 일회성 업무를

가 우버와 리프트Lyft를 위해 샌프란시스코 거리를 배회하고, 8,000명 이상이 노숙자이며, 시 정부 소속 노동자 다섯 명이 도로와 뒷골목에서 사람 변을 치우는 정규직으로 일한다.

〈샌프란시스코도 옛날 모습이 아니다〉라는 고백적 서사는 거의 상투적 문구가 되었다. 아시아계 주민이 많은 노동 계급 동네인 리치몬드까지 버스를 타고 가면서 나는 내 기억을 특권화하지 않으려고 마음먹었다. 사실을 말하자면, 내가 살던 시절에 매일같이 걷던 길인 클레먼트 스트리트를 걸어 보니 많은 게 예전과 똑같았다. 가족이 운영하는 아시아계 식당들, 낡은 어시장과 농산물 시장, 없는 게 없는 할인용품점, 쿵푸 학원으로 쓰는 옛날 은행 건물, 동네 명소인 그린애플 서점, 맛집인 토이보츠 아이스크림 가게 등등. 하마터면 1998년으로 돌아갔다고 말할 뻔했다.

물론 어울리지 않는 장소도 몇 군데 있었다. 예전에 살던 아파트에서 두 집 아래 떨어진 135달러짜리 오마카세 메뉴를 파는 스시집, 공유 사무실이 있는, 짙은 색 목재 인테리어가 멋진 레스토랑, 총괄 셰프의 이름을 내세운 메뉴판 등등. 하지만 그보다도 모든 게 뭔가 줄어들었다. 멋진 아침 식당으로 1차 닷컴 호황 시절에 젠트리피케이션의 화신인 Q가 자리했던 건물은 여러 해 동안 비어 있었다. 1990년대 말에 가구를 장만하러 많이 갔던 버스밴 포 바겐스가 있던 건물도 비어 있었다. 진열창에는 별 특징 없는 미술 전시물이 붙어 있지만 안에는 아무것도 없다. 어느 농산물 가판대 근처에는 도시 블록의 절반이 비어 있다.

샌프란시스코에서 독점 기업 아래 살아가는 삶은 억만장자가 아닌 한 누구나 집세를 마련하느라 고생하는 생활이다. 이런 삶은 도시의 경제와 수행하는 노동자. 배달 플랫폼 노동자나 우버 기사 등이 대표적이다.

개성, 문화에 속속들이 스며든다. 미국 각지에는 기업 도시가 있지만 샌프란시스코의 IT 혁명은 스톡옵션과 함께 이루어졌고, 스톡옵션을 받지 못한 사람은 누구나 불운하다.

친구 션은 이 도시에서 20년 가까이 살고 있는데, 전에 가난한 동네였던 미션구(區)에 생겨난 화랑이 일제히 문을 닫은 때를 떠올렸다. 요즘은 팝업 전시장으로 살아남아서 가끔 며칠씩만 문을 연다고 한다. 유서 깊은 곳이나 그다지 유서 깊지 않은 곳이나 경고도 없이 문을 닫는다. 몇몇 블록에서는 레스토랑, 고급 선물 가게, 구글홈 전시장 말고는 다른 가게를 찾기가 정말 어렵다. 일부 작은 가게들은 임대료를 낼 수 있게 기부를 좀 해달라고 고객들에게 요청하기 시작했다. 다른 가게들은 직원 급여를 주려고 청구서에 추가 요금을 붙인다. 계속해서 생활비가 오르면서 가격 인상의 혜택을 누려야 하는 노동자들이 오히려 고생을 한다. 상업 경제를 움직이는 톱니바퀴들인 웨이터, 점원, 호텔 청소부가 도시 경계 안에서 주거지를 찾지 못한다. 미션구에는 예술가와 지역 사회 활동가들의 이름, 그리고 그들이 도시에서 쫓겨난 날짜가 적힌 벽화가 있다. 기억 속 시절보다 화려해진 헤이즈밸리 동네에는 인터넷 광고 촬영을 알리는 안내문 바로 옆에 지역 사회의 중요성에 관해 코레타 스콧 킹*이 한 말이 적혀 있었다.

돈이 워낙 넘쳐나서 아무도 돈을 벌기 위해 가게를 열 수 없는 거대한 도시 샌프란시스코의 저주다. 심각한 주택난 때문에 주택을 더 많이 지어야 한다는 문제를 놓고 끝없이 논쟁이 벌어진다. 하지만 사실 샌프란시스코 베이에어리어는 미국에서 뉴욕시 다음으로 인구 밀도가 높은 곳이다.

* Coretta Scott King. 마틴 루서 킹의 배우자.

거대 자본은 나선형의 악순환을 야기하고 있다. 승자독식 도시는 빈 부지를 계속 쌓아 가고, 교외에 겨우 형편에 맞는 집을 구한 통근자들은 흐리멍덩한 눈동자로 몇 시간 동안 운전해서 출퇴근을 하며, 집주인들은 천문학적으로 치솟은 대출 이자를 감당하기 위해 임대료를 천문학적으로 높게 유지해야 한다.

극단적 부의 집중은 침체된 카운티와 소도시의 패자들에게만 나쁜 게 아니다. 승자들에게도 좋지 않다.

4
통신 산업
독점 기업 때문에 학생들이 밤에
스타벅스 주차장에 앉아서 숙제를 한다

테네시주 르노어시티에 사는 데이브 호로위츠는 재택 사무실 책상에서 진땀을 흘리고 있었다. 마치 사방이 슬로모션으로 움직이는 것처럼 머리를 똑바로 세우고 있지 못할 것 같았다.

부인 캐롤린은 주방에서 분주하게 일하느라 바로 옆에서 응급 상황이 벌어진 걸 알지 못했다. 15분 뒤 캐롤린의 휴대 전화가 진동을 울리기 시작했다. 당뇨 환자 데이브는 혈당 수치를 측정하는 블루투스 모니터를 손목에 차고 생활한다. 캐롤린이 휴대 전화를 힐끗 보았다. 와이파이 연결 신호가 떨어지면서 데이터에 문제가 있었다. 다시 와이파이가 연결되자 데이브의 혈당이 기준 이하로 떨어져서 경고음이 울리는 상황이라는 게 보였다. 초콜릿 바를 움켜쥐고 사무실로 달려갔고, 쓰러지기 직전의 남편을 살릴 수 있었다. 몇 분만 지체했더라면 너무 늦었을지도 모른다.

「그 정도면 남편이 정신을 잃고 죽을 수 있거든요.」 캐롤린의 말이다. 「사람들은 안정된 가정용 와이파이가 케이블로 연결된 걸 당연하게 여겨요.」

촌구석 테네시에 사는 호로위츠 부부는 데이브의 생사를 가르는 장비가 작동이 멈추는 위험 상황을 항상 대비해야 한다. 르노어시티에서 부부가 사는 지역은 고속 데이터 통신망이 없다. 무선 와이파이와 임시 위성 인터넷 연결로 임시변통을 해놓고 있다. 확실한 연결을 장담하지 못하기 때문에 이번 경우처럼 거의 치명적인 위기로 치닫기도 한다.

부부는 2015년 고속 인터넷을 쓸 수 있다는 보장을 받고 집을 샀다. 둘 다 직업상 인터넷이 필수이기 때문이다. 데이브는 수준 높은 IT 전문가로 미디어 기업에서 일하기 때문에 매일 안정된 인터넷이 필요하다. 캐롤린은 전국 각지의 13개 제조업 공장을 제어하는 관리자로 인도, 남아공, 유럽 등지의 공급업자를 상대한다.

고속 인터넷이 설치된다는 장담은 결국 허풍이었음이 드러났다. 어떤 회사도 인구가 희박한 지역에까지 서비스를 확대하려 하지 않기 때문이다. 그래서 지금까지 몇 년간 호로위츠 부부와 이웃들은 디지털 격차의 아래쪽에서 벗어나지 못하는 신세다. 「정말 환장하겠어요.」 캐롤린이 푸념을 늘어놓는다. 「이 집단 전체가 디지털 빈민 신세로 완전히 차단돼 있다고 생각하면 화가 치민다고요.」

르노어시티에서 도로를 따라 약 145킬로미터쯤 떨어진 곳에서는 끈질기게 이어지던 이 문제가 대부분 해결되었다. 10년 전, 테네시주 채터누가는 모든 주민이 저렴한 값에 이용할 수 있는 공영 고속 인터넷을 제공하는 방법을 개발했다. 원래 업로드/다운로드 속도가 초당 1기가비트(Gbps)라서 〈긱The Gig〉이라는 이름이 붙은 채터누가의 네트워크는 속도가 10배 늘어나서 세계에서 가장 빠른 고속 인터넷으로 손꼽힌다. 긱 네트워크는 채터누가의 가구와 사업체 절반 이상에 인터넷을 제공하면서 보건·교육 서비스를 개선하고, 지역 기업을 장려하며, 경제를 부양하고, 전체 미국인에게 고속 인터넷을 확대하는 모델의 선구자 노릇을 한다.

실제로 긱이 커다란 성공을 거두자 거대 통신 기업들은 마치 의사가 질병이 확산되지 않도록 항생제를 처방하는 것처럼 긱을 사방에서 포위하는 전략으로 대응했다. 어쨌든 독점적 통신 산업은 선택권을 제한하는 방식으로 번성한다. 공영 고속 인터넷을 공격하는 것은 딱 들어맞는 대응이었다. 채터누가시 경계에서 몇 분만 벗어나도 데이브와 캐롤린 호로위츠 부부와 똑같은 상황 — 디지털 사막 — 에 몰리는 것은 바로 이런 이유 때문이다.

긱은 미국 농촌 지역에서 중요한 기반 시설을 현대화하려 한 앞선 구상에 힘입어 생겨난 것이다. 테네시강 유역 개발공사(TVA)가 그것이다. 프랭클린 루스벨트 시절 남부 농촌의 경제 발전을 이끄는 엔진으로 고안된 TVA는 가뜩이나 뒤처진 상황에서 대공황으로 큰 피해를 입은 지역에 값싼 전력을 공급했다. 1935년에는 농촌 지역의 10퍼센트만이 전기를 이용할 수 있었다. 그런데 20년 뒤에는 그 수치가 90퍼센트 이상으로 올라갔다. 국민 1000만 명이 지금도 TVA를 통해 전기를 공급받는다.

이 계획은 애팔래치아 산맥 아래 굽이치는 테네시강으로 양쪽으로 갈라진 땅에 17만 7,000명이 모여 사는 채터누가 같은 작은 도시에는 축복이었다. 핼리 포스트너는 채터누가에서 처음으로 TVA에 취직한 사람들 중 하나인데, 107세의 나이로 지역 신문에 처음으로 전기가 들어온 순간에 관해 이야기했다. 「아무것도 없다가 전기레인지에 전기 히터 같은 가전제품이 생겼다오. 정말 엄청난 변화였지. (……) TVA 덕분에 사업이 번성하고 전기를 쓸 수 있게 되면서 정말 많은 문이 열렸어. 그런 번영이 테네시강 유역 전체에 퍼졌고.」

이미 철도와 강이 있던 채터누가는 전력선이 연결되자 더욱 힘을 얻어 교통과 제조업의 중심축으로 기능했다. 어느 순간 도시는 〈남부의 발전기Dynamo of Dixie〉로 이름을 떨쳤다. 하지만 언덕에 박혀 있는 도시에 늘어선 제조업 공장들은 피해를 야기했다. 1969년에 채터누가는 미국에서 가장 더러운 도시라는 오명을 얻었다. 일자리가 멕시코와 태평양 지역으로 옮겨가고 주민들도 기회를 찾아 떠나면서 세계화가 마무리되었다. 20세기 말이 되자 채터누가는 성장하는 동남부라는 위치와 상관없이 탈산업 러스트 벨트Rust Belt 도시의 면모를 띠게 되었다.

1990년대와 2000년대 초, 지역 지도자들은 채터누가를 미국 최고의 중간 규모 도시로 발전시키겠다는 사명을 내세우며 부흥을 꾀했다. 강변 지대를 복구하고, 예술 지구를 지정하고, 피라미드 모양의 유리 천장을 갖춘 아쿠아리움을 개장하는 등의 계획이 마련되었다. TVA가 운영하는 전력위원회(EPB)가 전력 시스템의 일부에 문제가 발생하면 전력 공급 경로를 자동으로 바꾸는 첨단 스마트 그리드smart grid 구축안을 내놓으면서 도시 재탄생에 기여했다. 15분마다 센서로 계량기를 파악해서 문제 발생을 탐지하는 방식이었다. 정전을 50퍼센트 줄이는 게 목표였는데, 토네이도가 빈번히 발생하는 〈남부 길목〉의 심장부에 자리한 도시로서는 결코 작지 않은 혜택이었다.

전력위원회는 사람 머리카락보다 약간 굵은 케이블 가닥을 묶은 광섬유로 전력망을 업그레이드하기로 결정했다. 광섬유 케이블로 움직이는 빛은 전기로 전환될 수 있다. 전력위원회에서 구성한 팀은 이 케이블이 가장 현대적이고 내구성 있는 해법이라고 보았다. 값은 싸지 않겠지만 다각도로 활용할 수 있었다. 광섬유는 또한 음성이나 동영상, 웹 사이트를 띄울 수 있는 정보 조각 등 사실상 무제한의 데이터를 전송할 수 있다.

몇 년간 상업 지역을 선별해서 통신 서비스를 공급하는 실험을 거친 뒤인 2007년, 전력위원회는 첨단 스마트 그리드와 동일한 케이블을 활용해서 지역 차원의 광섬유 네트워크를 구축한다는 사업계획을 작성했다. 많은 통신 회사들이 그러하듯, 전력위원회도 전기를 공급하는 모든 가정에 인터넷, 텔레비전, 전화를 하나로 묶어 공급할 예정이었다. 시간이 흐르면서 이런 묶음 상품에서 수입이 쌓이면 네트워크 구축에 들어간 조달 자금을 상환하는 데 도움이 될 터였다. 도시는 〈전 가구 광섬유 연결〉 구상을 승인하고 2억 1980만 달러의 채권을 발행했다.

당시 그 지역을 지배하는 인터넷 업체였던 컴캐스트Comcast는 이 구상에 위협을 느꼈다. 컴캐스트는 전기 요금 기금을 신사업 자금으로 사용하는 것은 불법적인 교차 보조cross-subsidy라고 주장하면서 주 법원에 소송을 제기했다. 재판부는 그 주장을 받아들이지 않으면서 — 전력위원회는 모든 자금을 이자를 붙여 상환하겠다고 약속한 바 있었다 — 사건을 기각했다. 하지만 인터넷 산업은 여기서 공격을 멈추지 않았다.

2009년 초에 모든 법정 다툼이 정리되었다. 「결국 드러난 것처럼, 우리가 시기를 잘 잡은 거였죠.」 전력위원회의 안경 쓴 마케팅 권위자 J. 에드 마스턴의 말이다. 전 세계 금융 위기를 〈시기를 잘 잡은〉 때라고 말하는 사람은 거의 없지만, 그해 2월 오바마 대통령이 서명한 연방 경기 부양 대책으로 스마트 그리드와 고속 인터넷 기술을 비롯해 착수 준비가 완료된 기반 시설 사업에 자금이 배정되었다. 「우리는 이미 광섬유 케이블을 매장할 땅을 파고 있었거든요.」 채터누가는 1억 1100만 달러의 경기 부양 지원금을 받아서 광섬유 케이블 설치를 가속화했다. 원래 10년에 걸쳐 약 1만 4,484킬로미터의 광섬유를 확대하려고 했던 계획이 이제 2년 안에 완성될 수 있었다.

채터누가시는 2010년 가을에 긱을 출범해서 미국에서 최초로 업로드와 다운로드 속도 모두 기가비트 인터넷을 갖춘 도시가 되었다. 케이블이 가정이나 사업체의 잠재 고객들 옆에 깔리자마자 전력위원회는 스위치를 켰다. 한 달에 70달러(저소득층 동네의 주민들에게는 할인 요금 적용)로 데이터 무제한에 트래픽 조절도 없는 인터넷은 민간 부문의 어떤 경쟁 업체보다 좋은 조건이었다. 민간 업체들은 속도도 그만큼 빠르지 않았다.

「초기 반응이 정말 좋았습니다.」 당시 해당 지역 주 상원의원이자 후에 채터누가 시장이 되는 앤디 버크의 말이다. 「첫 번째 긱 도시가 된다는 건 전혀 생각도 못 한 일이었죠. 우리 도시가 IT 도시가 되리라곤 생각하지 못했거든요.」

가입자 수는 곧바로 늘어났고, 5년 뒤 전력위원회가 전국 평균 인터넷 연결 속도의 500배인 초당 10기가비트 서비스를 개통하자 다시 가입자가 급증했다. 2018년 말, 긱은 10만 번째 가입자와 계약을 체결했다. 서비스 지역에 거주하는 16만 가구와 사업체의 절반이 훌쩍 넘는 수였다. 긱에서 들어오는 수입으로 예정보다 12년 일찍 채권을 상환했고, 잉여 수입까지 생겨나서 전력위원회는 그 여력으로 가정용 전기료를 인하했다. 다시 말해, 교차 보조는 컴캐스트가 예측한 방향과 정반대로 이루어졌다. 전기 사용자가 긱의 자금을 조달한 게 아니라 긱이 전기 요금 인하 비용을 댄 것이다.

인터넷 서비스가 시작됐을 때, 채터누가 지도자들은 거대 정보 기술 기업과 벤처 자본가들에게 손을 내밀어 안정된 초고속 인터넷을 자랑하면서 사업체를 우리 도시로 이전하라고 권유했다. 하지만 실제로 업체 이전이 이루어진 경우는 거의 없다. 그 대신 지역 주민들은 빠른 인터넷 덕분에 자신들의 구상을 현실화할 수 있음을 깨달았다. 기업가들은 긱을 활용해서 상상력을 확장하기 위해 공동체를 만들었다. 그리고 도시는 이런 열정을 한껏 활용했다.

이런 젊은 사업가들을 돕기 위해 긱 탱크Gig Tank나 인큐베이터 INCubator 같은 창업 지원 기관이 속속 등장했다. 인큐베이터 한 곳에서만 550개 기업을 배출했다. 「대기업의 관심을 끌 수 있는 기반을 구축하려고 노력했는데, 그 후 그 기반이 중요한 부분이라는 걸 깨달았습니다.」 도심에 도보로 5분 거리 안에 스타트업 기업과 서비스를 모아 놓은 혁신 지구를 만든 버크 시장이 기억을 떠올렸다.

혁신 지구의 〈정문〉에 해당하는 에드니 혁신 센터는 채터누가의 수수한 도심을 채운 오래된 붉은 벽돌 건물들 사이에서 두드러지는 리모델링된 10층 건물이다. 1층은 창업 지망자들에게 조언을 해주는 비영리 창업 지원 기관인 코랩CO-LAB이 차지하고 있다. 내가 방문하자마자 운영 간사 에롤 윈이 사무실을 구경시켜 주었다. 애틀랜타 토박이로 테네시-채터누가 대학교 미식축구 선수 출신인 윈 본인도 이제 막 회사 두 개를 창업한 상태였다.

「이건 3D 프린터로 만든 신발이에요.」 그가 진열장을 가리키며 설명했다. 꽤 편해 보이는 신발이었다. 길쭉한 가닥의 재활용 플라스틱들이 서로 겹쳐서 바느질되어 있고 바닥에는 작은 밑창이 있었다. 신발을 만든 회사인 피츠는 모든 신발을 맞춤형으로 개별 생산한다. 고객이 앱을 통해 측정치를 올리면 수치가 프린터에 입력되고, 몇 분 지나지 않아 신발 부품들이 나온다. 제조 과정에서 물이 전혀 사용되지 않고 폐기물도 나오지 않는다.

도시의 이 지역에서 일하는 사람이라면 누구나 뭔가를 3D 프린팅으로 만들고 있는 것 같았다. 파일이 워낙 많아서 초고속 인터넷이 필수다. 긱 탱크의 산물인 브랜치 테크놀로지는 앨라배마의 건축가 플랫 보이드가 고안한 결과물인데, 플라스틱과 탄소섬유로 주택 건축 재료를 3D 프린팅 제작하는 방식이기 때문에 훨씬 적은 건축비로 독특한 곡선과 형태를 구현할 수 있다. 「현재 최초로 처음부터 끝까지 3D 프린팅으로 주택을 만드는 중입니다.」전력위원회의 마스턴이 환히 웃으면서 자랑했다. 또 다른 3D 프린팅 회사인 콜라이더는 개스킷, 휴대 전화 본체, 맞춤형 밸브 등을 제작하는 데 사용되는 고품질 고무, 플라스틱, 심지어 금속까지 개발한다.

다른 스타트업 기업들은 채터누가가 철도 노선과 주간(州間) 고속도로에 접근이 용이하고 애틀랜타, 내시빌, 앨라배마주 버밍엄 등에서 가까운 덕분에 역사적으로 도맡은 병참 기지 역할을 활용했다. 워크하운드는 트럭 운전사들을 위한 익명의 피드백 플랫폼으로 출발했고, 프라이트웨이브는 물류 기업들을 위한 분석 엔진이다. 해상 운송 기업을 위한 리스크 관리 소프트웨어를 설계하는 IMSA는 플로리다 남부에서 대양과 한참 거리가 먼 채터누가로 사업체를 옮겼다.

에드니 혁신 센터는 공동 업무 공간, 지역 사회 교실, 코랩 졸업자를 위한 기업 사무실, 그리고 모든 것을 연결하는 기업 센터Enterprise Center를 특징으로 한다. 또한 이벤트 공간도 있어서 네트워킹 모임, 강좌, 해커톤¹ 등을 개최한다. 채터누가는 또한 과학 연구의 시험장이 되고 있다. 한 연구는 자율주행 자동차를 한데 연결해서 차량들이 맨 앞에 있는 차량 주변을 효과적으로 볼 수 있게 한다. 또 다른 테스트는 기반 시설 굴착을 하기 전에 땅 밑 공간을 탐지하는 초소형 스캐너에 관한 것이다. 장애물이나 수리가 필요한 부분을 조사하기 위해서다.

1 hack-a-thon. 정해진 시간 동안 마라톤처럼 프로그램을 해킹하거나 개발하는 행사.

지역 IT 사업체들은 성공을 거두면서 후계 스타트업 기업들에 자금을 대기 시작했다. 긱을 중심으로 지역 사회의 튼튼한 기업 만들기를 지원하는 것이다. 전국적 조직들도 주목하기 시작했다. E스포츠 중심의 텐긱 페스티벌TenGIG Festival이 2017년 채터누가에서 열렸고, 2018년과 2019년에는 아마존의 스마트 스피커 앱인 알렉사Alexa 개발자와 이용자가 모이는 알렉사 총회도 연달아 열렸다. 실리콘밸리에서 수천 마일 떨어진 중남부의 평범한 중소 도시가 이런 정도의 평판을 누리는 것은 보통 일이 아니다. 마스턴은 그 이유를 이렇게 설명했다. 「광섬유가 일종의 플랫폼이나 초대장, 다른 누구도 권리를 주장할 수 없는 자산으로 작용했죠.」

기업가가 아닌 사람들도 긱의 혜택을 누렸다. 가입자들은 집에서 1분 안에 영화 한 편을 내려받을 수 있고, 화면 깨짐이나 끊김 없이 실시간으로 영상을 본다. 초고속 인터넷은 노동자의 생산성을 높여 주고 학생들의 공부를 돕는다. 긱은 인터넷 끊김을 방지하기 위해 계속 체크를 하는 동일한 광섬유 네트워크상에서 작동한다. 2018년 『컨슈머 리포트』는 전력위원회를 가치, 속도, 안정성 면에서 미국 최고 등급의 인터넷 서비스 업체로 선정했다.

긱은 또한 지역 주민들을 위한 직접적 개선을 자극하고 있다. 버크 시장은 긱이 채터누가에서 IT 일자리를 창출해서 도시의 실업률을 낮추는 공로를 치하한다. 임대인들은 도심의 신축 부동산 월세에 기가비트 인터넷을 포함시킨다. 원격 의료 서비스 덕분에 의료 접근성이 확대되고 있다. 기업 센터 사무실을 방문했을 때, 이사인 메리 스타겔은 추진 중인 한 프로젝트에 관한 영상을 틀어 주었다.

지역 고등학교 생물 수업을 듣는 학생들이 보통 영화 제작에나 사용되는 4K 카메라가 부착된 초강력 현미경을 원격 제어하는 장면이었다. 현미경은 전에 서던캘리포니아 대학교에 있었지만, 지금은 채터누가 STEM(과학, 기술, 엔지니어링, 수학) 학교에서 보관 중이며, 카운티의 다른 세 공립학교와 연결되어 있다. 그중 두 학교는 저소득층 지역에 있다. 이런 체계 덕분에 고등학생들도 예전에는 대학원생 연구자들만 접할 수 있었던 미생물의 상세한 모습을 연구할 수 있다. 긱이 없으면 원격 네트워킹이 작동되지 않을 것이다. 「우리는 IT 기술을 활용해서 채터누가 주민들의 삶을 향상시킵니다.」스타겔이 자랑스럽게 말한다. 「유니콘 스타트업 기업을 창립하는 일만이 아니에요. 기술을 활용해 지역 사회에 혜택을 주는 일입니다.」

다른 두 가지 계획도 채터누가의 사회경제적 스펙트럼을 가로질러 긱의 혜택을 확대하고 있다. 채터누가는 인구의 3분의 1이 아프리카계 미국인이고, 그중 31퍼센트가 빈곤한 삶을 산다. 백인 주민의 13퍼센트가 빈곤층인 것과 대조된다. 넷브리지Net Bridge라는 프로그램은 무료나 할인된 가격으로 점심을 먹는 이들을 비롯해서 몇천 가구에 초당 100메가비트 속도의 인터넷 서비스를 26.99달러에 제공한다. 일반적인 요금보다 많이 싼 가격이다(주법 때문에 채터누가시는 주민에게 고속 인터넷을 무료로 제공할 수 없다). 또 다른 프로그램인 테크 고즈 홈Tech Goes Home은 지역 주민들에게 인터넷 교육을 제공한다. 채터누가에서 시행하는 이 두 가지 디지털 공정 계획은 중요한 격차를 공략한다. 고속 인터넷을 이용할 수 있더라도 정작 필요한 사람들이 비용 때문에 혜택을 누리지 못하기 때문이다. 하지만 디지털 격차는 미국인들을 인종과 계급뿐만 아니라 지리에 의해서도 갈라 놓는다.

　연방통신위원회가 2019년에 발표한 고속 인터넷 보급 보고서에서는 농촌에 거주하는 미국인의 26.4퍼센트가 여전히 고속 인터넷을 이용하지 못한다고 추산했다. 하지만 위 위원회의 측정치는 부풀려져 있다. 대개 주거지 접속에 대한 구체적인 분석보다는 통신 회사들의 자체 보고에 의존하기 때문이다. 위 위원회가 2019년에 증가했다고 치켜세우는 부분은 분명 배리어 프리Barrier Free라는 소규모 인터넷 업체가 하루아침에 8개 주에서 6200만 사용자에게 인터넷을 연결해 주었다는 그릇된 주장에 근거한 것이다. 이런 자체 보고의 오류 외에도 연방통신위원회의 기준을 그대로 인정할 때, 만약 조사 대상 블록에 있는 한 건물에 고속 인터넷이 있으면, 블록 전체가 인터넷이 연결된 것으로 부정확하게 집계된다. 그리고 고속 인터넷을 제공한다고 주장한다고 해서 고객이 요금을 내는 서비스 속도가 그대로 보장되지는 않는다. 연방통신위원회는 2017년 1월 아지트 파이가 위원장이 된 이래로 속도 테스트 결과를 보고하지 않고 있다. 2018년 12월 마이크로소프트가 자체의 수백 개 온라인 앱과 서비스에서 나온 데이터를 바탕으로 수행한 한 연구는 1억 6280만 미국인이 고속 인터넷을 이용하지 않는 것으로 추산했다.

인터넷 불통 지대는 대부분 농촌 지역에 있다. 예를 들어, 2016년 두 고속 인터넷 컨설팅 그룹이 테네시주를 대상으로 연구한 내용에 따르면, 주의 도시 주민 가운데 25Mbps(초당 메가비트) 인터넷을 이용하지 못하는 비율은 2퍼센트에 불과한 반면 농촌 주민은 34퍼센트에 달한다.

호로위츠 부부는 고생을 하면서 이런 사실을 깨달았다. 수많은 미국인처럼 부부도 주택 압류 사태 때문에 이주해 왔다. 2006년 주택 거품이 정점에 달했을 때 산 플로리다 중부의 집 때문에 무일푼이 된 것이다. 캐롤린 호로위츠가 일하는 회사가 녹스빌 지역에서 공장을 인수하면서 전근을 요청했다. 녹스빌 시내에서 25분 정도 떨어진 곳에서 부부는 1870년대에 지어진 낡은 농가가 딸린 약 2만 제곱미터의 토지를 발견했다. 도그쇼 출전용 개를 기르기에 충분한 규모였다. 「주간 고속도로에서 벗어나면 바로 시골로 들어가죠.」 캐롤린의 말이다. 「말하고 닭을 기를 수도 있고, 동네에 사는 사람들은 뒷마당에서 사격을 해요. 다들 비밀에 붙이죠.」

캐롤린과 남편 데이브는 일을 하려면 인터넷에 접속해야 하기 때문에 고속 인터넷 접속이 최우선 순위였다. 광섬유 케이블을 찾아보았지만 집까지 들어오는 게 없었다. 유선 DSL 서비스를 문의했는데, 한 업체가 가능하다고 말해서 그대로 믿고 주택 매매 계약을 마무리했다. 그런데 설치 기사가 왔지만 구리선으로는 신호를 잡을 수 없었다. 캐롤린이 업체에 전화를 걸어 대표하고 통화까지 해서는 다른 기사를 보내 설치를 해주겠다는 약속을 받았다. 하지만 르노어시티까지 두 번 날아간 끝에 — 당시 아직 플로리다에 살고 있었다 — 기술자에게서 다시 한번 설치를 할 수 없다는 말을 들었다.

「〈방금 집 계약을 마무리했는데, 엄청난 비용이 들겠네〉 이런 생각이 들었죠.」

부부는 겨우겨우 무선 와이파이 수신기 두 개와 위성 인터넷을 계약했다. 하지만 데이브가 IT 업무를 할 만큼 안정성이 없었다. 그는 주간 고속도로 근처에서 캐롤린이 옷가게 겸 총포상 같다고 묘사한 가게를 발견했고, 이제 그는 그 가게 뒤편에 있는 사무실 하나를 월 500달러에 빌려서 쓴다. 본격적인 프로젝트를 처리해야 할 때면 그는 옷가게 겸 총포상까지 걸어간다. 캐롤린이 일하는 사무실은 차로 30분 거리인 녹스빌의 주상 복합 단지에 있는데, 업무 특성상 밤이고 낮이고 아무 때나 출근을 해야 한다. 파워포인트 슬라이드를 보여 주려면 〈새벽 세 시에 사무실에 출근해서 인도에 있는 사람들과 스카이프 통화를 해야〉 한다. 집에서는 인터넷 속도 때문에 할 수 없기 때문이다.

위성 서비스는 한 달에 100기가바이트의 데이터를 무료로 제공했고, 부부는 주로 전자우편과 인터넷 사용에 데이터를 썼다. 2018년 여름, 부부는 암스테르담으로 휴가를 갔다. 정전 때문인지 아니면 비행기를 갈아탈 때 그렇게 된 것인지 — 부부는 이유를 확실히 알지 못한다 — 데이브의 컴퓨터가 회사 클라우드 네트워크와 연결이 끊기고 위성 서비스로 연결된 뒤 평상시에 컴퓨터를 끌 때처럼 자동 업그레이드를 시작했다. 휴가가 끝날 때쯤 캐롤린은 위성 서비스 회사로부터 6,000달러짜리 요금 고지서를 받았다. 「데이터를 7,000기가바이트 쓴 거예요. 사정을 얘기해서 겨우 1,000달러를 할인받았죠.」 그 사건 이후 부부는 무제한 데이터 요금제로 바꿨지만 지금도 속도는 느리다.

캐롤린과 데이브가 그토록 원하고 요금도 낼 수 있는 고속 인터넷을 사용하지 못하는 이유는 간단하다. 거대 통신 회사가 인구 밀도가 낮은 지역에서 고속 서비스로 업그레이드하는 비용을 떠안으려 하지 않기 때문이다. 기반 시설 배치에 대한 이런 저항이 애당초 농촌 전력화 사업과 테네시강 유역 개발공사를 낳은 계기였는데, 지금도 사정은 마찬가지다.

「민간 부문은 이윤을 최우선 목표로 생각합니다.」 채터누가 시장 앤디 버크의 말이다. 「우리는 이런 자문을 해본 적이 없어요. 〈이 동네에 광섬유를 까는 게 경제적 타당성이 있을까?〉 결국 결정해야 합니다. 고속 인터넷은 사치품인가 기반 시설인가? 1950년대에 아이젠하워는 고속도로 시스템을 구축해서 사람들을 연결하고, 삶의 질을 향상시키고, 사업체들이 상품과 재화를 운송하게 했습니다. 지금으로 치면 인터넷을 깐 거죠.」

여섯 개 회사 — 케이블 업체 컴캐스트와 차터, 전화 회사에서 출발한 AT&T, 센추리링크, 프런티어, 버라이즌 — 가 미국의 고속 인터넷 서비스를 거의 전부 제공하는데, 새 주택이나 아파트로 이사를 해본 사람이라면 누구나 여섯 개 회사 전부가 선택지인 경우는 절대 없다는 사실을 안다. 통신 회사들은 전국을 분할해서 전국적인 사업체가 많은 것 같은 인상을 풍기면서도 사실상 모든 곳에서 독점적으로 운영한다. 2018년 통신 산업의 고속 인터넷망에 관한 종합적 연구에 따르면, 컴캐스트와 차터(네브래스카주에 사는 워런 버핏이라는 투자자가 치터의 3퍼센트를 소유하고 있다)는 6800만 명의 유일한 인터넷 서비스 업체다.

한편 AT&T나 버라이즌 같은 인터넷 업체는 사실상 가정용 광섬유 케이블 연결을 중단했다. 미국 농촌은 독점 업체라도 있기만 하면 좋을 것이다. 「통신 회사들은 우리가 아는 것보다 훨씬 나쁜 짓을 하고 있습니다.」 연구를 수행한 지역자립연구소Institute for Local Self-Reliance의 크리스토퍼 미첼의 말이다. 「정부가 공공 정책을 통해 AT&T와 버라이즌이 양질의 고속 인터넷에 투자하도록 장려했다는 증거는 어디에도 보이지 않습니다. 협동조합이 4대 통신 회사보다 훨씬 더 많이 투자를 하고 있어요.」

정부는 좀더 매력적인 제안을 내놓으면서 약간의 성공을 거두고 있다. 연방통신위원회가 농촌 인터넷 연결을 위해 매년 최소한 총액 46억 달러에 달하는 보조금을 투입하고, 2015년 이래 그 일환으로 커넥트 아메리카 기금을 통해 농촌 지역의 고속 인터넷에 연방 보조금이 15억 달러 투입됐지만, 농촌 주민들에게 확대된 성과는 미미하다. 커넥트 아메리카 기금의 수혜자 중 하나인 센추리링크는 110만 가구와 사업체에 인터넷을 연결하는 대가로 매년 5억 달러를 받고 있지만, 내려받기 속도를 10Mbps에 맞추기만 하면 된다. 이 정도 속도는 연방통신위원회의 느슨한 기준으로 보아도 고속 서비스에 해당하지 않는다.

2017년 트럼프 대통령의 연방통신위원회가 오바마 시대의 망 중립성 지시 — 통신 기업들은 이 조치 때문에 기반 시설 투자가 얼어붙었다고 주장했다 — 를 뒤집은 뒤에도, 이듬해에 자본 지출이 약

176

간 감소하고 이후 더 많은 축소가 계획되었다. 시장을 지배하는 고속 인터넷 기업들은 실질적인 경쟁이 전무한 지역에 절대 돈을 쓰지 않는다는 사실이 입증되었다. 그리고 돈을 투자하는 곳에서도 세심하게 분산 배치한다. 「클리블랜드가 좋은 사례죠.」 2019년 채터누가 기업 센터 최고 경영자를 맡은 데브 소시아의 말이다. 「AT&T는 도시의 부유한 지구에서는 시설을 업그레이드하고 가난한 지구는 방치했어요. 인터넷 서비스 요금이 그렇게 차이가 나는 것도 아닌데 말이죠.」 소시아는 이런 행태를 일종의 디지털 특별 경계 지역 지정[2]이라고 지칭했다.

　독점 통신 기업들(주로 동일한 소수의 기업들이 제공하는 전화, 케이블 방송, 인터넷 서비스가 포함된다)은 수많은 유서 깊은 바가지 요금을 부과한다. 가령 경제학자 마라 파시오와 루이지 징갈레스의 연구에 따르면, 통신 기업들은 유럽에서 부과하는 휴대 전화 요금에 비해 미국에서는 매년 500억 달러를 더 벌어들인다. 한 사례는 우스꽝스러울 만큼 황당하다. 텍사스의 한 프런티어 통신 고객은 라우터를 직접 구매했는데도 프런티어는 매달 10달러를 라우터 〈임대료〉로 부과했다. 하지만 기기 임대료를 강탈하고 은근슬쩍 요금을 인상하는 것 외에도 통신, 케이블 기업들은 독점적 지위 덕분에 동급 최악의 고객 서비스 프로그램을 계속하면서도 가입자 기반을 유지할 수 있다. 2018년에 미국 소비자 만족 지수에서 수행한 조사에 따르면, 케이블과 인터넷 서비스 업체(대부분 동일한 기업이

2　redlining. 은행이나 보험사가 유색 인종, 저소득층 지역을 지정해서 담보 대출과 보험 인수를 거부하는 관행.

다)는 고객 만족 등급에서 공동 최하위였다.

　주요 휴대 전화 통신사인 AT&T, T 모바일, 스프린트는 고객의 실시간 위치 정보를 마케팅 업체와 수상쩍은 제3의 데이터 브로커들에게 판매한 사실이 적발됐다. 디지털 뉴스 매체 마더보드는 휴대 전화 한 대의 위치 정보를 겨우 300달러에 구입했다. 누군가의 주머니에 GPS 장치를 설치하는 것에 해당하는 이 정보를 이용하면 정확한 소재를 몇 미터 이내까지 추적할 수 있다. 많은 현상금 사냥꾼과 보석 보증 업체가 일상적으로 이런 정보를 구입해서 표적을 추적한다. 법 집행 기관도 위치 정보를 활용하고 있음이 밝혀졌다. 스토커와 가정 폭력 가해자들도 암시장에서 피해자의 위치 정보를 입수할 수 있었다. 거대 통신 기업들은 2019년 1월 위치 정보 판매를 중단하겠다고 약속했지만, 물론 그렇다고 해서 그들이 수집하는 온갖 종류의 정보를 기꺼이 살 구매자를 찾지 못하는 것은 아니다. 당신이 이런 상황이 마음에 들지 않는다 해도 과연 어떻게 해야 할까? 전화나 인터넷, 케이블 방송의 선택지가 극소수에 불과한 상황인데?

　이 모든 문제의 해독제는 경쟁이며, 우리는 통신 분야에서 경쟁이 효과를 발휘한다는 것을 안다. 2017년 연방통신위원회는 미국의 휴대 전화 부문이 2009년 이래 처음으로 경쟁 상태가 되었다고 선언했다. 법무부가 T 모바일과 AT&T의 합병 제안을 가로막은 덕분이었다. 통합이 좌절되자 T 모바일은 새로운 시도에 나섰다. 저렴한 요금에 더 나은 서비스를 제공한 것이다. 가입자가 쇄도하자 다른 업체들도 무제한 데이터 요금제를 내놓는 식으로 개선할 수밖에 없었다. 기업들이 장사를 위해 요금을 내리고 더 적은 이윤을 챙길 수밖에 없게 되자 이런 선순환은 전화 이용자들에게 큰 이득이 되었다.

지역 사회 고속 인터넷은 미국 농촌 전역에서 그런 기능을 할 수 있다. 실제로 채터누가에서 바로 그런 일이 벌어졌다. 긱을 봉쇄하기 위해 소송을 건 지 9년 뒤, 컴캐스트는 모든 가정에 광섬유 케이블을 연결하는 기가비트 서비스를 내세우며 지역에 돌아왔다. 다른 지역에서는 거의 제공하지 않는 서비스였다. 불과 몇 년 전에 컴캐스트는 일반적인 인터넷 이용자는 1Gbps나 그 이상의 속도가 필요 없다고 단언했는데, 전력위원회 때문에 거짓말이 들통 나자 자신들이 고속 인터넷 서비스를 출시한 것이다. 우습게도 컴캐스트는 광고에서 자신들이 채터누가에 기가비트 속도의 인터넷을 〈처음 도입한다〉고 주장해서 나중에 해명해야 했다. 그리고 고객이 긱의 한 달 70달러 요금제와 똑같은 혜택을 누리려면 3년 약정을 해야 했다. 하지만 요점은 만약 긱이 고객 기반을 뺏어가지 않았더라면 컴캐스트는 어떤 행동도 하지 않았을 것이라는 사실이다. 몇 안 되는 다른 도시에서도 구글파이버Google Fiber 때문에 비슷한 상황이 펼쳐지고 있다. 기존 통신 기업들이 서비스를 개선하는 작업에 나선 것이다 (그렇다. 구글도 자기가 지배하지 않는 사업 분야에서는 경쟁을 부추길 수 있다). 이 모든 사례에서 경쟁은 거대 통신 기업들로 하여금 더 양질의 대안을 제공하도록 자극했다.

하지만 긱이 등장하기 10년 전에 지배적 통신사들은 이미 경쟁자를 방지하기 위한 여러 대비책을 만들어 두었다.

❖

테네시 주도인 내시빌의 스카이라인에서 가장 두드러지는 건물에는 AT&T라는 글자가 선명하게 새겨져 있다. 건물은 마치 〈거대 통신사〉의 배트맨 상징처럼, 도시 전체를 굽어보고 있는 독점 기업처럼 우뚝 서 있다. 테네시주에서 통신사의 정치 권력이 오랫동안 이어져 왔다는 암시와도 같다.

1999년에 시 소유의 고속 인터넷 서비스를 둘러싸고 불만이 확산되자 AT&T를 비롯한 업계의 로비스트들이 테네시주에 압박을 가해 공영 인터넷 망을 운영하는 도시가 전력 공급 지역을 넘어서 인터넷 서비스를 확대하는 것을 제한하는 법안을 통과시켰다. 전력 위원회로서는 광섬유 네트워크를 확대해서 깅을 가장 시급히 필요로 하는 외진 지역까지 제공할 수 없다는 뜻이었다. 놀랍게도 전력 위원회는 동일한 광섬유 케이블을 통해 테네시주의 모든 사람에게 전화 서비스를 제공할 수 있었지만 고속 인터넷은 제공하지 못했다.

테네시주는 이런 점에서 이례적인 사례가 아니다. 실제로 25개 주의 법률은 지자체의 고속 인터넷 서비스를 무조건 금지하거나 성가신 규제를 가하거나 사전에 정해진 서비스 지역에만 제한한다. 거대 통신사는 웽웽거리는 잡음이 나는 모뎀 시절부터 이런 운동을 시작했다. 텍사스주는 일찍이 1995년에 지역 사회 인터넷 서비스를 금지했다. 그 후 25년 동안 수백만 달러를 쏟아부어 여러 도시를 소송으로 괴롭히면서(루이지애나주 라파예트는 통신사를 물리치는 데 3년이 걸렸다) 도시와 주에 지역 사회 고속 인터넷에 족쇄를 채우도록 로비를 벌였다. 정치인들에게는 선거운동 기부금을 퍼부으면서 이런 족쇄를 튼튼히 관리하게 했다. 「2019년에 각 주가 여전히 인터넷 망을 개선하는 데 투자를 제한하려고 하는 건 제정신이 아니죠.」지역자립연구소의 크리스토퍼 미첼의 말이다.

트럼프 시대에 거대 통신사는 또한 연방 규제 기관들을 자기들 편으로 끌어들였다. 2017년, 연방통신위원회는 새로운 기준에 따라 사업자용 고속 인터넷 서비스의 가격 상한을 폐지했다. 이 기준에 따르면 지역 시장에 고속 인터넷 업체가 하나뿐이더라도 경쟁 상태로 정의된다. 그리고 2018년 10월에 한 연설에서 연방통신위원 마이클 오라일리는 이 논쟁에 직접 개입했다. 그는 지역 사회 고속 인터넷은 〈인터넷 시대에 헌법 수정조항 제1조를 불길하게 위협하는 존재〉라고 규정하면서 채터누가가 이용자들이 일정한 유형의 콘텐츠를 게시하는 것을 금지하는 〈언어 규제speech codes〉를 시행한다고 에둘러 비난했다. 난데없이 그런 비난을 고안해 낸 통신 산업에서 자금 지원을 받은 연구에 근거한 주장이었다.

버크 시장은 통신 산업이 지역 사회 고속 인터넷을 겨냥해 피의 복수를 하고 있다고 자세히 설명해 주었다. 「그들은 인터넷은 정부의 자리가 아니라 민간 부문의 영역이라고 말합니다.」하지만 컴캐스트나 AT&T, 센추리링크가 지역 사회 고속 인터넷의 확대를 제한하기를 바라는 건 자신들이 대신 고속 인터넷으로 전국을 연결하려고 하기 때문이 아니다. 이 기업들은 사실상 독점 상태일 때면 언제나 업그레이드를 거부한다. 통신 산업은 그냥 외부의 위협이 없기를 바랄 뿐이다. 정치인들이 자기 지역 사회에 좋은 인터넷을 깔 수 있다는 것을 깨달으면 안 되기 때문이다.

테네시주 각지에는 공공이 소유한 광섬유 네트워크가 9개 존재하는데, 채터누가를 비롯한 다수는 일정한 형태로 서비스를 확대하기를 갈망하고 있다. 여러 해 동안 양당의 의원들이 주법에 명시된 제한을 뒤집으려고 했다. 2014년 털러호마 출신 공화당 주의원 재니스 볼링이 주도한 시도가 가장 유명하다. AT&T의 대표 로비스트가 테네시주에 소송을 걸겠다고 위협하자 이 시도에 대한 지지가 순식간에 사라졌다. 2016년의 두 번째 시도도 아무 성과를 내지 못했다. AT&T 로비스트들은 부채를 이용해서 고속 인터넷을 도입하는 도시는 민간 기업들에 대해 부당한 우위를 누리는 것이라고 경고했다. 마치 AT&T 같은 거대 기업이 자본을 전혀 끌어들일 수 없고, 통신 산업 전체를 독점하면서 얻은 부당한 우위를 통해 어떤 자원도 얻지 못하는 것처럼 앓는 소리를 한 것이다.

버크 시장은 시 경계 바로 바깥에 있는 여러 이웃 카운티의 주민들은 다이얼업dial-up 접속 방식을 이용하고 있는데 그런 특권을 누리는 데 한 달 요금이 수백 달러라는 이야기를 계속 들었다. 테네시주에서 가장 보수적인 일부 지역에서도 지역 사회는 긱을 애타게 요구하면서 민주당 소속인 버크에게 호소했다. 「우리는 이 문제에 관해서는 손을 잡았습니다. 이론이 아니라 현실이니까요.」 버크가 주민들의 뜻을 대변했다. 「바로 가까이에 사는 사람들은 10기가 연결을 쓰는데, 우리는 그렇지 못하니까요.」

주 차원에서 가로막힌 채터누가는 문제를 전국화하기로 결정했다. 버크는 워싱턴으로 가서 당시 연방통신위원장이던 톰 휠러를 만났다. 휠러는 고속 인터넷 산업의 주요 기업 집단인 전국 케이블·통신 협회와 이동통신·인터넷 협회를 위해 로비를 벌인 전력이 있었다. 하지만 그래도 그는 고속 인터넷이 미치지 않는 지역에서 불편하게 사는 사람들의 곤경을 민감하게 받아들였다. 전 국민의 고속 인터넷 접속은 연방통신위원회가 1996년 통신법에 따라 부여받은 과제의 일부다. 이 법에 따라 연방통신위원회는 고속 인터넷을 〈적절한 시기에 합리적인 가격으로 모든 국민에게〉 제공하는 것을 가로막는 〈장애물을 제거〉해야 했다.

따라서 휠러는 버크에게 주법을 대체하기 위해 위원회에 청원을 넣어 달라고 권했다. 채터누가는 청원을 올리면서 긱을 서비스 지역 바깥에까지 확대할 수 있는 권한을 달라고 연방통신위원회에 요청했다. 한편 휠러는 그해 9월 워싱턴에서 고속 인터넷의 보급 상태가 개탄스럽다는 취지의 연설을 했다. 「미국 가정의 4분의 3이 21세기 경제와 민주주의에서 필수적인 기반 시설에 대해 경쟁적 선택권이 전혀 없습니다.」

5개월 뒤인 2015년 2월, 휠러의 연방통신위원회는 각 당의 방침에 따라 표결을 실시한 결과, 테네시와 노스캐롤라이나에서 지역사회 고속 인터넷의 확대를 금지하는 주법을 무력화했다.[3] 공공 선택권 개념이 보장을 받으면서 통신사들이 발을 뻗기를 두려워하는 시골 지역도 고속 인터넷이 연결되는 길이 열리는 순간이었다. 국가가 창설될 때 미국 체신청이 보편적인 서비스를 의무화하거나 테

---

3 연방통신위원회 위원 5명은 상원의 승인을 받아 대통령이 임명하며 임기는 5년이다.

네시강 유역 개발공사를 비롯한 기반 시설 프로젝트가 보편적인 전기 이용권을 보장한 것처럼, 이제 어떤 지역도 배제되지 않을 터였다.

통신사들은 참을 수 없었다. 그리하여 한 달 뒤, 통신사들은 테네시주를 부추겨 연방통신위원회의 대체 명령에 대해 소송을 제기하게 만들었다. 사실상 연방통신위원회가 테네시주 주민들이 더 나은 인터넷 서비스를 누리게 허용해서는 안 된다는 요구였다. 간단한 공소장의 일부는 〈연방통신위원회가 테네시주와 주의 정치적 분열 사이에 불법적으로 끼어들고 있다〉면서 연방통신위원회의 행동이 위원회의 권한을 남용한 것으로, 미국 헌법에 어긋나고 법률에도 위반된다고 규정했다. 다시 말해, 테네시주는 연방통신위원회의 명령에 반박하기 위해 최선의 노력을 다했다. 그리고 일부 효과가 있었다. 사건은 제6순회항소법원으로 갔는데, 2016년 8월 법원은 연방통신위원회의 대체 명령을 뒤집었다. 3인 재판부는 고속 인터넷의 확대가 공익에 기여한다는 데는 동의하면서도 통신법의 문구에는 연방통신위원회에 행동 권한을 부여하는 〈분명한 서술〉이 없다고 판결했다. 그로부터 몇 주 뒤, 휠러는 법원 판결에 대한 상고를 포기했다. 주(州)의 권리가 승리를 거두면서 아이러니하게도 도시들이 원하는 대로 행동하는 길이 막혔다.

이 패배로 채터누가 지역과 전국 각지에서 미국 시골 사람들은 큰 타격을 입었다. 일부 농촌 주민들은 걸려오는 전화도 안정되게 받을 수 없고, 통신사들이 황송하게도 제공하는 끔찍한 속도의 인터넷에 의존해서 살아야 한다. 이런 상황은 경제적으로만이 아니라 사회적으로도 분명한 영향을 미친다. 고속 인터넷이 부재한 현실은 중위 소득의 하락 및 불평등 증대와 상관관계가 있다. 인터넷 접속이 현대 경제에서 얼마나 중요해지고 있는지를 생각해 보면 이해가 간다.

전력위원회의 J. 에드 마스턴은 안정된 고속 인터넷이 없는 동네에서 들은 몇 가지 이야기를 전해 주었다. 「어떤 여자하고 이야기를 했는데, 고객 서비스 일을 하는 사람이었는데 회사가 콜센터 출근에서 재택근무로 바꿨답니다. 그런데 여자는 제대로 된 인터넷 연결이 없어서 실직했대요.」 크리스토퍼 미첼은 학부모로부터 많은 불만이 나왔다고 이야기했다. 「미네소타에 사는 어느 가족하고 대화를 했는데, 5대째 같은 땅에서 농사를 짓고 있답니다. 그런데 고속 인터넷을 이용할 수 없어서 아이들한테 해를 끼치는 게 걱정이 돼 농장을 그만두어야 할 것 같다고 말하더군요. 저는 온건 보수주의자예요. 고속 인터넷이 없어서 한 가족이 이주를 한다는 건 참담한 일이죠.」

2015년 연방통신위원회 위원 제시카 로젠워슬은 교사의 70퍼센트가 자료를 조사하거나 학습 도구와 교육용 영상을 이용하기 위해 인터넷에 접속해야 하는 숙제를 학생들에게 내준다고 추산했다. 많은 교사들은 학생들이 매일 밤 클라우드 기반 드롭박스에 숙제를 제출하도록 한다. 집에 고속 인터넷이 없는 아이들(퓨 리서치 센터에 따르면 6명 중 1명에 이른다)은 로젠워슬이 말하는 〈숙제 격차 homework gap〉에 빠져 버린다.

숙제를 하기 위해 인터넷이 필요한 아이들은 도서관에 의존하거나 방과 후에 컴퓨터실에 남는다. 어지간히 신호가 잡히는 집 한쪽 구석에서 휴대 전화로 검색을 하기도 한다. 밤이면 밤마다 부모와 차를 타고 몇 마일을 달려서 스타벅스나 맥도날드의 주차장으로 가서 와이파이에 접속해서 영업시간이 끝나기 전에 서둘러 숙제를 한다. 영업시간이 지나면 와이파이도 끄기 때문이다. 때로 아이들은 와이파이를 〈훔친다〉고 주차장에서 쫓겨나기도 하고, 인터넷을 쓰려면 매장에 들어와서 아무거나 사먹어야 한다고 강요받기도 한다.

이런 주차장에는 아이들만 있는 게 아니다. 「우리도 인터넷을 이용하려고 스타벅스에 가요.」 캐롤린 호로위츠의 고백이다. 「휴대 전화 서비스 없이 사업을 하려는 사람들도 있습니다.」 안정된 인터넷 접속을 찾는 이런 여정은 미국 농촌의 일상생활이 되고 있으며, 인터넷 연결이 없으면 번거로울 뿐만 아니라 위험해지기도 한다. 2019년 봄 캐롤린은 그가 사는 지역에 큰 홍수가 났을 때, 인터넷 연결이 드문드문한 상황이 공공 안전에 어떤 의미가 있는지 걱정했다. 「무선 와이파이는 기상이 악화되면 작동하지 않아요. 육상 통신선하고 유선 인터넷이 없으면 어떻게 도움을 요청하겠어요?」 이런 우려는 주민들만 느끼는 게 아니다. 많은 지방 정부와 병원도 주민들과 똑같은 구리 전화선을 사용한다. 그런 인터넷으로 주민들에게 메시지를 보내거나 의료 기록을 발송하는 것은 날씨가 좋을 때에도 성가신 일이 될 수 있다.

창밖을 볼 때마다 캐롤린의 좌절감은 한층 심해진다. 역시 테네시강 유역 개발공사의 지부인 르노어시티 공익 시설 위원회는 2년간 담당 지역에 광섬유를 까는 방안을 조사했는데, 유료 고객에게는 이미 깔아 주었다. 「우리 눈에 바로 보이는 곳에 있어요. 우리 집에서 케이블 단자함이 보인다니까요.」 캐롤린이 절망스럽게 내뱉었다. 「말 그대로 길 하나를 사이에 두고 사는데, 이웃집은 3기가비트 ADSL을 쓰고 우리 집에선 신호가 안 잡혀요. 다 부숴 버리고 싶어요. 우리 집에만 수도가 없는 것 같다니까요.」

홍수가 끝나고 캐롤린과 데이브는 낡은 농가에서 다른 데로 이사를 가자는 이야기를 나눴다. 집의 지반이 일부분 내려앉기도 했다. 부부는 이미 2015년 집을 산 뒤에 리모델링을 하면서 돈을 썼다. 수리를 또 하려면 1만 달러를 써야 했다. 하지만 고속 인터넷이 없으면 집을 다시 파는 가치가 확 떨어진다. 캐롤린이 부동산 매물을 살펴보면서 알게 된 내용이다. 광섬유 케이블이 연결돼 있으면 높은 값을 받지만 없으면 좀처럼 팔리지 않는다.

「집에 돈을 더 투자해야 하는지 도무지 모르겠어요.」 캐롤린이 신세한탄을 한다. 「그런데 집을 팔려고 내놓으면 어떻게 될까요? 결국 또 피해를 보게 될까요?」 캐롤린은 지금 상황을 보며 대불황 시기에 플로리다에서 겪었던 악몽을 떠올렸다. 주택을 산 지 5년 만에 가치가 75퍼센트 떨어지자 부부는 덫에 빠졌다고 직감했다. 집을 팔 수도 없고 담보 대출을 받을 수도 없었다. 그때의 불안과 불확실함이 다시 밀려왔다. 전부 다 느린 인터넷 때문이다. 「그때랑 똑같은 기분이에요.」

하지만 캐롤린은 동정을 바라지 않는다. 「데이브하고 나는 부유한 편이에요. 이 정도는 괜찮아요. 그런데 사정이 딱한 이웃들이 있죠.」

찬성 57퍼센트로 승리했다. 컴캐스트는 매사추세츠주 찰러몬트시

수많은 장애물이 있는데도 지역 사회 고속 인터넷은 번창하고 있다. 750개가 넘는 도시와 소도시가 어떤 형태로든 지역 사회 고속 인터넷을 운영한다. 하지만 주에서 제한을 가하는 가운데 지지자들은 지역마다 따로 싸움을 벌여야 한다. 다행히도 일반 대중은 그들의 편이다. 콜로라도주 포트콜린스에서는 컴캐스트를 비롯한 주의 통신 사업자 로비 단체가 시 소유 고속 인터넷 서비스를 창립하는 문제에 관한 찬반 투표를 저지하기 위해 100만 달러 이상을 쏟아부었다. 시민 지지자들은 겨우 1만 5,000달러를 모았지만 투표에서 찬성 57퍼센트로 승리했다. 컴캐스트는 매사추세츠주 찰러몬트시가 설치비 46만 2,123달러를 투입하면 주민 1,300명 거의 전부에게 고속 케이블 인터넷을 연결해 주겠다고 제안했지만, 시 유권자들은 제안을 거부하고 그 대신 공영 기가비트 광섬유 네트워크를 구축하는 쪽을 선택했다. 비용은 100만 달러가 더 들지만 지역 사회가 관리할 수 있기 때문이다.

지역 공무원들은 이것이 유력한 산업을 상대로 공공연한 싸움을 벌이는 좋지 않은 상황임을 알고 있고, 야심 찬 정치인이라면 결코 바라지 않을 일일 것이다. 때로 지역 사회 고속 인터넷이 승리하더라도 극심한 반발 때문에 나름의 장애물이 생겨난다. 「처음 몇 년간은 수많은 사람들이 찾아와서 우리 시스템을 살펴봤습니다.」 채터누가 시장 앤디 버크의 말이다. 「거의 전부가 아주 훌륭하긴 한데 우리 지역에서도 할 수 있는지는 모르겠다는 반응이었어요. 정치

적·법적으로 할 수 있는 방도가 보이지 않는다는 거였죠.」 소송과 로비, 주 차원의 선점을 막아내는 데 걸리는 시간만 따져도 시 정부로서는 분투가 필요한 일이다. 버크는 이렇게 결론을 내렸다. 「정말로 공공 네트워크를 원해야만 가능한 일이죠.」

게다가 많은 경우에 지역 사회 고속 인터넷을 달성하려면 지역 전력 회사들이 그 구상을 받아들여야 하는데, 모든 전력 회사가 공적 소유인 것은 아니다. 미국인의 4분의 3은 듀크 에너지, 엑셀론, 퍼시픽 가스 앤 일렉트릭, 에디슨 같이 투자자 소유의 거대 기업들로부터 전기를 공급받는데, 이 기업들은 통신 서비스를 보급하는데 관심이 없다. 그리하여 한 집중된 산업이 다른 집중된 산업을 보호하는 유명한 동학이 작동한다. 「시영 전력 회사가 있는 테네시주에 산다면 열심히 싸워서 고속 인터넷을 공급받을 길이 있죠.」 크리스 미첼의 말이다. 「시영 전력 회사가 없으면 그런 방도 자체가 없어요.」

2017년 테네시주 의회가 농촌 지역에 광섬유 고속 인터넷을 구축하도록 통신사들에 4500만 달러의 보조금을 주었을 때, 최후의 모욕이 가해졌다. 전력위원회 같은 공익 사업체가 나서면 주에 아무런 부담도 주지 않고 인터넷을 확대할 수 있었는데, 의원들은 그대신에 통신사에 현금 세례를 퍼붓는 쪽을 택했다. 기업들은 보조금 수령 자격을 얻기 위해 빠른 속도를 보장할 필요도 없었다. 무려 10Mbps만큼 느릴 수 있었는데, 채터누가의 10Gbps 서비스에 비해 99.9퍼센트 느린 속도였다. 지역 협동조합들이 일부 보조금을 가로막고 나서긴 했지만, 불필요한 보조금 대부분이 수익성이 좋은 대

기업들로 들어갔다.

거대 통신사들은 전파로 송수신되는 새로운 무선 5G 네트워크를 깔면 미국의 고속 인터넷 접속에 일대 변화가 일어나 브로드밴드 네트워크가 필요 없게 될 것이라고 주장하고 있다. 트럼프 대통령은 심지어 2019년 미국 시골에 5G를 보급하기 위한 200억 달러의 보조금 프로그램을 발표했다. 하지만 무선 5G에 관해 알아야 할 게 하나 있다. 이걸 보급하려면 〈여전히 유선이 필요하다〉는 사실이다. 이 시스템의 기간망 역할을 하는 광섬유 케이블이 필요하다. 따라서 가정까지 광섬유를 까는 것보다는 비용이 덜 들지만, 인구 밀도가 낮은 지역에 설비를 구축하는 것을 반대하는 통신 산업의 입장은 5G에도 적용된다. 게다가 광섬유 기간망을 깔아도 5G는 기상 악화 시에, 또는 단순히 물리적 지형의 장애물 때문에 유선 인터넷보다 불안정하다. 테네시의 삼림과 산악 지대에 사는 사람들로서는 달갑지 않은 소식이다. 미첼의 말이다. 「숲도 필요 없어요. 나무 한 그루도 장애물이 될 수 있어요.」5G를 전송하는 안테나가 작을수록 범위도 제한된다. 새너제이 같이 인구가 많은 도시에서는 상관이 없다. 공공이 무료로 사용하도록 가로등 기둥에 와이파이 송신기를 부착하면 되기 때문이다. 하지만 미국의 광활한 시골에서 정말로 모든 사람이 인터넷을 사용하려면 송신기가 훨씬 많이 필요해서 도시보다 비용이 늘어날 것이다. 지금까지는 대부분 대도시에서 5G가 확장되는 중이다.

J. 에드 마스턴은 〈모든 가정에 5G를 구축하려면 아직 갈 길이 멀다〉고 말했다. AT&T도 2019년 2월 5G 에볼루션 서비스를 홍보하

면서 이런 사실을 인정했다. 휴대 전화마다 〈5G E〉 아이콘을 붙이고 있지만 실은 예전의 4G 네트워크를 약간 업그레이드한 버전에 불과했다. 모바일 분석 기업인 오픈시그널OpenSignal이 버라이즌과 T 모바일의 4G 버전과 비교해서 속도 시험을 한 결과, AT&T의 5G E가 실제로 더 느렸다. 5G는 점점 과장 광고처럼 보이고 있다. 지역 사회가 광섬유에 투자하면 돈 낭비가 될 거라고 으름장을 놓기 위한 방편이었던 것이다. 하지만 민간 산업이 구조 작업에 나서서 전국을 연결하기를 기다리는 것은 이미 인터넷이 처음 시작될 때부터 환상임이 드러났다.

거대 통신사들은 지역 사회 고속 인터넷이라는 골칫거리로부터 보호를 받는 가운데 몸집을 부풀리는 중이다. 3위와 4위 이동통신사인 스프린트와 T 모바일은 이 부문을 한층 더 통합하기 위해 합병했다. 둘은 4위 기업을 건사하기 위해 다시 네트워크Dish Network에 자산의 일부를 처분해야 했지만, 결국 약해진 형태의 스프린트가 생겨났을 뿐이다. 주 법무장관들은 이 합병을 막으려고 소송을 제기한 바 있다.

AT&T가 타임워너를 854억 달러에 매입하면서 미국 최대의 통신 회사가 자사의 네트워크를 통해 전송되는 가치가 큰 방송 프로그램을 여럿 보유하게 되었다. 새롭게 태어난 AT&T는 비록 소비자에게 유리한 결합이라고 선전하지만, 한시도 지체하지 않고 서비스 요금을 인상하는 한편 경쟁 업체들이 자사 채널을 이용하지 못하게 했다. AT&T가 공언한 목표는 인터넷 연결 텔레비전과 휴대 전화, 전자기기, 자체 동영상 스트리밍 서비스 등에서 광고를 독점하기 위해 이용자의 관심을 끌려는 전쟁에서 개인 정보를 활용해서 IT 플랫폼들과 경쟁하는 것이었다. AT&T의 행동 자체가 컴캐스트를 따라잡으려는 노력이었다. NBC 유니버설을 사들인 컴캐스트도 현재 똑같이 광범위한 전면적 광고전을 펼치는 중이다. 그야말로 남녀노소를 불문하고 모든 사람이 감시를 당하고 있다. 당신의 머릿속에 있는 생각을 활용해서 쉴 새 없이 기업 광고 폭격을 가하는 것이다.

이 중 어느 기업도 캐롤린 호로위츠가 인터넷에 연결하는 것을 도와주지 않는다. 미국의 시골에 사는 사람들은 고속 인터넷 망을 장악하기 위한 전쟁에서 부수적 피해자 신세가 되었다. 캐롤린과 몇몇 이웃들은 〈기술에서 소외된 시민들Citizens Underserved by Technology〉이라는 지역 사회 단체를 만들어서 더 나은 결과를 얻기 위해 싸우고 있다. 테네시주 부지사도 만났다. 하지만 캐롤린은 결국 큰 성과를 거두지는 못할 것이라고 비관한다.

「시골 사람들은 좌파와 우파의 대기업 사회주의corporate socialism에 농락당하는 신세예요.」 자유 지상주의자를 자처하는 캐롤린의 말이다. 「나는 경제학 학위가 있어요. 애덤 스미스가 지적한 것처럼, 불평등은 정말 큰 문제죠. 혁명을 일으키니까요.」

　　2018년 봄 스위스 제네바에서 모인 유엔 산하 세계보건총회 대표단은 자신들이 공공연하게 위협을 받을 것이라고 예상하지 못했다. 에콰도르 대표단은 모유 수유를 가장 건강에 좋은 유아 영양 공급 방법으로 지지하는, 별 문제 없는 결의안을 제출하고 신속하게 통과시킬 계획이었다. 세계 각국 정부가 모유 수유를 〈보호하고, 장려하고, 지지해야〉한다는 내용이었다. 국제 사회는 오래전부터 최신 과학에 근거해서 모유 수유를 장려했다. 의회에서 체신청의 명칭을 정하거나 미국 국기를 지지하는 결의안과 비슷했다.

　　하지만 이내 미국 대표단이 개입했다.

　　미국 대표단은 〈보호하고, 장려하고, 지지한다〉는 문구를 삭제하는 한편 유아에게 잠재적으로 유해한 대안적 제품을 홍보하는 것을 제한하도록 촉구하는 조항 하나를 빼기를 원했다. 미국은 에콰도르에 만약 모유 수유 찬성 결의안을 제출하기만 하면 무역 제재와 군사 원조 철회에 직면할 것이라고 경고했다. 현실적 함의가 없는 듣기 좋은 유엔 성명이라면 애써 수고할 필요가 없었기 때문에 에콰도르는 손을 뗐다. 다른 10여 개 나라도 보복이 두려워 나서지 않았다. 결국 러시아 대표단이 인계받았는데 이 조치에 관한 숙의에만 이틀이 걸렸다. 결의안은 통과됐지만, 미국이 이미 세계보건기구가 각국의 유아 영양 공급 개선을 도와야 한다는 문구를 삭제하고 기타 여러 부분을 변경한 뒤였다.

　　미국 대표단이 어느 날 갑자기 장난 삼아 의미 없는 유엔 결의안을 놓고 세계를 협박하기로 마음먹었다고 생각하기는 어렵다. 실제로 대표단은 700어 달러에 달하는 독점 상태의 세계 유아식 산업을 대신해서 움직인 것이었다. 유아식 산업 입장에서는 마케팅 기구에 어떤 위협도 가해지지 않도록 막아야 하기 때문이다. 애보트 래버러토리(시밀락)와 레킷 벤키저(엔파밀) 두 기업이 세계 유아식 부문의 70퍼센트 정도를 장악하고 네슬레가 10퍼센트를 차지한다. 레킷 벤키저는 청소용 세제 리솔로 유명한 영국의 가정용품 업체다.* 2017년에는 엔파밀의 제조사 미드 존슨을 사들였다. 미국에서는 세 회사가 시장의 95퍼센트 정도를 장악하고 있다.

유아식은 주요 성분이 분유와 비타민(그리고 다량의 설탕)에 불과한데, 미국 아기라면 한 달에 150달러 정도가 든다. 유아식 제조업체들은 1990년대에 가격 담합 모임을 운영했고, 신뢰하기 힘든 암시장이 존재하는 오늘날에도 유아식 가격은 여전히 높은 수준이다. 암시장은 절도범이 상점과 창고를 털거나 정부 지원 프로그램으로 유아식을 받는 여성들한테서 남는 박스를 사들여서 크레이그리스트에서 유아식을 불법 판매하는 방식이다.

하지만 상대적으로 모유 수유가 정교하게 발전한 선진국들은 유아식 독점 기업들의 주요 관심 대상이 아니었다. 기업들은 일찍이 1970년대부터 신흥 시장을 확고히 틀어쥐는 데 더 몰두했다. 「유아 살해자The Baby Killer」라는 제목의 1974년 논문에 따르면, 당시 세계 최대의 유아식 업체였던 네슬레는 아프리카, 라틴아메리카, 아시아의 젊은 어머니들에게 자사 제품이 현대적이고 안전하며, 아동의 발달을 향상시키는 필수불가결한 선택이라고 설득했다. 네슬레는 서구 세계의 효율성과 진보라는 꿈을 내세우면서 모유가 훨씬 좋은데도 설탕이 듬뿍 든 우유를 팔았다. 제3세

* 가습기 살균제 사망 사건으로 유명한 옥시 레킷 벤키저는 한국 법인이다.

계의 병원들에는 미끼용으로 유아식 샘플을 뿌렸다. 믿어지지 않겠지만, 이런 전략의 성공은 영양실조로 인한 수백만 유아의 불필요한 사망과 연결되었다. 개발도상국의 가난한 여성들이 유아식 값을 전부 댈 수 없어서 물을 타서 양을 늘렸기 때문이다. 오늘날 영국 의학 저널 『랜싯』은 모든 어머니가 모유 수유로 전환하면 매년 80만 명의 유아 사망을 막을 수 있다고 추산한다.

유아식이 모유보다 좋지 않다는 유엔 결의안이 나오면 세계적으로 묵직한 반향이 일어날 것이다. 최대 유아식 기업의 본고장인 미국은 세계를 위협해서 그런 결과를 막을 수 있어서 너무나도 좋았다. 정치권력은 극단적이고 집중된 산업의 경제 권력에서 직접 나왔다. 이렇게 공중보건과 안전의 이익이 사적 독점 기업의 이익으로 대체되는 일은 국제 무역과 외교 분쟁에서 흔히 벌어진다. 지정학에서는 대기업의 희망 사항 목록이 맨 위를 차지하는 일이 왕왕 있다. 그리고 유아식 사례에서 알 수 있듯이, 독점의 힘은 유아의 영양 공급과 건강을 희생시키면서까지 이런 기획을 지휘하는 데 기여한다.

혼란스러운 교섭의 내막을 폭로한 『뉴욕 타임스』는 유아식 산업이 막후에서 역할을 했다고 직접적으로 말하지 않았다. 하지만 우리는 그런 순진한 결론을 받아들일 필요가 없다. 어쨌든 우리는 유아가 아니니까.

5
제약 산업

독점 기업 때문에 팀스터 조합원들이 연단에 몰려가서
죽은 친구와 친척들에 관해 이야기를 털어놓는다

트래비스 본스틴은 차 안에서 처음 알게 되었다. 당시 오하이오 주 유니언타운 근처 지역 대학의 야간 수업에 열여덟 살짜리 아들 타일러를 데려다주고 있었다. 타일러는 이미 수업에 들어갔어야 했는데, 트래비스가 아들의 차를 친구네 집 앞에서 발견한 것이었다. 「바로 가서 아들을 붙잡아다 시내로 데려갔는데, 녀석이 바로 빠져나왔어요.」 아들은 비틀거리면서 질문에 대답도 잘 안 하고 멍하니 허공만 바라보았다.

트래비스는 도로변에 차를 세우고 아들에게 물었다. 「무슨 일이냐?」 아들이 고개를 돌렸다. 「아들이 그러더군요. 〈아빠, 저 마약해요.〉 저한테 처음 말하는 거라고 했습니다.」

겉모습과는 달리 타일러는 당시 취한 상태가 아니었다. 며칠 동안 주사를 맞지 못해 금단 현상이 심했다. 다시 주사를 맞고 싶어서 안달이 나는 가운데 금단병이 타일러의 몸을 서서히 갉아먹고 있었다. 겉으로 보는 사람 눈에는 젊은이가 약에 취한 모습이었지만, 실은 약이 필요한 젊은이였다.

트래비스 본스틴은 이 상황을 어떻게 이해해야 할지 몰랐다. 타일러는 사실상 어느 종목이든 잘하는 운동선수였다. 열여섯이 되기 전에 홀인원을 두 번 해서 학생 골퍼로는 손에 꼽혔다. 고3이 되어 종목을 바꿔서 미식축구에서 철인상을 받았다. 오하이오 동북부의 이 촌구석에서는 거의 숭배의 대상이었다. 오하이오주 캔턴의 월시대학교에 입학해서는 골프팀에 들어가서 결국 장학금을 받았다. 보디빌딩을 해야겠다고 마음먹고는 스물두 살에 주니어 미스터 오하이오 2등에 올랐다. 「어떻게 그런 아이가 마약에 중독되는 거죠?」

중독의 근원은 고등학교 시절이었다. 여러 스포츠를 하던 중에 타일러는 오른팔이 네 번 부러지고 오른쪽 팔꿈치 수술을 두 번 받았다. 첫 번째는 열한 살 때 일로 별일 없이 지나갔다. 열여덟 살 두 번째 수술 뒤에는 담당 의사가 진통제를 처방해 주었다. 「아편이 뭔지도 몰랐어요.」 트래비스가 그때 일을 떠올렸다. 「의사가 〈지금 주는 약은 아편류입니다〉 뭐 이런 말을 전혀 안 했다고요. 나도 똑똑한 사람은 아니지만 의사가 아들한테 마약성 약을 준다고 말했다면 뭐라고 한마디 했을 겁니다.」

타일러는 5년 동안 약을 끊었다가 다시 중독되면서 수십만 명의 다른 중독자들처럼 오피오이드 처방약에서 마약으로 옮겨갔다. 1년 이상을 맑은 정신으로 견디지 못했다. 6개월 동안 약을 끊었다가 다시 도지고 또 치료를 받았다. 그사이 골프와 보디빌딩에서 발군의 실력을 보이면서 중독을 어두운 구석으로 몰아넣었다. 본스틴 가족은 아들이 분투하는 사실을 아무에게도 알리지 않았다. 가장 가까운 친구들에게도 비밀로 했다. 해병대 출신인 트래비스는 아들이 어둠 밖으로 빠져나오게 도와줄 수 없다는 사실에 당혹감을 느꼈다.

마침내 본스틴 가족은 타일러를 플로리다의 요양원으로 보내 고향의 유혹에서 멀어지게 만들려고 시도했다. 하지만 효과가 없었다. 타일러는 거기서도 중독이 재발해서 거리로 뛰쳐나와 5주 동안 노숙 생활을 했다. 트래비스와 아내 셸리는 아들을 발견해서 유니언 타운으로 데려왔다. 하지만 이번에는 회복 기간이 겨우 몇 달 지속되었다. 2014년 9월, 여자친구와 살던 타일러는 다시 약에 중독됐다. 주에서 예산을 지원하는 시설에서 도움을 받으려고 했지만 대기자 명단에 올랐다. 얼마 뒤에 타일러는 친구와 외출해서 마약 주사를 맞았는데, 너무 많은 용량을 맞았다. 친구는 911에 전화를 거는 대신 애크런의 공터에 그를 버리고 달아났다. 한 주민이 그날 나중에 시체를 발견했다. 타일러가 스물세 살이던 때였다.

현대사에서 최악의 마약 유행 시기를 거치며 분투하고 있는 수많은 가족들에게는 소름끼치도록 익숙한 이야기다. 미국에서 19분마다 한 명이 오피오이드 때문에 죽는다. 1996년 처음으로 널리 쓰인 오피오이드 진통제 처방약인 옥시콘틴Oxycontin이 도입된 이래 전부 합쳐 20만 명이 훌쩍 넘는 숫자다. 이 경험을 거치며 트래비스 본스틴과 그의 가족은 활동가로 변신해서 남들을 돕는 한편 그 분야에서 아들의 죽음과 관련된 사람들에게 책임을 물었다. 이 과정에서 트래비스는 트럭 운전사 노동조합인 팀스터Teamsters를 찾아갔는데, 놀랍게도 거기서 많은 형제자매들이 비슷한 고통을 겪고 있음을 발견했다. 이 동료들은 혼란스럽고 당혹스러웠지만 싸울 각오가 되어 있었다. 하지만 어떤 행동을 할지 결정하기 위해서 트래비스와 동료들은 거래 과정 전체를 파악하고 오피오이드를 환자의 손에 쥐어 준 책임이 있는 대기업을 일일이 조사해야 했다.

독점 기업들은 공급망의 모든 단계에서 이 약을 복용하는 환자의 건강보다 자신들의 손익 계산을 우선에 두었고, 사회에 죽음의 자취를 남기는 중독성 물질을 제조하고 판매했다. 수백만 정의 알약이 소도시로 운송되어 순식간에 도시를 결딴내는데도 모른 척했다. 그들은 자살 방조물을 판매했고, 자신들이 파는 게 무엇인지 알면서도 판매를 계속했다. 2019년 매사추세츠주 법무장관이 제출한 공소장을 보면, 오피오이드 회사들과 그 조력자들은 〈일련의 불법적 기만을 통해 오피오이드 유행을 조성하고 이윤을 얻었다〉. 〈한 무리의 중역들이 기만을 주도하고 수백만 달러를 챙겼다.〉

오늘날 우리의 제약 시스템이 바로 이런 모습이다. 그들은 시스템 내에서 취약한 존재인, 고립 상태로 약물에 의존하는 환자들을 착취해 가며 최대의 가치를 뽑아낸다. 환자들을 지렛대로 삼아 제품을 판매하고, 다른 치료 방식을 추구하는 의사의 경력을 망쳐 놓는다. 또한 독립적 약국들을 희생시키면서 수익을 챙겨서 많은 지역 사회에서 유일하게 남은 보건의료 시스템을 문 닫게 만든다.

그런 식으로 발전할 필연적인 이유가 있었던 것은 아니다. 공공 자금은 사회를 위해 삶을 바꾸는 의약품을 만들어 낸다. 저항할 수 없는 어떤 힘들이 작용해서 공익적 산업을 세계적 사업에서 가장 수익률이 높은 집중된 산업으로 이끈 것이 아니다. 그리고 우리가 반드시 집중된 운송업체, 집중된 유통업체, 집중된 중간상을 감내해야만 하는 것은 아니다. 이런 것들은 정책적 선택의 결과다. 그리고 이 세력들은 트래비스 본스틴 가족 같이 상처 입고 분노하고 평생의 피해를 입은 수백만 가족을 낳았다.

제약 산업은 정부가 명확히 승인하는 특별한 유형의 독점이다. 수십 개의 제약 회사가 있지만, 각 회사가 특별한 질병이나 질환에 대한 치료법의 특허를 얻어서 세분화된 시장을 배타적으로 지배한다. 종종 한 질병이 한 가지 약품으로만 치료되며, 의료보험에서 한 가지 치료제만 보험을 적용하는 독특한 제도 때문에 독점이 더욱 강화된다.

전 세계 선진국들은 처방약에 대해 상당한 가격 통제를 가한다. 국민의료보험 제도를 통해 약품을 다량으로 구매하고 저렴한 의약품을 이용할 수 있다는 전반적인 신뢰가 존재한다. 그런데 미국은 예외다. 혁신을 자극한다는 구실 아래 우리는 민간 기업의 처방약에 20년 동안 배타적인 특허권을 부여한다. 가격 결정에도 아무 제한을 두지 않는다. 보훈부[1]를 분명한 예외로 치면, 가격 협상은 모두 민간 차원에서 이루어진다. 2003년 법률에 따라 명시적인 권한을 받은 민간 부문 중개상이 교섭을 담당하기 때문에 노인의료보험인 메디케어Medicare도 약값을 인하하기 위한 직접 교섭이 금지된다. 다른 나라들도 특허를 보호하긴 하지만, 가격 통제 없는 독점의

1 재향군인의 복지와 관련된 업무를 담당하는 미국 정부의 행정 기관.

결합으로 미국의 독특한 상황이 생겨난다.

만약 당신이 생명을 구하고자 하는 제약 회사라면, 아니 이런 농담 말고 만약 당신이 다른 포춘 500대 기업보다 2~5배 높은 수익률을 누리고자 하는 제약 회사라면(제약 회사는 미국 경제에서 가장 수익성이 높은 부문이다), 이 시스템을 활용하게 마련이다. 연구개발 지출을 국립보건원(NIH)을 비롯한 공공 자금으로 운영되는 과학 사업에 떠넘기는 한편 자체 연구개발에 대해서는 공공 자금으로 지원되는 막대한 세금으로 감면받는다. 2010년에서 2016년 사이에 식품의약청(FDA)이 승인한 210개 신규 의약품은 전부 정부 연구에 그 기원이 있었고, 제약 회사들은 기초 과학을 자사의 약품 개발에 응용할 수 있다. 당신은 이런 방식이 계속되리라고 기대할 것이다. 또한 특허를 조세 피난처로 옮기거나 외국 기업과 합병해서 서류상 본사를 세금이 낮은 해외로 이전하는 방식으로 세금 부담을 더욱 낮춘다. 그리고 당신 기업의 특효약이 승인을 받으면 의사와 병원, 또는 심지어 환자까지 매수해서 판촉을 시작할 수 있다.

돈 네이더하우저의 딸인 조던은 선천성 희귀 대사장애 환자였다. 아이의 몸은 지방산을 포도당으로 분해하지 못하는데, 지방산이 축적되면 심장과 간에 문제가 생길 수 있다. 흔히 VLCAD라고 알려진, 굳이 알아야겠다면, 장쇄수산화 아실코에이 탈수소효소 결핍증very-long-chain acyl-CoA dehydrogenase deficiency은 식이요법을 지키며 비타민을 충분히 섭취하고 과로를 피하는 식으로 어지간하게 관리할 수 있다. 존스홉킨스 의과대학에서 25년간 재직하는 중에 조던을 진단한 리처드 켈리 박사의 판단이었다. 켈리는 환자의 유전자와 기저 효소 활성의 결손 수준에 근거해서 VLCAD와 관련 질환을 진단했다. 「의사들은 대사를 정말로 파악하지 않고 해설서를 읽어서 치료법을 배웁니다.」 켈리 박사의 말이다. 「저는 다른 시대에 훈련을 받았어요. 그 덕분에 다른 사람들이 보지 않는 이 질병들의 여러 측면을 보았지요.」

제약 회사들은 환자에 따라 다른 치료법을 요구하는 의사들에게 관심이 없다. 그리고 확실히 약품을 사용할 수 있을 때 비타민을 처방하는 의사에도 관심이 없다. 회사는 자사 제품을 투약하라고 의사를 설득하거나 환자에게 투약을 요구하라고 설득할 수 있다.

돈은 지방산 대사장애 환자를 위한 전국 가족 지원 단체가 있고, 1년에 두 번 회보를 발행한다고 이야기해 주었다. 회보는 온라인에서도 볼 수 있다. 지원 단체는 시그마타우 제약이라는 기업 스폰서가 있었다. 회보는 시그마타우의 마케팅 판매 담당 이사 켄 메를링에 관해 여러 차례 언급하며 크게 다뤘다. 1991년 12월에 발행된 회보는 메를링과 시그마타우가 〈이 회보의 발간 비용 전부를 대준 데 대해〉 감사한다고 말한다.

시그마타우는 카니터Carnitor라는 효소 보충제를 만들었는데, 이 분야의 저명한 연구자인 찰스 로 박사가 지방산 대사장애 환자가 아플 때 서혈낭증을 완화하기 위한 치료제로 개발한 것이다. 로 박사는 마침 지원 단체 창립자인 데브와 댄 굴드 부부의 아이를 치료했다. 그는 회보의 〈의료 고문〉으로 위촉되었고, 가장 최근 직장인 베일러 대학교에 공개되어 있는 이력에는 시그마타우에 두 차례 자문한 내용도 있다. 한 번은 무보수로 자문한 것이다. 켈리 박사는

〈그 회사는 로 박사의 연구에 많은 지원을 해주었다〉고 말했다.

얼마 지나지 않아 카니터는 VLCAD 환자 모두에게 일반적인 치료약이 되었다. 「사람들은 어떤 것에 계속 노출되면 쉽게 흔들리게 마련입니다.」 켈리 박사의 말이다. 「모임마다 시그마타우가 이 모든 연구를 후원해요. 다들 가세하는 겁니다.」 켈리 박사도 조던 네이더 하우저에게 잠깐 카니터를 처방했지만, 다리 근육에 통증이 생겼다. 이 약을 그만 먹게 하자 다리 통증이 사라졌다. 돈은 다른 환자들에게 딸이 카니터를 복용하고 생긴 일에 관해 알려 주었지만 비난만 받았다. 로 박사는 특히 카니터를 지속적으로 복용해야 한다고 주장했다. 「지원 단체에서 문젯거리가 된 것 같았습니다.」 돈의 말이다. 「결국 이런 싸움이 됐죠.」 나중에야 돈은 환자들에게 유해 가능성이 있는 약품 복용을 설득하려고 시도하는 경제적 이해관계를 모두 파악했다.

몇 년 뒤에는 훨씬 더 이상한 상황이 벌어졌다. 인터넷이 눈에 띄게 성장하자 지원 단체는 웹 사이트로 변신했다가 결국 페이스북 그룹이 되었다. 거기서 돈은 트리헵타노인triheptanoin, 일명 C7오일이라는 약품을 새롭게 임상 시험한다는 소식을 접했다. 몇몇 VLCAD 환자 가족이 자녀를 시험에 참여시키고 지원 단체에 이 약의 효과를 극찬하고 있었다. 거대 제약 회사인 울트라제닉스가 특허를 보유하고 있었는데, 아직 식품의약청의 승인은 받지 못한 상태였다.

2016년 봄, 지원 단체의 한 환자 어머니가 돈에게 대사장애 환자 가족을 위한 〈초점 집단 모임〉에 참여하라고 요청했다. 애리조나주스코츠데일에 있는 고급 리조트에서 무료로 이틀 동안 휴양하면서 모인다고 했다. 여자는 스노 컴퍼니라는 단체에서 일하는 〈환자 대사Patient ambassador〉라고 자기를 소개했는데, 알고 보니 울트라제닉스를 비롯한 수십 개 제약 회사를 위해 활동하는 홍보 기업이었다. 스노는 환자 대사들을 채용해서 고객 회사들의 약품을 널리 복용하게 홍보하도록 훈련시킨다. 아주 흔한 일이다. 일부 제약 회사는 인스타그램 인플루언서를 채용해서 제품 홍보를 시킨다.

돈은 켈리 박사에게 전화를 걸어 트리헵타노인과 초점 집단에 관해 말했다. 「트리헵타노인이 환자 상태를 개선시키는 사례들이 있습니다.」 켈리 박사가 한 말이다. 「어떤 환자는 견디고 어떤 환자는 견디지 못하죠. 문제가 생기기도 해요. 프랑스의 한 아이는 그 약을 투여받고 거의 죽을 뻔했습니다.」 이번에도 역시 울트라제닉스 같은 기업들은 자신들의 약품이 모든 사람에게 맞지 않을 수 있다는 이야기를 들으려고 하지 않았다. 환자가 극히 소수인 질환을 치료하기 위해 개발된 이른바 희귀 의약품orphan drug의 경제학은 연구·개발 비용을 정당화하기 위해 한 치료약을 보편적으로 적용할 것을 요구한다.

돈은 초점 집단에 참여하기로 결심했다. 「몇 명 안 되는 작은 집단이었어요. 회의실 하나에 다 들어갈 수 있었죠.」 스노 컴퍼니와 울트라제닉스 대표자들, 그리고 울트라제닉스에 직접 고용된 보스턴 아동병원의 의료 전문가도 와 있었다. 켈리 박사는 1년 전부터 보스턴 아동병원에서 일하고 있었기 때문에 돈은 그 전문가에게 반갑게 인사를 했다고 한다. 「〈켈리 박사님 아시죠?〉라고 물었더니 안

색이 차갑게 굳어지더군요.」

환영 만찬이 끝난 다음 날부터 참가자들은 아침부터 저녁까지 모여 앉아 환자와 함께 사는 가족의 이야기를 털어놓았다. 돈은 감정이 복받쳐서 딸 조던의 병에 관해 이야기할 때는 눈물까지 흘렸다. 첫날 오전에 울트라제닉스는 언급도 되지 않았다. 오후에 돈은 이 자리가 트리헵타노인의 인포머셜infomercial을 위한 곳이라는 걸 알게 되었다. 임상 시험을 주도하는 의사들이 계속 발표를 했기 때문이다. 트리헵타노인이 환자들의 심장 기능을 개선시키는 기적의 약품이라고 소개되었다. 그런데 애당초 심장 기능에 문제가 없는 환자라면 어떻게 되는 걸까?

「마지막 날 밤에 스노에서 온 사람 옆에 앉았을 때 내 정체를 밝혔어요.」 돈의 말이다. 「이 모임은 마케팅 부서를 위한 자리라고 말했죠. 조던이 어떤 상태인지 그 사람들이 몰랐을 때 병원에서 보낸 6일을 떠올렸어요. 그래서 말했죠. 〈당신들은 그 고통을 이용해서 약을 팔려는 거예요.〉 스노 사람이 대꾸하더군요. 〈아뇨, 우리는 환자의 경험을 이해하고 싶어요.〉 그런데 그 사람들은 환자하고 아무 관계도 없어요. 그냥 제약 회사에 고용돼서 사람들의 충성을 끌어모으려는 사람들이거든요.」

켈리 박사는 보스턴 아동병원에서 점점 밀려났다. 병원에 채용된 뒤 그가 속한 과의 부과장이 이제 환자를 보면 안 된다고 말했다. 원무과장은 그가 입원 환자를 받는 걸 원치 않았다. 개별 환자의 특성에 따라 대사 이상 치료법을 바꿔 줄 필요가 있다고 점점 솔직하게 말할수록 켈리 박사는 더욱 업계에서 소외되었다. 박사는 〈의사들

206

은 이 문제를 밝히는 데 별로 관심이 없다〉고 말했다. 켈리 박사는 펜실베이니아에서 직접 개업을 해서 주로 기존 환자들을 관리하고 있다. 연구를 시작하고 싶지만 제약 회사들이 환자를 싹쓸이하고 있다. 후원자가 없는 의사들은 경쟁 상대가 되지 않는다. 울트라제닉스는 임상 시험으로 식품의약청에서 트리헵타노인의 승인을 받게 되기를 기대한다.

「제약 회사들에게 위협을 받고 있습니다.」 켈리 박사의 말이다. 「저를 매수하려고 하기도 하고요. 아마 계속 강경 수단을 쓸 겁니다.」

기업들은 특허를 계속 유지할 수 있는 한 독점 이윤을 벌기 위해 이런 술책을 확고히 틀어쥔다. 이윤 극대화는 가장 기본적인 공학에도 적용된다. 만약 당신이 녹내장이 있다면, 당신 눈에서 계속 뺨으로 액체가 떨어지는 이유는 기업들이 눈물방울을 크게 만들어 사람들 눈에서 저절로 떨어지게 했기 때문이다. 흘러내리는 눈물방울 하나는 소소한 이윤이지만 티끌 모아 태산이다.

하지만 특허 시계가 20년 뒤에 만료되지 않도록 훨씬 더 많은 두뇌와 노력이 투입된다. 「정부가 특허를 보호해 줘서 이 모든 초과 이윤이 가능하면, 특허를 확대하려고 애쓰기 마련입니다.」 정부가 보조금을 주는 독점을 주로 연구하는 경제학자 딘 베이커의 말이다. 에버그리닝evergreening — 대기업의 소름끼치는 홍보 용어인 〈수명

주기 관리lifecycle management〉라고도 알려져 있다 — 이란 의약품의
효능을 개선하는 게 아니라 화학적 구성을 약간 바꿔서 새로운 특
허를 취득하고 특허 보호 기간을 연장하는 것이다. 1968년 국립보
건원 특허 프로그램으로 이렇게 특허권을 남용할 수 있는 길이 열
려서 지금까지 널리 활용되고 있다. 제약 회사 셀진은 다발성 골수
종 치료제 레블리미드Revlimid에 대해 27개의 특허를 보유하고 있는
데, 한 특허는 이 약의 코팅에 관한 것이다. 또 다른 기업인 앨러간은
자사가 보유한 특허의 일부를 어느 아메리카 원주민 부족에게 팔려
고도 했다. 특허법의 적용을 받지 않는 주권 면제sovereign immunity
를 주장하기 위해서였다. 이 계획은 성공하지 못했지만 특허권을 겹
겹이 만들어 놓으면 수십 년 동안 독점권을 연장할 수 있다. 특허는
또한 보건 관련 결정을 움직인다. 2015년 화이자 연구원들은 자사
의 류마티스 관절염 치료제 엔브렐Enbrel이 알츠하이머병 치료 효과
가능성이 있다는 결과를 보여 주었지만, 회사는 이 연구를 전혀 공
개하지 않고 임상 시험도 거부했다. 엔브렐이 특허권 만료를 앞두
고 있었기 때문이다.

정부는 위험 가능성이 있다고 여겨지는 의약품 제조업체들에게
각 약품에 대해 위험성 평가 및 경감 전략(REMS)을 내놓을 것을
요구한다. 유명한 약품과 경쟁하려 하는 복제약 제조업체들은 동일
한 규정을 따라야 하기 때문에 독점 기업과 협상할 수밖에 없는데,
독점 기업은 그들을 끼워 주지 않을 수 있다. 복제약 회사들은 또한
비교 시험을 하기 위해 특허약의 샘플을 입수해야 하는데, 독점 업
체들은 대개 샘플을 내주지 않아서 복제약의 동등성을 입증하고 임

상 시험을 완료하는 게 불가능하도록 만든다. 독점 기업들은 또한 〈시민〉 청원을 꾸며서 식품의약청에 복제약 승인을 미루도록 촉구한다. 그리고 복제약이 결국 사용 승인을 얻으면, 특허약 제조업체들은 병원을 리베이트로 매수해서 값싼 복제약 대신 계속 자사의 약을 처방하게 만든다.

그리고 역지불 합의pay-for delay도 이루어진다. 독점 기업이 경쟁자 후보를 매수해서 시장에 뛰어들지 않게 막는 것이다. 이와 같은 가장 순수한 형태의 부패 때문에 환자들이 비용을 떠안으면서 싼값에 약을 사지 못하고 수십억 달러를 유명 브랜드 의약품에 지불한다. 이런 가격 고정이 워낙 명백해서 연방거래위원회조차 강하게 비난하고 있지만, 관행은 계속된다. 딘 베이커가 말한 것처럼, 〈그들은 이런 보호를 중심으로 혁신을 시도하는 중이다〉.

특허를 획득하고 유지하려는 여러 계획은 인슐린과 같은 상황으로 귀결될 수 있다. 100년 된 당뇨병 치료제인 인슐린의 특허는 1920년대에 모든 환자가 저렴하게 이용할 수 있도록 1달러에 팔렸는데, 제약 회사들이 결국 공급 확대를 약속하면서 특허권을 확보했다. 미국에 유의미한 반독점법이 시행되던 때만 해도 규제 기관들은 경쟁 저해 행위에 과징금을 부과함으로써 인슐린 생산업체들이 정직하게 장사하게 만들었다. 그러나 반독점법이 제대로 집행되지 않자 1980년대에 인슐린 제조업체들은 약을 계속 바꿔서 특허를 유지했다. 3대 인슐린 생산업체 중 하나인 사노피는 란투스Lantus라는 명칭의 인슐린에 대해 74개 특허를 출원해서 37년간 독점권을 연장할 수 있었다. 인슐린은 1996년 한 병당 25달러에서 현재

275달러까지 값이 올랐다. 지난 10년간 도매가가 세 배 뛰었다. 인간 유전 물질로 만든 생물학적 제제인 인슐린은 다른 특허 보호도 누리며, 바이오시밀러[2]는 생산하기가 복잡해서 복제약이 빠르게 진입하지 못한다. 복제약이 시장에 진입하려고 하면, 사노피 같은 기업들이 특허 침해 소송을 건다.

인간적 측면에서 보면, 이런 상황은 미국의 3000만 당뇨 환자들에게 비극이다. 환자의 대다수는 약값 급등을 감당하지 못하기 때문이다. 환자 4명 중 1명이 비용 때문에 인슐린 투여를 필요량보다 적게 한다고 말한다. 적절한 인슐린 투여량은 매우 중요하며, 양을 줄이면 케토산증ketoacidosis으로 사망할 수도 있다. 2017년 알렉 레이션 스미스가 아파트에서 사망한 채로 발견됐는데, 아파트에는 마지막 한 방울까지 긁어 내려고 속마개까지 뜯어낸 인슐린 주사병이 널려 있었다. 스미스는 처방전대로 인슐린을 추가로 살 여력이 없었다.

수년간 우리는 인슐린 같은 바가지 가격이 제약 부문 전반에서 그대로 되풀이되는 모습을 보았다. 길리어드 사이언스는 C형 간염 치료제 소발디Sovadi의 1인분 가격을 8만 4,000달러로 책정했다. 회사의 최고 경영자는 이 약이 〈충분히 값어치가 좋다〉고 생각했지만, 문제는 소발디를 필요로 하는 수십만 환자가 그 값을 감당할 수 없다는 데 있었다. 다발성 경화증 치료에 사용되는 약의 자기부담 비용은 12년 사이에 20배가 급등했다. 노바티스는 2019년 5월 근감소증 치료제를 공개했다. 권장 소비자 가격이 212만 5,000달러인

2 biosimilar. 생물학적 제제 의약품의 복제약.

이 약은 역사상 가장 비싼 약이다. 양대 정당이 처방약의 높은 가격을 비난하면서 이를 시정하기 위해 온갖 정책 제안을 내놓는 가운데서도 제약 회사들은 2019년 전반기에 3,400개 약품의 가격을 인상했다. 평균적으로 물가 상승률의 5배에 달하는 인상폭이었다.

알레르기 비상 치료제인 에피펜은 제조법이 전혀 바뀌지 않았는데도 가격이 7년 만에 450배 뛰었다. 에피네프린 적정량과 주사기 두 세트 가격이 겨우 20달러고, 에피펜 하나에 들어 있는 용량의 값은 1달러 정도로 추산된다. 그런데 2016년에 두 세트 가격이 608달러였다. 에피펜 제조사인 마일란의 최고 경영자 헤더 브레시는 미국 상원의원 조 맨친의 딸이다. 가격 인상은 마일란이 에피펜의 판매권을 사들이고 브레시가 회사를 인수한 시기와 일치한다. 마일란은 미국 시장에서 이 약의 87퍼센트를 장악하고 있다. 경쟁 상대인 아비큐가 미국에 들어오자 마일란은 자사가 배상권을 독점한다는 조건을 붙여 의료보험사와 중간상에 리베이트를 지급하면서 아비큐를 물리쳤다.

수년간 월 스트리트와 헤지펀드의 총아인 밸리언트Valeant는 여러 희귀 의약품에 대한 지배권을 활용해서 연평균 66퍼센트씩 약품 가격을 인상했다. 기업들은 희귀 의약품 개발에 대해 막대한 세금 감면을 받지만, 밸리언트는 부채를 기반으로 이미 개발된 의약품을 인수한 뒤 가격을 큰 폭으로 인상하는 방식으로 다른 기업들의 연구개발에 편승하는 전략을 구사했다. 밸리언트는 또한 필리도Philidor라는 이름의 비밀스러운 전문 제약유통사도 보유하고 있었는데, 필리도는 환자의 처방전을 복제약 대신 밸리언트 제품으로

비꼈다. 밸리언트 직원들은 스파이더맨의 또 다른 자아인 피터 파커처럼 필리도에서 가명으로 조용히 일했다.

튜링 제약의 악명 높은 〈파마 브로pharma bro〉 마틴 슈크렐리 역시 인수 후 가격 인상 전략을 구사해서 기생충 감염 치료제 다라프림Daraprim 판매권을 사들인 뒤 하룻밤 새에 가격을 1정에 13.50달러에서 750달러로 인상했다. 뻔뻔스럽고 거만한 슈크렐리는 마침내 제약 부문과 상관없는 증권 사기로 수감되었다. 아무리 미국 체제가 부패했어도 쉽사리 통과시킬 수 없는 범죄인이 몇 명 있다. 하지만 그가 의약품 가격에 관한 대중의 분노가 집중되는 편리한 표적 역할을 한 반면, 비슷한 권한 남용을 저지른 기업들은 그의 뒤에 안전하게 몸을 숨기면서 개인적 경멸을 피했다. 대기업 애브비AbbVie는 2017년 한 투자은행과 만난 자리에서 트럼프 행정부의 무관심과 정치적 교착 상태 덕분에 〈열띤 의약품 가격 논쟁과 정치적 위험성이 잦아들고 있다〉고 선언했다. 슈크렐리가 당연한 벌을 받으면서 압력이 느슨해진 게 일정한 역할을 한 것 같다. (애브비가 수백 건의 특허를 획득하고 대표 약품인 후미라Humira에 대해 역지불 합의 거래를 체결한 사실 또한 그들의 마음을 편하게 해준 듯하다.)

그런데 슈크렐리가 판매권을 산 약인 다라프림은 2019년에도 여전히 한 정당 750달러였다. 에피펜 가격 역시 크게 떨어지지 않았다. 가격의 비신축성은 처방약의 공통된 특징인데, 기업들이 경쟁을 거부할 때는 더욱더 심해진다. 2018년 광범위한 조사 결과, 전 세계 최대 규모의 복제약 제조업체들 일부가 공모해서 100여 개 약품의 가격을 부풀렸다는 사실이 밝혀졌다. 일부 약품은 가격이 무려 1,000퍼센트 부풀려졌다. 이 폭로에 따르면, 기업들은 〈공정 배분〉 거래에 합의해서 각자 시장의 일정 부분을 통제하게 되었다. 기업들은 이 시장을 〈샌드박스〉[3]라고 부르면서 모두가 그 안에서 사이좋게 지내기를 기대했다.

한편 독점 제약사들은 이 시스템으로부터 모든 이윤을 거둬들이는 동시에 비용은 전혀 부담하지 않는 또 다른 전략을 구사한다. 기업 인수가 그것이다. 2019년, 약값을 개혁하라는 요구가 느슨해지면서 안심한 애브비는 여러 아메리카 원주민 부족에게 특허를 판매하려고 하는 앨러간을 사들였다. 애브비가 노리는 목표는 후미라의 특허가 만료되는 것과 동시에 특허 보호를 받는 베스트셀러 약품 보톡스Botox를 손에 넣는 것이었다. 망신을 당한 소발디 제조사 길리어드는 2017년 경쟁사인 카이트 제약을 사들이면서 또한 블록버스터 약품을 탐색했다. 브리스톨마이어스스큅은 수익성이 좋은 레블리미드 특허 수십 건을 보유한 셀진을 매입하는 데 740억 달러를 썼다. 화이자는 특허 만료 약품 사업을 에피펜 제조사 마일란과 결합했다. 제약사들은 소비자 건강 부문도 보유하고 있다. 글락소스미스클라인GlaxoSmithKline과 화이자는 이제 막 이 사업 부문을 합병해서 처방전 없이 살 수 있는 건강 보조 제품의 세계 최대 제조업체를 만들었다. 아쿠아프레시 치약, 알레르기 증상 완화 스프레이 플로네이즈, 금연보조제 니코레트, 의치 세정제 폴리덴트, 센소다인

3　sandbox. 아이들이 안전하고 자유롭게 뛰어놀 수 있는 모래 놀이터에 비유한 표현.

치약, 임산부용 천연 소화제 텀스, 진통제 애드빌, 칼슘 보충제 칼트레이트, 센트룸 비타민, 챕스틱, 비타민C 이머전시, 감기약 로비투신 등은 이제 모두 한 회사에서 나온다.

「신약 죽이기 인수합병Killer Acquisitions」이라는 제목으로 예일 대학교에서 나온 한 놀라운 연구는 기업 인수 전략에 관한 또 다른 해석을 내놓는다. 연구진은 제약사들이 자사의 제품과 언젠가 경쟁할 수 있는 약품을 개발하는 경쟁사를 사들인다는 이론을 뒷받침하는 경험적 근거를 발견했다. 일단 인수 기업이 경쟁사를 사들이면 새로운 혁신은 대부분 사라져 버린다. 신약 개발 사업이 초기 단계에서 인수되면 더 높은 단계로 나아가는 데 실패할 확률이 두 배 가까이 높아진다. 연구진은 적어도 연간 45건의 신약 죽이기 인수합병이 이루어진다는 사실을 발견했다.

예를 들어, 몇몇 호르몬 약제 시장을 독점하고 있는 퀘스트코어 제약은 2013년 경쟁 약품인 시낙텐Synacthen 개발권을 사들여서 개발을 중단했다. 연방거래위원회는 이에 대해 1억 달러의 과징금을 부과하고 시낙텐 인가 절차를 경쟁사인 웨스트 세라퓨틱 디벨롭먼트에 넘기게 했다. 하지만 2017년 7월 인가가 통과된 이후에도 해당 약품에 대한 식품의약청의 승인이 마무리되지 않고 있다. 따라서 퀘스트코어는 7년간 수익성 좋은 독점을 공고히 하고 지금도 계속 확대하는 한편 경쟁 저해 행위에 대해 약간의 과징금만 부담할 뿐이다. 좀더 최근 사례로, 로슈Roche는 유전자 치료 회사인 스파크 제약을 사들였다. 이 인수는 로슈가 개발이 끝난 값비싼 약품을 손에 넣는 한 방편이었다. 실명 치료제 럭스터나Luxturna는 눈 한쪽당 치료제 가격이 42만 5,000달러다. 한편 스파크는 1회 접종 A형 혈우병 치료제도 테스트 중이었는데, 환자의 출혈을 감소시키는 데 97퍼센트의 성공률을 나타냈다. 로슈는 이미 헴리브라Hemlibra라는 A형 혈우병 치료제를 보유하고 있는데, 이 약은 4주에 한 번씩 맞아야 한다. 무슨 일이 벌어질지는 불을 보듯 빤하다. 치료제로 인정받을 법한 1회 접종 약은 선반에 고이 모셔지는 반면 로슈가 한 달에 한 번씩 수금하는 치료제는 불티나게 팔리는 것이다.

언제나 그렇듯이 독점 의약품은 불안정한 공급 연쇄를 만들어 낸다. 당신이 미국에 살고 있다면, 당신이 구입하는 에피펜은 세인트루이스에 있는 화이자의 유일한 제조 시설에서 만들어진다. 2018년 공장에 문제가 생겨서 위험하게도 공급 부족 사태가 벌어졌다. 또한 부스피론buspirone이라는 항불안제는 2019년에 갑자기 공급이 말라붙어서 화학적 균형을 유지하기 위해 꾸준히 복용해야 하는 환자들이 혼란에 빠졌다. 부스피론과 다른 복제약의 경우, 공급사들이 가격을 대폭 낮춘 탓에 제조사들이 시장에서 철수하고 있다. 하지만 의약품 부족 사태는 또한 예상되는 수요 공급 곡선을 훌쩍 넘어서 가격이 폭등하는 기회가 되기도 한다. 메토카르바몰methocarbamol이라는 근이완제는 2018년 5월에 가격이 1,107퍼센트 폭등하기도 했다. 혈압약 발사르탄Valsartan은 공급이 중단된 뒤 한 병에 30달러에서 155달러로 인상되었다.

그런데 방금 언급한 모든 사태가 제약 독점으로 발생하는 문제의 전부라면 그래도 상황이 양호한 편일 것이다.

❖

    2014년 타일러 본스틴이 헤로인 과다 투여로 사망한 뒤, 아버지 트래비스는 제정신이 아니었다. 「자식을 먼저 보낼 거라고 누가 생각했겠습니까?」 트래비스의 말이다. 「아버지로서 낙제한 기분이었죠.」 트래비스는 오피오이드 사망 건수가 전염병 수준이라는 걸 알면서도 고통을 가슴속에 묻어 두었다. 타일러는 그해에 유니언타운 지역에서 세 번째로 사망한 젊은이였다. 세 사람 모두 누이가 있었는데, 지역 사회의 침묵을 깨는 데는 젊은 여자들이 필요했다.

    세 누이들은 생활 지도 교사와 힘을 합쳐 공개적으로 이야기를 털어놓았다. 트래비스가 그때 기억을 떠올렸다. 「딸아이가 아버지보다 배짱이 좋은 걸 보고 당황했습니다.」 트래비스는 견고하게 쌓아 올렸던 담장을 허물기로 마음먹고 동네 고등학교에서 자기 경험을 이야기했다. 가족은 페이스북 페이지를 만들었는데, 이 페이지는 결국 〈장벽 깨기: 희망은 죽지 않았다Breaking Barriers: Hope Is Alive〉라는 이름의 비영리 기관 창설로 이어졌다. 전국 각지에서 대화 모임이 열리고, 지지 모임이 생겨났으며, 오하이오를 시작으로 중독 재발 예방과 건강 센터를 만드는 장기적 목표도 마련되었다. 〈타일러 구원의 집Tyler's Redemption Place〉이라고 이름 붙인 센터는 2014년에 그의 주검이 버려진 공터에 세울 생각이었다. 「전통적인 치료는 30일, 60일, 90일짜리예요.」 트래비스의 설명이다. 「그런데 뇌에서 마약성 약물이 사라지고 치료되려면 1년이 필요합니다. 타일러는 1년 동안 치료를 받을 수 없었어요. 누구든 30일 치료를 받고 나와 외래환자 같은 자격으로 우리 센터에 와서 필요한 지원과 상담을 받을 수 있을 겁니다.」 센터는 사람을 중독으로 이끄는 물리적 외상을 다루는 일을 우선 과제로 삼을 예정이라고 트래비스는 설명했다. 「근본 원인을 다루지 않고는 중독에서 빠져나올 수 없어요. 사람 자체, 그러니까 마음과 몸과 영혼을 치료해야 합니다.」

이런 구상에는 돈이 필요했는데, 트래비스는 성인이 된 이후 자기 옆에 있었던 사람들에게 의지했다. 그는 젊은 시절 대학 풋볼팀 장학금을 사양하고 해병대에 입대해서 6년 복무한 뒤 항만 노동자가 되었다. 자동으로 노동조합에 가입되어 애크런의 팀스터 노동조합 24지부 소속이 되었다. 스물아홉 살에 노동조합 지부 전임자로 선출됐고, 서른두 살에는 지부장이 되어 20년 넘게 일하고 있었다.

트래비스는 팀스터 노동조합 위원장 제임스 P. 호파에게 편지를 써서 자기 이야기를 설명했고, 2016년 라스베이거스에서 열리는 연례 총회에서 15분만 시간을 달라고 요청했다. 「노동조합 지도자인 우리는 지역 사회 지도자이기도 하고, 이 전염병만큼 우리 지역 사회에 큰 영향을 미치는 일은 없다고 말했어요.」 호파도 트래비스의 말에 동의했다.

트래비스가 미처 입을 열기도 전에 조합원들이 기립박수를 보냈다. 트래비스가 청중에게 말했다. 「계속 이렇게 박수를 치면 제 얼굴이 빨개질 겁니다.」 타일러의 인생 이야기를 하면서 그는 아이가 똑똑하고 다정한 데다가 열심히 일했다고 힘주어 말했다. 그리고 아들의 죽음에 관해, 그 공터에서 맞이한 마지막 순간에 관해 이야기했다. 「지금 저는 저 자신을 용서하는 법을 배우는 중이고 아들이 부끄럽지 않습니다.」 트래비스가 말을 이었다. 「아들은 속을 뒤집어 놓는 병을 안고서도 많은 성취를 이룬 영웅입니다.」

트래비스는 오피오이드 사태의 놀라운 통계를 휘리릭 훑었다. 미국에서는 19분마다 한 명씩 약물 남용으로 사망하고, 헤로인 사용자의 80퍼센트가 오피오이드에서 시작하며, 미국은 세계 인구의 4퍼센트를 차지하지만 오피오이드 소비는 80퍼센트를 차지한다. 「우리 노동조합이 대표하는 작업장, 직종, 부문 어디에나 오피오이드가 있습니다.」 그가 상황을 설명하면서 조합원들에게 치료 센터기금 조성을 도와 달라고 요청했다. 「여러분이 우리 손을 잡아 주시면, 저는 당당히 일어나서 이 과제를 완수할 때까지 필사적으로 싸울 수 있는 방법을 압니다. 하늘에 있는 아들아, 이제 우리가 너를위해 싸운다!」

그러자 놀라운 일이 벌어졌다. 이후 90분간 팀스터 조합원들이하나둘씩 마이크 앞으로 나와서 지원 약속을 한 것이다. 어떤 이들은 오피오이드 복용으로 사망한 자기 가족의 이름을 하나씩 댔다. 조카, 사촌, 어머니, 아버지 등이었다. 다른 이들은 자기도 중독을경험했노라고 이야기했다. 트래비스의 발언은 팀스터 조합원 가족내에서 많은 이들이 공유하지만 이제까지 감춰졌던 부글부글 끓는고통을 드러냈다. 총회가 끝날 무렵 100만 달러 이상이 〈장벽 깨기〉를 위해 모금되었다. 「정말 황송한 경험이었어요.」 트래비스가 말했다. 「조합원들이 우리를 다시 무대로 불러냈습니다. 우리가 할 수있는 일이라곤 자리에 앉아서 울지 않는 것뿐이었지요.」

하지만 팀스터 노동조합은 더 많은 일을 하기를 원했다. 노동조합 사무총장 켄 홀이 오피오이드 중독이 급속히 퍼지는 웨스트버지니아 출신이라는 사실이 드러났다. 홀은 노동조합의 힘을 활용해서 오피오이드 유행 사태를 일으킨 당사자들에게 책임을 묻고자 했다. 문제는 그 당사자가 너무 많다는 점이었다.

오피오이드 투약을 위해서는 의사가 처방전을 써주어야 했는데, 많은 의사가 돈을 받고, 심지어 성(性)을 대가로 불법 처방을 해주었다. 처방의 대가로 사례금을 받는 일이 흔했다. 의사에게 식사 대접을 해주는 소규모 부패도 오피오이드 처방의 증가로 이어졌다. 2017년 보스턴 병원에서 나온 한 연구는 미국 의사 12명 가운데 1명꼴로(가정의학과에서는 5명 중 1명) 오피오이드 회사들로부터 돈을 받은 사실을 밝혀냈다. 2013년부터 2015년까지만 따져도 총 4600만 달러가 의사들에게 지불되었다. 이 연구에 따르면, 광역도시권에서 리베이트 지불이 세 건 늘어날 때마다 오피오이드 과용으로 인한 사망이 18퍼센트 증가했다. 2010년, 대표 오피오이드 약품인 옥시콘틴의 새로운 버전이 생산되어 오남용이 어려워졌다. 그러자 의사의 3분의 1 정도가 옥시콘틴 처방전 수를 크게 줄이고 다른 오피오이드 약품 처방으로 옮겨갔다. 중독성 제품으로 돈을 더 많이 벌 수 있다는 유혹이 더 안전한 약품을 제공해야 한다는 의무보다 앞섰다.

이 거래의 상대편은 제약사 중역 회의실에 앉아 있는데, 주로 그 중 하나인 옥시콘틴 제조사 퍼듀 제약이다. 오피오이드 서방정(徐放錠)은 1996년에 사용 승인을 받았고, 실제로는 모르핀보다 더 강력한데도 퍼듀는 안전한 진통제인 양 의사들에게 이 약을 팔았다.

1990년대 말, 퍼듀는 병원을 승인하는 비영리 기관인 연합심사위원회Joint Commission에 로비를 하면서 통증을 〈제5의 활력 징후〉[4]로 간주하고 공격적으로 치료해야 한다고 촉구했다. 회사는 통증 완화를 인권으로 격상시켰고, 장기적이고 만성적인 통증을 치료하는 효과의 임상적 증거가 거의 없는데도 1999년부터 2014년까지 오피오이드 처방이 4배 늘어났다. 일찍이 2001년에 옥시콘틴이 미국에서 가장 많이 처방된 진통제로 올라섰고, 상표명을 붙인 오피오이드 거래의 절반 이상을 차지했다. 뉴욕주 여러 카운티가 제기한 소송에 따르면, 회사 중역들은 이 약이 〈광범위하게 오남용〉되고 있음을 일찌감치 알았지만(소비자들은 알약을 쉽게 가루로 만들어서 효과가 빠르게 코로 들이마셨다), 지속적으로 홍보하고 판매했다. 실제로 그들은 의사들에게 더 많은 용량을 처방하라고 압박을 가했다. 2019년 전미경제연구소가 사후에 내놓은 연구는 〈지난 20년간 과용으로 인한 사망 가운데 상당한 비중〉을 옥시콘틴의 출시와 판촉 탓으로 돌린다.

　새클러 가문의 두 집안은 퍼듀의 성공으로 무려 140억 달러의 재산을 축적했다. 그들은 가족 사업을 운영하면서 이사와 모든 중요한 중역 자리의 절반 이상을 차지했다. 파리의 루브르, 런던의 테이트모던, 뉴욕시의 메트로폴리탄 등 세계에서 내로라하는 미술관과 나란히 하버드, 케임브리지 등 명문 대학에 현금을 뿌리는 식으로 자신들의 이름을 드높였다. 제약 공급 연쇄에 속하는 사람들도 모두 돈맛을 보았다. 의사 시찰 여행과 대중 강연, 연구자 지원금, 약

4　보통 활력 징후는 체온, 맥박, 호흡, 혈압을 가리킨다.

사 환급금, 도매상 리베이트, 환자 쿠폰(고전적인 의약품 판촉 방식으로 표적 환자를 낚아채기 위해 경품을 제공한다). 이런 방식을 유지하기 위해 훗날 법무장관이 되는 에릭 홀더 같은 일류 변호사들의 도움을 받아 사망한 환자 부모들이 제기한 소송을 조용히 해결했다. 퍼듀와 새클러 가문은 역사상 가장 부유한 마약 두목으로서 파블로 에스코바르보다도 치명적인 제국을 건설했다.

당국은 2007년 옥시콘틴의 중독 위험성에 관해 일반인에게 제대로 알리지 않았다는 이유로 퍼듀에 6억 3400만 달러의 과징금을 부과했고, 퍼듀는 2010년에 안전성을 높인 버전을 출시했다. 하지만 때늦은 조치였다. 실제로 2010년 새로운 버전을 출시한 결과로 생긴 주요한 변화는 환자들이 다른 진통제나 헤로인 같은 저렴한 해결책을 찾았다는 것이다. 심지어 결국 새클러 가문은 어떻게 하면 중독 치료 서비스로 옮겨갈지를 궁리했다. 뻔뻔스럽게도 자신들이 야기한 바로 그 고통으로부터 이윤을 빼내려고 시도한 것이다. 2019년 퍼듀는 2,600여 건의 소송을 해결하기 위한 거래의 일환으로 파산 신청을 했지만, 그렇다고 법적 문제가 완전히 해결된 것은 아니다. 새클러 가문은 악당으로 낙인이 찍혀서 미술관 기부를 거부당하고 각종 행사도 항의의 표적이 되었다.

한층 더 강한 오피오이드 약품인 서브시스Subsys(펜타닐fentanyl)의 제조사 인시스 테라퓨틱스도 복용량을 늘릴 것을 부추기고 의사들 꽁무니를 쫓아다니는 퍼듀의 각본을 따랐다. 판매를 장려하기 위해 의사들에게 짭짤한 강연 프로그램에 출연시켜 주겠다고 약속했고, 보험사들을 현혹해서 보험 적용 승인을 이끌어냈다. 인시스의 전 부회장은 의사들을 매수한 혐의에 대해 유죄를 인정했고, 다른 고위 중역 다섯 명(창립자 존 카푸어도 포함)은 법원에서 유죄 판결을 받았으며, 회사는 연방 정부로부터 수억 달러의 과징금을 부과받자 파산 신청을 했다. 오피오이드 유행 사태 내내 복제약 제조사들은 이 흐름에 편승하기 위해 서둘러 제품을 내놓았다. 아일랜드에 등록된 기업인 말린크로트와 엔도, 워런 버핏이라는 사람이 최고 투자자인 테바 제약도 그 대열에 있었다.

지난 몇 년간 전 세계적으로 오피오이드 기업들과 합의가 이루어졌다는 소문이 점점 높아졌다. 오피오이드 시장에서 극히 일부만 점유하는 존슨앤존슨을 상대로 한 2019년 소송이 오클라호마주에 5억 7200만 달러를 지불하라는 명령으로 끝나자 소문이 더욱 힘을 얻었다. 오피오이드 소송은 거대 담배 회사들에 맞선 법적 싸움의 21세기판에 해당한다. 심지어 담배 소송 당시에 활약한 변호사인 마이크 무어가 각 주를 설득해서 오피오이드 제조사에 소송을 걸게 만드는 일에 관여하고 있다. 하지만 전부 고도로 집중된 다른 몇몇 산업들도 오피오이드 유행 사태에서 한몫했다.

환자들은 소매 약국을 통해 약을 구하는데, 2017년에 상위 여섯 개 약국 체인점이 처방전 수입의 64퍼센트를 차지했다. 그중 두 개는 엄밀히 말해서 우편 주문 약국이라 직접 처방전 값을 치르고 CVS나 월마트, 월그린, 라이트 에이드 같은 데서 약을 받는 식이다. 월그린과 라이트 에이드는 2017년에 합병하려고 했는데, 오늘날의 무기력한 독점 규제 기관들도 반대하고 나섰다. 하지만 월그린이 어쨌든 라이트 에이드 매장 절반을 사들이면서 라이트 에이드는 빅

3에 이어 4위로 떨어졌다.

CVS는 특히 흥미롭다. 2018년, CVS는 거대 건강보험사 애트나를 매입했는데, 이미 보험 청구 대행업체(PBM) 케어마크를 소유하고 있었다. 의약품 공급 연쇄에서 눈에 띄지 않는 중개상인 보험 청구 대행업체는 보험사와 의료보험을 대신해서 제약 회사들과 협상을 하며 약국에 보험자 부담금을 지급한다. CVS는 그 자체로 이런 거래 환경에서 네 행위자 중 셋을 대표한다.

한 회사가 약국에 보험자 부담금을 지급하는 동시에 직접 약국과 경쟁하는 경우에 해악의 가능성이 매우 명백하다. 2007년 CVS가 케어마크를 사들이자 케어마크는 CVS가 다른 보험 청구 대행업체들과 거래하는 내역을 환히 보게 되었다. 이 데이터를 활용해서 경쟁사들보다 가격을 낮출 수 있었다. 케어마크는 또한 자신이 보유한 거대한 환자 네트워크를 CVS 약국들로 유도할 수 있었다. 본인 부담금을 낮춰 주거나 특정한 약품을 독점 구매하게 해준다고 약속한 것이다. 케어마크 사업의 처방전 수입은 2007년에서 2014년 사이에 거의 세 배 뛰었다.

하지만 이런 독특한 상황이 아니더라도 보험 청구 대행업체는 이 시스템의 건전성에 위험하다. 1960년대 말에 보험 청구 절차를 지원하기 위해 만들어진 보험 청구 대행업체는 자신들이 보험 시스템 전반에서 교섭을 하면서 비용을 줄일 수 있다고 홍보한다. 실제로 보험 청구 대행업체들은 시장을 좌지우지하면서 환자들이 어떤 약을 살 수 있고 모든 관련자가 얼마나 돈을 받을지를 지시하기 시작했다. 건강보험, 제약 회사, 약국 등에 전체 자금이 어떻게 분배되는

지를 완전히 파악하는 것은 보험 청구 대행업체뿐이다. 생각해 보면 정말로 말이 안 되는 구조다.

「보험 청구 대행업체들은 최대 허용 비용(MACs)에 근거해서 복제약 보험자 부담금을 지불합니다.」펜실베이니아주 셀러스빌의 개업 약사 롭 프랭킬의 말이다. 보험 청구 대행업체가 모든 약제에 대해 최대 허용 비용을 정한다. 하지만 실제 액수는 판매 시점까지 약사에게 알려 주지 않는다. 모든 약국이 서명하는 계약서에는 그냥 〈최대 허용 비용〉이라고만 적혀 있다. 사실상 모든 소매점과 달리, 프랭킬은 약을 파는 순간까지 자기가 얼마나 많은 돈을 벌지 전혀 알지 못한다. 「처방전을 받아서 데이터를 입력하고 전송 버튼을 클릭하면, 1~2초 안에 회신이 와서 1달러나 2달러를 받는다는 걸 알게 되죠.」환자 본인 부담금을 빼고 나면, 프랭킬은 실제로 이번 판매로 수익이 나는지 여부를 알게 된다. 슬롯머신을 당기는 것과 비슷하다. 최대 허용 비용은 약품 가격과 나란히 바뀌지만, 가끔 권장 소비자 가격이 업데이트가 되지 않아서 약사들이 큰 손해를 보고 처방약을 팔기도 한다. 프랭킬은 사후에 처방약 조제를 거절할 수도 있지만 그러면 업체에서 재구매하기가 어려워질 것이다. 「어떻게 해야 할까요?」프랭킬이 되묻는다. 「처방전대로 약을 내주고 손해를 보든가, 약을 내주지 않고 손님을 잃든가 둘 중 하나예요. 매일 같이 이런 선택에 직면합니다.」

보험 청구 대행업체들은 또한 이중 가격제spread pricing를 통해 수익을 올리는데, 〈돈 빼돌리기〉라고 부르는 게 더 타당하다. 보험자 부담금으로 약국에 지불하는 것보다 의료보험에서 받는 돈이 더 많아서 그 차액을 챙기는 것이다. 제약사로부터는 리베이트를 받아서 의료보험이나 환자에게 전달하지 않고 주머니에 챙긴다. 리베이트를 더 챙기기 위해 권장 소비자 가격을 인상하라고 부추기는데, 결국 자기부담 비용이 늘어나서 환자가 피해를 볼 수 있다. 권장 소비자 가격에 따라 본인 부담금이 결정되기 때문이다. 또한 환자에게 더 비싼 약품을 쓰도록 유도해서 제약사로부터 사례금을 받는다. 심지어 약품 판매 몇 달 뒤에 업적 평가를 바탕으로 약국에 추가로 〈직간접 보수〉를 부과한다. 자사가 관리하는 약품 복용을 중단한 환자들을 끈질기게 설득하는 작업 등이 평가에 들어간다. 보험 청구 대행업체들은 이런 평가를 활용해서 처방 한 건당 무려 50퍼센트까지 환수받는다. 이런 여러 책략을 통해 보험 청구 대행업체는 전체 처방약 구매액으로 치면 5달러 중 무려 1달러를 챙기면서 약국, 의료보험, 환자 모두에게 피해를 준다. 특히 대행업체들은 대기업과 제휴하지 않은 약국을 쥐어짜면서 의료 전문가와 환자 사이의 중요한 연결고리를 깨뜨린다. 약사 자신이 유일한 의료 시스템인 농촌 지역에서는 특히 문제가 심각하다.

여기까지 이 책을 읽은 독자라면 보험 청구 대행업체들이 매우 집중되어 있다고 짐작할 수 있을 것이다. 세 기업 — CVS, 익스프레스 스크립트, 옵텀 RX — 이 전체 시장의 75퍼센트 이상을 좌우한다. 그리하여 이 기업들은 약국에 〈선택권이 없는〉 계약을 제시한다. 최근 인수합병 바람이 분 뒤(CVS/애트나, 익스프레스 스크립트/시그나, 옵텀/유나이티드헬스) 모두 다 보험사 파트너를 두고 있으며, 전부 우편 주문 약국을 거느리고 있어서 공격적으로 환자들을 유도한다. 시애틀의 20대 IT 노동자 바이런 핸슨은 뇌전증 때문에 약을 먹는다. CVS와 애트나가 합병했을 때 그를 담당하는 보험 청구 대행업체도 바뀌었다. 「그냥 자기들 편리에 맞는 교활한 어법인지 그렇게 포장하는 건지 모르겠지만, 약국을 통하는 것보다 우편 주문을 이용하라고 자꾸 재촉하더군요.」조지아주 출신 공화당 하원의원 더그 콜린스는 보험 청구 대행업체들이 약국에서 처방약을 조제하는 고객에게 우편 주문 약국을 권유한다고 주장했다. 대면 접촉이 부족하면 관료주의가 심해지고 환자가 약 복용 지침을 제대로 따르지 않을 뿐만 아니라 약품이 떨어지기 전에 빈번하게 차량 운송을 하면서 재고가 쌓여서 폐기물이 대량 발생하게 된다.

공급 연쇄의 핵심 부문인 보험 청구 대행업체는 오피오이드 유행 사태에서도 한몫했다. 이 업체들은 보험사 부담금을 지급하는 약품의 목록인 처방집을 관리한다. 옥시콘틴이 공중보건에 위험하다는 사실을 알면서도 대다수 보험 청구 대행업체는 처방집에서 제외하지 않았다. 실제로『스탯 뉴스 Stat News』가 조사한 결과, 옥시콘틴을 낮은 본인 부담금으로 처방집에 계속 두는 대가로 퍼듀 제약이 보험 청구 대행업체들에게 리베이트를 제공한 사실이 드러났다. 웨스트버지니아주의 공무원 의료보험에서 이의를 제기했지만 소용없었다. 보험 청구 대행업체들은 심지어 옥시콘틴을 제공하기 위해 의료보험에 사전 승인을 요구하지도 않았다. 2017년이 되어서야 CVS는 일부 오피오이드 처방에 대해 용량을 제한했다.

연방 의회는 일부 보험 청구 대행업체의 사업을 폐쇄하고 있지만 업체들은 다른 곳으로 수익을 옮기는 중이다. 제약사들이 이런 많은 변화에 박차를 가했다. 높은 약값에 대한 자신들의 책임을 떠넘기는 편리한 표적으로 보험 청구 대행업체를 주목하기 때문이다. 보험 청구 대행업체들도 제약사를 주범으로 지목하면서 똑같이 책임을 떠넘긴다. 여러 면에서 생존을 위해 상대를 필요로 하는 두 독점 산업이 공생적이고 편의적인 싸움을 벌이고 있다. 하지만 트래비스 본스틴과 팀스터 노동조합은 오피오이드를 중독자들의 손에 쥐어주는 데서 특유의 역할을 하는 독점 부문을 하나 더 발견했다. 처음에 의약품을 운송하는 유통업체가 그 주인공이다.

의약품 도매 유통업체인 맥케슨, 카디널 헬스, 아메리소스버겐 세 곳이 미국에서 유통되는 전체 의약품의 90퍼센트 정도를 담당한다. 의약품 운송이 수익성이 좋다는 증거로 세 기업 모두 최근 포춘 선정 500대 기업 명단에서 16위 안에 들었다. 별로 알려지지 않은 기업인 맥케슨은 수입을 기준으로 보면 미국 7위의 대기업이다. 2001년 아메리소스와 버겐의 합병으로 탄생한 아메리소스버겐은 2016년에 직원 한 명당 790만 달러의 수입을 창출해서 S&P 500 지수 기업 가운데 최상위권을 차지했다. 카디널과 맥케슨도 둘 다 12위 안에 들었다.

공교롭게도 팀스터 노동조합은 맥케슨에 보유한 3000만 달러를 포함해서 세 유통사의 주식에 연기금을 넣어두고 있었다. 많은 경우에 팀스터 노동조합은 이 기업들을 위해 제약사의 운송을 맡고 오피오이드가 출시되는 창고의 인력 배치를 책임졌다. 「그 회사들이 3대 유통사고 시장 점유율을 좌우하죠.」 트래비스 본스틴의 설명이다. 「그들은 〈우리는 처방을 하지 않고, 그냥 유통사일 뿐〉이라고 말합니다. 그런데 촌동네 오하이오의 작은 약국 한 곳에 수백만 정이 들어오고 있어요. 그들은 돈을 좇습니다. 사람보다 이윤을 우선시하는 게 분명합니다.」

악명 높은 사례가 발생한 웨스트버지니아주 커밋은 주민이 392명에 불과한 소읍인데, 유통업체들은 2년에 걸쳐 하나뿐인 세이브라이트Sav-Rite 약국으로 오피오이드 900만 정을 운송했다. 맥케슨 한 곳에서만 10개월 동안 이 세이브라이트 약국에 1일 평균 1만 정을 운송했다. 웨스트버지니아주 밍고 카운티에 속한 인구 2,900명의 마을인 윌리엄슨에는 지난 10년간 2080만 정이 들어왔다. 전체 숫자를 보면 놀랍다. 2007년부터 2012년까지 웨스트버지니아주에만 오피오이드 7억 8000만 정이 유입됐는데, 주민 한 명당 235정을 복용한 셈이 된다. 전국적으로 보면 2006년부터 2012년까지 760억 정이 유통되었다. 미국에서 오피오이드 중독 사망자 수가 가장 많은 곳이 웨스트버지니아주였다. 유통업체들이 계속 더 많은 살인 약을 공급하면서 일어난 사태였다. 한편 3대 유통업체는 그 시기 동안 170억 달러의 수익을 거둬들였다.

유통업체들에게 책임을 물으려는 다른 시도들은 이미 잠잠해졌다. 유통업체들은 규모나 빈도가 이례적인 의심스러운 주문을 신고하도록 되어 있고, 이런 위험 신호가 없이 운송되는 오피오이드의 양 자체가 법률 위반이었다. 이 약들은 결국 대부분 거리로 팔려 나갔다. 약사나 의사들이 불법 처방전을 쓴 혐의로 기소되고 유통업체들이 이 사실을 알게 될 때, 그들은 경고음을 울려야 한다. 그리고 의심스러운 주문이 보고되면, 유통업체들은 운송을 중단해야 한다. 하지만 3대 유통업체는 이런 규정을 따르지 않아서 현금 흐름을 계속 유지하는 부가적 이득을 보았다. 물론 업체들은 위험성을 알고 있었던 것으로 보인다. 2019년 뉴욕에서 제기된 민사 고소에서는 맥케슨이 불법 처방전을 조제하고 있음을 안 뒤에도 6년 동안 주의 약국에 계속 운송을 했다고 주장했다. 클리블랜드에서 오랫동안 계속되는 재판에 제출된 문서들은 비참한 사람들에게서 수익을 뽑아내느라 고심한 맥케슨 중역들의 말을 인용한다. 한 규제 담당 이사는 이렇게 말했다. 「노도 없이 강에 뛰어들어 급류에 맞서 싸우고 있는 것 같습니다.」

마약단속국(DEA)은 이 사건에 9개 현장 부서를 배치했는데, 2014년에 이르러 특히 맥케슨이 의심스러운 주문을 눈감았으며 운송 보류 등의 조치를 취하지 않았다는 확실한 증거를 확보했다. 마약단속국 요원들은 막대한 과징금과 형사 고발을 준비했다. 하지만 법무부는 기소를 하지 않았고, 마약단속국 요원들은 유통업체들을 점잖게 대하라는 압박을 받았다. 이 사건은 2017년 초 맥케슨과 불충분한 합의를 이루는 것으로 끝이 났다. 10년 만에 두 번째로 1억 5000만 달러의 과징금이 부과되었다. 그해에 맥케슨 최고 경영자 존 해머그렌은 9800만 달러를 급여 실수령액으로 받았다. 2001년 최고 경영자를 맡은 이래 받은 급여가 총 7억 8100만 달러였다. 그 후 의회는 마약 단속 활동을 무력화하는 법안을 통과시켜서 의심스러운 주문까지 운송을 허용하고 결국 거리로 흘러 들어가게 만들었다.

트래비스 본스틴과 팀스터 노동조합은 유통업체들을 손쉽게 놔주지 않기로 결심했다. 이사회에 보낸 편지와 대중적 청원에서 그들은 업계 관행을 개혁하고 터무니없이 치솟는 3대 유통업체 최고 경영자 보수를 환수할 것을 요구했다. 그리고 아메리소스버겐을 출발점으로 주주 총회에 참석하기 시작했는데, 투자자로서 발언권을 행사해서 변화를 요구했다. 2017년 7월 26일, 트래비스는 조합원들과 함께 댈러스에서 맥케슨 연례 주주 총회에 참석해서 발언 시간을 얻었다. 「우리 이야기를 공유했습니다. 주주들 각자에게 무엇보다도 여기 있는 우리가 진짜 사람들이고 이것이 진짜 삶이라는 인상을 남기고 싶었어요. 당신들이 우리 공동체를 무너뜨리는 데 기여하고 있다, 타일러가 당신 아이라고, 당신 손자라고 생각해 보시라고 말했죠.」

그날 주주들은 맥케슨 중역 보수안을 부결시켰다. 그해에 상장 기업 주주 총회에서 부결된 4건 가운데 하나였다. 하지만 이 표결은 권고일 뿐이었다. 맥케슨도 회장과 최고 경영자를 분리하는 데 동의했지만, 해머그렌의 임기가 끝난 뒤부터 적용하겠다고 단서를 달았다. 맥케슨은 이사위원회를 만들어 회사 운영과 최고 경영자 보수를 검토하도록 한다는 데 동의했다. 예상 가능한 것처럼, 이사회는 나쁜 짓을 했다는 혐의를 부정하면서도 규정 준수와 감독을 강화할 것을 권고했다. 그리고 해머그렌이 맥케슨에 대한 비판을 〈말도 안 되는 소리〉라고 일축하긴 했어도 이사회는 이듬해에 그의 보수를 10퍼센트 삭감했다.

하지만 트래비스는 이런 자잘한 성과에 만족하지 못했고, 결코 좌절하지도 않았다. 「우리가 제안한 개혁안은 부결됐지만 그래도 이 문제에 대한 관심을 불러왔어요.」 그가 꿋꿋한 표정으로 말했다. 「시간이 좀 걸리겠지만 결국 작은 일들에 책임을 묻기 시작하면 큰 일도 하나씩 정리되겠죠.」

팀스터 노동조합의 압박과 동시에 유통업체들도 오피오이드 제조사에 대한 일련의 소송에서 피고로 추가되었다. 확실히 유통업체를 상대로 한 소송은 제조사 자체를 겨냥한 경우보다 나았다. 제조사가 제품의 중독성을 인지했음을 입증하기는 어려웠지만, 개별 약국에 수백만 정을 배송한 것은 의심스러운 주문을 확인해 보도록 규정한 법령을 위반한 게 분명했다. 뉴멕시코, 뉴욕, 버몬트, 웨스트버지니아, 그밖에 많은 주가 불법 판매 혐의로 유통업체를 고발하면서 이런 판매 때문에 수많은 처방약이 암시장으로 흘러 들어갔다고 주장했다. 캘리포니아주는 아메리소스버겐의 주내 운송 허가를 취소하겠다고 위협했다. 이번에도 역시 연방 법무부가 개입했지만 이미 몇 차례 실망을 준 전력이 있어서 성공을 장담할 수 없었다. 하지만 뭔가 달라진 게 느껴졌다.

2018년 5월, 의회 조사단이 유통업체들에게 오피오이드 유행 사태에 대해 책임감을 느끼느냐고 물었다. 3대 유통업체 대표들은 그렇지 않다고 대답했지만, 소규모 유통업체인 마이애미루켄의 회장은 책임을 통감한다고 답했다. 1년 뒤 법무부는 미국 6위 유통업체인 로체스터 약품 운송(RDC)을 약품 밀거래를 공모하고 연방 정부를 기만한 혐의로 형사 기소했다. 전 최고 경영자이자 최고 준법관리자도 기소되었고, RDC 대변인 제프 엘러는 공개 성명을 통해 책임을 인정했다. 「우리는 실수를 저질렀고, RDC는 이전 경영진이 지시한 이런 실수가 심각한 결과를 낳았음을 알고 있습니다.」 마이애미루켄의 전 중역들도 오하이오주에서 형사 기소되었다.

결국 3대 유통업체가 아닌 자잘한 경쟁 업체들만 책임을 지게 된 것은 전혀 아이러니한 일이 아니다. 한편 아메리소스버겐 같은 기업의 중역들은 『뉴욕 타임스』에 보낸 서한에서 수만 명의 죽음에 대한 책임을 거듭 잡아뗐다. 대규모 법률 자문단을 거느린 거대 기업 중역들은 교도소행을 걱정하지 않아도 된다. 대기업들이 산업을 지배하는 한 어떤 정부도 악행을 저지할 수 없다. 이 악행은 사업 모델 자체에 체계적으로 각인돼 있다. 어쩌면 작은 사건들은 법 집행관들이 더 큰 물고기를 잡기 전에 법률 이론을 검토하는 시험대가 될 것이다. 아니면 몇몇 독점 기업이 법률을 깔아뭉개고 앉아 있는 것일지도 모른다.

어떻게 보면, 유통업체나 오피오이드 제조사, 그밖에 공급 연쇄에 있는 다른 독점 기업들에 대한 일제 단속은 이미 때늦은 대응일 것이다. 중독자들은 헤로인과 펜타닐로 옮겨가고 있다. 이 사태는 강력한 마취제 때문에 생겨난 일이지만, 궁극적인 책임이 있는 자들은 비즈니스 정장 차림으로 대로를 활보하며, 굳이 길모퉁이까지 걸어가서 손을 더럽히지 않는다.

「이 소송에서 나오는 돈은 전부 치료에 투입되어야 합니다.」 트래비스 본스틴의 말이다. 「돈이 문제를 일으키는 데 일조했으니까 문제 해결에도 쓰여야죠.」 지금도 그는 중독자들이 예전의 삶을 되찾도록 도와주는 기관인 〈타일러 구원의 집〉을 열기 위해 기금을 모으는 중이다. 결과를 얻을 수 있다면 어디든 이 문제를 가지고 갈 생각이다. 「여러 비영리 단체하고 협력을 하는데, 제약사로부터 어떤 돈도 받지 않겠다고 다들 말을 합니다. 저는 제약사 돈을 받는 데 아무 문제가 없어요. 누군가 이 일의 비용을 대야 한다면 그건 바로 제약사들이죠.」

　　현대 경제가 냉혹하게 독점으로 향하는 추세인지 여부를 이론화하기는 쉽지 않다. 기업에 따라 특수한 변수가 너무도 많고 여러 요소가 개입하기 때문이다. 하지만 내가 〈규모의 악Big Sin〉이라고 부르는 부문에서 두 가지 자연 실험*을 해보자.

　　사람들은 수천 년 동안 마리화나를 피워 왔고, 사실상 오랫동안 줄곧 소규모 독립 재배자와 상인이 법률의 레이더망 아래서 활동했다. 하지만 세계적으로 합법화 시도가 진행되는 가운데 이 부문이 전문화하고 있다. 그런 의미에서 마리화나 경제는 일종의 신종 동물이다. 그리고 2018년이 티핑 포인트가 된 것 같았다. 대마초 관련 사업체에 투자된 벤처 자본이 거의 10억 달러까지 급증하고 기업들이 일련의 합병에 150억 달러를 지출했기 때문이다. 세계 최대의 대마초 제품 제조사 큐럴리프는 수많은 브랜드를 인수하면서 성장했다. 세계 최대의 기분 전환제(대마초 제품) 유통업체 메드멘은 의료용 마리화나 회사 파마캔을 손에 넣었다. 출발 신호가 울리자 산업 전체가 몸집을 불리기 위해 서로 달려들었다. 〈대마초 단체 맞선〉이라고 부르든 〈대마초 피우기 데이트〉라고 부르든 상관없다.

　　열풍은 기존 〈규모의 악〉, 즉 주류와 담배 산업에서 가장 두드러졌다. 코로나와 모델로 맥주 모기업인 컨스텔레이션 브랜드는 캐나다 최대의 대마초 제품 생산업체인 캐노피 그로스에 40억 달러를 투자했다. 맥주 제조사 몰슨 쿠어스도 퀘벡의 마리화나 기업과 손을 잡았다. 세계 최대의

---

　*　natural experiment. 실험자가 상황을 조작해서 결과를 도출하는 〈조작 실험〉과 달리 자연 현상 등을 관찰해서 비교 평가하는 실험 방식.

맥주 회사인 앤호이저부시 인베브(AB인베브)는 대마초 대기업 틸레이와 관계를 맺었다. 그리고 말보로 제조사 알트리아는 캐나다의 또 다른 재배업체인 크로노스의 지분 45퍼센트를 확보했다. 크로노스는 얼마 전에 대마초 〈뷰티 브랜드〉 로드 존스(로션과 오일뿐만 아니라 식품도 만든다)를 흡수해서 몸집을 부풀린 상태였다.

알트리아는 이미 시간이 흐르면서 7대 기업에서 2대 기업으로 정리된 미국 담배 시장을 주무른 전력이 있었다(나머지 하나는 레이놀즈 아메리칸이다). 두 기업이 전체 담배 판매의 80퍼센트를 차지한다. 흡연자가 줄어드는 가운데서도 합병 덕분에 담배 산업이 유지되고 있는데, 두 독점 기업은 시장 점유율을 잃지 않고도 가격을 올릴 수 있다. 2001년에서 2016년 사이에 미국에서 판매되는 담배 양은 줄었지만, 수입은 32퍼센트 늘어났다. 담배 한 갑의 평균 가격이 3.73달러에서 6.42달러로 급등했기 때문이다.

알트리아의 다른 전략은 다양한 향정신·향신체 물질을 제공하는 종합 악덕 공장으로 변신하는 것이다. 알트리아는 AB인베브의 지분 10퍼센트와 생미셸이라는 수익성 좋은 와인 농장을 소유하고 있다. 크로노스를 내세워 대마초 시장에도 진출했다. 그리고 알트리아는 전자담배 기업 쥴Juul의 지분 35퍼센트를 확보하면서 〈규모의 악〉을 완성했다. 쥴은 출발점에서부터 독점으로 나아가는 산업의 또 다른 사례다.

14년 전만 해도 미국에는 전자담배가 없었다. 4년 전에 쥴은 존재하지 않았다. 하지만 2018년 말 알트리아의 지분 인수에서는 쥴의 가치가 380억 달러로 평가되었다. 할인 매장 타깃, 델타 항공, 포드에 맞먹는 시가 총액이다. 쥴은 불과 몇 년 만에 전자담배 시장의 4분의 3 가까이를 손에 넣으면서 기존 담배 회사의 자매 기업인 경쟁자들을 몰아냈다. 〈전자 담배를 피운다〉라는 말 대신 이제 〈쥴을 피운다〉라고 한다.

이제 막 발걸음을 내딛은 이 산업이 어떻게 해서 쥴로 압축되었을까? 전자담배 제조사들은 기존 연초 담배 흡연자를 끌어온다면서 공중보건의 구세주로 자신들을 포장했지만, 쥴이 폭발적 성장세를 보인 것은 전에 담배를 피우지 않은 10대들 사이에서였다. 어느 측정치에 따르면, 고3 학생들 사이에서 니코틴 사용이 30년간 줄었는데, 쥴이 부상하면서 이런 추세가 한순간에 사라졌다고 한다.

쥴이 내놓는 제품과 특히 마케팅은 10대들을 겨냥한 것이었다. 아이들은 USB 드라이브 같이 생긴 매끄러운 쥴 기기를 쉽게 감추고 학교나 집에서 냄새 없이 짧은 시간에 피울 수 있었다. 망고, 크렘 브륄레, 오이 향 등의 전자담배를 디저트 같이 즐겼다. 쥴의 트위터 팔로워 중 절반 가까이가 법적으로 전자담배를 구매할 수 있는 연령인 18세 이하였다. 소셜 미디어 게시물은 습관적으로 전자담배를 즐기는 멋진 젊은이들을 내세우는데, 쥴의 메시지를 퍼뜨리는 팬 계정을 통해 이런 게시물이 입소문으로 확대된다. 인스타그램 해시태그 〈#쥴을위해해봐doitforjuul〉는 인기가 좋다. 쥴은 심지어 학교에도 마케팅용 증정품을 제공하고 인기 있는 젊은 밴드들과 무료 〈샘플 행사〉를 열었다.

농축된 중독성 약물 — 1회분 카트리지 하나에 담배 한 갑과 맞먹는 니코틴이 들어 있다 — 의 새로운 경험은 흥미를 유발했고, 쥴은 표적을 정확히 맞췄다. 학교는 새로운 전염병에 대처하느라 분투 중이다. 「젊은층 전자담배 흡연의 폭발적 증가세는 (……) 대부분은 아닐지라도 최소한 쥴이 부추긴 것입니다.」 전 식품의약청장 스콧 고틀리브가 2019년 퇴임

하면서 한 말이다.

2019년 가을 전자담배 관련 정체불명의 질환으로 1,000여 명이 앓고 수십 명이 사망할 때까지 줄은 성공가도를 달렸다. 그전에도 전자담배가 졸도와 잠재적 심장 질환 위험, 폐 손상 등과 관련되긴 했지만, 일군의 새로운 질병이 테트라히드로칸나비놀(THC)이 함유된 전자담배 제품과 관련이 있는 것으로 밝혀졌다. 그럼에도 캘리포니아주가 모든 사람에게 〈지금 당장 전자담배 사용을 중단하라〉는 행정명령을 발표하자 사업에 부작용이 미쳤다. 월마트 같은 대형 할인매장이 전자담배 진열을 중단했고, 방송사는 광고 송출을 멈췄으며, 여러 도시와 주가 판매를 금지했다. 이미 연방 정부에서 민형사상 조사를 받던 줄은 스스로 가향 전자담배를 폐기했으며 최고 경영자가 퇴진했다.

후임자인 K. C. 크로스웨이트는 알트리아 중역 출신이었다. 이런 사실만 봐도 줄의 생존 전략이 무엇인지 극명하게 드러난다. 알트리아의 지분 인수 이후 『월 스트리트 저널』에 실린 한 놀라운 기사는 알트리아가 지분 35퍼센트를 보유한 까닭에 줄이 〈과거라면 생각조차 할 수 없었던 혜택을 담배 회사로부터 받는다〉고 퉁명스럽게 지적했다. 〈워싱턴의 승인을 받는 손쉬운 경로〉를 찾을 수 있다는 것이었다. 알트리아의 최고 경영자 하워드 윌러드는 화상 회의에서 모든 전자담배 제조사가 계속 시장에 남아 있기 위해 2021년 전까지 받아야 하는 식품의약청의 승인 신청을 위해 줄과 협력할 것이라고 자랑했다. 알트리아는 전 매사추세츠주 법무장관 마사 코클리에서부터 트럼프 행정부의 고위 고문인 자니 디스테파노까지 아우르는 민주, 공화 양당의 올스타 로비스트 팀을 구성했다. 윌러드는 〈우리는 수년간〉 식품의약청을 조종한 〈경험이 있다〉고 투자자들을 안심시켰다.

알트리아 주가는 줄 사태로 타격을 받았고, 필립모리스와의 합병 계획도 보류되었다. 하지만 역설적으로, 액상 전자담배 일제 단속으로 소규모 전자담배 상점에서 소매 경쟁자들이 완전히 사라져서 줄이 타격을 견딜 수 있는 유일한 공급자로 남을 수도 있다. 달리 말해, 기존 죽음의 상인(담배 회사)이 보유한 무한한 자원과 로비 역량으로 새로운 니코틴 중독 기기를 연방 정부의 공격에 맞서 지킬 수 있다. 독점은 오래된 〈규모의 악〉이 차세대 〈규모의 악〉의 물결에 편승하기 위한 비상구로서 줄을 구할 수 있다.

그리고 무에서부터 세워진 한 산업이 순식간에 하나의 지배적 기업으로 축소되고 기존 대기업이 이 신흥 독점 기업을 사들인 사실을 보면, 오늘날의 제2의 도금 시대가 독점을 창출하는 체제임을 알 수 있다.

6
금융 산업

독점 은행 때문에 다른 모든 경제 부문에도
독점 기업이 존재한다

　1976년, 금발에 턱수염을 기르고 배구를 하는, 마이클 펑크라는 캘리포니아 히피는 오염 물질이나 살충제를 살포하지 않은 농산물, 손상되지 않은 상태로 땅에서 식탁 위에까지 오르는 농산물을 판매하겠다는 포부를 품었다. 유기농 식품이 이제 막 꽃을 피우고 있었지만, 대다수 미국인들은 그런 식품을 찾을 수 없었다. 펑크는 이런 상황을 바꾸고 싶었다. 폭스바겐 미니버스를 한 대 사서 차 뒤에 과일과 채소를 싣고 시에라네바다 산기슭을 돌아다니면서 사람들에게 제공했다. 후에 마운틴 피플스 웨어하우스Mountain People's Warehouse라고 명명하게 되는 사업이 인기를 얻으면서 서부 해안 지대 곳곳에서 성장했다. 펑크는 성공에도 아랑곳하지 않고 친환경의 뿌리를 굳게 지켰다. 「마이클은 상장 기업 최고 경영자 중에 유일하게 꽁지머리에 물 빠진 청바지, 자주색 컨버스하이탑 차림이었습니다.」2012년에 어느 팬이 회고하면서 한 말이다.
　대륙의 반대편에서는 노먼 클라우티어가 로드아일랜드주 프로비

던스에서 건강에 좋은 식품을 판매한다는 동일한 사명을 내세워 코뉴코피아 내추럴 푸드Cornucopia Natural Foods라는 이름의 작은 상점을 열었다. 클라우티어는 상점을 유기농 식품 유통업체로 바꿔서 동부 전역의 소매점에 상품을 공급했다. 덴버의 레인보 내추럴 푸드를 비롯한 경쟁 업체들이 생겨났다. 오래지 않아 천연식품 유통 시장에 코뉴코피아와 마운틴 피플스 웨어하우스 두 개의 거대 유통업체가 자리를 잡았다.

1996년, 두 업체가 유나이티드 내추럴 푸드(UNFI)로 통합한 결과, 기업 연혁의 말을 빌리자면 〈더욱 효율적인 운영〉이 가능해졌다. 이 기업은 미국 최초의 전국적인 천연식품 유통업체가 되었다. 이후 20년에 걸쳐 UNFI는 스토밀스, 앨버츠 오가닉스, 블루밍 프레리, 루츠앤프루츠 협동조합, BK 세티 유통, 퍼시픽 유기농, 토니 파인 푸드 등 다른 유기농 식품 유통업체와 공급사 19곳을 집어삼켜서 훨씬 더 효율적으로 운영하게 된다. 현재 UNFI는 육류와 농산물, 견과류와 씨앗류, 유제품과 조제 식품, 빵과 과자류, 해산물, 비타민과 영양 보충제, 특선 식품, 아시아와 카리브해에서 온 에스닉 푸드 등을 유통한다. 마트에서 찾을 수 있는 모든 식품을 공급하는 것이다. 2018년에 이르러 UNFI는 미국 최대의 유기농 마트인 홀푸드Whole Foods를 비롯해 4만 3,000곳의 기업 고객을 보유해서 분기당 60억 달러의 매출을 올렸다.

하지만 단지 미국 최대의 공개 상장 식품 도매업체라는 명성만으로는 충분하지 않았다. 2018년 7월 26일, 이 연쇄 기업 인수자serial acquirer는 사상 최대의 기업 인수를 발표했다. 또 다른 거대 유통업체인 슈퍼밸류Supervalu를 29억 달러에 사들인다고 선언한 것이다. UNFI는 이번 기업 인수로 운송비가 줄어들고 고객 기반이 확대되며 특히 육류와 농산물의 새로운 시장에서 판매가 늘어날 것이라고 믿었다. 사실 이 인수는 아마존이 홀푸드를 사들이는 등 식품 소매 산업에서 통합 물결이 이는 상황에 대한 대응처럼 보였다. 구매자가 독점적 지위에 오르면 판매자도 독점을 재촉할 수밖에 없다. 기업 집중은 그런 식으로 서서히 진행된다. 하지만 이유가 무엇이든 간에 이 인수가 UNFI 역사상 가장 중요한 결정이었다.

UNFI는 세부 과정에서 도움을 받기 위해 세계에서 가장 규모가 크고 경험이 많은 인수합병(업계에서는 M&A라고 부른다) 전문 기업인 골드만삭스에 의뢰했다. 크게 놀랄 일은 아니었다. 골드만삭스의 미주 M&A 책임자 스테판 J. 펠드고이스가 UNFI의 신임 최고 경영자 스티브 스피너(펑크는 2008년에 최고 경영자를 그만뒀지만 지금도 UNFI 이사회에 참석하고 있다)와 개인적으로 아는 사이였다. 스피너가 다른 식품 유통 회사에서 일하던 시절에 다른 기업 인수와 관련해서 펠드고이스와 함께 일한 적이 있었다. 「믿음직한 사람을 만난 겁니다.」 진행 과정을 아는 UNFI의 어느 임원이 한 말이다.

하지만 UNFI의 험악한 소송에서 드러나는 것처럼, 골드만삭스의 참여는 처참할 정도로 상황을 악화시켰다. 합병 활동은 20년 동안 UNFI의 골격을 이루었지만, 슈퍼밸류 인수에서는 기업 통합 추세의 근본적인 문제에 맞닥뜨렸다. 은행과 법조계의 자문단은 독점화를 기업 인수 흐름과 수수료 수입을 극대화하는 기회로 보기 때문이다. M&A 전문 은행가와 법률가들은 합병에 대해 기업에 자문을 하면서 돈을 받고, 종종 자신들이 기업에 부추기는 기업 인수의 자금을 댄다. 은행들은 객관적 자문과 합리적인 자금 조달을 제공하는 일을 맡지만, 수수료는 대체로 인수 거래의 진행에 따라 좌우된다. 도드-프랭크법[1]으로 투기적 거래가 어느 정도 가로막힌 뒤, 2018년에 투자은행들은 M&A 거래에서 수수료 210억 달러를 벌어들여 2016년의 228억 달러보다 약간 수입이 줄었다. 2016년의 수치는 그해 투자은행 전체 수입의 3분의 1에 육박하는 액수였다. 2016년 발표된 바이엘-몬산토의 합병 같은 대형 거래 한 건만으로도 거기에 참여한 8개 은행이 무려 6억 9000만 달러의 수수료를 벌어들였다.

  UNFI가 갖은 고생을 하며 깨달은 것처럼, 이 모든 상황 때문에 기업 집중을 향한 인위적인 압력과 이해 충돌이 생겨난다. 그리고 경제 구조와 관련된 중대한 결정들이 소수의 이기적인 금융 기관의 수중에 들어간다. 제아무리 노련한 고객들이라도 권력 관계는 컨설턴트와 은행가들에게 유리하게 기운다. M&A 전문가는 자기 보수만 받고 나면 기업들이 합병 이후에 번성하는지 또는 심지어 살아남는지에 대해, 그리고 기업 통합이 국가 경제 전반에 최선의 기여를 하는지에 대해 아무런 관심이 없다. 그리고 기업들로서는 M&A 전문 집단 말고는 다른 대안이 없지만, 보통 합병은 최고 경영자와 고위 중역들에게 횡재를 안겨 준다. 독점을 촉진하기 위한 일종의

---

1 Dodd-Frank Act. 2008년 리먼 브라더스 사태로 촉발된 금융 위기의 재발을 막기 위해 오바마 행정부가 마련한 금융 개혁 법안.

사례금이다.

아주 현실적인 의미에서 우리는 왜 미국이 오늘날 독점의 시대에 살고 있는지에 대해 단 한 단어로 답할 수 있다. 월 스트리트 때문이라고.

월 스트리트가 독점에 대해 갖는 관심의 핵심에는 월 스트리트 자체의 독점화된 금융 산업이 있다. 현대 금융 시스템은 소수 엘리트 계급에 부를 안겨 주는 한편 세계 경제를 엉망으로 만드는 일련의 폐쇄된 세력권들이다. 돈을 유통하거나 관리하거나 만지는 것은 무엇이든 집중되고 있다. 이 시스템이 긴밀하게 결합되어 있는 상황(금융 참가자들이 한데 연결되어 있을 뿐만 아니라 상호 의존한다)이 2008년 금융 위기의 주요한 촉발 요인이었다.

대공황 이후 제정된 여러 은행 관련 법률은 이 시스템이 긴밀하게 결합되는 것을 막고 분리하기 위해 고안된 것이다. 가장 유명한 글래스-스티걸법은 상업은행과 투자은행을 분리한 성공적인 방화벽이었다. 은행의 기능을 분리한 결과, 금융 시스템은 어느 한 구석에서 문제가 생겨도 버틸 수 있었고, 투자 도박사들이 월 스트리트 카지노에서 일반 예금자들의 돈을 가지고 노름하는 길이 막혔다. 이 법은 50년 동안 버틴 뉴딜 체제를 떠받친 기반이었다.

1998년 시티뱅크의 지주회사 시티코프가 트래블러스 보험과 투자은행 자회사인 살로몬 스미스 바니를 합병한 것은 정책 결정권자들에게 도전장을 내미는 행동이었다. 정책 결정권자들은 결국 글래스-스티걸법의 가장 중요한 제한 조치를 폐지하고 투자은행과 상업은행의 결합을 허용했다. 하지만 방화벽은 이미 1960년대부터 허물어지고 있었다. 존 F. 케네디의 통화감독청장 제임스 색슨에서부터 카터와 레이건 시대의 관리들을 거쳐, 골드만삭스의 공동회장을 지낸 재무장관 로버트 루빈에게 금융 규제의 변화를 일임한 클린턴 행정부에 이르기까지 모든 사람이 방화벽을 무너뜨리는 데 동참했다. 1997년 백악관에서 작성된 한 비망록은 〈앞으로 일체의 금융 서비스 현대화 시도는 대통령이 아니라 재무부의 주도 아래 이루어질 것〉이라고 서술했다.

은행권 로비 단체는 예금자들이 맡긴 돈을 금융 거래에 활용할 수 있는, 원스톱 〈슈퍼마켓〉 은행을 갈망했고, 수십 년에 걸쳐서 글래스-스티걸법을 서서히 약화시켰다. 그 일환으로 양도성 예금 증서, 머니 마켓 펀드(MMF, 단기 금융자산 투자신탁), 그리고 증권사 고객이 당좌수표를 사용할 수 있는 종합자산관리계좌(CMA) 등을 만들었다. 규제 당국은 이 모든 상품에 축복을 내려 주었다. 은행들은 오랫동안 연준 의장을 지내면서 모든 연방 규제를 완화하려고 한 앨런 그린스펀을 믿음직한 동맹자로 삼았다. 그린스펀은 상업은행이 처음에 총수입의 5퍼센트를 금융 거래로 벌 수 있게 면제 조항을 추가했고, 이후에 10퍼센트, 그리고 마침내 25퍼센트까지 허용했다. 마지막에 이르면, 주요 20여 개 은행이 모두 증권 부문을 보유하게 되었고, 연준과 연방예금보험공사(FDIC), 양당 행정부까지 한목소리로 그런 결과에 만족을 표시했다. 1999년 그램-리치-블라

일리법은 방화벽의 철거를 공식화했을 뿐이다. 글래스-스티걸법은 살해되기 전에 이미 죽은 상태였다.

방화벽이 철거되고 10년도 지나지 않아 거의 한 세기 만에 최악의 금융 위기가 이어졌다. 빌 클린턴을 비롯한 당시 행정부 인사들이 주축인 많은 사람들이 규제 폐지와 금융 위기는 아무 관계가 없다는 주장에 온 힘을 쏟아붓고 있다. 그러나 사실을 말하자면, 글래스-스티걸법의 폐지는 금융 규제 완화의 연속선상에서 금융 위기를 가속화하고 확대했다. 합병으로 최초의 〈슈퍼마켓〉 스타일 은행을 낳은 시티그룹은 결국 가장 많은 부채를 떠안고 극심한 타격을 받았다. 주택 거품이 터진 뒤 2007년부터 2009년까지 자산 평가 절하가 1300억 달러에 달했다. 합병으로 탄생한 복잡하고 관리가 어려운 기업에서 상업은행가와 투자은행가의 철학이 공공연하게 경쟁했는데, 승리한 쪽은 투자은행가들이었다. 그런 강한 리스크 선호가 일반화된 한편, 상대적으로 신중한 상업은행가들은 〈레코드의 B면으로 전락해서 아무도 그들의 말에 귀를 기울이지 않았다〉고 코넬 대학교 법학 교수이자 금융 개혁 옹호자인 로버트 하킷은 말했다. 이런 동학은 〈금융 위기가 닥칠 때 필요한 게 있다면 지나친 낙관주의와 시티은행뿐〉이라는 출처가 의심스러운 경구와 들어맞는다.

트래블러스, 살로몬 스미스 바니를 품에 안고 몇 년 만에 시티그룹은 엔론 및 월드컴과 불법적 거래를 벌이고, 투자자들에게 부실한 조사 보고서를 제시해서 고객 기업들의 주식을 사도록 부추겼으며, 외국 채권을 조작하고, 일본 법인의 개인 자산 관리부문에서 커다란 해악을 끼쳐서 결국 이 부문을 폐쇄했다. 시티파이낸셜은 부정직한 비은행 대부업체인 어소시에이츠 퍼스트 캐피탈을 사들인 뒤 2000년까지 약탈적인 서브프라임 대출(비우량 주택 담보 대출)에 관여했다. 여느 투자은행들과 마찬가지로, 시티그룹도 비은행권에서 처음 설정된 서브프라임 대출의 꾸준한 흐름을 담보부 증권으로 묶고, 이 증권의 가치에 근거해서 파생상품을 만들어 냈다. 버블이 고점에 달한 2005년에서 2007년 사이에 시티그룹은 서브프라임 대출 보유량을 두 배로 늘렸다. 전 이사이자 시티그룹 회장인 리처드 파슨스는 2012년에 이렇게 인정했다. 「우리가 2007~2008년 대폭락에서 목도한 결과는 어느 정도 글래스-스티걸법을 내팽개친 결과였다.」

클린턴 옹호론자들은 비은행권 주택 담보 대출 알선 업체들에 초점을 맞춘다. 특히 유색 인종을 등쳐먹는 형편없는 대출로 주택 구입자들을 속인다는 것이다. 하지만 애초에 거대 은행이 없었더라면 알선 업체들이 존재하지 않았을 것이다. 알선 업체들의 사업에 자금을 대준 것이 거대 은행이기 때문이다. 은행은 담보부 증권의 원료로 그런 주택 담보 대출이 필요했고, 그런 자금 지원의 대가로 위험성이 높은 특정한 유형의 대출을 요구했다. 또한 은행들은 모두 서로 대출을 해주는 한편, 결국 휴지조각이 돼버리는 담보 대출 채권과 파생상품을 발행해서 위기를 재촉했다. 금융 시스템은 절망적일 정도로 상호 연결되어 있어서 모두가 동일한 위험성을 추구하고 서로의 서투른 구상에 의존하면서 레버리지를 쌓은 결과, 결국 멈춰 서버렸다. 글래스-스티걸법의 방화벽 체제가 굳건하게 서 있었더라면 이런 사태는 없었을 것이다.

상황 악화가 시스템 전체를 타고 내려오면서 대형 은행들이 무너지기 며칠 전(2008년 9월 어느 주말에 발송된 전자우편을 보면 모건 스탠리는 다음 주 월요일에 문을 열 수 없었고, 그렇게 되면 골드만삭스는 〈끝장날〉 터였다), 정부는 이 은행들의 회복을 보장하기 위해 수조 달러를 끌어모았다. 실제로 대형 은행들은 힘을 되찾았다. 골드만삭스와 모건 스탠리는 연준의 대출 창구에서 저렴하게 돈을 빌릴 수 있는 금융 지주회사로 전환되었다. JP모건 체이스, 뱅크 오브 아메리카, 웰스파고는 파산했거나 파산 중인 대부업체들을 거둬들여서 포트폴리오를 확대했고, 이 업체들을 흡수하는 데 필요한 구제금융도 받았다. 거대 은행들은 위기를 거치면서 더욱 몸집을 키웠다. 규제 당국은 금융 시스템의 붕괴를 막아야 한다는 이유로 이런 강제 결합을 축복하라는 협박을 당했다. 그 결과로 이제 한층 더 거만해진 시스템을 감독해야 한다.

〈대마불사too big to fail〉란 결국 이런 의미다. 거대 은행들은 경제의 작동에 너무도 중요하기 때문에 언제든지 망하지 않게 지켜 줘야 한다는 것이다. 독점 금융 기관들은 절대 망하지 않는다는 이런 기대 때문에 위험성이 쌓이고 쌓여서 결국 호황과 불황의 순환으로 이어진다. 실제로 금융 시스템 전반이 그렇다. 위험성에 상관없이 결국은 되돌려 받는다는 것을 알기 때문에 투자자들은 대마불사 은행에 기꺼이 돈을 빌려준다.

2019년 6월 현재 6대 은행 ─JP모건 체이스, 뱅크 오브 아메리카, 시티그룹, 웰스파고, 골드만삭스, 모건 스탠리 ─ 이 10조 5000억 달러가 넘는 금융 자산을 관리한다. 공교롭게도 이 은행들은 또한 연쇄 초국적 범죄 기업으로서 유례가 없는 전과 기록에 대해 (불충분한) 과징금 1820억 달러를 내고 있다. 상당한 규모의 법률 위반 가운데 금융 위기 전 단계 및 그 여파와 관련된 것은 거의 없다. 채권 추심 사기, 시세 조작, 돈세탁, 고객에 대한 부정확한 상품 설명, 사례금, 불법적 증권 판매 등의 사건이 모두 위기 〈이후에〉 일어났다.

1조 7000억 달러의 주식 대여 시장(알다시피 주식 대여 시장은 공매도를 부추긴다)을 장악하기 위해 공모한 혐의로 6개 은행이 연기금 소송을 당한 데서 알 수 있듯이, 거대 은행의 몇몇 범죄는 직접적 공모로 이루어졌다. 거대 은행들은 에퀴렌드EquiLend라는 기업을 공동으로 관리하는 가운데 다른 주식 대여 플랫폼이 등장하는 것을 가로막으면서 과도한 수수료를 유지했다. 비슷한 반독점 소송에서는 거대 은행들이 경쟁자의 진입을 막으면서 신용 부도 스왑 시장을 지배했다고 고발당했다. 이런 소송이 몇 차례 있었어도 거대 은행들은 털끝 하나 다치지 않았으며, 자신들은 난공불락이라고 자신만만해 한다. 이윤이 새로운 고점까지 급등해서 최고 경영자들은 연봉이 수직 상승하는 뜻밖의 행운을 누린다. 일반 은행원들은 군침만 삼키는 형편이지만 말이다.

소비자, 노동자, 투자자만이 거대 은행의 위협을 받는 게 아니다. 나머지 세계 전체도 위협을 받는다. 「금융 불안정이 생겨나는 공통된 원천은 서브프라임 모기지든 정크본드든 간에 모든 사람이 동일한 자산에 몰려든다는 겁니다.」로버트 하킷의 말이다. 「대형 기관에서는 이런 일이 훨씬 많이 일어나겠지요. 그런 류의 기관에서는 집단 사고의 경향이 더 크니까요.」

아래쪽 극단에서는 은행 통합이 진행되고 신규 은행 설립 허가가 부족하면서 선택지가 줄어들고 있다. 1984년에는 1만 4,400개의 상업은행이 존재했는데, 오늘날에는 4,600개 정도에 불과하다. 연준은 2006년에서 2017년 사이에 한 건의 은행 합병 신청도 거부하지 않았다. 은행 합병은 트럼프의 완화된 체제에서 더욱 가속화되었다. 특히 2018년 규제 완화법이 통과되어 엄격한 규제가 적용되는 자산 기준이 완화되자 지방 은행들이 통합하는 추세가 가팔라졌다. 버지니아, 오하이오, 미시시피, 위스콘신 등에서는 2018년 법안이 공식적으로 통과되기 전부터 이미 합병이 시작되었다. 분석가들은 특히 2020년 선거 이전에 지방 은행들이 합병해야 한다고 소리를 높이고 있다. 선거 이후 신임 대통령이 규제를 바꿀 수 있기 때문이다. 고위 증권 애널리스트 마이크 메이요는 2019년 5월에 이렇게 말했다. 「합병을 하려거든 지금 당장 해야 한다.」

선트러스트SunTrust와 BB&T는 그런 호소에 응답하면서 합병해서 총 자산이 4420억 달러에 달하는, 미국에서 여섯 번째로 큰 상업은행을 출범시켰다. 흑인 농민들은 은행이 중남부에 집중되고 합병이후 지점들이 폐쇄될 것이라는 예상 때문에 합병에 반대했다. 합병은 특히 소수 인종이 소유한 농촌의 소규모 사업체에 영향을 미칠 것으로 보였다. 하지만 그것은 중요하지 않았다. 합병된 은행은 트루이스트Truist라고 이름을 바꾸었다. 은행을 생각할 때면 진실이 떠오르기 때문이다.

금융 산업의 왕좌에 도전장을 내미는 이들은 뭉뚱그려 금융 기술 기업, 일명 핀테크fintech 기업이라는 이름을 얻었다. 이 정보 기술 기반 신생 기업들은 자동화 투자 플랫폼, P2P 대출 서비스, 더 빨라진 송금 수단 등을 통해 몸집은 크나 열악한 금융 시스템을 뒤집으려고 한다. 물론 거대 금융사들은 지난 몇 년간 수백 개의 핀테크 기업을 인수하면서 시장의 이동을 선제적으로 막고 있다. 블랙록은 인공지능 투자사 퓨처어드바이저를 골라잡았고, JP모건은 스타트업 결제 서비스 위페이를 덥석 물었으며, 골드만삭스는 P2P 대부업체를 거느리고 있다. 게다가 P2P 대출은 원래대로라면 대출받는 사람을 여유 자금이 있는 개인과 연결해 주는 것이지만, 대출의 반대편에 있는 쪽은 종종 사모펀드나 자산 관리자, 투자은행이다. 셋 모두 이런 사이트에 돈을 투자하고 있다. 새로운 핀테크 앱을 사용하려는 은행들도 후방의 공급자들이 통합되고 있음을 발견한다. 세 곳의 핵심 공급업체가 금융 산업 전체에 번거로운 계약과 열악한 품질을 강요하고 있다.

은행 통합은 퍼즐 같은 통합 추세의 한 조각에 불과하다. 신용 평가 기관도 수십 년 동안 통합되어 3대 기업 — 무디스, 스탠더드 앤 푸어스, 피치 — 이 시장의 95퍼센트 정도를 장악하고 있다. 신용 평가 기관은 자신들이 분석하는 증권을 발행하는 기업들에게 돈을 받는다. 만약 평가 기관이 의심스러운 증권에 높은 점수를 줘서 고객이 그 증권을 쉽게 팔게 해주면, 그 고객은 향후 사업을 가지고 다시 찾을 가능성이 높다. 그리하여 주택 버블 시기에 말도 안 되는 서브프라임 모기지 채권에도 AAA라는 승인 도장이 남발되었다. 투자자들은 달리 좋은 정보를 얻을 곳이 없었다. 2010년 금융 위기 조사위원회는 무디스의 주요 투자자로 본인 역시 금융 서비스 주식에 1000억 달러를 보유하고 있는 워런 버핏에게 무디스의 경영에 관해 무엇을 아는지 질의했다. 버핏은 아무것도 아는 바가 없으며, 다만 무디스 주식을 산 주요 이유는 〈가격 결정력pricing power〉이라고 대답했다. 독점을 가리키는 표현이었다. 의회는 이렇게 〈발행인이 보수를 지급하는〉 모델을 바꾸기 위해 도드-프랭크 금융 개혁 수정안을 통과시켰는데, 증권거래위원회(SEC)는 간단히 무시해 버렸다.

익스페리언, 트랜스유니언, 에퀴팩스는 3대 신용 정보 기관으로, 대출 기관이 내리는 전체 결정의 90퍼센트가 세 기관의 책임이다. 무수히 많은 오류를 저지르면서도 전혀 시정 노력을 기울이지 않고, 미국 역사상 최대 규모로 데이터를 파기했음에도 불구하고, 누구도 세 독점 기관을 끌어내리지 못했다. 한때 비영리 감독 기관이었던 증권거래소들은 사기업으로 변신해서 시장 데이터에 대한 배타적 지배권을 활용하면서 이윤을 극대화하기 위해 거래 데이터 피드를 더욱 빠르게 판매하고 있다. 주요 증권 거래소 13곳 가운데 12곳이 단 세 기업의 소유다. 몇몇 기업이 4조 달러에 달하는 지방채 시장의 대부분을 좌지우지한다. 찰스 슈왑이 TD 아메리트레이드를 사들인 뒤로 소매 증권회사 두 곳이 고객 자산의 60퍼센트를 좌지우지한다. 상장 기업 회계를 이중 확인하는 주요 회계법인이 네 곳 있는데, 여러 스캔들이 겹치는 가운데서도 건재하다. KPMG 파트너(임원)들이 임박한 연례 감사에 관한 내부 기밀 정보를 입수한 뒤 사후에 회계 작업을 수정한 거짓말 같은 일이 대표적인 예다. KPMG 직원들은 심지어 내부 윤리·정직성 심사에서도 통과하기 위해 정답을 공유하고 심사 시스템을 조작하는 등 부정을 저질렀다. 윤리 심사에서 부정을 저질렀는데도 KPMG는 여전히 4대 회계법인으로 건재하다.

인덱스 펀드 투자가 늘어나는 추세 덕분에 뱅가드, 블랙록, 스테이트스트리트 같은 자산운용사가 막대한 권력을 누리고 있다. 세기업이 합쳐서 인덱스 펀드의 81퍼센트를 운용하며, 대규모 상장기업의 전체 주주 의결에서 절반 가까이를 좌지우지할 게 확실하다. 그리하여 일종의 공동 소유 현상이 심화된다. 애플의 최대 주주가 마이크로소프트의 최대 주주와 동일인이 되는 것이다. 하버드 로스쿨의 존 코츠는 이런 현상을 〈12인 문제Problem of Twelve〉라고 지칭한다. 가까운 미래에 12명의 개인이 대다수 미국 기업을 소유하고 지배하면서 〈우리 생애에 경제 통제권이 가장 집중된다〉는 것이다. 1장에서 살펴본 것처럼, 몇몇 연구에 따르면 항공사의 경우에 기관투자자들이 시장 주도 기업들에게 서로 경쟁하지 말라고 조언한다. 다른 연구들은 공동 소유와 임금 하락, 심지어 경제 성장 둔화와도 상관관계를 발견한다. 물론 투자자들은 주식 배당금을 비롯한 온갖 형태의 돈벌이가 계속 넘쳐나기만 하면 아무 상관이 없다. 하지만 뱅가드 창립자인 고(故) 존 보글은 죽기 전에 자신이 창안한 인덱스 펀드가 〈지나친 성공을 거두어 오히려 독이 되었다〉고 경고했다.

거물 투자자들이 대다수 주식을 장악하면 수익을 극대화하는 기업 통합을 추구하는 경향이 있다. 2017년 4월 블룸버그에서 「버라이즌 가입자 감소, M&A 모색의 필요성 부각돼」라는 제목으로 나온 한 기사는 이런 추세를 보여 주는 좋은 예다. 미국 최대의 무선 통신사가 이전 분기에 가입자가 30만 7,000명이 감소했는데, 이 기사(자칭 뉴스 기사)는 이런 감소를 메우기 위해 품질을 향상시키거나 저렴한 상품을 출시하는 게 아니라 아무 기업이나 닥치는 대로 낚아채야 한다고 주장했다. 『월 스트리트 저널』의 최근 기사인 「자동차 부문 통합이 대단히 중요하지만 위기가 필요하다」에서도 이런 사고방식이 고스란히 드러난다. 기사는 자동차 구매가 심각하게 둔화하기를 갈망한다. 그래야 기업들이 필사적으로 뭉치려고 할 것이기 때문이다. 투자자들이라고 태생적으로 독점을 선호하는 것은 아니다. 어떤 사업 모델이든 장기적인 탄탄한 성장을 목표로 삼을 수 있다. 하지만 각국 정부가 독점 세력을 깨뜨리려는 위협을 전혀 내보이지 않기 때문에 전 세계의 워런 버핏들이 독점을 추구한다.

이렇게 투자자들이 집중되기 때문에 연구가 집중되고 데이터 보유자가 집중되며, 은행이 집중되고 혼란 세력이 집중되며, 이 모든 층위 사이의 연계가 집중되고, 산업은 더 많은 집중을 요구하는 추세에 관해 줄줄 늘어놓는다. 이 연결 고리를 따라가다 보면, 금융 산업의 핵심 부문, 즉 미국 경제계 전체를 통합한다는 사명을 띤 사람들을 만나게 된다.

맥주 산업 역사상 최대 규모의 합병이 있었다. 2015년, 앞서 사모펀드의 지휘 아래 앤호이저부시와 벨기에/브라질 맥주 회사 인베브가 결합해 탄생한 AB인베브는 SAB밀러를 1060억 달러에 인수한다고 발표했다. SAB밀러도 2002년에 사우스 아프리칸 브루어리가 밀러 브루잉을 사들이면서 태어난 기업이었다. AB인베브와 SAB밀러는 합병 전에 세계 양대 맥주 제조사였는데, 새롭게 결합된 기업이 밀러 브랜드를 몰슨 쿠어스에 처분하기로 했어도 여전히 전세계 맥주 시장의 30퍼센트 정도를 장악할 것이다. 미국에서는 그 수치가 41퍼센트에 달할 텐데, 몰슨 쿠어스를 합치면 3분의 2에 육박한다. 이 합병 이후에 미국에서 맥주를 마시려면 아마 두 회사 가운데 한 곳에서 사야 할 것이다.

500개가 넘는 브랜드가 AB인베브의 우산 아래로 들어갈 텐데, 버드와이저, 부시, 여러 종의 미켈롭, 롤링 록, 내추럴 라이트, 스텔라아르투아, 바스, 벡스, 보딩턴, 세인트 폴리 걸, 그리고 2011년 이래 AB인베브가 사들인 이른바 독립 크래프트 맥주(소규모 양조장에서 소량 생산하는 맥주) 10여 개도 여기에 포함된다. 술 마시는 사람들은 이런 크래프트 맥주들에 관해 반드시 알 필요는 없다. AB인베브가 라벨에서 소유권자를 감추기 위해 최선을 다하기 때문이다. (말이 나온 김에 덧붙이자면, 남아 있는 크래프트 맥주 회사들도 추세를 따라잡기 위해 모두 서로 합병하기 시작했다.)

『뉴욕 타임스』의 합병 발표 기사는 마지못해 보도하는 것처럼 탄생을 앞둔 난공불락의 양대 독점 체제를 검토했다. 기자는 새로 태어나는 기업 앞에 놓인 시장의 상황과 규제 기관이 내놓을 수 있는 요구에 관해 모호한 태도로 일관했다. 그리고 지면을 쭉 따라가다 보면 서른네 번째 문단에 다음과 같은 판에 박힌 문구가 나온다.

라자드, 도이치방크, 바클레이스, BNP 파리바, 뱅크 오브 아메리카 메릴린치, 스탠다드 은행 등과 로펌인 프레시필즈 브룩하우스 데린저, 크라바스 스웨인앤무어, 클리퍼드 챈스 등이 앤호이저부시인베브에 자문을 해주었다.

SAB밀러는 로비 워쇼, JP모건 체이스, 모건 스탠리, 골드만삭스 등과 로펌 링클레이터스, 호건 로벌스, 클리어리 고틀리브 스틴앤해밀턴의 자문을 받았다. 몰슨 쿠어스는 UBS와 로펌인 커클랜드앤엘리스, 클리어리 고틀리브의 자문을 받았다.

11개 은행과 8개 로펌이 이 한 건의 합병에서 자문을 맡았다. 그들 모두는 정확히 어떤 일을 한 걸까? 5개 은행이 AB인베브에 주요 경쟁자를 사들이는 것이 경제적·재정적으로 어떤 함의가 있는지를 자문했는데, 여섯 번째 자문이 과연 필요했을까? 양대 로펌인 링클레이터스와 호건 로벌스에 있는 변호사로는 충분하지 않아서 SAB밀러는 세 번째 로펌으로 달려가야 했을까?

간단히 대답하자면, 인수합병 분야에서 일하는 이들에게 기업 통합이 큰 사업이 되었다는 것이다. 바야흐로 온갖 이해 충돌에도 불구하고 자칭 합병 전문가들이 경제의 방향을 정하는 권한을 부여받고 있다. 독점에서 창출되는 이윤에 대한 갈망은 무의식적으로라도 독점을 부추기려는 열망으로 이어지고 있다.

인수합병은 1960년대 중반에 자리를 잡았다. 1968년에만 4,400여 기업이 흡수됐는데, 그중 다수가 주요 은행이 조직한 복합 기업conglomerate에 흡수되었다. 복합 기업은 사실 독점 기업이 아니라 서로 무관하고 잘 들어맞지도 않는 사업 부문들로 이루어진 기업 로봇이었다. 복합 기업은 반독점법을 교묘하게 회피하는 수단이었는데, 이 과정에서 자문단, 법률 컨설턴트, 회계사 등 새로운 하위 산업이 생겨났다. 그들은 인수합병 때마다 교훈을 익히면서 그런 지혜를 새로운 고객에게 전수해 주었다.

다시 2010년대로 고개를 돌리면 현재의 합병 물결이 눈에 들어오는데, 1980년대 이래 이 물줄기는 끊기지 않았다. 2016년에 미국에서 1만 1,470건의 합병이 있었고, 2017년에는 다시 1만 3,024건이 이루어졌다. 숫자로 보면 새로운 기록이었지만, 거래 가치로 평가한 최고 기록은 2015년이었다. 트럼프가 세금을 인하하자 2018년을 시작으로 기업들의 주머니가 두둑해져서 더 많은 기록이 쏟아졌다. 2018년 전반기에 전 세계적으로 2조 5000억 달러의 기업 합병이 발표되어 2015년 페이스를 앞지르는 동시에 이전 시기의 모든 6개월 총계 기록을 깨뜨렸다. 이 수치 가운데 무려 1200억 달러가 5월의 단 하루 사이에 발표되었다. 2018년의 기업 합병 사이클은 결국 역대 3위의 기록으로 끝이 났다. 그리고 애널리스트들은 2019년에 합병 추세가 둔화될 것으로 예상했지만, 그해 1월에 2000년 이래 최대의 인수합병 대박이 터졌다.

이 모든 거래에는 자문이 필요하다. 현대 시스템의 합의 아래서는 컨설턴트가 있어야 모든 결과가 더 유리하기 때문이다. 인수합병 서비스에는 거래 옵션을 평가하고, 양쪽 기업을 둘러싼 규제, 법률, 회계 실행 계획을 분석하고, 어떤 경우에는 기업에 합병 거래를 안겨 주는 것도 포함된다. 일부 자문역들은 합병 당사자들 사이에서 조건 교섭을 도와준다. 일부는 특히 이사회가 거래를 승인할 때 언뜻 보기에 중립적인 소식통에 호소할 수 있도록 이사회를 위해 일한다. 그리고 만약 합병이 성사되려면 사들이는 기업이 자금 출처를 밝혀야 하기 때문에 결국 은행을 끼고 하는 게 도움이 된다.

AB인베브/SAB밀러의 합병에서는 사법 전문가가 일정한 역할을 한 것 같다. 두 기업은 전 세계에서 맥주를 판매하는데, 국제적 인수합병 법규를 처리하려면 각기 다른 은행과 법률 사무소에 이런 저런 분석을 맡겨야 했다. 「우리 회사에는 해외에서 합병을 시작하는 고객들이 많이 있습니다.」인수합병 전문 변호사 에릭 티커넌의 말이다. 「때로 우리는 미국 쪽 기업 실사를 맡기도 합니다.」

다른 전현직 인수합병 담당자들은 이 일이 무척 관계 중심적이라고 설명한다. 라자드는 지난 10년 동안 구글이 진행한 모든 합병 거래에서 선임 외부 자문역을 맡았는데, 이런 관계는 클린턴의 전 참모 버넌 조던이 주선한 것이다. 아마존과 긴밀하게 협력한 골드만삭스의 한 간부는 단지 아마존 본사 가까이에 살기 위해 가족과 함께 로스앤젤레스에서 시애틀로 이사했다. 중역들은 지난 합병 거래를 통해 신뢰하게 된 자문역을 고수하며, 인수합병이 계속되는 가운데 자문역들은 포트폴리오를 확대하기 쉽다. 제너럴 일렉트릭은 수십 년간 구조조정을 진행하는 와중에 2000년 이래 미국의 거의 모든 주요 투자은행에 인수합병 수수료로 60억 달러를 지불했다. JP모건 체이스의 경우에는 J. P. 모건 자신이 합병을 통해 제너럴 일렉트릭 설립을 도운 1892년에 시작된 관계를 거금 5억 달러로 청산했다.

인수합병은 관계의 사업이기 때문에 이 사업을 키우기 위한 은행의 전략에는 종종 유명 인사를 확보하는 것도 포함된다. 람 이매뉴얼이 2019년 6월 센터뷰 파트너스와 계약하면서 클린턴 대통령 시절 백악관 동료이자 센터뷰의 자문역인 로버트 루빈과 합류했다. 이 부티크 투자은행[2]은 거의 전적으로 인수합병에만 집중하면서 CVS/애트나, 디즈니/폭스 같은 유명한 거래를 다룬다. 센터뷰의 전문 분야는 제약 기업 합병인데, 제약 부문에서 초대형 거래로 손꼽히는 셀진과 브리스톨마이어스스큅의 결합은 은행 인수합병 수입으로 10억 달러를 안겨 줄 것으로 예상된다. 〈안겨 줄 것으로 예상된다〉고 말하는 것은 은행들이 실제로 인수합병에서 얼마나 받는지에 관해 비밀 엄수 규칙이 존재하기 때문이다. 「합병을 할 때는 투자은행이나 변호사의 수수료를 제외한 모든 걸 공개해야 합니다.」 대학 졸업 뒤 인수합병 전문 투자은행가로 일하고 2018년부터 2020년까지 증권거래위원회 위원을 지낸 롭 잭슨의 말이다. 「그게 제가 폭로를 좋아하는 이유 가운데 하나죠. 세상이 정보를 접하지 못하거든요.」

부티크 투자은행인 센터뷰 모델이 있기는 하지만, 최대의 인수합병 전문 투자은행은 대개 거대 은행이다, 끝. 투명성이 부족하기는 하지만, 선두 주자를 추적하는 편리한 방식이 있다. 업계에서 성적표라고 알려진 이 방식은 거래 흐름과 수수료 수입 추정치에 따라 은행들을 비교한다. 2019년 전반기에 성적표 선두 주자를 보면 위

---

2 소규모에 작은 인원으로 투자은행 업무 전반을 처리하는 대신 인수합병이나 구조조정 등의 자문에 집중해서 대형 계약을 따내는 투자은행.

에서부터 골드만삭스, JP모건 체이스, 모건 스탠리, 시티그룹, 뱅크 오브 아메리카, 도이체방크 순이었다. JP모건은 2019년 제약 기업 앨러간과 애브비의 합병 작업으로 1억 2300만 달러를 벌어들여 공개된 것으로는 역대 최고의 수수료를 기록했다.

경쟁자들의 명단을 만들면 서로 1위를 차지하려고 치열하게 경쟁하는 것은 인간 본성에 가깝다. 이런 태도는 인수합병 전문 은행가들의 자존심에 깊게 새겨진다. 그들은 자신의 사회적 지위가 이 성적표에 있는 수치와 연결되어 있다고 본다. 믿기 어렵겠지만, 산업 종사자와 전문가들에게 이 성적표는 수익의 지표만이 아니라 경쟁자들과 겨루는 잣대로서도 중요하다. 「투자은행들의 웹 사이트를 가보면 그들이 관여한 대형 거래의 명단을 쭉 열거해 놓은 게 전혀 드문 일이 아닙니다.」 로버트 하킷의 말이다. 「일단 점수를 기록하는 시스템을 갖추면 거래를 유리하게 평가하는 편향이 자리 잡게 되죠. 불리하게 끝난 거래의 명단은 어디에도 없어요.」

그리하여 골드만삭스가 어떻게 소규모 거래를 따낼 계획인지, 또는 뱅크 오브 아메리카가 인수합병 시장 점유율을 얼마나 회복하고 싶어하는지에 관한 이야기가 이따금씩 튀어나온다. 은행들은 또한 성적표에서 높은 순위를 차지하려는 욕망 때문에 선임 자문역을 맡지 않은 합병 거래에도 무턱대고 끼어든다. 부스러기라도 하나 차지하기 위해서다. 한 예로, JP모건 체이스는 자신이 자문역으로 끼지 않는 경우에는 그 거래에 돈을 빌려주지 않기 때문에 성적표에서 항상 상위권을 유지한다. 때로는 은행가들이 단지 자신도 끼기 위해 회의장에 모습을 드러낸다. 이런 모습은 수동적인 전략이 아니다. 은행들은 순위를 올리기 위해 적극적으로 사업을 따내고 있다. 테이블 위에 큰돈이 올라가 있고, 그 돈을 낚아채기 위해 인위적인 경쟁이 벌어지는 중이다.

그리고 두 번째 요인이 있다. 성공 수수료가 그것이다. 〈은행이 받는 수수료는 합병 성사에 좌우된다〉고 잭슨은 말했다. 대체로 성공 수수료는 거래 이후 합병된 기업의 가치의 일정한 비율로 계산된다. 그리하여 합병 거래에 관여하는 은행가들과 기업의 이해관계가 일치한다고 여겨지지만, 거래를 성사시키려는(그리고 또 다른 거래 성사를 위해 거래를 주선하려는) 유인이 커지기도 한다. 또 다른 요인은 역사적으로 볼 때 인수합병이 투자은행에서 고위 직급으로 올라가는 디딤돌이었다는 사실이다. 인수합병 전문 투자은행에서 일하면서 성공을 열망하는 하위 직원은 그런 성공 수수료를 활용해서 사업을 키우기를 원한다. 디딤돌은 그런 식으로 작동한다.

네 번째 요인은 거래가 성사되면 주주들에게 더 많은 수익이 돌아간다는 믿음이다. 행동주의 투자자[3]의 한 집단 전체가 정반대 주장을 펴지만, 2018년 말 윌리스 타워스 왓슨에서 발표한 것과 같은 산업 보고서들은 인수합병이 성공적인 성장 전략임을 보여 주는 증거를 결정권자들에게 쏟아 냈다. 은행들은 돈이 넘치는 주식 시장을 좋아하는데, 한 가지 이유는 합병 거래에 투입될 돈이 많아진다는 점이다. 게다가 인수합병을 지배하는 대다수 투자은행은 원래 개인 파트너십 구조가 주류였지만, 시간이 흐르면서 다수가 공개

---

3 activist investor. 특정 기업의 지분을 사들인 뒤 경영권에 개입해 지배구조 변화나 주주 배당 확대 등을 요구하면서 주주 이익의 극대화를 꾀하는 투자자.

상장되었다. 따라서 투자자 중심의 유인이 커지는데, 인수합병이 수익의 중심으로 부상하는 가운데 바로 그 사업 부문에서 성장이 이루어져야 한다. 자본 시장 안에서 투자은행의 미래 위치가 성공 전망이 확실하지 않은 합병에 대한 경고보다 우선시되면, 자문 내용이 충돌할 수 있다.

마지막이자 아마 가장 중요한 요인은 이 거래들이 어떻게 구조화되는지와 관련된다. 기업 지휘부에 〈지배권 변동〉이 있을 때 중역들이 거액의 상여금을 받는 〈황금 낙하산golden parachute〉은 실제로 인수합병을 가능케 하기 위해 고안된 것이었다. 1980년대에 정크본드 자금 조달이 만연하고 일류 기업들조차 적대적 인수 시도의 표적이 됨에 따라 불안해진 중역들은 해고되는 경우에 자신을 보호하기 위해 계약서에 거액의 상여금을 포함시켰다. 황금 낙하산은 독점을 추구하는 투자자들이 환영하는 기업 통합에 중역들이 반기를 들지 않게 만들기 위한 보험 증서였다. 그리고 보험 증서는 효과가 있었다. 2012년의 한 연구에 따르면, 중역들을 위해 황금 낙하산을 마련해 놓은 기업들은 공개 매수를 수용하거나 다른 기업에 인수될 가능성이 43퍼센트 더 높았다.

황금 낙하산은 이제 일반화되었다. AT&T/타임워너 합병에서 물러나는 최고 경영자인 타임워너의 제프 뷰케스는 4억 달러를 챙겼다. CVS/애트나의 합병은 애트나 최고 경영자 마크 버톨리니에게 5억 달러 정도의 가치였다. 2019년 바이어컴과 CBS가 합병했을 때 계속 남아서 회사를 운영한 바이어컴 최고 경영자 보브 배키시는 3100만 달러를 받았고, CBS 최고 경영자 조 이아니엘로는 배키시의 2인자가 되면서도 7000만 달러를 챙겼다. 합병 이후에 최고 경영자를 맡지 않으면 거액의 상여금을 받는다는 계약 조항이 있었기 때문이다. 많은 이들이 보기에, 이런 조항은 합병을 재촉하기 위한 뇌물처럼 여겨질 것이다.

오늘날 인수합병은 기업이 중역과 주주들에게 남아도는 달러를 살포하는 돈다발 뿌리기 행사와도 같다. 역사적으로 보면, 주식 환매보다 인수합병을 통해 소각되는 주식이 더 많다. 진보주의자들이 주주와 중역들이 기업에서 생산적 가치를 뽑아먹는다고 비난할 때 드는 대표적인 예다. 합병은 더욱 효율적인 가치 추출 방법이며, 최고 경영자 개인에게 천만에서 억 단위 상여금을 안겨 주는 일이 흔하다. 이런 합병을 주선하고 조정하는 월 스트리트 역시 비난에서 자유롭지 못하다. 그들은 자신들의 수수료를 확실히 챙기기 위해 사실상 다른 사람들의 돈을 사례금으로 제공한다.

이 모든 요인들이 한데 모이면, 산업 차원에서 독점을 강화하기 위한 추진력이 생겨난다. 물론 인수를 추진하는 주인공이 최고 경영자인지 아니면 주주나 은행인지는 논란의 여지가 있다. 중요한 것은 이 구조 내부의 모든 유인이 합병 후보를 찾아내고 성사시키는 쪽으로 향한다는 사실이다. 모든 참가자들에게 보수와 명성, 더 좋은 시절이 온다는 약속이 주어진다. 모두가 한몫을 약속받는다. 그리고 성사되는 거래가 많을수록 더 많은 돈이 흐른다. 이런 의미에서 우리의 경제 구조 설계는 민주적 기관들에서 은행가와 중역들의 수중으로 이전되고 있다. 두 집단은 기업 통합을 통해 개인적으로 이득을 얻는다는 것을 알기 때문에 조화롭게 협력한다.

그 결과로 거대한 사각 지대가 생길 수 있다. 몬산토/바이엘 합병은 모건 스탠리, 골드만삭스, 크레디스위스, HSBC, JP모건 등에 7억 달러의 수수료를 안겨 주었고, 로펌들은 더 많은 수수료를 챙겼다. 하지만 몬산토의 라운드업 제초제 때문에 암에 걸렸다고 주장하는 피해자들이 제기한 수천 건의 소송에 대해 어느 자문역도 관심을 환기시키지 않았다. 여러 차례 평결을 통해 피해자들에게 수억 달러가 지급되어서 바이엘 주가가 곤두박질치고 중역들이 망가진 기업 이미지를 바로잡느라 애쓰고 있다. 제대로 된 자문 과정을 거쳤더라면 언론에 대대적으로 실릴 법한 악재가 부각됐겠지만, 거래를 성사시키는 게 더 중요해 보였다.

　경제의 금융화가 워낙 심하기 때문에 기업 집중이 낳은 또 다른 부산물은 은행들 자체가 소수 독점으로 합병될 때 생기는 현상과 유사점이 있다. 최근 보건의료 부문에서 합병 돌풍이 일면서 해당 부문 전체 투자 적격 등급의 회사채 가운데 절반이 10개 기업의 수중에 몰리고 있다. 보건의료에 하향 추세가 나타나면 이 10개 기업에 위험성이 집중되고 이 기업들의 포트폴리오가 무너질 것이다. 버블은 너무 많은 돈이 너무 적은 자산에 쏠리는 현상으로 정의할 수 있다. 통합된 부채는 이런 불안정성을 우리 경제 시스템에 새겨 넣는다. 독점과 변덕성, 심지어 금융 위기는 서로 잘 맞는다.

　하지만 한 산업이 독점에 몰두한다고 판단하게 만드는, 잘 알려지지 않은 요인은 그 산업이 존중하고 귀를 기울여야 하는 전문가들의 생태계를 어떻게 만들어 내는가 하는 것이다. 컨설턴트 계급에게 권력이 이전되면 불가피하게 이 컨설턴트들이 권력을 악용한다.

UNFI는 인수합병 시장의 강자인 골드만삭스를 슈퍼밸류 합병 자문역으로 골라잡았다. 골드만삭스 은행가들과 이전에도 관계가 있었고, 또한 중요한 거래를 하려면 유력한 은행을 자기편으로 삼아야 한다는 전통적인 지혜 때문이기도 했다. UNFI는 그전부터 20년 동안 경쟁자들을 인수했다. 거래 규모가 커진 뒤에야 골드만삭스를 호출했다.

UNFI는 소장에서 골드만삭스가 합병 과정에서 여러 역할을 했다고 설명한다. 골드만삭스는 UNFI의 대표 자문역이었고, 슈퍼밸류에 제시하는 액수를 주당 32.50달러로 올리라고 곧바로 권고했다. 경쟁자의 제시액보다 확실히 높아야 한다는 이유에서였다. 골드만삭스는 또한 UNFI가 슈퍼밸류를 사들이는 데 필요한 자금 조달의 대표 주선자가 되었는데, 제시액이 높아지면서 총액이 늘어났다. 스테판 펠드고이스는 자문과 주선 둘 다의 연락 책임자였고, 여기서 충돌이 생기는 것은 분명하다. 골드만삭스의 자금 조달 수수료를 극대화하기 위해 펠드고이스는 UNFI에 거래를 성사시키려면 매력적인 제안을 하라고 자문할 수 있었다(실제로 그렇게 했다). 하지만 펠드고이스는 최고 경영자 스티브 스피너와 그의 팀에게 자기가 이중적인 역할을 맡는 게 효율적이라고 안심시켰고, 기왕에 신뢰가 있었기 때문에 스피너도 믿었다. 「스티브로서는 세계 최고의 투자은행이 나쁜 짓을 할 거라고 생각할 이유가 전혀 없었죠.」 UNFI의 한 간부가 한 말이다.

합병 거래로 UNFI는 21억 5000만 달러의 대출을 받아야 했다. 골드만삭스는 그중 45퍼센트를 자신이 대고 나머지는 다른 두 대형 은행을 끌어들여 충당하기로 합의했다. 뱅크 오브 아메리카(45퍼센트)와 US뱅크(10퍼센트)가 대출을 해주기로 했다. 이 대출로 골드만삭스는 1450만 달러의 이자 수입에 자금 조달의 대표 주선자로 537만 5,000달러의 상여금을 받고, 자문 수수료로 940만 달러까지 받기로 했다(UNFI가 슈퍼밸류 주식 인수 제시가를 올리면 펠드고이스가 수수료 200만 달러를 할인해 주겠다고 약속한 대로 책정된 수수료였다).

골드만삭스를 비롯한 은행들에게는 대출 인수단을 구성하는 선택권이 있었다. 그 돈을 제공할 다른 투자자를 찾을 수 있었다는 뜻이다. 은행들은 투자자를 모집하는 마케팅 개시일로부터 영업일 15일 이내에 인수단을 구성할 수 있었다. UNFI는 어떤 투자자든 거부할 권리가 있었다. 어쨌든 은행들이 UNFI의 채무를 떠안을 것이었다. UNFI가 새롭게 출범하는 2018년 9월 24일, 골드만삭스는 스피너와 UNFI 최고 재무관리자 마이크 제크마이스터를 뉴욕시의 고급 호텔인 포시즌으로 불러서 예비 투자자들에게 보여 줄 67면짜리 합병 거래 분석 내용을 내놓았다. 두 번째 만남에서도 같은 사람들이 파크 하얏트에서 모였다. 골드만삭스 은행가들과 UNFI 중역들 모두 이 시기 내내 투자자들에게 감언이설을 늘어놓았다.

하지만 영업일 15일이 끝나는 10월 15일 전에 펠드고이스는 UNFI 고위층을 만나 문제를 하나 제기했다. 마케팅 기간 동안 식료품 유통 부문을 비롯해서 전체 주식 시장이 10퍼센트 가까이 하락했다는 것이었다. 히나로 통합된 UNFI/슈퍼밸류 또한 예상한 것보다 애널리스트들로부터 낮은 신용 등급을 받았다. 투자자들이 이미 타격을 입어서 정신없는 상황에서 대출 인수단을 구성하기 좋은 시기가 아니었다. 펠드고이스는 UNFI에 더 많은 투자자를 끌어들이려면 좀 〈양보〉를 해달라고 요청했다. 특히 UNFI가 금리를 큰 폭으로 올려 주기를 원했다.

이런 요구 가운데 어느 것도 애당초 UNFI가 서명한 문서에 들어 있지 않았다. 〈주가 하락시에 유리를 깨시오〉[4]라는 조항은 어디에도 없었다. 더군다나 세계 최고의 투자은행이 아니었던가. 「골드만삭스는 어느 정도 시장의 맥을 짚는다고 여겨지죠.」 앞서 등장한 UNFI 간부의 말이다. 「어느 부문에서든 합병 거래 발표가 나면 항상 급작스런 변동이 생기잖아요. 말도 안 되는 구실이라고 생각했습니다.」

스피너와 경영진은 양보할 생각이 없다고 말했다. 펠드고이스는 그러면 골드만삭스로서는 〈전면적인 위험성 완화 모드〉로 들어갈 수밖에 없다고 대꾸했다. 마케팅 기간이 끝나기 전인 10월 12일, 골드만삭스는 대출 인수단이 완전히 구성되지 않는 경우에 허용된다고 합의한 바 있는 〈융통성 조항〉을 발동했다. 이 조항에 따라 금리가 1.5퍼센트 인상되어 UNFI의 대출 이자가 1억 8320만 달러 늘어났다. 또한 UNFI에 추가로 900만 달러 상당의 〈선불 수수료〉가 청구되었다. 그리고 골드만삭스는 훨씬 많은 요구를 내놓았다. 펠드고이스는 금리를 다시 0.5퍼센트 인상하지 않으면 예비 투자자들이

4 경보기나 비상문에 붙어 있는 〈비상시에 유리를 깨시오〉 문구에 빗댄 표현.

〈발을 뺄〉 것이라고 말했다. 시장 전체가 UNFI의 인수단 대출이 문제가 생긴 걸 알게 되고 주주들이 반란을 일으킬 것이었다.

이미 1억 9220만 달러를 손해 본 UNFI로서는 강탈을 당하는 느낌이었다. 골드만삭스는 UNFI가 거절할 수 없는 제안이라고 말했는데, 근거로 내세우는 것들이 허구적인 이유 같았다. 규모가 작은 기업이라면 속절없이 당했을지 모른다. 하지만 UNFI는 이번에도 역시 추가 0.5퍼센트 금리 인상을 거부했다. 10월 18일, 펠드고이스는 스피너에게 직접 전화를 걸어 만약 UNFI가 양보하는 데 동의하지 않으면 〈사태가 험악해질〉 것이라고 말했다. 스피너는 꿈쩍도 하지 않았다.

그날 밤 늦게 골드만삭스는 UNFI에 대출의 최종 상태를 상세히 서술한 〈자금 흐름〉 보고서를 보냈다. 자금 흐름은 같은 날 먼저 보낸 것과 달랐다. 골드만삭스가 대출 가액에서 4050만 달러를 감액하려고 하는 한편 수수료는 같은 수준으로 유지한다는 사실이 드러났다. 거래 성사까지는 영업일이 하루밖에 남지 않았다. 만약 UNFI가 새롭게 부과된 조건을 해결하기 위해 합병 거래 성사를 연기하면, 투자자들은 합병 거래가 갑자기 흔들린다고 느낄 테고 주가가 곤두박질칠 수 있었다. 골드만삭스가 말하는 소리가 들리는 것 같았다. 〈좋은 합병을 한 겁니다. 이제 무슨 일이 생기면 부끄러운 일이 될 겁니다.〉

스피너는 전화 통화를 요구했다. 펠드고이스는 골드만삭스로서는 대출 인수단 구성을 마무리하려면 2차 마케팅 기간을 개시할 수밖에 없다고 말했다. 그러면서 2차 마케팅 기간은 종료 전까지 15일이 뇌지 않을 것이기 때문에 골드만삭스는 계약에 따라 4050만 달러를 수수료로 받아야 한다고 했다.

터무니없는 요구였다. UNFI가 서명한 약정서에는 분명히 마케팅 기간이 한 번뿐이라고 되어 있었다. 골드만삭스는 마감을 1영업일 앞두고 2차 마케팅 기간을 꺼내든 전례가 없었다. 새로운 개시를 알리거나 새롭게 투자자를 찾고 있음을 암시하는 어떤 조치도 하지 않았다. 모든 자료에 대출 마케팅 종료일이 10월 15일로 정해져 있었다. 골드만삭스는 마케팅 기간이 마감될 때 나온 슈퍼밸류의 삼사분기 재무 보고 때문에 시기 조정이 필요하다고 주장했다. 이런 주장이 제기된 것은 처음이었고, 골드만삭스는 어쨌거나 슈퍼밸류의 새로운 정보에 따라 마케팅 자료를 조정한 적이 없었다.

펠드고이스는 또 다른 요구를 내놓았다. 10월 22일 합병 성사 전 주말에 그는 UNFI와 슈퍼밸류가 대출의 공동 채무자가 되어야 한다고 제안했다. 적절하지 못한 요구처럼 보였다. UNFI와 슈퍼밸류는 합병으로 동일한 기업이 될 텐데, 슈퍼밸류를 공동 채무자로 거명하는 게 무슨 의미가 있을까? UNFI는 골드만삭스에 설명을 요구했고, 골드만삭스는 그건 형식적인 변경일 뿐이고 〈별 영향도 없다〉고 안심시켰다. 단지 골드만삭스가 대출에 집어넣으려고 하는 몇몇 〈엄선된 계좌들〉에만 중요한 것이었다. 스피너와 경영진은 이 문제에 관해 이야기를 나누었고, 합병 거래 마감일 직전에 그런 변경에 동의했다.

UNFI는 거래 마감일에 골드만삭스가 훨씬 더 많은 돈을 챙기려 했다고 주장한다. 골드만삭스는 940만 달러를 대출 자문 수수료로 챙겼으며, 전에 UNFI에 할인해 주겠다고 약속했던 200만 달러 수수료도 추가로 받았다. UNFI는 이런 조치에 반대했지만, 서둘러 합병 거래를 마감해야 했다. 제때 마감을 하지 않으면 슈퍼밸류로부터 소송을 당할 위험이 있었기 때문이다. 「완전히 깡패 짓이죠? 왜 깡패들은 종종 거래를 하고 나서 조건을 바꾸잖아요.」 코넬 대학교 법학 교수 로버트 하킷의 생각이다.

거래 마감 이틀 뒤, 블룸버그는 「골드만삭스, 20억 달러 거래를 악전고투 끝에 성사시키기 위해 이례적인 양보를 하다」라는 기사를 내보냈다. 언론이 고작 골드만삭스가 억지로 지어낸 앓는 소리를 근거로 이 거래를 〈악전고투〉라고 명명한 것은 주목할 만하다. 하지만 기사는 사실 골드만삭스가 UNFI의 대출을 떠맡을 생각이 있는 신규 투자자들을 이미 찾았다는 내용이었다. 〈이전에 표적이 된 기업의 반대쪽에 돈을 건 헤지펀드들〉이었다. 공교롭게도 골드만삭스의 고객이었던 이 헤지펀드들은 슈퍼밸류의 채무에 대한 신용부도스왑 4억 7000만 달러의 일부를 보유하고 있었다. 슈퍼밸류가 채권자들에게 제때에 대출금을 상환하지 못하면 손실을 보장받는 상품이었다. 만약 UNFI가 슈퍼밸류의 청구권을 모두 청산해서 합병을 마무리하면, 슈퍼밸류의 채무는 더 이상 존재하지 않고 신용부도스왑은 소멸될 터였다. 헤지펀드 입장에서는 나쁜 소식이다. 하지만 만약 슈퍼밸류가 계속 주요 대출금의 공동 채무자로 남아 있으면, 이 신용부도스왑 역시 실효성이 유지될 것이었다.

펠드고이스가 UNFI에 공동 채무자를 요청한 데는 이런 이유가 있었다. 이 헤지펀드 투자자들은 합병으로 탄생한 기업을 채무 불이행 상태로 몰아넣어 신용부도스왑의 본전을 챙겨야 할 잠재적인 유인이 있었다. 그리고 단지 신용부도스왑 보유자들이 수익을 얻을 수 있도록 기술적 채무 불이행[5]을 주장하기 위해 고안된 계획을 통해 그렇게 할 수 있었다. 이런 유형의 채무 행동주의를 선구적으로 개척한 헤지펀드로 손꼽히는 앵커리지 캐피탈이 UNFI 대출에 참여한 투자자 중 하나였다. 골드만삭스가 수영장에 상어 떼를 풀어 놓은 격이었다.

모두 합해 보면, UNFI가 성공한다는 데 내기를 건 대출(20억 달러 이상)이 UNFI가 실패하기를 바라는 돈(4억 7000만 달러)보다 더 많았다. 하지만 이상적인 세계에서라면 기업에 돈을 빌려준 이들 가운데 누구도 채무 불이행 사태를 바랄 이유가 없을 것이다. 그리고 UNFI는 블룸버그 통신에서 기사를 읽기 전까지는 이 상황에 대해 전혀 알지 못했다. UNFI는 어떤 투자자에 대해서든 거부권을 갖고 있었지만, 골드만삭스는 대출 인수단의 최종 명단을 제공하지 않았고 인수단 후보자들만 확인해 주었을 뿐이다. 골드만삭스는 그저 UNFI의 신규 대출을 내주는 주요 채권자들이 UNFI의 채무 불이행으로 이득을 보는 헤지펀드들이라는 사실을 언급하지 않았을 뿐이다. UNFI의 주장에 따르면, 골드만삭스는 또한 자사의 시세 조종market-making 데스크가 슈퍼밸류의 신용부도스왑 〈발행〉을 돕는 사실을 전혀 언급하지 않았다. 골드만삭스는 사업 부문이 통합되어 있기 때문에 시세 조종 데스크가 대출 부문에 헤지펀드들이 곤경에

---

5   technical default. 대출 원리금 상환이 연체된 게 아니라 대출 약정상의 다른 조건을 이행하지 못해서 발생하는 채무 불이행.

빠져 있다고 통지할 수 있었고, 대출 채권자들은 결국 UNFI를 설득해서 공동 대출로 변경할 수 있었다.

하루 만에 슈퍼밸류의 신용부도스왑의 가치가 3배로 뛰어 7000만 달러가 늘어났다. 헤지펀드들로서는 뜻밖의 거대한 행운이었고, UNFI에게는 불안의 원천이었다. UNFI는 나중에 골드만삭스를 상대로 제기한 거의 5억 달러짜리 소송에서 이것이 시장 조작에 해당한다고 주장했다. 소장에 서술된 대로 〈골드만삭스가 신용부도스왑 시장을 조작해서 일부 고객들에게 이익을 준 한편 다른 고객들에게는 심각한 피해를 주고 특히 UNFI에게는 극심한 해를 끼친 사실은 골드만삭스가 이 거래에서 자사의 이윤을 보전하고 늘리려고 뻔뻔한 시도를 하면서 UNFI에 대한 의무는 저버렸음을 보여 주는 분명한 증거다〉.

UNFI의 주장에 따르면, 믿기 어렵지만 골드만삭스는 또한 이 시기 내내 UNFI의 주식을 거래하면서 언제 양보 요구가 받아들여질지, 그리고 그런 수용이 시장에 어떤 영향을 미칠지를 빤히 알면서 활용했다. 「우리는 두둑한 보수를 지급하는 거래 자문역들이 이 획기적인 기업 인수에서 윤리적 상담과 치우침 없는 지원을 제공할 것으로 기대했습니다.」 스피너가 훗날 발표한 성명에서 한 말이다. 「자신들의 시위를 활용해서 스스로와 다른 고객들을 위해 더 많은 수익을 챙기는 한편 우리에게 비용을 안기고 지속적인 피해를 입힐 거라고는 미처 생각하지 못했습니다.」

골드만삭스는 이런 혐의에 대해 퉁명스런 성명으로 대응했다. 「이런 주장들은 전혀 사실무근입니다. 우리는 이런 근거 없는 주장들에 대해 단호하게 방어 태세를 취할 생각입니다.」

　이 사건은 골드만삭스가 인수합병 고객들을 마음대로 괴롭힐 수 있음을 보여 주는 극단적인 사례다. 골드만삭스는 자문 서비스와 자금 조달을 동시에 좌지우지하면서 다양한 사업 부문을 전략적으로 활용해서 수익을 극대화할 수 있었다. 골드만삭스를 움직이는 동기를 보여 주는 한 가지 지표는 이런 사실에서 발견할 수 있다. 일단 UNFI 대출에 헤지펀드들을 끌어들이자 골드만삭스는 〈또한〉 투자자들을 유인하기 위해 이자율을 인상할 필요가 없었다. 골드만삭스가 그렇게 한 것은 단지 UNFI에서 더 많은 현금을 짜낼 수 있었기 때문이다. UNFI는 얼간이 기업이 아니라 여러 건의 인수합병 역사를 자랑하는 수십 년 묵은 기업이었다. 「이 거래에 참여한 파트너들에게 UNFI는 그들의 성적표였고 거래에서 얻는 수익이자 유인 구조였죠.」UNFI 간부의 말이다.

　인수합병 은행가가 할 수 있는 가장 값진 일은 고객에게 거래를 하지 말라고 조언하는 것이다. 역사적으로 보면, 인수합병 거물들은 그런 식으로 명성을 드높였다. 하지만 오늘날의 인수합병 풍경을 보면, 거래 성사를 부추길 뿐만 아니라 자문역의 지위에 따르는 권력과 영향력을 활용해서 고객들로부터 더 많은 수익을 뜯어내려는 유인이 너무도 많다. 은행들이 하나의 지붕 아래 더 많은 사업 부문을 갖추고 통합하면서 금융 안정을 위협함에 따라 합병하는 기업들로부터 추가로 돈을 강탈할 기회가 더 많이 생긴다. 최고 경영자에게는 두둑한 보수를 주어 강탈에 관해 떠들지 못하게 한다. 경제계를 설득하고 협박하는 한편 독점화하는 근시안적인 금융가들이 바야흐로 미국 자본주의를 개조하는 중이다. 그들은 세계가 자신들의 말에 귀를 기울이도록 확신을 주었고, 이제 이런 영향력을 활용해서 자신들의 방법을 마음껏 써먹고 있다.

UNFI 사건은 여전히 뉴욕주 법원에서 다툼 중이다.

나는 요즘 한 가지 중독에 빠져 있다. 매일 걸음 수를 채우는 것이다(이보다 더 나쁜 버릇도 있을 수 있겠다). 그래서 몇 년 전 크리스마스에 아내와 함께 뉴저지주 티넥의 조지워싱턴 다리 근처에 있는 햄턴 인에 도착했을 때, 하루가 가기 전에 걸음을 채워야 한다고 아내에게 말했다. 여느 때처럼 아내가 눈을 굴렸다. 호텔 방이 앞뒤로 걷기에는 좀 좁았기 때문에 복도에서 걷기 운동을 하기로 했다.

휴대 전화를 들여다보면서 몇백 걸음을 걸었을 때, 거의 알아차리기 어려운 미세한 변화가 느껴졌다. 깔개가 끝나는 지점에 타일로 된 작은 대기 공간이 있었고, 그 뒤로 다시 깔개가 깔려 있었다. 그런데 깔개 무늬가 베이지색 배경에 검정과 흰 줄이 가로로 그어진 것에서 같은 배경에 검정과 흰 줄이 세로 대각선으로 바뀌어 있었다. 뒷부분 벽에는 연한 갈색의 그물눈 벽지가 발라져 있었는데, 역시 앞쪽에 발라진 흰 달걀 껍데기 색깔과는 달랐다. 왜 같은 층인데 복도 한가운데를 기준으로 이렇게 모양이 다른 걸까?

사실 그곳은 햄턴 인이 아니었다. 다른 호텔로 넘어간 것이었다. 정확히 말하면 홈우드 스위트였다.

티넥의 이 건물은 햄턴 인과 홈우드 스위트가 결합된 곳이었다. 처음에는 두 호텔이 타운하우스처럼 붙어 있고 벽으로 분리돼 있다고 생각했는데, 그게 아니라 작은 타일 바닥 공간이 비무장 지대처럼 있고 그 양쪽으로 두 호텔이 있었다. 실제로 교차 지점에는 〈여기는 햄턴 인입니다〉라는 작은 표지판이 있었다.

274

햄턴 인 복도 표지판. 〈여기는 햄턴 인입니다.〉

독자 여러분도 짐작했겠지만, 햄턴 인과 홈우드 스위트는 힐튼호텔이라는 같은 모기업의 일부다. 힐튼호텔 산하에는 힐튼, 힐튼 가든 인, 시그니아 힐튼, 힐튼 그랜드 배케이션, 그리고 창립자 이름을 딴 고급 호텔 콘래드 등이 있다. 캐노피, 더블트리, 엠버시 스위트, 홈투 스위트, 트루, 〈마이크로 호텔〉 모토, 럭셔리 호텔 그룹 LXR, 큐리오컬렉션, 태피스트리컬렉션, 월도프-아스토리아컬렉션 등은 말할 것도 없다. 한 기업이 6대륙에 17개 브랜드 아래 5,500개 호텔 건물을 거느리고 있다.

1999년 힐튼은 더블트리를 사들였고, 별도의 거래로 햄턴 인, 엠버시 스위트, 홈우드 스위트를 사들였는데, 셋 모두 한때는 홀리데이 인 제국의 일부였다. 나머지는 자체적으로 키우거나 다른 일회성 매입으로 탄생한 것이다.

다른 투숙객의 방문을 두드려서 방을 살펴본 게 아니라 완전히 확신할 수는 없지만, 벽지와 바닥 무늬의 미묘한 변화 말고는 티넥의 홈우드 스위트와 햄턴 인 공동 호텔 공간에서 다른 점이 없는 것 같았다. 홈우드나 햄턴 인 어느 쪽으로 들어가도 내 방에 갈 수 있었다. 어느 날 밤에는 햄턴 인 엘리베이터 앞에 사람이 많아서 홈우드 엘리베이터를 탔는데 아무 일도 없었다. 햄턴 인에서는 뷔페식 조식이 제공됐는데, 홈우드 투숙객이 건너와서 조식을 먹어도 아무 상관이 없을 것 같았다. 뷔페 식당을 들어 가는데 방 열쇠를 보여 달라고 요구받지도 않았고, 햄턴 인에서 준 이름 표를 달고 있지도 않았다.

힐튼은 현재 객실 수를 기준으로 매리어트에 이어 세계 2위의 호텔 체인이다. 매리어트는 2016년에 셰라톤, 웨스틴, W, 세인트레지스 등의 브랜드를 보유한 스타우드를 사들였다. 스타우드를 합병할 당시에 매리어트 최고 경영자는 AP통신에 이렇게 말했다. 「우리는 그만큼 더 많은 선택을 제공할 수 있게 됐습니다.」

매리어트가 스타우드와 리워드 프로그램*을 통합할 당시 성난 단골 투숙객들이 자기 계정에 접속할 수 없고, 호텔 포인트가 사라졌으며, 엘리트 등급이 하향 조정됐다고 불만을 토로했다. 해커들은 아무런 기술적 어려움 없이 스타우드 매리어트 고객 5억 명의 4년간 데이터를 빼냈다. 독점 기업이 어떤 식으로 구닥다리 IT 시스템을 방치하면서 고객을 실망시키는 동시에 범죄자들에게 손쉬운 표적을 제공하는지를 보여 준 교과서적 사례라고 할 수 있다. 매리어트와 힐튼은 또한 모든 호텔 투숙객에게

* rewards program. 단골 투숙객에게 등급을 부여해서 보상 포인트나 쿠폰 등을 제공하는 프로그램.

몰래 〈리조트 이용료〉를 부과한 혐의로 고발당했다. 투숙객이 이용하지도 않은 어메니티 용품에 사용료를 매기기도 했다.

따라서 동일한 기업의 우산 아래 수십 개 브랜드를 모아 놓고 최상층에서 동일한 중역들이 각 브랜드의 영업 방식을 지시하는 방식은 고객에게 〈더 많은 선택〉을 제공한다. 하지만 그 선택에는 자기 보상 포인트가 순식간에 사라지는 걸 지켜보는 일, 마시지도 않은 생수값을 내는 일, 이름, 주소, 전화번호, 여권 번호, 생년월일 등이 다크웹에 대문짝만하게 나붙는 일 등도 포함된다.

그리고 힐튼의 경우에는 복도에 가로 줄무늬 깔개와 세로 줄무늬 깔개 중 하나를 선택하는 일도 포함된다.

선택이란 게 그런 식이다.

7
방위 산업

독점 기업 때문에 미국은 중국의 지원 없이는
어떤 무기 체계도 운영하지 못한다

머리 샌더슨(본인의 요청에 따라 가명을 썼다)은 분기마다 클리
블랜드 시내에 있는 호텔 무도장에서 열리는 모임에 가곤 했다. 모
회사인 트랜스다임의 각 부문 책임자가 일어나서 최근에 이룬 성과
와 연도별 수입 증가 등을 자랑했다. 그리고 원탁회의가 진행되었
다. 「가격 인상에 대해 정부가 어떻게 반발하는지를 논의하곤 했
죠.」 샌더슨의 말이다. 「그리고 가장 성공을 거둔 사람이 나서서 반
발을 무마하기 위해 어떤 방법을 썼는지 검토했습니다.」

수 년간 이런 방법을 연마해서 파워포인트 프레젠테이션으로 압
축해 모임에서 보여 주기도 했다. 〈정부의 구매 관행 이해〉라는 제
목이었다. 모임의 목표는 트랜스다임의 방식을 판매 직원들에게 교
육시키고, 회사의 중점적인 방침을 모든 사람의 머릿속에 반복 학
습시키는 것이었다. 핵심은 국방부를 벗겨먹는 데 있었다.

트랜스다임은 항공기와 무기 부품을 만든다. 그래도 시장을 독식
해서 정부가 다른 부품 조달 통로를 찾지 못할 만큼 많은 제품을 만

드는 것은 아니다. 부품은 한 대당 1억 달러의 비용이 드는 F35 같은 대형 무기의 스프레드시트에서 두드러질 만큼 크지 않다. 바로 이것이 트랜스다임이 추구하는 전략이다. 말하자면 레이더망 아래로 비행하면서 여러 해에 걸친 조달과 치밀한 법률 검토를 통해 얻은 통찰을 활용해서 수익을 극대화하는 것이다.

판매 인력은 펜타곤과의 장기 계약을 피하라고 교육을 받았다. 매년 가격을 올려야 했기 때문이다. 회계 감사를 피하기 위해 주문 규모를 줄이라는 말도 들었다. 대형 계약 한 건은 관심을 끌지 몰라도 소형 계약 17건은 관심사가 되지 않는다는 걸 알았기 때문이다. 필요한 경우에 세계 각지에 있는 여러 자회사를 통해 판매 경로를 다원화하면서 대형 계약을 작은 부분들로 분할할 수도 있었다. 정부가 구매 가격이 합당한지를 심사할 수 있도록 총 비용에 관한 정보 공개를 요구하는 규정을 면제받을 수 있는 길을 찾으라는 교육도 받았다. 실제로 직원들은 어떻게 해서든 비용 정보를 제공하지 말라는 말을 들었다. 어떤 구실이든 만들어 내고, 법률의 문구를 따르면서도 조달 담당자의 업무를 편하게 해주는 일은 하지 말라는 것이었다. 그리고 회계 감사를 받는 경우에는 수익률이 비교적 평범하게 보일 수 있게 어떤 것이든 비용으로 처리하라는 지시를 받았다.

「구매 담당자가 불리한 입장이었죠.」샌더슨의 말이다. 「트랜스다임은 부서마다 그렇게 힘든 자리에 사람을 배치합니다. 몇 퍼센트를 팔아야 보너스를 받는지 알게 되죠. 솔직히 말해, 국방부의 구매 담당자는 트랜스다임 직원만큼 경제적 동기부여가 되지 않잖아요. 그냥 할 일만 하는 거죠.」 그러면 이런 조달 계약 직원들에게 엄청난 수익을 올리는 바가지 거래를 떠안기는 건 어떨까? 「누워서 떡먹기죠.」

샌더슨은 법적으로 불가능하다고 판단한 증가 수치를 보여 주는 예상안을 만드는 것을 거부한 뒤 결국 회사에서 해고되었다. 「윗사람들은 아랫사람들이 하는 말에 귀를 기울이려고 하지 않았습니다.」

로 카나(민주당, 캘리포니아주)라는 초선 하원의원이 관심을 기울이기 전까지 트랜스다임은 오랫동안 가격 매기기 게임을 피할 수 있었다. 하지만 트랜스다임은 크고 작은 방식으로 점차 집중되고 있는 시스템에서 일군의 부품을 담당하는 하나의 방위 도급업체에 불과하다. 전쟁 도구를 건조하는 소수의 거대 기업이 있고, 독점화 추세에 편승해서 이 시스템에 파고들면서 조용하지만 끈질기게 자기 몫을 챙기는 단독 입찰 부품 제조업체들이 있다. 도급업체들은 사실상 모든 하원의원 선거구에 조업을 분산시키면서 모든 정치인이 더 많은 살상 도구를 건조하는 데 이해관계를 갖도록 만든다. 해외에 군대를 더 많이 배치하고, 더 많은 폭탄을 만들고, 더 자주 전쟁을 벌이는 방향으로 미국의 대외정책을 치우치게 만든다.

그와 동시에 방위 도급업체들은 다른 대규모 산업만큼이나 외주 생산에 치중한다. 미국은 방위 산업 기반을 깡그리 비우면서 이 시스템들의 핵심을 전부 다른 나라, 주로 중국에 넘겨주고 있다. 저렴한 노동 비용을 찾는 월 스트리트 금융가들이 부추기는 가운데 생산 역량과 기술 노하우가 해외로 이동하고 있다. 잠수함용 강철을 주조하거나 제트 전투기 내부 부품을 제조하는 국내 시설을 찾기란 쉽시 않다. 화학 물질에서부터 금속, 배터리와 회로판에 이르기까지 수십 가지 핵심 부품이 단일 공급업체에서 나오는데, 이 업체들이 속한 나라는 점점 경제적 적수가 되고 있다. 이런 상황이 군사적 맥락으로 전환되면, 중국은 남북전쟁 당시 북부연방이 남부연합에 대해 지녔던 것과 똑같은 우위를 누리게 될 것이다. 모든 제품을 만들기 때문이다.

미국 방위 산업에 사실상 유일하게 남은 혁신은 트랜스다임 같이 시장 지배력을 확보해서 국민 세금을 빼먹는 음모를 꾸미는 재무 축소에서 나온다. 군수 생산을 외주 생산함으로써 생기는 국가안보 위협이 조달 담당관을 속이는 방법에 관한 궁리보다 뒷전으로 밀린다. 군대가 전장에서 사용할 가장 혁신적인 시스템을 구성하기 위한 전략 회의, 또는 설마 그런 일은 없겠지만 외교를 활용해서 갈등을 완화하기 위한 전략 회의는 착취를 극대화하기 위한 전략 회의로 대체되었다. 방위 도급업체가 정부를 상대로 바가지를 씌우는 것은 적어도 한 세기 동안 미국 특유의 전통이었다. 오늘날 방위 산업이 보유한 역량은 바가지 씌우는 능력뿐이라고 말해도 과언이 아니다.

제1차 세계 대전이 끝나고 1년 뒤인 1919년, 전쟁부[1] 지출에 관한 하원 특별위원회는 서부 전선에 장비와 물자를 공급한 기업들의

1   미국 국방부의 옛 명칭.

폭리 행위와 비용 초과에 관해 연속 청문회를 열었다. 1935년 스메들리 버틀러 소장은 동명의 책에서 〈전쟁은 사기다〉라고 말하면서 전쟁이 나면 폭리 행위를 통해 〈최소한 2만 1,000명의 억만장자와 백만장자가 새롭게〉 생겨나고 국가의 경제 구조가 재편된다고 설명했다. 버틀러는 자신이 어떤 산업을 위해 어떤 나라들을 침공했는지 술회하면서 스스로를 〈대기업, 월 스트리트, 은행가들을 위해 일한 고급 조폭〉이라고 지칭했다.

대공황 시절, 노스다코타주 출신 공화당 의원 제럴드 나이가 이끄는 상원 군수위원회는 더 나아가 도급업체들이 미국의 1차 대전 참전을 재촉했는지 여부를 조사했다. 모든 군수 생산을 국유화할 것을 주장한 나이는 개탄해마지 않았다. 「이제 전쟁과 전쟁 준비는 국가의 명예와 국가 방위의 문제가 아니라 소수를 위한 이윤의 문제입니다.」 결국 막바지에 하원은 유럽에서 히틀러에 맞서 벌어지는 초기 전투에 미국이 참여하지 못하게 만드는 중립 법안 세 개를 통과시켰다.

1941년 3월(미국이 제2차 세계 대전에 참전하기 전), 하원이 트루먼 위원회를 구성했다. 남성복점 사장에서 미주리주 출신 상원의원으로 변신해서 굳건한 지도력으로 탄탄한 명성을 쌓아 결국 1944년 민주당 공천 후보에 이름을 올리고 곧바로 대통령이 된 인물이 위원장이었다. 위원회는 군수 계약에서 사기 행위, 낭비, 오남용 등을 근절해서 100억~150억 달러를 절감했다. 트루먼은 군인 주거 시설 건축에서 대규모 비용 초과가 발생하고, 육군과 해군에 불량 와이어와 케이블이 판매되고, 육군 항공기를 위해 징발된 엔진에 결함이 있고, 육군 항공대 검사관들이 공모해서 불량 장비를 눈감아 준 사실을 적발했다. 마지막 사례는 아서 밀러의 희곡『모두가 나의 아들*All My Sons*』에서 중심 줄거리로 활용된다.

내가 말하려는 요지는 군수 생산의 재정적 부패의 역사가 오래되었다는 것이다. 그리고 해리 트루먼이 어느 정도 성공을 거두긴 했지만, 그가 활약한 시기 전후로 그가 폭로한 것과 같은 사기 행위가 계속 재발했다. 드와이트 아이젠하워는 1961년 대통령 퇴임사에서 전쟁이 일어나는 즉시 민간 부문이 신속하게 동원되는 구조보다는 〈압도적 규모의 항구적인 군수 산업〉이 형성되었다고 경고했다. 하지만 두 구조 〈모두〉 기업들이 미국의 청년들을 외국의 총부리 앞으로 보내면서 이윤을 벌어들이고 그런 목적을 위해 지정학에 영향을 미칠 수 있게 해주었다. 아이젠하워가 우려한 〈부적절한 권력〉은 난데없이 나타난 게 아니다.

정치인들은 실제로 아이젠하워의 경고에 주의를 기울였다. 아이젠하워가 퇴임하고 1년 뒤, 하원은 어떤 특정한 문제를 다루기 위해 〈협상 과정의 진실 의무법(TINA)〉을 통과시켰다. 방위 조달 기관들은 부품 경쟁 입찰을 통해 계속 가격을 낮추고 있었다. 그런데 한 곳에서만 부품을 공급받는 경우에는 어땠을까? 〈협상 과정의 진실 의무법〉에 따르면, 공급자는 제조 비용에 대한 전체적인 분석을 공개해야 했다. 조달 업무를 담당하는 군수국(DLA)은 이를 검토한 뒤 합리적인 가격 인상을 허용했다. 따라서 시장의 경쟁이든 정보에 근거한 구매자든 무분별한 폭리 취득을 막을 수 있었다. 국방부는 심지어 부품의 특별한 세공까지 통제하고 이를 다른 도급업체에 인가해서 단일 공급자 부품을 다원화할 수 있었다.

하지만 이런 장치들 가운데 어느 것도 완벽하지 않았다. 특히 로널드 레이건이 대규모 군비 증강을 개시해서 초과 이윤을 벌어들일 기회를 크게 확대하자 통제 장치에 구멍이 뚫렸다. 레이건 시대의 국방장관 캐스퍼 와인버거는 국방부가 군비 증강 시기에 특히 예비 부품 부문에서 경쟁 입찰을 늘리는 데 실패했음을 인정할 수밖에 없었다. 트랜스다임의 사업 전략은 이때 이미 전조가 나타났다. 435달러짜리 망치와 640달러짜리 변기 시트의 사례는 전설처럼 전해 내려온다. 어떤 이들은 실제로 전설이라고 말하는데, 국방부의 예전 회계 구조상 일반 품목의 연구개발 비용 전체가 포함되기 때문에 그렇게 인위적인 가격이 만들어졌다는 것이다. 당시에 국방부는 주로 연구개발의 수혜자라기보다는 주체였다. 국방부에서 처음 만들어진 제품이 상업적 파생 상품으로 다시 나오는 경우가 많았다. 한 예로, 국방고등연구계획국(DARPA)이 구상한 통신 네트워크 프로토콜은 결국 월드와이드웹으로 바뀌었다.

하지만 〈협상 과정의 진실 의무법〉 계약 체제가 조달 과정의 오남용을 제어했든 못했든 간에, 베를린 장벽이 무너지자 국방 예산도 나란히 내려앉았다. 장벽 붕괴 몇 년 전에도 레이건의 군비 증강이 정점에 올랐다. 전체 예산 지출에 제약을 가하는 그램-러드맨-홀링스 균형예산법이 일정한 역할을 했다. 하지만 1989년 이후에, 심지어 전혀 온건파라고 볼 수 없는 딕 체니가 국방장관으로 재임하는 동안에도 정책 결정권자들은 냉전 배당금을 현금화하기 시작했다. 빌 클린턴 집권 1기에 예산관리국(OMB)에서 일한 아메리칸 대학교 명예교수 고든 애덤스가 제시한 수치에 따르면, 조지 H. W. 부시 (아버지 부시)는 재임기 동안 국방 예산을 고정 달러[2]로 26퍼센트 줄인 반면, 클린턴은 첫 4년간 겨우 10퍼센트 줄였다. 〈통계 정책 현실상, 부시-체니-파월의 감축이 클린턴의 감축보다 더 많았다〉고 애덤스는 말했다. 연구개발과 조달이 특히 대폭 삭감되면서 군 관리들이 민간 시장에 더 의존하게 되었고, 최저 가격에 최고의 장비를 요구할 수 있는 전문적 능력도 줄어들었다.

군사 지출이 줄어들면서 훗날 〈최후의 만찬〉이라고 알려지게 된 사건이 일어나는 배경이 조성되었다. 국방장관 레스 애스핀, 최고위 부관이자 결국 후계자가 되는 윌리엄 페리, 무기 조달·기술 담당 국방차관 존 도이치는 펜타곤에서 주요 방위 도급 기업 대표 10여 명과 오찬 모임을 가졌다. 애덤스의 말에 따르면, 〈일부 모욕적인 장면이 있었다. 페리는 퉁명스러웠다. 「여러분 가운데 몇 명은 살아남을 테고, 몇 명은 죽거나 합병될 겁니다. 여러분 스스로 알아내야 합니다.」〉

영구 군비 산업에 직접 지시하는 것이나 마찬가지였다. 그들은 기업을 통합하라는 말을 들었다. 모든 기업의 생존을 촉진할 만큼 넉넉한 돈이 돌아가지 않을 것이었기 때문이다. 페리는 숫자를 명기했다. 5년 안에 도급업체의 수를 절반으로 줄이기를 원했다. 결국 그 시기 동안 550억 달러의 합병이 이루어져 그의 바람대로 되었다. 1994년 노스롭이 그루먼을 사들여서 노스롭 그루먼이 탄생했다. 록히드는 로럴, 유니시스 디펜스, 포드 에어로스페이스, 그리고 현

2 constant dollar. 인플레이션에 따른 변동을 제거한 실질 달러 가치.

재의 록히드마틴에 이름을 올린 마틴 마리에타를 인수하는 등 총 22개 공급업체를 사들였다. 레이시언은 텍사스 인스트루먼트, 크라이슬러, 휴즈 에어크래프트의 방위 부문을 집어삼켰다. 보잉은 로크웰 인터내셔널과 맥도널 더글러스의 일부 사업 부문을 차지했다. 제너럴 다이내믹스는 배스 아이언 웍스 전체와 루슨트 테크놀로지와 세리디안의 일부를 흡수했다. (기업 통합은 지금까지도 계속되고 있다. 2001년에서 2015년 사이에 방위 산업에 1만 7,000개 기업이 존재했는데, 2019년 레이시언이 유나이티드 테크놀로지를 사들여서 보잉에 이어 미국 제2의 항공우주·방위 기업으로 올라섰다.)

이 다섯 개 기업은 미국의 으뜸가는 기업 통합자가 되어 무기와 운반 시스템[3] 도급의 절대 다수를 차지했다. 2006년 미 공군 주디 데이비스 소령이 항공우주 부문 기업 통합에 관해 발표한 연구 논문에 따르면, 1990년에서 1998년 사이에 전술 미사일 도급업체의 수가 13개에서 4개로 줄었고, 고정익 항공기 제조업체는 8개에서 3개로, 소모성 우주 발사체[4] 제조업체는 6개에서 2개로 줄었다.

군사 지출이 냉전 이후 추세대로 계속 줄어들 것이라는 예상은 쌍둥이 빌딩에 비행기들이 부딪힌 순간에 바로 바뀌었다. 미군이 아프가니스탄과 이라크로 급파되는 가운데 곧바로 다섯 개의 거대한 입이 새로운 군비 증강을 집어삼킬 태세에 돌입했다. 〈이제 이 기업들이 아이젠하워가 군산복합체라고 지칭한 괴물〉이라고 애덤

---

3 delivery system. 폭탄, 로켓, 미사일 등을 목표까지 이동시키는 수단의 총칭.
4 expendable launch vehicle. 우주 공간에 발사한 뒤 대기권 재진입 시에 파괴되거나 우주 공간에 버려지는 발사체.

스는 말했다.「대미 불사가 생긴 겁니다.」

　물론 주요 기업 통합자들은 더 많은 사람들이 총과 탱크로 무장해서 서로 싸울 때 승승장구한다. 제너럴 다이내믹스, 레이시언, 록히드마틴, 보잉은 예멘에서 전쟁을 추진하려는 사우디아라비아에 도급을 받으면서 301억 달러를 벌어들였다. 의회가 무기 판매를 차단하려고 시도했지만, 트럼프 행정부는 무기 선적을 순조롭게 진행하기 위해 비상 규정을 발동했다. 트럼프가 중거리 핵무기 폐기 조약(IRNFT)을 거부한 덕분에 레이시언은 미사일 공급 계약으로 5억 달러 넘게 벌어들였다. 록히드와 제너럴 다이내믹스 역시 핵무기 거래를 한다. 투자자들과의 전화 통화에서 방위 도급업체 최고경영자들은 이란과 전쟁을 벌이면 사업에 얼마나 좋을지에 관해 태연하게 심사숙고했다. 군사 예산은 모든 주로 흘러들어가기 때문에 예산이나 전쟁 열망을 줄이기란 어려운 일이다.

　최상층 아래를 보면, 오로지 방위 부문에만 몰두하는 제조업체 명단이 크게 줄어들고 있다. 애덤스의 설명이다.「방위 산업 기반 같은 건 이제 없습니다. 장기간에 걸쳐 장비를 구축하기 위해 민간 기술과 상업적 투자에 의존하게 됐기 때문이죠.」항공기나 잠망경, 전함에 들어가는 장비 부품들은 대부분 상업화된 기술 부문에서 생산된다(사소한 예외가 있다면 레이시언인데, 이 기업은 여전히 기술을 생산하는 소수의 군수 도급업체 가운데 하나다). 그리고 우리의 상업 부문은 독점으로 향하는 추세이기 때문에 결국 수많은 단일 공급자가 생긴다.

　법률 컨설팅 기업인 워싱턴 에이비에이션 그룹 회장 제이슨 딕스틴은 정부 규제 담당자들이 설계와 생산 승인을 부여하는 기업들에게 민간 항공기에 대해 130만 개의 부품 번호를 매기게 했다고 설명했다. 「이 부품들 대부분은 경쟁이 아예 없습니다.」 장비 공인과 관련된 규제 장벽 때문에 부품 독점이 더욱 공고해진다. 군용, 상업용 항공기는 서로 다르지만, 구매 책임자의 승인 과정은 대체로 같은 방식으로 진행된다. 그리고 기업들은 종종 무기 시스템 부품 도급 계약을 따내기 위해 5대 기업보다 싸게 입찰하지만, 판매 후에 정부를 마음대로 주무를 수 있는 수리 부품 시장에서 돈을 번다.

국방부는 연구 사업에서 발을 뺀 것과 마찬가지로 여러 면에서 조달 사업에서도 손을 뗐다. 연방조달효율화법과 연방조달개혁법은 둘 다 클린턴이 서명한 법인데, 조달 과정을 간소화하고 준수 비용을 줄이며 조달 과정을 기업 친화적으로 바꾸기 위한 것이었다. 일정한 기준점 이하의 도급 계약은 도급업자가 최소한의 정보만 공개한 채 진행될 수 있었다. 조달 담당관들은 최저가 입찰자를 선정할 필요가 없었고, 미국산 구매 의무법Buy America Act을 포기한 결과 부품과 무기를 해외에서 제조할 수 있었다. 「클린턴 정부 인사들은 방위 산업에다가 이렇게 말했죠. 〈당신들은 판매자고, 우리는 구매자입니다. 우리가 당신네 물건을 어떻게 구매하는 게 좋을까요?〉」 조달 담당관 출신으로 볼티모어 대학교 로스쿨 부교수인 리처드 로브의 말이다. 「자동차 판매원한테 가서 그런 말을 한다고 상상해 보세요.」

게다가 이 새로운 법률들 덕분에 방위 기업들은 광범위한 〈상업 품목〉 면제를 받았다. 즉 어떤 부품이 일반 시장에서도 구입 가능한 것이면, 도급업체는 그 부품의 생산 비용을 공개할 필요가 없었다. 원래 도급 담당관은 가격 목록과 역대 가격 데이터, 기타 자료를 검토해서 공정하고 합리적인 가격을 정해야 했다. 그런데 이런 검토가 가능하다는 가정이 일종의 오류였다고 로브는 말한다. 「시장 가격 같은 건 없어요. 종종 시장에서 실제 판매가 전혀 이뤄지지 않거나 극히 미미한 판매만 이뤄지거든요.」 요식 행위를 통과하기 위해 비상업용 품목들에도 상업 품목이라는 딱지가 붙었다. 조지 W. 부시(아들 부시) 행정부는 이런 관행을 공언된 정책으로 만들었다. 2004년 록히드마틴은 C-130 화물기 전체를 상업 품목 목록에 올렸다. 나는 제이크루 상품 목록에서 그 화물기를 본 기억이 없다.

마지막으로, 규정이 간소화되고 분석할 데이터가 줄어든 가운데 조달 담당관 숫자가 대폭 줄어들었다. 국방부라는 기관의 기억 자체가 서서히 마모된 한편, 도급업체들은 힘과 지식이 많아졌다. 이런 물결이 막바지에 이르러 조달 규제가 완화되고, 높은 기준으로 되사들이고, 더 많은 합병이 빠른 속도로 진행되는 가운데 오바마 시대의 펜타곤 관리들은 군수 산업의 기업 통합이 지나친 수준이라고 경고의 목소리를 내기 시작했다. 경고한 사람들 가운데는 놀라울 정도로 뻔뻔스럽게도 〈최후의 만찬〉을 주최한 윌리엄 페리도 있었다. 「아마 우리는 이미 기업 통합이 충분히 많이 이루어졌다고 더욱 공공연하게 말을 해야 할 겁니다.」 페리는 1993년에 자신이 경종을 울렸는데 어쩐 일인지 아무도 듣지 못했다고 그릇된 가정을 하면서 말했다.

❖

공급 연쇄를 미국에 묶어 두는 규정에서 자유로워지자 상업적인 군수 생산업체들은 해외에서 저렴한 노동력을 찾게 되었다. 월 스트리트 애널리스트들이 더 높은 이윤폭을 요구하면서 부추기는 가운데 도급업체의 이윤과 아웃소싱이 급증했다. 전문용 고급 강철에서부터 소형 잠금 장치에 이르기까지 모든 제조업이 미국을 떠났다. 오늘날 전형적인 궤적을 보면, 미국 기업들이 설계하고, 해외 공장에서 제조하고, 국내 영업사원들이 정부에 팔러 다닌다. 따라서 양질의 공학보다는 금융적 고려에 따라 의사결정이 이루어진다.

패스트 패션 의류나 어린이 장난감의 역외 생산과는 경우가 다르다. 하지만 방위 산업 기반을 해외로 이전하면, 국가안보가 손상되는 것은 분명하다. 군이 해외 이전을 저지하기 위해 많은 노력을 기울이지는 않았지만, 그렇다고 이 문제에 관해 생각하지 않은 것은 아니다. 방위 산업에서 국가안보에 가해지는 위험성을 평가하는 주목할 만한 기업 통합 보고서가 2018년 9월에 발표됐는데, 이를 통해 세계화 때문에 단일 공급자의 국내 제조품과 해외 공급 연쇄에 지나치게 의존하게 된 과정이 적나라하게 드러났다. 특히 자국 생산자들에게 보조금을 주는 중국 같은 〈경쟁 국가〉가 주요한 역할을 한다. 보고서 필자들이 가장 우려하는 공학 역량의 부족은 〈국내에서 군을 위해 전문화된 부품을 생산할 수 있는 역량이 부재함〉을 보여 주고 있다.

보고서에는 국내 제조업 기반이 거의 또는 전혀 없는 수십 가지 품목이 열거되어 있다. 곡사포와 박격포 포신은 대폭 축소된 한 생산라인에서만 만들어진다. 유일하게 남은 실리콘 전원 스위치 제조업체는 반도체 스위치 공급을 받지 못하자 문을 닫아야 했다. 자격을 갖춘 채프[5] 공급업체는 한 곳이고, 조명탄 업체는 두 곳인데, 2018년에 조명탄 생산 공장 두 곳 모두 폭발 사고가 나서 조립 작업을 일시 중단했다. 2000년 이래 조선 산업은 미국 국내에서 2만 개가 넘는 생산 시설이 사라졌고, 해군은 항상 유일한 공급자에게 의존한다. 섬유 시장은 워낙 큰 타격을 받아서 이제 강력 폴리에스터 섬유를 생산하는 국내 공급업체가 전무하다. 2018년 발표된 L3와 해리스 테크놀로지의 합병으로 미국에 소재한 군용 야간 투시경 공급업체는 하나로 줄었고, 투시경의 핵심 부품인 튜브는 독일에서 생산한 것만 쓴다.

특히 주목할 만한 요소는 원재료 생산이 사라진 것이다. 중국의 한 기업이 최신 배터리 기술의 핵심 재료인 리튬의 전 세계 생산 가운데 절반을 독점하고 있다. 중국은 핵심 전자 부품인 인쇄회로기판의 세계 생산량 가운데 절반을 차지하고, 이 부문의 90퍼센트가 아시아에서 만들어진다. 중국은 또한 미사일과 탄약용 특수 화학 물질을 군에 공급한다. 〈많은 경우에 다른 공급원이나 쉽게 입수 가능한 대체 재료가 전혀 없다〉고 보고서는 말한다.

중국은 또한 희토류 금속 시장 대부분을 거의 완전히 장악하고 있다. 희토류 금속은 거의 모든 통신, 운송 수단, 무기 기술에서 사용되는 17개 화학 원소를 가리킨다. 미국은 1970년대에 F15와 F16

5 chaff. 레이더 탐지 방해용 금속 조각.

전투기용으로 희토류 자석의 개발을 선도했다. 이 기술은 민간 부문으로 파생되어 전자 제품과 휴대 전화에 사용되었다. 매그너퀸치라는 회사가 인디애나에서 이 자석을 생산하다가 2004년에 공장문을 닫고 중국으로 이전했다. 실제로 중국은 회사 전체를 사들여서 유명한 워터게이트 검사의 아들인 아치볼드 콕스 2세가 운영하는 헤지펀드의 유령회사로 활용했다. 2017년 내무부 보고서에 따르면, 희토류는 중국에서만 공급되는 최소한 20개 광물 가운데 하나다. 미국에서 발명된 기술을 중국이 독점한 것이다.

트럼프가 벌인 무역 전쟁 중에 중국 국영 신문들은 중국이 희토류 수출을 금지해서 기술 가격을 급등시킬 것이라고 넌지시 암시했다. 시진핑 주석은 2019년 한 희토류 공장을 순시하면서 이런 위협을 부각시켰다. 실제로 중국은 자국과 일본 양국이 영유권을 주장하는 동중국해의 분쟁 지대인 댜오위댜오/센카쿠 열도 주변에서 일본 순시선이 중국 어선을 나포하는 사건이 있은 뒤 2010년에 일본에 대해 희토류 수출 금지를 실행하려고 했다. 그런 금지가 얼마나 효과가 있었는지에 관해서는 논란이 분분하며, 이 일을 계기로 전 세계가 경각심을 갖고 일본(수 년간 값비싼 굴착이 필요할 것이다), 오스트레일리아, 미국(한때 방치 상태였던 희토류 광산과 처리 시설을 재가동했다)에서 대안적 공급원을 확보하려고 노력 중이다. 하지만 미국의 시도는 아직 초기 단계이며 몇 가지 환경적 장애물을 넘어서야 할 것이다(희토류 가공 처리는 오염 유발 산업이다). 중국이 한동안 사실상의 독점을 유지할 가능성이 높은데, 따라서 미국 국방부가 희토류 국내 공급을 지시하지 않으면, 미국은 중국인들의 협조 없이는 무기 체계를 구축할 수 없다.

관계 부처 합동 연구는 중국인들이 핵심 군수 생산을 인수한 결과, 〈전략적 산업 정책에 따라 유도되는 중국의 경제 침공과 미국 제조업과 방위 산업 기반의 취약성과 틈새 사이에 위험한 상호작용이 일어날 가능성〉이 높아질 수 있다고 결론짓는다. 제조 과정이 국경을 넘어서 유출되면 어떤 상황에서든 그러하듯, 위조품이 생겨날 가능성도 점점 높아진다. 배터리 오작동 보고나 조종사의 청력 장애와 안구 통증을 야기하는 조종실 기압 급등 등 F35 전투기에서 지속적으로 발생하는 문제에서부터 하갑판에서 폭탄을 이동시키는 데 필요한 엘리베이터가 없이 인도된 130억 달러짜리 항공모함 〈USS 제럴드 R. 포드〉에 이르기까지 우리는 조잡한 군사 장비의 사례를 숱하게 목격하고 있다.

알렉산더 해밀턴은 1791년 제조업에 관한 보고서에서 정부가 국내 산업을 떠받칠 뿐만 아니라 더욱 중요하게는 공공안전을 유지하기 위해 매년 〈국내에서 제조된 군사 무기〉를 구입하기 위한 예산을 확보해야 한다고 역설했다. 「이처럼 국가 방위에 필수적인 수단들을 개별 모험적 사업의 변덕스러운 투기에 맡기는 것은 경솔한 처사로 보인다.」 그로부터 200년 뒤 미국은 해밀턴의 경고에 귀를 기울이지 않고 군수 제조업을 투기꾼들의 손에 넘겨주었다. 일단 공장들이 문을 닫자 미국에 남은 노하우를 모조리 빼낼 수 있었고, 정보 우위를 활용해서 정부를 감쪽같이 속여 부정한 거래로 유도했다. 〈판금sheet metal〉이 〈대차대조표balance sheets〉에 길을 내주었다.

❖

　트랜스다임을 방위 도급업체나 제조업체라고 지칭하는 것은 그릇된 명명이다. 더그 피코크와 닉 하울리가 1993년 공동으로 창립해서 클리블랜드에 본사를 둔 이 회사는 사모펀드 합병 기업에 가깝다. 실제로 트랜스다임은 2006년 상장하기 전에 세 사모펀드 기업을 거쳤다. 창립 이래 트랜스다임은 돈을 빌려서 군용·민간 항공기에서 두루 사용되는 부품을 제조하는 70개 기업을 사들였다. 〈최후의 만찬〉 이후에 기업 통합 수요에 편승해서 파편화된 항공기 부품 부문의 일부를 거둬들여 최강의 기업을 만들었다.

　트랜스다임은 주식 시장 수익을 능가하고, 확실히 일반 부품 공급업체보다 높은 〈사모펀드 수준의 수익〉을 추구한다고 투자자들에게 공공연하게 말한다. 투자자들이 이런 호언장담에 매료되는 것은 월등한 주식 수익 때문만이 아니라 트랜스다임이 거의 해마다 〈특별 배당금〉을 지급하기 때문이다. 보통주를 소유한 모든 사람에게 두둑한 현금을 안겨 준다. 트랜스다임의 수익은 계속 늘어나고 있지만 기업의 부채도 2012년 이래 세 배로 증가했다. 중역과 투자자들에게 돈이 빠져나가기 때문이다. 2017년, 당시 최고 경영자 하울리는 6100만 달러를 보수로 챙겼는데, 그해에 미국에서 여섯 번째로 많은 액수였다.

　트랜스다임의 기업 인수는 대단히 정확하다. 머리 샌더슨은 트랜스다임이 주워 담은 항공 기업에서 경력을 보냈다. 「트랜스다임은 전망 좋은 기업의 재무 구조와 계약을 검토하는 데 굉장히 유능합니다.」샌디슨이 혀를 내두르며 한 말이다. 「어떤 기업이 독점 공급 목록을 보유한 지점을 정확히 찾아내요. 독점 공급 목록을 보유하고 있으면 가격을 인상하는 허가권을 가진 셈이고, 부정적인 결과는 많지 않죠. 워런 버핏이 판단한 것처럼, 기업 주변에 해자를 파는 셈입니다.」

트랜스다임의 2016년 연례 보고서에 따르면, 〈판매의 80퍼센트 정도가 우리가 유일한 공급자라고 생각하는 제품에서 나온다〉. 현 회장(이자 오랫동안 최고 경영자를 지낸) 하울리와 현 최고 경영자 케빈 스타인은 자신들의 가격 정책을 〈면도기/면도날 방식〉이라고 공공연하게 설명한 바 있다. 트랜스다임은 장비 제조업체(가령 보잉 같은 항공기 제조업체)에 더 낮은 이윤으로 부품을 판매한다. 그리하여 트랜스다임은 그 항공기의 유일한 부품 공급자가 되고, 복잡한 안전·생산 요건 덕분에 다른 대안이 끼어들기가 무척 어려워진다. 이제 트랜스다임은 수리용 부품 시장에서 돈을 번다. 아메리칸 항공이나 유나이티드 항공, 미군 같이 지속적인 공급을 필요로 하는 항공기 구매자들에게 예비 부품을 판매하는 것이다. 그런데 구매자들로서는 다른 데서 살 수가 없기 때문에 이 부품들의 가격은 대폭 인상된다.

어떤 이유에서인지 하울리와 스타인은 이런 방법이 일반적인 사업 전략일 뿐이라고 본다. 하지만 그들이 설명하는 것은 시장 지배력의 교과서적 정의다. 면도를 하는 사람이라면 대번에 이해하는 〈면도기/면도날〉 모델은 면도기는 비교적 싸게 팔지만 특정 면도기에만 맞는 면도날의 가격은 점점 비싸진다는 뜻이다. (그런데 다른 이야기이긴 하지만, 면도기 시장은 소수 독점이다. 쉬크, 프록터앤갬블, 유니레버 등이 최근에 신생 경쟁자들을 사들이고 있기 때문이다.) 이 경우에 트랜스다임은 돈을 들여 제품을 개발한 기업들을 사들여서 구매자들이 이 제품에 의존하게 만든 다음, 최대한 이윤을 뽑아낸다. 바로 이것이 이 기업이 〈정당한 근거〉로 내세우는 방식이다. 트랜스다임이 들이대는 알리바이는 독점이다.

샌더슨은 일하던 기업이 인수된 뒤 〈트랜스다임화〉되는 과정에 관해 내게 설명해 주었다. 트랜스다임의 방식대로 일을 하려 하지 않는 이들은 모조리 숙청당했다. 관리자와 중역들은 해고당했다. 「저는 당시 엔지니어였죠.」 샌더슨의 말이다. 「트랜스다임은 판매 부서를 정리했습니다. 뭐가 어디에 있는지 아는 사람이 저뿐이라 졸지에 영업사원이 됐습니다.」 대량 해고가 흔한 일이었다고 예전 직원들은 말한다. 이윤 폭을 늘리는 최선의 방법은 머릿수를 줄여서 노동 비용을 낮추는 것이다.

트랜스다임화를 위해서는 특히 군수 부문의 수리용 부품 시장에서 최대한 높은 가격을 매겨야 했다. 트랜스다임의 수입 가운데 30퍼센트 이상이 군수품 판매에서 나온다. 민간 항공기의 수리용 부품 시장은 더 크다. 여객기가 군용 제트기보다 훨씬 많이 비행하기 때문이다. 하지만 민간 부문은 또한 트랜스다임의 부품을 합리적인 가격으로 구입할 동기가 충분하다. 구매팀 전체가 비용을 감축하거나 적어도 고정 금액으로 구입하기 위해 노력하며 서류상으로는 이득을 보여 줄 수 있다. 샌더슨이 단호하게 말했다. 「그렇게 못 하면 잘리거든요.」

특히 클린턴 시대의 조달 개혁 이후 군 쪽에서는 그런 동기가 존재하지 않았다. 도급 담당관들은 부품 판매업체와 협력해서 일하라는 말을 들었다. 트랜스다임 같은 기업들이 활개를 칠 수 있는 점보제트기 크기의 구멍이 만들어졌다. 그리고 우리는 트랜스다임이 이런 허점을 곧바로 활용했음을 알고 있다. 일찍이 2006년에 정부에 비용을 과다하게 청구했다는 이유로 배제되었기 때문이다.

〈독점 공급자 도급 환경의 제약을 감안하면, 군수국 도급 담당관들은 트랜스다임 자회사들로부터 조달한 예비 부품 가격을 효과적으로 협상할 수 없었다.〉 국방부 감사관이 감사 보고서에 쓴 내용이다. 클린턴 시대의 여러 제한 때문에 조달 담당관들은 소규모 도급 계약과 상업용으로 판단되는 품목에 관해 트랜스다임으로부터 비용 데이터를 받을 수 없었다. 부품 77개 샘플 비용에 1480만 달러가 청구된 것을 본 감사관은 트랜스다임이 합리적인 이윤 폭으로 간주되는 액수보다 530만 달러를 더 붙였다고 결론지었다.

샌더슨은 2006년 감사 이후에 판매 담당자들이 불려 가서 어떻게 가격을 좀더 미묘하게 올려야 하는지를 들었다고 설명했다. 「말하자면 〈가차 없는〉이라는 단어를 쓰는 거죠.」 그가 말했다. 「군수국의 도급 담당관들에 대해 전반적으로 깔보는 분위기였습니다.」 판매 담당자들은 해마다 목표로 정한 정확한 수치를 전달받았고, 목표 달성 여부에 따라 보너스가 달라졌다. 다른 구매자들한테 가격 인상에 동의를 받는 게 어려워지면, 언제든지 정부로 돌아가서 그 차액을 보전할 수 있었다. 때로 판매 직원들은 목표 수치를 달성하기 위해 회계 게임을 했다. 이른바 〈밀어내기〉 작전을 통해 재고를 떠넘기는 일이 많았다. 정부에는 〈재고를 쌓아 놓는 대규모 창고〉가 있었다고 샌더슨은 설명했다. 따라서 만약 어떤 판매 직원이 월말까지 추가로 부품 100개를 팔아야 하면, 정부의 구매를 유도해서 먼 미래의 주문을 미리 채울 수 있었다. 「정부 계약서 수정을 요청해서 부품을 일찍 선적할 수 있었죠.」 샌더슨의 말이다. 「만약 9월이라면 이듬해 7월치 주문을 당겨서 미리 보내곤 했습니다.」 이렇게 하면 마치 판매가 늘어나는 것처럼 보이지만 실제로는 미래에서 당겨오는 것일 뿐이었다.

투자자에게 보여 주는 분석 자료를 속이는 일은 정부 도급 담당자들을 기만하는 것에 비하면 아무것도 아니었다. 「정부한테 가격을 올려 받는 데 전혀 문제가 없었습니다.」 샌더슨의 말이다. 「구매 담당자는 그걸 사야 하는데, 그렇지 않았다면 그걸 사려는 시도조차 안 했겠죠. 하늘 높은 줄 모르고 치솟았죠. 30퍼센트 마진 가격이었는데, 80퍼센트까지 올렸습니다. 정말 가차 없었죠.」

분기별 판매 회의에서 중역들은 판매 직원들에게 가격을 올리라고 압박을 가했다. 도급 담당관이 물량을 추가하는 대신 장기 계약을 원하는 경우에 트랜스다임은 제안을 거절하라고 직원들에게 교육시켰다. 「안 된다고 하는 겁니다. 경영진이 인플레이션 때문에 좋아하지 않는다거나, 에너지 비용, 희토류 금속, 미국산 구매 의무 등등 아무 이유나 갖다 대는 거죠.」 샌더슨의 말이다. 「어느 정도 신뢰가 있으면 그렇게 둘러대는 거예요.」 장기 계약을 맺지 않은 결과 트랜스다임은 해마다 가격을 올릴 수 있었다. 개별 주문의 규모도 축소했다. 새로운 규정 아래서는 계약 금액이 75만 달러가 넘지 않으면 비용 정보를 포함시킬 필요가 없었기 때문에 조달 담당관들은 트랜스다임이 제시하는 가격이 지나치게 높은지 여부를 판단할 기준점이 없었다.

판매 직원들은 또한 상업용 제품이라는 근거를 내놓으라는 지시를 받았다. 비용 정보 공개 규정을 피하는 또 다른 방편이었다. 샌더슨은 어떤 센서를 예로 들었다. 「정부가 F16의 제트 엔진 부품에 대해, 가격이 비싸다고 불만을 토로했어요. 우리는 A320과 B737 기종에 사용되는 부품을 찾았습니다. 두 개가 비슷해 보였어요. 한쪽 끝은 작고 반대쪽 끝은 큰데, 와이어로 동력을 공급하는 거였죠. 두 개의 도면을 챙겨 가서 소매 가격을 보여 줬습니다. A320 부품은 파운드당 가격이 5,000달러인 초합금이 들어간다는 얘기는 안 했습니다. 그냥 비슷한 상업용이 있고 우리 가격이 더 싸다는 걸 보여 줬죠.」 정부는 그 센서를 구매했다.

샌더슨은 이와 같은 몇 가지 사례를 알려 주었다. 엔진 추력 부품인 시동기 밸브가 그중 하나다. 트랜스다임은 정부가 공정한 대우를 받고 있다고 믿도록 속이면서 이 부품의 실제 가격이 얼마인지, 펜타곤이 얼마나 더 많은 비용을 추가로 내고 있는지 진짜 정보를 숨기곤 했다. 더 많은 정보를 달라고 요청을 받을 때마다 트랜스다임 판매 직원들은 요청을 간단히 무시해 버렸다. 「비용 데이터를 제공하지 말라는 지시를 받았습니다.」 한 전 직원이 2019년 하원 감독 위원회 실무진에게 한 말이다. 「정부에 비용을 공개하지 않기 위해 비상한 노력을 기울였습니다.」 다른 직원의 말이다. 「닉 하울리와 경영진은 눈짓과 고갯짓을 해가면서 어떤 비용 데이터든 공개하고 싫지 않다는 표시를 했습니다.」

독점이란 제품을 개선할 필요가 없음을 의미한다. 품질 경쟁을 하는 상대가 아무도 없기 때문이다. 『모두가 나의 아들』의 줄거리처럼, 독점은 자족감을 낳기 때문에 결함 있는 부품은 트랜스다임 이야기의 일부처럼 보인다. 첨단 공군 정찰 드론인 MQ9 리퍼가 계속 공중에서 추락하자 관리들은 트랜스다임의 자회사가 제조한 시동 발전기에 결함이 있다고 주장했다. 2015년 한 해에만 리퍼 20기를 폐기하거나 수리해야 했다.

트랜스다임은 2006년 감사 이후 초과 이윤을 반환하지 않으면서 〈그렇게 환불을 해야 하는 근거가 없다고 본다〉고 말했다. 2008년 국방부 감사관이 또 다른 보고서에서 트랜스다임의 한 자회사에 대해 독점 공급자로서 과다 청구를 했다고 비난했는데도 트랜스다임의 방침은 요지부동이었다. 어느 초선 하원의원이 유명세를 떨치려고 나서지 않았더라면 이런 전략이 무한정 계속됐을 것이다.

로 카나는 상무부 관리 출신으로 각기 다른 지역구에서 두 차례 하원에 출마했다가 낙선한 뒤 마침내 2016년에 당선되었다. 실리콘밸리의 심장부를 대표하는 의원으로 구글과 페이스북의 그림자가 짙게 드리워진 환경에서 자연스럽게 독점 권력과 그것이 경제에 미치는 중대한 영향에 관심을 갖게 되었다. 첫 번째 임기를 시작하고 몇 달 뒤인 2017년, 카나는 의사당 구역 내의 스타벅스에서 당시

뉴 아메리카 재단의 열린 시장Open Markets 프로그램 연구원이던 매트 스톨러와 커피를 마셨다. 스톨러는 정부에 바가지를 씌워 온 방위 도급 독점 기업을 둘러싸고 한창 넘쳐나던 연구에 관해 이야기를 했다. 하원 군사위원회 소속이던 카나는 더 많은 내용을 알고 싶어 했다.

이 정보는 캐피털 포럼Capitol Forum이라는 경제 뉴스 웹 사이트에서 처음 나왔다. 「트럼프 행정부가 군수 도급 계약 비용을 일제 점검하겠다고 공언하자 군수 수입 위험에 빠져」라는 절제된 제목이 붙은 기사는 차입 자금으로 기업을 인수해서 직원을 해고하고 가격을 대폭 인상하는 트랜스다임의 사업 모델을 개략적으로 설명했다. 무엇보다도 주목할 점으로, 기사는 트랜스다임이 기업을 인수한 뒤 선별된 부품의 가격이 어떤 식으로 급등하는지를 지적했다. 트랜스다임에 인수되기 전에 위퍼니 액추에이션 시스템은 모터 로터를 654.46달러에 판매했다. 그런데 인수된 이후에는 가격이 5,474.00달러로 뛰었다. 인수되기 전에 하코Harco에서 생산하는 케이블 어셈블리[6]는 1,737.03달러였는데, 인수 후에는 7,863.60달러가 되었다. 기사에 따르면, 민간 고객들은 일찍부터 이런 가격 인상에 반발하기 시작했지만, 군은 아무 대응도 하지 않았다. 캐피털 포럼은 트랜스다임의 이야기를 끝까지 정력적으로 추적했다. 트랜스다임 제품 수천 개를 분석해서 기업 인수 이후에 전보다 가격이 오른 것을 발견했다. 또한 자회사들이 트랜스다임의 소유 여부를 숨기기 위해 연방 정부 데이터베이스에 부정확한 정보를 제출한 사실

6   cable assembly. 한쪽이나 양쪽 끝에 접속기를 붙인 광섬유 케이블.

을 찾아내고, 앞서 살펴본 것처럼 판매 목표를 달성하기 위해 재고를 유통업체와 군에 떠넘기는 관행인 〈밀어내기〉를 부각시켰다. 트랜스다임의 분기별 판매 회의에 관해서도 보도했다.

시트론 리서치를 운영하는 공매도 전문가 앤드루 레프트는 「트랜스다임은 항공 산업의 밸리언트가 될 수 있을까?」라는 노골적인 제목의 기사에서 트랜스다임에 관한 폭로 내용을 추가했다. 레프트의 설명에 따르면, 트랜스다임의 총 수익률은 나머지 항공 산업 전체의 4~10배였는데, 이는 전적으로 가격 인상 덕분이었다. 분명 레프트는 공매도에 돈을 걸면서 정부가 행동에 나서서 트랜스다임의 주가가 박살이 날 것으로 기대하고 있었다. 이 경우에 그의 의도는 납세자의 이해관계와 일치했다.

「국민 세금이 줄줄 새는데 그걸 처리할 생각도 없이 국방부 예산을 540억 달러 증액한다는 데 우려를 표한 바 있었습니다.」카나가 한 말이다. 트랜스다임은 완벽한 표적처럼 보였다. 그래서 2017년 3월 21일, 카나는 이런 상황에서 하원의원이 할 법한 일을 했다. 편지를 쓴 것이다. 특히 그는 국방부 감사관에게 2006년에 진행한 것과 똑같이 트랜스다임을 조사해 보라고 요청했다. 「여러 보도를 볼 때, 트랜스다임 그룹은 정체를 숨긴 독점 기업으로 활동하면서 자신이 독점적 공급자인 제품에 대해 잇따라 터무니없이 가격을 인상하고 있습니다. (……) 우리 군대와 무기 체계에 해를 끼치면서 소수의 금융가들만 부를 쌓는 겁니다.」카나는 트랜스다임이 한 기업을 인수한 뒤 가격을 대폭 인상한 내용을 정리한 캐피털 포럼의 도표까지 덧붙였다.

편지는 워싱턴과 월 스트리트 전역에서 반향을 불러일으켰다. 트랜스다임의 주식은 이틀 만에 10퍼센트 넘게 떨어졌다. 경제 언론은 이 이야기를 대대적으로 다루었다. 『허핑턴 포스트』의 재크 카터는 트랜스다임을 〈방위 도급업계의 마틴 슈크렐리〉라고 지칭했다. 세간의 이목을 끈 군수품 폭리 조사의 역사가 풍부한 나라에서 트랜스다임 이야기는 지속적인 관심거리처럼 보였다.

하지만 한 달 뒤, 트랜스다임의 주가는 편지 이전 수준을 되찾았다. 투자자 계급은 트랜스다임에서 나오는 사모펀드 스타일의 수익을 탐냈고, 수익을 유지하기 위해 방어 태세를 단단히 굳혔다. 트랜스다임은 계속 채권을 발행해야 하기 때문에 주요 은행들이 말려들었다. 2016년 트랜스다임이 한 차례 채권을 발행하는 데 모건 스탠리, 크레디스위스, 시티, UBS, 바클레이스, 크레디아그리콜CIB, 골드만삭스, HSBC, 캐나다 왕립은행 등이 관여했다. 채권자들 가운데 두 곳인 바클레이스와 캐나다 왕립은행의 애널리스트들은 트랜스다임이 〈자신의 성공의 희생양이 된 (……) 최우수 기업〉이라며 옹호했다. 은행들은 또한 헤지펀드가 주식을 거래할 때 수수료를 받는다. 모든 게 서로를 강화해 주는 순환이었다. 한 사업 부문은 트랜스다임 덕분에 수익을 올렸고, 다른 부문은 트랜스다임의 주식을 강매했다.

하원의원들, 특히 트랜스다임의 본사가 있는 오하이오주 출신 의원들은 카나를 기업 중역들과의 회동에 데려가려고 했다. 워싱턴에서 비판자들을 감언이설로 꾀는 흔한 수법이었다. 한편 투자자들은 카나를 직접 쫓아다녔다. 워런 버핏의 고위 트레이더 가운데 한 명인 테드 웨슐러의 얼굴 사진을 내걸고 〈에이스와 폴트Aces and Faults〉라는 별명을 사용하는 한 트위터 이용자는 트랜스다임 정보 배후에 있는 공매도 전문가가 카나에게 후원금을 주는 투자 펀드를 위해 일했다는 음모론을 생각해 냈다. 이런 음모론은 몇 주 동안 지속되었다. 「가짜 이야기를 퍼뜨리더군요.」 카나의 말이다. 「대기업이나 방위 도급업체에 관해 의문을 제기할 때면 언제나 위협의 방편으로 중상모략을 벌인답니다.」 한층 더 기묘한 상황도 펼쳐졌다. 기업 전문지 『배런스Barron's』의 기자를 사칭하는 어떤 사람이 캐피털 포럼과 앤드루 레프트에게 접촉해서 트랜스다임의 관행을 옹호한 것이다. 그 자칭 기자의 친구는 『배런스』에 이렇게 말했다. 「트랜스다임에 관한 거짓말이 퍼지고 있는 것 같아서 거짓말을 몰아내려고 한 거였답니다.」

몇 달간 카나는 고립 상태였다. 하원에서 트랜스다임에 관해 목소리를 높이는 유일한 의원이었다. 어느 누구도 반발을 원하지 않았다. 마침내 민주당 소속 하원의원 팀 라이언과 상원의원 엘리자베스 워런이 카나에 합세해서 조사를 요청했다(두 사람은 후에 대통령 후보에 출마했다). 국방부 감사관은 결국 요청에 응했다.

아마 자기도 몰랐겠지만, 카나는 군수 조달을 둘러싼 장기간에 걸친 논쟁에 뛰어든 셈이었다. 레이시언 중역 출신인 셰이 아사드가 논쟁에 불을 붙였다. 오바마 행정부 시기에 아사드는 최소한 그의 적수들한테 〈펜타곤에서 제일 싫어하는 인물〉로 유명세를 떨쳤다. 국방부 가격 결정국Defense Pricing Agency이라는 모호한 부서와 특히 그를 위해 만들어진 새로운 직위를 활용해서 독점적 무기 제조업체들과 대결을 벌였기 때문이다. 2011년부터 2016년까지 아사드는 비용 정보에 대한 공격적인 조사를 통해 도급 비용을 5억 달러 이상 삭감했다. 「대체로 우리는 비용을 지불하는 거의 모든 것에 대해 너무 많은 값을 치릅니다.」 아사드가 『폴리티코 *Politico*』에 한 말이다. 「제가 테이블 반대편에 있었기 때문에 아는 거죠.」

상위 군수 도급업체들은 아사드가 자신들의 기록적인 수익을 비판하면서 법적으로 제공 의무가 있는 비용 데이터를 제공하도록 강요하는 데 화가 나서 아사드에 대한 전면적 공격에 나섰다. 그러면서 더 많은 면제를 얻어내기 위해 하원의 동맹자들과 힘을 모았다. 2017년 여름, 도급업체들은 한 가지 성과를 얻어 냈다. 도급 계약의 비용 데이터 의무 공개 기준을 75만 달러에서 200만 달러로 대폭 확대한 것이다. 이런 확대는 사기업들의 〈행정적 부담을 줄이기〉 위한 방편이라고 홍보되었다. 하원은 또한 상업용 품목 규정에 대해 아사드가 지지한 개혁을 거듭 가로막았다. 아사드는 도급업체들과 공공연하게 치고받으면서 산업 총회에 참석해서 이제 뜻밖의 수익을 거두는 시대는 끝났다고 최고 경영자들에게 단언하기도 했다.

트랜스다임을 조사하는 과정에서 아사드는 도급업체들이 시장 권력을 등에 업고 국방부를 희생시키면서 수익을 거둔다는 주장을 입증할 기회를 얻었다. 하지만 아사드조차 감사관 조사 결과가 얼마나 압도적 규모인지 상상하지 못했을 것이다. 2019년 2월에 공개된 보고서는 2015년 1월에서 2017년 1월 사이에 트랜스다임이 국방부와 체결한 도급 계약 113건의 47개 부품을 검토했는데, 그중 39개가 독점 공급이었다. 보고서는 트랜스다임이 47개 부품 가운데 46개에서 비용보다 15퍼센트 이상 넘는 〈초과 수익〉을 벌었다고 판정했다. 그 가운데는 무려 4,451퍼센트에 달하는 가격 인상도 있었다. C135 수송기에 들어가는 3인치짜리 비차량용 클러치 디스크는 생산 비용이 32달러인데, 트랜스다임은 1,443달러를 청구했다. 또 다른 소형 부품인 〈신속 분리 연결 부품〉은 T38 탤론 고등훈련기에 들어가는 부품으로 생산비가 173달러였다. 트랜스다임은 6,986달러를 청구했다. 총 2630만 달러에 달하는 계약 전체에서 초과 수익이 1610만 달러였다.

트랜스다임이 합리적인 수익을 챙긴 것은 계약 규모 때문에 정부에 비용 데이터를 의무적으로 제공해야 했던 사례 하나뿐이었다. 다른 15건의 사례에서 도급 담당관들은 트랜스다임에 비용 데이터를 요청했지만 간단히 거절당했다. 보고서는 또한 트랜스다임이 47개 품목 가운데 32개가 일반 시장에서 입수 가능하다고 주장했지만, 감사관은 그중 4개에 대해서만 상업용 지위를 입증할 수 있었다고 지적했다. 트랜스다임이 자회사 소유 사실을 국방부에 숨겨서 어떤 제품의 공급업체가 다수라는 환상을 조성했다는 카나의 가장 폭발력 있는 비난도 고려 대상에서 제외되지 않았다. 다만 감사관이 이 비난을 전면적으로 다루지 않은 것은 〈국방부 범죄수사국에 적절한 조치를 취하도록 맡겼기 때문〉이다.

전반적으로 담당 관리들은 트랜스다임의 부품에 과다 지불한 것인지를 판단할 능력이 모자랐다. 하지만 항공기를 계속 하늘에 띄우고 임무 수행 대비 태세를 유지하기 위해서는 예비 부품이 급하게 필요했다. 「아주 만족스럽고 정당한 내용이었습니다.」 카나가 조사 결과에 대해 한 말이다. 「그로버 노퀴스트[7]의 형제인 국방부 감사관이 나의 노력에 동의하게 만드는 초현실적인 경험을 했어요.」

작은 표본 하나에서만 1610만 달러의 과다 비용이 나왔다. 트랜스다임은 2012년 4월부터 2017년 1월까지 국방부와 거의 5,000건의 도급 계약을 체결해서 그 가치가 4억 7100만 달러에 달했다. 블룸버그가 입수한 좀더 철저한 검토에 따르면, 0.5인치 드라이브핀 하나에 수익률이 최대 9,400퍼센트였다. 제작 비용이 46달러인데 트랜스다임이 정부에 청구한 가격은 4,361달러였다. 100개 부품 가운데 98개에서 초과 이윤이 발견되었다.

민주당이 지휘하지만 공화당도 협조하는 하원 감독위원회는 조사에 착수했다. 위원회 간부들은 트랜스다임의 전(前) 직원들을 면담하면서 〈원투 펀치〉에 관해 들었다. 〈하나는 가격을 올리는 것이고 둘은 비용을 줄이는 것〉이었다. 전 직원들은 하나같이 트랜스다임이 판매 직원들에게 비용 데이터 제공을 거부하라고 지시하고 그 정보를 감출 수 있도록 계약 액수를 기준 이하로 유지한다는 익숙한 이야기를 들려주었다. 조달 담당관들을 다루는 일은 〈아기에게 사탕을 뺏는 것처럼〉 쉬웠다고 한 전 직원은 말했다. 트랜스다임은 비용 공개 거부에 관해 〈문서화된 방침〉 같은 건 없다고 위원회에 답변했고, 실제로 누구도 그런 방침을 본 적은 없었다. 부정하지 않는 부정 같은 식이었다.

감독위원회는 트랜스다임의 최고 경영자 케빈 스타인과 회장 닉

7 Grover Norquist. 반(反)국가주의, 자유지상주의적 단체로 일체의 세금 인상에 반대하는 〈세금 개혁을 위한 미국인 모임〉 대표.

하울리를 청문회에 소환했다. 만장일치로 비난을 가했다는 점에서 눈에 띄는 청문회였다. 민주적 사회주의자인 알렉산드리아 오카시오코르테스와 라시다 털리브가 국방부의 선도에 이어 트랜스다임에 초과 수익 1610만 달러를 반환할 것을 요구했다. 프리덤 코커스[8]의 지도자인 짐 조던과 마크 메도스도 똑같이 요구했다. 카나가 감탄하며 말했다. 「원래 하원의원들은 거의 어떤 일에도 뜻을 모으는 법이 없습니다.」 국방부 무기 구입 담당 차관보 케빈 파히는 트랜스다임의 사업 모델은 〈수치스럽고〉, 가격 정책은 〈터무니없으며〉, 폭리 획득은 〈넌더리가 난다〉고 지칭했다. 도널드 트럼프가 임명한 차관보의 입에서 나온 말이었다.

스타인과 하울리 입장에서는 트랜스다임에 관해 불리한 내용은 무엇이든 부인했다. 하울리는 심지어 분기별 판매 회의에 참석한 적이 없다고 잡아뗐다. 스타인은 뜻밖의 초과 수익을 반환하라는 요청을 받자 이렇게 말했다. 「지금도 수익을 계산하는 중이고 아직 결론에 이르지 못했습니다.」 둘 다 자신들은 모든 규정과 규제를 충실히 따랐다고 거듭 주장했는데, 메릴랜드주 출신 민주당 하원의원 존 사베인스는 이에 대해 짓궂게 대꾸했다. 「아마 그래서 우리가 규정과 규제를 더욱 조여야 합니다.」 오하이오주 출신 공화당 하원의원 보브 기브스는 4,361달러짜리 드라이브핀을 거론하면서 낄낄 웃었다. 「농부로서 하는 말인데, 0.5인치짜리 드라이브핀은 도대체 어디 가서 사야 할지 모르겠어요.」 캘리포니아주 출신 민주당 하원의원 마크 드서니에는 문제를 간단하게 정리했다. 「트랜스다임이 독

---

8 Freedom Caucus. 2015년 짐 조던이 결성한 공화당의 보수적 하원의원 모임.

점적 지위를 유지하는 한 최적의 가격으로 사기는 어려울 겁니다.」

공화당과 민주당 양쪽에 두드려 맞은 뒤, 트랜스다임은 고개를 숙여 1610만 달러를 정부에 반환했다. 감독위원회 위원장인 메릴랜드주 출신 일라이자 커밍스는 신이 나서 떠벌였다(그는 2019년 10월에 세상을 떠났다).「오늘 우리는 우리 위원회의 연간 예산 전체보다 많은 돈을 국민을 위해 절약했습니다.」어떤 상황에서든 책임성을 목격하기가 얼마나 어려운지를 감안하면, 이 사건은 인내심을 갖고 의회의 권한을 효과적으로 활용하면 어떤 성과를 이룰 수 있는지를 보여 준 하나의 사례였다.「제 개인적 경험을 통해 우리가 영향력을 행사하면 의회가 비상한 권한을 가질 수 있음이 분명히 드러났습니다.」카나의 말이다.「의회가 헌법 제1조에 따라 탄생한 이유도 바로 그것이죠.」

하지만 물론 이 결과는 트랜스다임에 십일조를 부과한 것에 지나지 않았다. 2012년 이래 이뤄진 도급 계약의 2퍼센트에서 거둬들인 수익을 돌려받았을 뿐이기 때문이다. 하원의원들은 트랜스다임의 가격 책정에 대해 더욱 심층적인 조사를 추진했는데, 이에 따라 추가적인 환불 요구가 생겨 날 수 있었다. 하지만 트랜스다임의 주가는 2019년 1월부터 6월까지 37.5퍼센트 올라갔다. 투자자들은 폭리 획득이 폭로되어도 손익 결산이 타격을 입지 않을 것이라고 생각했다. 그리고 머리 샌더슨은 트랜스다임 역시 당황하지 않을 것이라고 확신했다.「트랜스다임은 절대 굽히지 않을 겁니다. 모든 운영 부문 회장과 판매 책임자에게 조만간 폭풍우가 지나간다고 말할 거예요. 한동안은 별 문제를 일으키지 않을 거예요. 그리고 평상시처럼 사업을 하겠죠. 정치인들의 집단적 기억은 오래 못 가요. 몇 년 안에 깡그리 잊어버릴 겁니다. 2006년에 트랜스다임은 바로 그렇게 말했는데, 그 말이 사실이었죠. 정치인들이 트랜스다임을 물어 뜯는 데 13년이 걸렸습니다.」

셰이 아사드는 감사관에게 보내는 편지에서 이렇게 말했다. 「트랜스다임 같은 기업들이 보여 준 비양심적인 탐욕을 시정하고 맞서 싸우기 위한 다른 방법을 찾아야 합니다.」 하지만 그는 이런 기업들을 살펴보는 주인공이 되지 못했다. 2018년 말 아사드는 국방부 가격 결정국에서 다른 곳으로 발령받았다. 집이 있는 보스턴에서 워싱턴까지 최소한 1주일에 한 번 왕복 항공료로 50만 달러를 챙겼다는 이유에서였다. 오바마 행정부에서 교섭으로 얻어 낸 비용이었고, 왕복 비행은 7년에 걸쳐 이루어졌다. 아사드는 2016년 한 해에만 불과 세 건의 계약에 대해 5억 달러를 절감했는데, 항공료의 1,000배가 넘는 금액이었다. 새로 맡은 직책은 도급 계약 교섭에 대해 아무런 권한이 없었다. 아사드는 강등된 직책으로 가는 대신 은퇴했다. 이제 정부에서 일을 하는 게 아무런 의미가 없었기 때문이다. 가격 결정국에서 그의 후임을 맡은 사람은 데이턴에 살고 있었는데, 분명 똑같은 항공 비용이 소요될 터였다.

아사드는 방위 도급업체들에 생산 완료가 아니라 시스템의 성능에 따라 돈을 지불해야 한다고 제안한 뒤 곧바로 배척당했다. 도급업체들로서는 이런 안을 수긍할 수 없었고, 당시 국방부 부장관 패트릭 섀너핸은 아사드의 제안을 접하고 며칠 뒤 직접 그 규정을 철회한다고 발표했다. 섀너핸이 보잉에서 모든 경력을 지낸 점을 감안하면, 5대 도급업체의 이윤을 제약하는 것은 무엇이든 해치우는 역할은 그에게 딱 들어맞는다. 섀너핸은 후에 국방장관 대행이 되어 사임 뒤 제너럴 다이내믹스 이사회로 옮긴 제임스 매티스 장군의 뒤를 이었다. 섀너핸이 아들과 전 부인 사이에 일어난 가정 폭력 사건을 은폐했다는 주장이 제기되어 물러난 뒤, 마크 에스퍼가 국방부를 떠맡았다. 그 역시 오랫동안 레이시언의 로비스트로 일한 인물이었다. 트럼프 시대의 국방장관은 하나같이 5대 도급업체와 직접 연결되어 있었다.

트랜스다임의 경우에 차질은 사소했고 수익은 풍부했다. 법무부가 항공기 안전 장치 부문의 독점을 해소하기 위해 트랜스다임의 기업 인수 한 건을 철회하게 강제하기는 했다. 하지만 트랜스다임은 결국 에스터라인을 사들일 수 있었다. 미국에서 유일한 채프 제조업체이자 둘뿐인 조명탄 제조업체 가운데 하나였다. 기업 인수는 계속되었고, 시장 지배 잠재력도 나란히 커졌다. 트랜스다임 최고 경영자 케빈 스타인은 에스터라인 인수를 발표하면서 투자자들에게 이렇게 말했다. 「여기 맛 좋은 주스가 있으니 (……) 그냥 가서 가져오기만 하면 된다고 생각합니다.」 트랜스다임이 정부를 쥐어짜는 것처럼, 주스는 과일을 짜서 만든다.

카나와 동료 하원의원들은 도급 담당관들에게 교섭에서 더 많은 정보와 영향력을 쥐어 주기 위해 조달 규정을 바꾸는 방안을 논의하고 있다. 카나는 심지어 독점 공급되는 모든 부품에 관한 비용 정보 전체를 요구하는 내용으로 국방수권법 수정안을 작성하기도 했고, 국방부의 한 비망록에서는 조달 담당관들이 트랜스다임 계약에 대해 이를 요구한다고 언급되었다(카나의 수정안이 입법되기 전까지 트랜스다임은 여전히 이런 요구를 회피할 수 있었다). 하지만 전문가들은 전에도 이 모든 이야기를 들은 바 있었다. 「이런 시스템을 바로잡겠다고 다들 말합니다.」 전 국방 예산 책임자 고든 애덤스의 말이다. 「제가 볼 때 우리는 이 시스템의 비용을 적절하게 통제할 것이라는 약속을 이행하기 위해 어마어마한 시간을 허비하고 있어요. 어느 순간 저는 두 손을 들었습니다. 〈고칠 수 없는 시스템을 고치려고 이렇게 많은 시간을 허비하고 있다니 믿을 수가 없어〉라는 생각이 들었죠. 해결해야 하는 문제가 아니라 관리해야 하는 문제예요.」

회계감사원에서 진행하는 연구는 다른 기업들도 트랜스다임의 방식을 채택하고 있는지를 평가하고 있다. 머리 샌더슨은 분명 그렇게 하고 있다고 확신한다. 「다른 항공기 회사들도 전부 트랜스다임이 순식간에 성장하는 걸 보고서 질투하고 있어요.」 국방부 감사관 글렌 파인은 트랜스다임 청문회에서 지금 상황을 보면 20년 전에 나온 회계 보고서에 열거된 쟁점들이 떠오르는데, 한 회사에 국한된 게 아니라고 지적했다.

「그들은 자기네 사업 모델이 정확하다고 확신합니다.」 샌더슨이 트랜스다임에 관해 말했다. 「이 친구들한테 그들이 틀렸다고 말할 수 없어요.」 실제로 샌더슨은 그런 식으로 회사를 나왔다. 판매 책임자로 일할 때 그는 대불황이 한창이던 중에 해마다 14퍼센트씩 판매 예측을 늘리라는 지시를 받았다. 「목표를 달성할 수 없었죠.」 기업의 지시에 고분고분 따르는 사람이 그의 자리를 차지했다.

하지만 이 모든 일이 벌어진 뒤에도 샌더슨은 트랜스다임이 폭리를 챙긴다고 비난하지 않는다. 「스스로한테 질문을 던져야 합니다. 제대로 관리되지 않는 고객을 찾아내서 이득을 취하는 트랜스다임의 잘못인가, 아니면 제대로 살펴보지 않는 정치인들의 잘못인가?」

불과 몇십 년 전까지도 이 책을 쓰기 위해 농촌을 돌아다니다 보면 걸
핏하면 월마트를 마주쳤다. 실제로 그랬다. 월마트는 2019년 4월 현재
미국 전역에 5,362개의 점포가 있다. 고속도로 변의 들꽃만큼이나 미국
적 풍경의 일부다. 월마트는 여전히 미국 최대의 고용주이며, 합계 수입
을 기준으로 세계 최대의 기업이다. 지역자립연구소가 2019년 6월에 발
표한 보고서를 보면, 월마트는 43개 대도시 권역과 그보다 작은 160개
시장에서 전체 식료품류 판매의 절반 이상을 차지한다. 만약 월마트가 하
나의 나라라면 그 경제 규모는 노르웨이보다 커서 전 세계 상위 25위 안
에 들어갈 것이다. 월마트는 미국의 독점을 정의한다.

하지만 중서부와 남부 중앙부를 차로 돌아다니다 보니 또 다른 한 무
리의 상점이 두드러지게 눈에 들어왔다. 월마트보다도 저소득층이 이용
하는 이 상점들은 가난하고 외딴 도시에 자리 잡고 있었다. 달러 제너럴
Dollar General이나 달러 트리Dollar Tree 같은 이름을 내건 이 상점들을 전
부 합하면 월마트보다 거의 6배나 많다. 점포가 3만 개가 넘는다. 텍사스
에만도 이런 상점이 3,000개 정도가 있다. 지난여름 웨스트버지니아주
말링턴에서는 달러 제너럴 바로 옆에 패밀리 달러Family Dollar가 있는 모
습을 보았다. 이 상점들은 작고 수익도 많지 않다. 가격은 아주 싸고, 주
인들은 월마트가 점포를 개설하지 않는 곳에 기꺼이 가게를 연다.

미국에서는 매일 1달러 상점 3개가 문을 연다. 가공식품과 싸구려 브
랜드 생필품으로 가득한 상점이다. 이 가게들은 저소득층 동네에 몰려 있

다. 그리고 달러 제너럴 같은 기업들은 근근이 먹고사는 소도시에 싸구려 중국산 제품을 한가득 부려 놓는 특권을 위해 도시들로부터 보조금과 세금 감면을 극대화하는 것을 확실히 한다.

1달러 상점은 승자독식의 미국에서 대규모 지역이 방치된 결과이자 독점이 낳은 결과물이다. 미국의 소도시와 가난한 도심 중 일부 지역은 절망적인 상태에 빠져서 오랫동안 저가의 대명사였던 월마트의 가격표보다도 값싼 대안을 필요로 한다. 가족이 빈털터리가 되면 유일한 의지처는 1달러 상점이다. 달러 제너럴의 최고 경영자 토드 바소스는 2017년에 이렇게 말했다. 「경제 상황 덕분에 계속해서 우리의 핵심 고객층이 생겨납니다.」 가난은 성장 시장이다.

어떻게 보면, 지금 월마트는 자신이 개척한 분야에서 추격당하고 있다. 하원이 1970년대에 공정거래법을 폐지하고 할인점에서 저가에 제품을 판매하는 것을 허용했을 때, 월마트 창립자 샘 월튼은 전국 각지에서 〈형편에 맞는 가격〉을 제시하면서 덤벼들었다. 월마트는 1971년부터 1993년까지 1,000배 성장했고, 월튼은 한동안 미국 최고의 부자였다. 하지만 월마트가 끊임없이 아웃소싱을 하고 노동자들이 가난해지자 점차 월마트의 저가 상품조차 많은 이들에게 그림의 떡이 되었다. 결국 월마트는 할인 체인점들이 자사보다 더 큰 폭의 할인을 내세우는 광경을 목도하게 되었다. 2016년 월마트 익스프레스라는 소규모 점포 실험이 실패로 돌아갔을 때, 달러 제너럴이 그 점포들을 수십 개 사들였다.

1달러 상점은 또한 월마트의 교외 대형 할인점 전략을 활용했다. 월마트의 전략은 많은 도시에서 고객을 끌어들이면서 전국 각지에서 구도심의 공동화를 야기했다. 규모가 작고 편리하며 가격도 저렴한 점포를 찾는

1달러 상점들한테는 이런 소도시 부동산이 제격이었다. 2018년 지역자립연구소가 발표한 보고서에서는 1달러 상점을 〈면역 반응이 작동하지 않는 생태계를 향해 진격하는 침입종〉으로 지칭했다.

월마트가 그랬던 것처럼, 1달러 상점들도 수많은 자영업자들이 문을 닫게 만들고 있다. 이제 영세 소매점을 운영하려는 고용주는 거의 없다. 그리하여 수익을 동네에서 다시 순환시키는 자영업자로부터 멀리 떨어진 대기업 사무실로 수익이 이동하며, 이 과정에서 노동자들도 타격을 입는다. 어떤 설명에 따르면, 평균적으로 소규모 슈퍼마켓은 대형 할인점에 비해 직원을 세 배 많이 둔다.

월마트 점포 관리자는 상층 중간계급 수준의 연봉을 받는 반면, 1달러 상점 관리자는 잔업을 하지 않으면 연봉 4만 달러를 번다. 1달러 상점은 또한 신선 식품을 거의 취급하지 않기 때문에 식품 사막*의 비극을 악화시킨다. 그리고 제품 가격이 1달러인 것은 대개 크기가 작기 때문이다. 1달러 상점은 절망적인 상태를 활용해서 단위당 가격을 올린다.

도심 지역을 주로 공략하는 체인점 패밀리 달러가 매각에 나서자 양대 독점 기업 사이에 입찰 전쟁이 벌어졌고, 중소기업 연쇄 인수자 달러 트리가 승리를 거뒀다. 몇 년 뒤 행동주의 헤지펀드 스타보드 밸류가 달러 트리의 지분을 차지하면서 패밀리 달러를 매각하고 약간 싸구려처럼 보이는 달러 트리는 판매 가격을 인상할 것을 요구했다. 양대 독점 기업은 진정한 독점으로 바뀔 수 있다. 달러 제너럴이 꼭대기에 우뚝 서 있기 때문이다.

* food desert. 신선한 채소와 과일 같은 몸에 좋은 식품을 구하기가 쉽지 않은 지역. 주로 저소득층이 거주하는 지역이나 인구 밀도가 낮은 농촌이 해당된다.

하지만 달러 제너럴이 계속 꼭대기를 차지하려면 반발을 물리쳐야 할 것이다. 비록 인력과 화력이 달리지만 1달러 상점에 대한 저항은 두어 차례 승리를 거두었다. 2017년 오클라호마주 털사의 시의회는 1달러 상점의 신축 허가를 일시 중단하고, 지구 도시 계획 규정을 바꿔서 할인 소매점의 집중을 영원히 제한하고 신선식품 접근성 확대를 장려했다. 텍사스주 메스키트도 비슷한 지구 도시 계획 법령을 통과시켰다. 뉴저지주 저지시티에서 캘리포니아주 멘도시노 카운티에 이르기까지 체인점의 〈획일화된〉 사업을 제한한다. 캔자스주 뷸러는 몇 년 전에 1달러 상점 체인을 거부했다.

하지만 이런 저항은 고질라에 장난감총을 쏘는 것처럼 느껴진다. 내가 미국 전역을 돌아다니면서 본 1달러 상점을 전부 꼽다 보면 숫자를 까먹기 일쑤다. 거의 독점의 기생충이라 할 수 있는 1달러 상점들은 수십 년간 이어진 무기력과 무관심을 먹으면서 무럭무럭 자란다.

8
아마존

독점 기업 때문에 어느 소상공인 커플은
아마존으로부터 같이 살아도 되는지 허락받아야 했다

제프 베조스의 말을 듣고 있자면 그는 불쌍한 사람이다. 그는 외부 사업체들이 자신의 소규모 전자 상거래 사이트인 아마존닷컴에 제품을 내놓고 팔게 하는 어마어마한 실수를 저질렀고, 결국 이 사업체들이 아마존을 차지해 버렸다. 베조스가 2019년 매년 주주에게 보내는 서한에서 공개한 수치에 따르면, 이 천재 사업가들은 1999년 아마존 전체 판매의 3퍼센트를 차지했는데 2018년에는 58퍼센트까지 늘어났다. 「직설적으로 말하겠습니다. 외부 판매자들이 내부자인 우리의 엉덩이를 걷어차고 있습니다.」 베조스는 허심탄회하게 말했다. 「그것도 세게요.」

몇몇 외부 판매자들에게 이 이야기를 거듭 들려주고 있는데, 대부분 코웃음만 친다. 어떤 이유에서인지 그들은 세계에서 시가 총액이 가장 많은 상장회사인 베조스의 제국이 또한 소상공인의 최고의 친구라는 주장을 좀처럼 받아들이지 않는다. 해리 코플랜드, 자칭 〈크레이지 해리〉의 예를 살펴보자.

크레이지 해리는 플로리다주 올랜도에서 해리스 페이머스 플라워를 운영한다. 직원 40명 규모의 꽃 도소매업체다. 부케, 코사지, 결혼식 꽃장식, 1965년산 포드 머스탱 미니어처에 심은 다육식물까지 가득한 멋진 화원이다. 아마존은 2017년 말에 크레이지 해리에게 연락해서 자기네 마켓에서 판매를 해보라고 제안했다. 큰 성공을 거둘 수 있다고 장담했다. 해리는 인터넷 판매에 익숙하지 않았지만, 자기를 둘러싼 세상이 변하고 있는 걸 보면서 한번 해보자고 마음먹었다.

「11월에 판매 준비가 됐습니다.」 크레이지 해리의 말이다. 「거래가 세 번 있었죠. 밸런타인데이에 하나, 크리스마스에 하나.」 제일 가까운 배달이 55킬로미터쯤 떨어진 곳이었다. 크레이지 해리가 아마존 판매 월 기본 수수료 39.99달러와 전체 판매액의 15퍼센트 수수료를 치를 때쯤이면, 결산액이 6.92달러였다. 「휘발유값이 50달러였어요.」

크레이지 해리는 곧바로 문제의 근원을 발견했다고 말했다. 아마존에 올랜도에서 판매하는 꽃을 검색해 봤는데 자기 가게가 나오지 않았다. 해리스 페이머스 플라워라는 이름을 알지 못하는 고객들은 그를 찾을 수 없었다. 올랜도 지역의 다른 화원들도 비슷한 문제를 안고 있었다. 그는 자신과 계약을 체결한 대표자에게 웹 사이트의 어디에서 자기 화원을 찾을 수 있느냐고 물었다. 대표자는 식품·잡화로 분류돼 있다고 대답했다.

그가 불만을 표출한 뒤(「제가 남부 사투리를 쓰거든요」), 아마존의 두 번째 대표자가 연락을 해서 상황을 바로잡겠다고 약속하면서 화원 사진 촬영과 전용 웹 사이트를 제안했다. 하지만 두 번째 대표자는 다시 전화하지 않았다. 한편 크레이지 해리의 사업 수입은 총 판매액이 수백만 달러였던 2008년 이래 반 토막이 났다. 「끔찍한 소리처럼 들리겠지만 인터넷이 우리를 죽이고 있어요.」 그가 하소연했다. 「재래식 업체를 죽이고 있다고요. 크로거Kroger 슈퍼마켓에 갔더니 이 친구가 다가와서 말하더군요. 〈미안해요. 인터넷에서 사는 게 너무 쉬워서요.〉 그래서 말했죠. 〈당신 결혼식 꽃도 해줬고 아기들 꽃도 만들어 줬는데, 이제 인터넷에서 상자로 산다고요?〉」 크레이지 해리의 화원 직원들도 매일같이 화원에서 아마존 배송 물품을 받곤 했다. 결국 그는 아마존 계정을 폐쇄하고, 2019년 1월 36년간 운영한 화원을 팔았다. 「새로운 세대한테 넘긴 거죠.」

아마존에는 최소한 250만 명(미국 전체 인구의 1퍼센트에 육박한다)의 외부 판매자가 있는데, 많은 이들이 비슷한 사정이다. 몇몇 소수는 그럭저럭 성공적인 사업을 구축했다. 하지만 힘의 불균형이 워낙 큰 탓에 판매자들이 근원적인 공포에 시달리며 사업 전체에 일정한 불안정성이 존재한다. 아마존은 워낙 거대해서 — 전체 온라인 판매의 절반 가까이를 차지하고, 2018년 크리스마스 쇼핑 시즌에는 그 수치가 81퍼센트로 치솟았다 — 온라인 판매를 꿈꾸는 사람이라면 누구나 아마존 장터에 입점해서 규정을 준수하는 것 말고는 선택의 여지가 없다. 아마존은 이런 가상 몰을 일반적인 규제·사법 구조에서 분리하면서 자체 항소 법원을 갖춘 사적 정부처럼 운영한다. 그리고 이런 규칙 제정 권한을 무자비한 성향과 결합해서 방대한 일군의 파트너들을 처벌한다. 어쨌든 제프 베조스가 치음에 아마존에 붙인 이름은 Relentless.com[1]이었고, 지금도 브라우저에 이 주소를 입력하면 아마존으로 이동한다. 판매자들은 개구리가 전갈을 등에 태우고 강을 건너는 것처럼 아마존과 함께 강을 따라 거슬러 내려간다.

「이 판매자들은 많은 게 걸려 있죠.」 아마존 직원 출신으로 현재 이커머스크리스닷컴에서 상담을 하는 크리스 맥케이브의 말이다. 「직장을 그만두고, 가족까지 부양해야 하니까요. 아마존은 미국과 전 세계의 경제 구조를 누비고 있습니다.」

이 장은 여러 가지 방향으로 전개할 수 있었다. 어쨌든 아마존은 온라인으로 상품을 판매하고, 수백만 명의 다른 판매자들을 위해 장터를 운영한다. 실물 서점도 운영한다. 현금이 필요 없는 편의점도. 그리고 웹 사이트를 통해 인기 품목을 판매하는 상점도 있고, 홀푸드 슈퍼마켓도 거느리고 있다. 또 다른 식품 체인점도 조만간 문을 연다.

미국에는 1억 명이 넘는 아마존 프라임 가입자가 있다. 독일 전체 인구에 맞먹는 숫자다. 아마존은 프라임이라는 그물로 소비자를 포획하면 물건을 더 많이 사서 119달러 연회비의 본전을 뽑게 부추길 수 있음을 안다. 베조스는 2016년에 이렇게 말했다. 「분명히 말하지만, 우리가 아마존 프라임의 목표로 삼는 건 프라임 회원이 아니면

1 relentless는 〈가차 없다〉는 의미를 지녔다.

무책임한 사람처럼 보일 정도로 만드는 겁니다.」 몇 년 전에 아마존은 프라임데이라는 자체 공휴일을 만들었는데, 프라임데이 할인 수요가 급증했다가 뒤이어 감소하자 미국의 소매 판매 수치 그래프가 기울어질 정도의 위력을 발휘했다.

아마존은 또한 상품 제조업체이기도 하다. 알렉사는 디지털 비서 시장의 3분의 2를 차지하며, 킨들은 전체 전자책 독자의 84퍼센트를 거느린다. 또한 클라우드 컴퓨팅의 거물이기도 하다. 아마존 웹 서비스는 최근 운영 수입의 대부분을 차지하면서 인터넷과 미국 금융 인프라 가운데 놀라울 정도로 많은 비율의 데이터를 관리한다. 아마존은 대형 텔레비전·영화 스튜디오이기도 하다. 해마다 프로그램 제작에 70억 달러 남짓 지출하며 오스카상 세 개와 많은 에미상을 받았다. 수입을 기준으로 3위의 온라인 광고업체로서 페이스북과 구글을 빠르게 따라잡는 중이다. 또한 링Ring이라는 스마트 초인종 회사이기도 하다. 그리고 트위치Twitch라는 스트리밍 비디오 게임 회사다. 또한 조지 클루니가 어느 영화에 출연했는지 찾아볼 수 있는 웹 사이트인 IMDb도 거느리고 있다.

아마존은 대형 해운·물류 회사가 되는 중이다. 가구 판매사, 매트리스 판매사이기도 하다. 또한 미국 최대의 온라인 패션 디자인 회사다. 최근에는 온라인 약국을 사들여서 의료 공급업체로 확대하고, 대형 은행인 JP모건 체이스, 워런 버핏과 손을 잡고 보건의료 회사를 사들였다. 동시에 JP모건과 경쟁을 하면서 아마존페이를 디지털 기반 신용카드 대용물로 홍보하고 소규모 장터 파트너들에게 대출을 해준다.

베스트 바이의 기 스쿼드Geek Squad 서비스처럼, 아마존이 전문가들이 가정을 방문해서 스마트 스피커를 설치해 주는 한정판 서비스를 출시하자 베스트 바이의 주가가 폭락했다. 2017년에 아마존이 〈재료 준비는 우리가, 당신은 셰프〉라는 문구를 상표 등록하자 블루 에이프런 같은 밀키트 배송 서비스가 곤두박질쳤다. 이런 기업들 가운데 일부는 성공하고 일부는 실패했지만, 아마존의 유령은 미국 대기업 이사회실에 그림자를 짙게 드리웠다. 뉴욕 대학교 교수이자 거대 정보 기술 기업의 권력을 경고하는 카산드라인 스콧 갤러웨이가 말한 것처럼, 오늘날 주식 시장을 움직이는 세 가지 핵심 요인은 기업의 근원적인 역량, 경제 환경, 그리고 아마존이 그 부문에 진출하기로 결정하는지 여부다.

아, 그리고 아마존 최고 경영자는 『워싱턴 포스트』를 소유하고 있다.

이 정도로 몸집이 거대한 회사라면 설사 자애롭고 선의로 똘똘 뭉쳐 있다 할지라도 미국인의 삶에 대대적인 변화를 일으킬 수밖에 없다. 아마존이 소매업에 대재앙을 일으킨 유일한 원인은 아니었고, 전자 상거래로의 전환은 언제나 실물 상점에 타격을 주었을 것이며, 나중에 논의하겠지만 사모펀드의 약탈 행위에도 책임을 물어야 한다. 하지만 아마존이 급격히 몸집을 불리면서 어느 누구보다도 가격을 낮게 매김에 따라 소매업의 쇠퇴가 가속화되었다. 지난 몇 년간 수십 개 기업이 연기처럼 사라졌다. 아마존 비판론자로 유명한 스테이시 미첼에 따르면, 2017년에 〈생활용품점에서 일자리를 잃은 사람의 수가 석탄 산업의 전체 노동자 수보다 많았다〉. 미첼이 이끄는 단체에서 2019년에 독립적으로 수행한 기업 조사에서는 아마존의 시장 지배력이 소규모 소매업체들에게 가장 큰 위협임이 확인되었다. 스위스 은행 UBS의 애널리스트들은 전자 상거래와 실물 소매업의 비중이 1퍼센트 이동할 때마다 8,000개 상점이 문을 닫는다고 무미건조하게 추산한다. 지금 현재 전자 상거래는 전체 소매 판매의 16퍼센트에 불과하다.

미국의 풍경에 점점이 박혀 있는 텅 빈 쇼핑몰은 황폐화를 재촉할 뿐만 아니라 재산세 세입의 심각한 감소를 나타내기도 한다. 이는 곧 공공 서비스 예산의 제약을 의미한다. 유동 인구가 감소함에 따라 배송 교통은 급증하고 있다. 렌슬러 공과 대학교의 물류·도시 화물운송 전문가인 호세 올긴베라스는 2009년만 해도 하루에 인터넷 구매 배송이 25명당 한 건 이루어졌다고 말해 주었다. 2017년에 이르면 이 수치가 8명당 한 건으로 세 배 늘었고, 뉴욕시에서는 6명당 한 건에 근접했다. 「가정 배송 건수는 이제 상업 시설 배송 건수를 능가합니다.」 올긴베라스의 말이다. 「5,000명이 거주하는 뉴욕시 고층 건물에서는 하루에 750건이 이뤄지는 거죠.」

경비원이 받는 스트레스는 제쳐두고, 애당초 도시 자체가 아마존의 신속 배송을 위해 설계되지 않았다. 1주일치 음식을 사러 슈퍼마켓에 한번 가는 것과 물류 창고에서 가정까지 5~10번 가는 것의 차이를 생각해 보라. 엄청난 교통 혼잡이 발생할 수밖에 없다. 도로에 나오는 배송 차량이 늘어날 때마다 대기 중에 더 많은 탄소를 뿜어낸다. 아마존이 벌이는 사업 전체에서 되풀이되는 비극이다. 2014년 아마존은 에너지를 집어삼키는 데이터 센터에서 재생 가능한 자원만을 사용하겠다고 공언했지만, 2년 뒤 그 계획을 조용히 철회한 한편 BP, 쉘, 핼리버튼 등에 기술을 공급하는 계약을 체결했다. 또한 전하는 바로 아마존은 많은 반품을 폐기한다고 한다. 생산 자원을 낭비하는 것이다.

오프라인 쇼핑에서 온라인 쇼핑으로 중심이 이동함에 따라 지역 사업체의 경제 활동이 약화되면서 시애틀에 있는 대기업 금고로 경제 활동이 옮겨지고 있다. 시애틀 시민들도 아마존에서 일하지 않는 한 사는 게 쉽지 않다. 「우리 직원들은 서점 근처에 살려고 버둥거리고 있습니다.」 시애틀 지역에 서점 세 곳을 두고 아마존과 대결하고 있는 서드 플레이스 서점의 로버트 신들러가 한 말이다. 아마존은 여러 해 전부터 미국 전체 서적의 42퍼센트를 판매한다. 「생활비가 계속 오르는데, 만약 제가 레스토랑을 운영하고 있다면 전채 메뉴의 값을 올릴 수 있겠죠. 그런데 우리가 파는 책은 가격이 찍혀 나오거든요.」 2018년 시애틀 도시 지도자들은 시급히 필요한 홈리스 서비스 비용을 충당하기 위해 사업체에 인두세를 부과했다. 아마존은 인두세가 발효되면 시내에 있는 업무용 건물을 매각하고 나가겠다고 을러댔고, 시의회는 비굴하게 인두세를 철회했다. 몇 달 뒤 아마존은 아랑곳하지 않고 업무용 건물을 빼버렸다.

경제적 활력이 부족한 지역들은 시애틀에 문제가 생기는 걸 보고 흥분할 것이다. 분명, 당일 배송과 클라우드 컴퓨팅 확장을 성사시키려면 아마존은 창고와 데이터 센터를 전국 각지에 분산시켜야 한다. 하지만 아마존은 교묘하게 도시들끼리 경쟁을 붙이면서 애당초 지어야 하는 시설에 대해 세금 보조를 받아낸다. 2019년 8월 현재,

최소한 27억 달러를 거둬들였다. 기업 지원 정책을 시행하면 다른 부문에서 사라지는 일자리를 상쇄하는 것을 넘어 지역 사회에 일자리가 생긴다는 것을 보여 주는 증거는 전혀 없고, 이 때문에 지자체들은 계속해서 뒤처진다.

그와 동시에 아마존은 지방 정부의 핵심 공급업체가 되고 있다. 아마존이 전국적인 조달 계약을 따낸 뒤, 1,500개가 넘는 도시와 주가 아마존 비즈니스 포털을 통해 사무용품을 구매할 수 있다. 그리고 지역 경찰서들은 논란이 분분한 아마존의 범죄 수사용 안면 인식 소프트웨어에 속속 허가를 내주었다. 아마존은 연방 정부 조달과 데이터 저장 계약에서도 열심히 일하고 있으며, 미국의 어떤 기업보다도 이권을 따내기 위한 로비에 돈을 많이 쓴다. 수백 개 도시의 도시 계획 결정에 관한 소중한 데이터를 아마존에 공개해 주는 황당한 게임쇼 스타일의 입찰 전쟁을 벌인 끝에 아마존이 국가 권력의 소재지인 워싱턴 교외에 제2의 본사를 두기로 결정한 데는 다 이유가 있다. 정부와 손을 잡은 아마존은 이제 정부와 관련된 귀찮은 문제에 시달릴 일이 없다. 「아마존은 로비 부서를 활용해서 특별 대우를 받고 있습니다.」 워싱턴주 레드먼드에서 아마존과 고객을 놓고 싸우는 키니스 사무용품의 스티븐 스턴의 말이다. 「아마존은 지역을 위협해서 믿기 어려운 수준의 세금 감면을 받아 냅니다. 우리 같은 나머지가 그걸 메꾸는 거죠.」

그리고 알렉사라는 판옵티콘 같은 권력이 존재한다. 내가 채터누가에서 초고속 인터넷 서비스를 연구하고 있을 때 컨벤션 센터에서 알렉사 개발자 회의가 열렸는데, 나는 아마존 중역 폴 커친저의 오산 기조 연설 자리에 앉아 있었다. 「우리가 구상하는 것 중에 하나는 어떻게 하면 우리가 스타트렉 컴퓨터 같이 될 수 있는가 하는 겁니다.」 알렉사가 아마존의 운영 체제로서 어떤 역할을 하는지 개요를 설명하는 것을 듣다 보니 공포가 점점 커졌다. 하나의 기기가 이제 음악과 팟캐스트를 들려주고, 게임을 하고, 음식과 화장품을 주문하고, 약속을 잡고, 질문에 답하고, 체력 단련과 건강관리 프로그램을 운영하고, 샤워기 온도를 올릴 수 있다(내 경험으로 볼 때, 조절 장치는 잘 작동한다). 아마존은 1억 달러 규모의 알렉사 펀드를 만들어서 개발자들이 알렉사를 위한 새로운 〈기술〉을 개발하는 것을 지원하고 있다. 아마존이 소유하고 수익을 올리는 기기를 개선하는 데 다른 이들을 참여시키는 투자인 셈이다.

하버드 교수로 검색 엔진 조작 연구를 선도하는 로버트 엡스타인은 알렉사에 관한 예비 연구를 수행하고 있다. 이 기기는 이용자의 말에 항상 귀를 기울이고 그 소리의 일부를 아마존 직원들한테 전송하기도 한다. 직원들은 기기가 제대로 이해했는지 〈다듬어 준다〉. 알렉사는 심지어 이용자가 기능 활성화 단어wake word를 말한 뒤 들리는 내용을 문자화하기도 한다. 아마존이 확인해 준 바에 따르면, 이용자가 삭제하려고 해도 회사가 그 기록을 보유한다. (페이스북과 마이크로소프트도 스카이프를 통해 그렇게 한다. 만약 당신이 개인 디지털 비서를 두면, 당신한테 그것을 판매한 회사가 당신이 하는 말을 들을 수 있는 것이다.) 원자료raw data, 머신러닝, 유용한 인간 음성의 직접적 접촉이 결합되면, 인간 주체들을 이해하는 동시에 그들을 상대로 완벽하게 마케팅할 수 있다. 아마존에 가장 수익성이 좋은 어떤 것으로든 사람들의 선택권을 인위적으로 좁히는 것이다. 「결정을 내리지 못한 사람들의 사고와 의사결정과 구매에 아주 쉽게 영향을 미칠 수 있는 겁니다.」 엡스타인의 말이다. 「유감스럽지만, 그리하여 소수의 기업들이 사람들에게 영향을 미치는 엄청난 힘을 갖게 되죠. 사람들은 영향을 받는다는 걸 알지도 못해요.」

이런 스파이 행위는 알렉사만이 아니라 알렉사와 통합된 스마트홈 기기들, 그리고 아마존이 검색과 구매 행위를 추적하는 웹 사이트에서도 이루어진다. 사무실용과 차량용 알렉사가 있을 뿐만 아니라 링 화상 인터폰과 가정용 모니터도 있는데, 이런 기기들 역시 정보를 저장하고 전송한다. 아마존은 부동산 관리자들과 협력하면서 누군가 입주하기 전에 주택과 아파트에 자사의 기기들을 설치한다. 아마존의 안면 인식 기술은 이론상 고객의 표정을 읽어서 반응에 따라 제품의 가격을 올릴 수 있다. 현재 아마존은 인간의 감정을 읽을 수 있는 휴대 전화 앱을 개발하는 중이다. 「우리 주변의 모든 기기가 우리가 하는 행동을 전부 지켜보면서 서로 이야기를 나누고 데이터를 공유하고 있죠.」 엡스타인의 말이다. 「우리는 감시 네트워크에 촘촘히 파묻혀 있습니다.」

아마존이 궁극적으로 추구하는 목표는 세계 어디에서든 모든 사람이 하는 상거래의 한가운데서 인생을 헤쳐 나가는 디지털 파트너가 되는 것이다. 이런 야망은 수백만 노동자와 공급업체, 제휴사들에 의존하는데, 견줄 상대가 없는 이 거대한 기계의 톱니바퀴들은 아마존을 가동하는 데 필요한 만큼만 돈을 받으며 그 이상은 어떤 것도 욕심 낼 수가 없다.

❖

　아마존 제국 내부에서 노동자들이 겪는 경험은 이를테면 건강에 좋지 못하다. 기업 본사 자체도 골육상쟁의 현장으로, 사무 노동자들에게 장시간 일을 시키면서 서로의 노력에서 흠집을 찾도록 부추긴다. 책상에 앉아 우는 일이 일상이다. 한편 알렉사가 탑재된 기기들과 킨들은 해외에서 제조되는데, 그중 다수를 생산하는 중국 공급업체 폭스콘은 한때 자살을 방지하기 위해 기숙사 창문 밑에 그물망을 설치해야 했다.

　공항 규모의 창고는 모든 소매점을 정리하는 경우에 대용물로 사용될 예정인데, 창고의 일자리는 견디기 힘들 정도로 어렵다고 악명이 높다. 아마존의 데이터 맹신이 잔인하게 적용된 상황에서 노동자들의 움직임 하나하나를 모니터한다. 주문 할당량을 가져다가 포장해야 하고, 업무를 제대로 처리하지 못하면 해고될 수 있다. 해고는 보통 전자우편으로 통보된다. 알고리즘이 매일 얼마나 많은 노동자가 필요한지를 결정하고, 자기 교대 시간에 〈자발적으로 일을 쉬라〉는 압박을 받는 불안한 임시직 노동력이 만들어진다. 직원들이 제기한 7건의 소송은 노동자들이 임신이라는 죄를 저질렀다는 이유로 해고를 당했다고 주장한다. 2018년 산업안전보건위원회(NCOSH)는 아마존을 미국에서 가장 안전하지 못한 직장 가운데 하나로 꼽았다. 매일의 지루한 노동과 성과 부담 때문에 노동자들은 절망에 빠지고 심지어 죽음에 이른다. 게다가 이런 저임금 단순 일자리가 불안정하기까지 하다. 아마존은 2019년에 창고 일자리

〈전부〉를 당분간 로봇으로 대체하지는 않을 것이라고 사람들을 안심시켜야 했지만, 불과 1주일 뒤 주문을 포장하는 기계를 선보였다.

창고 노동자들만큼 일거수일투족을 감시받지는 않지만, 아마존의 다른 일자리도 똑같이 비참할 수 있다. 아마존에 직접 고용된 배송 기사는 거의 없다. 일부 화물은 민간 운송업체와 미국 우체국(USPS)에 위탁되는데, 이 업체들은 대개 무척 힘든 화물을 처리하기 위해 노동조합에 속하지 않은 저임금 노동력을 고용한다. 또 다른 화물은 아마존 플렉스라는 우버 형태의 긱 서비스에 돌아가는데, 이 기사들은 자기 소유의 차량으로 배송하면서 연료비와 주차 요금도 자기가 낸다. 광고 내용만큼 돈벌이가 좋지는 않다.

수천 명의 배송 기사들이 아마존 유니폼을 입고, 아마존 장비를 사용하고, 아마존 시설을 기반으로 일을 하고, 고용주들에게 〈아마존닷컴의 얼굴〉이라고 불리지만, 아마존 직원으로 분류되지는 않는다. 2018년 베조스가 발표해서 극찬을 받은 시간당 15달러의 최저임금을 보장받을 자격이 없다는 뜻이다. 이 직원 아닌 직원들은 배송 서비스 파트너(DSPs)라고 불리는 외부 도급업체 밑에서 일한다. 아마존은 필사적으로 배송 서비스 파트너를 설립하려고 하기 때문에 창고 직원이 사업을 시작하는 경우에 1만 달러와 3개월치 급여를 제공하고 있다. 도급업체들은 엄청난 작업량을 완수하면 정액 요금을 받으며, 상대적 빈곤은 노동자들에게 돌아간다. 배송 서비스 파트너인 TL운송은 2시간 잔업을 기사의 기본급에 포함시켰는데, 노동법에서 불법으로 간주되는 행위다. 어느 집단 소송에서 이뤄진 선서 진술에서 기사들은 하루에 13시간 일하는 날이 많았지만 기본급밖에 받지 못했다고 증언했다. 기사들은 또한 배송 일정을 맞추기 위해 빈 물병을 갖고 다니면서 소변을 봐야 했다고 말했다.

아마존은 자사 로고가 붙은 화물 수송기 비행단인 〈아마존 에어 Amazon Air〉도 운영한다. 이 화물기들 역시 화물항공 운송사들에 도급을 주는데, 운송사들은 너무 많은 화물을 전국 각지로 나르지만 조종사를 충분히 확보하지 못한다. 「승무원이 절대적으로 부족합니다.」 도급 항공 운송사 중 하나인 아틀라스 에어의 조종사 대니얼 웰스의 말이다. 「계속 작업을 하기 위해 전부 달라붙어서 일하죠.」 아틀라스는 조종사들에게 산업 표준의 30~60퍼센트 정도 되는 급여를 지급한다. 비행 일정이 빡빡해서 기체를 정비할 시간이 거의 없다. 화물기들은 유지 보수를 유예했다는 스티커를 붙인 채 출발한다. 아마존 화물을 실은 아틀라스 에어의 화물기 한 대가 2019년 텍사스에서 추락해서 승무원 3명이 사망했다.

아틀라스 에어는 아마존과 관련된 모든 면에서 희귀 동물이다. 노동조합이 있는 작업장인 것이다. 웰스 기장은 노동조합 지부장이다. 하지만 조종사들은 2011년에 중재자에 의해 강요된 계약 조건에 따라 일하고 있다. 철도 노동법의 적용을 받는 화물 운송업체로서 이 계약은 자동으로 갱신되며, 노동자들은 상업의 흐름을 방해하는 경우에 파업할 수 없다. 「우리가 요구하는 것은 교섭 자리를 만드는 것뿐입니다.」 웰스의 말이다. 「우리 회사는 가차 없이 노동조합에 반대해요. 우리를 비웃으면서 교섭을 해봤자 아무 의미가 없다는 사실을 조롱거리로 삼죠.」

만약 아마존이 모든 노동자들에게 그런 불이익을 강요할 수 있다면, 아마 노동자들에게 조합 설립을 허용할 것이다. 그 대신 아마존은 노동자들에게 노동조합 파괴 동영상을 시청하게 강요하고, 노동조합 파괴 전문 컨설턴트들을 들여오며, 관리자들에게 노동조합 대응 전술을 교육하고, 노동조합 결성 움직임이 본격화하면 직장 폐쇄를 단행한다. 하지만 아마존처럼 노동자 수가 65만 명에 육박할 정도로 거대하면, 조건을 강제할 수 있다. 저임금 노동자들은 받을 수 있는 만큼만 받게 될 것이다. 「애들 셋을 먹여 살려야 해요.」볼티모어에서 열린 아마존 창고 일자리 박람회장 앞에서 리사 펜드리가 『워싱턴 포스트』에 한 말이다. 「어떤 일자리인지는 이제 중요하지 않아요. 그냥 일자리가 필요하다고요.」

이런 면에서 아마존이 우리의 노동 모델을 파괴한 결과 바라는 대로 인력 풀에서 절망적인 상황이 생겨난다. 외부 판매자들의 경우도 마찬가지여서 사업가로 가장을 하더라도 그들 역시 기능적으로 보면 노동자일 뿐이다. 거대 정보 기술 기업들은 인터넷에서 사업을 하려는 꿈을 품은 모든 사람을 막는 장벽을 쌓고 있다. 아마존은 온라인 소매업체 자포스와 퀴드시가 점점 시장 점유율을 확보하자 곧바로 두 기업을 인수했다. 2013년, 페이스북은 전화 사용 기록을 추적하는 이스라엘의 네이터 보안 앱을 사들임으로써 유행하는 경쟁자를 조기에 포착해서 손에 넣을 수 있게 되었다. 애플 최고 경영자 팀 쿡은 자사가 두세 주마다 중소기업 하나씩 주워 담고 있다고 말하며, 구글의 경우에는 무려 1주일에 하나씩 사들인다. 컴퓨터 시대의 여명이 밝아오던 때부터 40년의 시간 동안 마이크로소프트를 포함한 이 네 기업이 800개가 넘는 기업을 인수했다. 실리콘밸리에서는 창업 자금 조성seed funding이 감소하는 추세다. 그래 봤자 의미가 없기 때문이다.

온라인 상점을 개설해서 운영하는 데는 많은 돈이 들지 않는다. 그렇다면 스타트업 기업가들에게는 커다란 평등 촉진 장치가 되어야 마땅하다. 하지만 전체 온라인 판매의 절반이 비롯되는 공간에 접근하려면, 아마존에 상점을 개설해야 한다. 창의력과 원대한 꿈으로 무장한 한 세대의 노력자들은 부모님 차고에서 컴퓨터를 만들곤 했다. 이제 그들은 바로 그 차고에 고무 오리 장난감과 청소용품을 쌓아 놓고 누군가 클릭해서 구매하기를 기대한다. 하지만 이런 독립성에는 일정한 의존성과 통제권의 전반적인 부재가 존재한다. 판매자들이 목표를 달성하도록 계속 과부하를 강요하기 때문이다.

제프 시크의 부모님은 수의사였지만 그는 변호사가 되고 싶었다. 동물 세계와 가까이 지내다 보니 사업 구상이 영감처럼 떠올랐다. 플로리다의 고등학생 시절에 웹 사이트를 열어서 승마 용품을 판매했다. 대불황 시기에 공급업체가 도산해서 부업이 잠시 보류되었다. 그런데 코넬 대학교에 들어가서 다시 몸이 근질거렸다. 그 무렵에는 성공을 바라는 온라인 업체들은 사람들의 눈길을 따라 아마존에 등록해야 했다. 시크는 2011년에 아는 제조업자를 통해 반려동물 용품을 종류별로 확보해서 사업을 시작했다. 「시작부터 계속 성장해서 지금까지도 잘 되고 있습니다.」시크의 말이다. 「아마존에서 판매하는 것의 장점은 제대로 된 방침과 절차를 정해 놓으면, 회사가 저절로 굴러간다는 겁니다.」사업에서 번 돈으로 시크는 로스쿨을 다닐 수 있었고, 아마존의 밀리언달러 판매자 클럽에 계속 자리를 차지했다. 전체 판매자 가운데 상위 1퍼센트에 속해야 얻을 수 있는 지위였다(100만 달러는 수익이 아니라 총 판매액을 가리킨다).

갈색 머리에 커다란 손, 다부진 체격의 남자인 시크는 펜실베이니아 로스쿨에서 아마존에 관한 심각한 쟁점들과 관련된 수업에 이끌렸다. 기업법, 특허, 지적 재산권 등의 과목이었다. 그는 아마존 웹 사이트가 어떻게 운영되는지, 아마존에서만 쓰는 은어가 무엇인지 알고 있었다. 자연스럽게 자신이 창조해 낸 분야로 접어들게 되었다. 아마존법이 그것이다.

사이트에서 쌓은 경험을 통해 시크는 아마존 외부 판매자 분류법을 개략적으로 파악했다. 할인점에서 파는 물건을 찾아서 대량으로 사들인 뒤 아마존 장터에서 가격을 올려 판매하는 소매 차익 거래자가 있다. 「재고 서적을 싸게 살 수 있는 도서 할인매장에 갔죠.」댈러스의 비즈니스 컨설턴트로 마지막 남은 400달러를 가지고 아마존에서 판매를 시작한 신시아 스타인의 말이다. 불황에 타격을 입은 뒤 가족을 부양하는 데 돕기 위해서였다. 스타인은 나중에 가정용품과 장난감으로 진출했다. 「빅 랏츠에서 물건을 사면서 바코드 스캐너를 들고 문마다 통과하면서 내달렸죠.」이 스캐너 덕분에 스타인은 물건을 살 때부터 아마존에 올려놓는 제품 목록을 만들 수 있었다. 「사람들은 내가 거기서 일하는 줄 알더군요.」 애리조나의 한 부부는 트레이더 조에서 판매하는 에브리씽 벗 더 베이글 양념을 재판매해서 수천 달러를 벌고 있다.[2]

소매 차익 거래는 엄밀히 말해 세상에 이익이 되지 않으며(이 모든 선구적인 기술·물류 혁신이 결국 정말로 디지털 벼룩시장으로 낙착된 걸까?), 싸고 질 좋은 물건을 찾아다니는 사람들이 몇 달러를 벌어들이는 수단이다. 그런데 성장 가능성이 역력해 보이자 도매 차익 거래자들이 다른 수준으로 끌어올렸다. 연구와 연줄을 등에 업은 계산 기술자들은 대량으로 물건을 대줄 도매업자들을 찾는다. 이렇게 물건을 떼다가 가격 책정 알고리즘으로 가격을 올린다. 제프 시크가 하는 사업이 이런 것이다. 마지막으로, 비교적 소수의 집단이 있다. 신제품을 고안한 뒤, 상점을 열거나 다른 소매업자에게 제품 판매 허가를 내주는 대신 직접 아마존에서 판매하는 자체 개발 판매자가 그들이다.

건물주가 임대료를 매기듯이, 아마존은 사업가들이 상점을 차리는 데 비용을 청구한다. 모든 판매자는 매달 정액 가입비를 지불하고, 판매 건당 위탁 수수료도 낸다(보통 15퍼센트이지만 제품에 따라 높아질 수 있다). 판매자들은 또한 아마존이 만든 풀필먼트 Fulfillment 사용료를 내야 하는데, 이 서비스로 아마존은 물류 네트워크를 통한 고객 서비스, 창고 보관, 운송을 해준다. 이런 수수료로 거둬들이는 아마존의 수입은 2018년 430억 달러에 육박할 정도로

---

2 우리나라 온라인 쇼핑몰에서 판매자들이 코스트코 제품을 판매하는 경우와 비슷하다.

늘어났다. 외부 판매자 매출에서 4달러 가운데 1달러가 넘는 액수다.

모든 주문에 대한 외주 포장과 운송은 판매자들에게 실질적 이득이 있지만, 아마존이 장터 수수료로 거둬들이는 수익률은 높은 편이다. 모건 스탠리의 한 추산에 따르면, 약 20퍼센트로, 소매 판매의 수익률이 5퍼센트에 불과한 것과 대비된다. 여기에는 광고 수입이 포함되지 않는다. 대다수 외부 판매자들은 눈길을 끌기 위해 광고에 투자해야만 한다(아마존은 판매자가 어느 때든 고작 1만 달러에 아마존에 자신의 브랜드를 파는 데 동의하기만 하면 특별 마케팅 지원을 제공한다). 지난 봄, 아마존은 돌연 수천 명의 소규모 도매업자들로부터 직접 구매하는 것을 중단하면서 외부 판매자로 전환할 것을 장려했다. 아마존 입장에서는 자체 상품을 파는 것보다 장터를 운영하는 게 더 매력적이었다. 「소비자들이 충성하기를 바란다면, 누구보다도 많은 선택지를 갖춰야죠.」 아마존 장터를 구축하는 데 일조하고 지금은 아마존 채널에 진출한 브랜드들에 조언을 해주는 제임스 톰슨의 말이다. 「하지만 재고가 쌓일 위험은 원하지 않아요. 다른 사람들이 내 플랫폼에서 재고를 보유하게 만들 필요가 있죠. 그리고 이런저런 판매자나 아마존 가운데 어디서 물건을 사든 아주 흡족한 경험을 하게 해야죠.」

그렇게 많은 돈을 쏟아부었으니, 우리는 아마존이 장터를 확실하게 관리하면서 판매자는 쉽게 헤쳐 나가고 고객은 확실히 믿을 수 있는 시스템을 구축할 것이라고 생각할 법하다. 하지만 몇 가지 요인들 때문에 그런 기대는 어긋난다. 첫째, 아마존은 누가 물건을 팔든 상관없이 자기 몫을 챙긴다. 둘째, 판매자들은 강제 중재 협약을 체결하기 때문에 아마존이 어떤 부당한 행동을 해도 법적 절차나 집단 소송을 벌일 수 없다. 이는 미국 최대 규모의 고용 기반 중재 협약으로, 수백만 소규모 업체가 아마존의 사적 법률에 묶여 있다. 마지막으로, 판매자들로서는 온라인에서 상품을 판매할 만한 다른 좋은 대안적 공간이 없다. 결국 판매자들은 아마존의 세계에 갇혀 있고, 아마존으로서는 이 세계를 개선할 이유가 없다. 따라서 아마존 장터는 어느 날 갑자기 경찰이 사라져 버린 대도시처럼 운영된다. 수단과 방법을 가리지 않고 경쟁자를 힘으로 밀어내는 디지털 다윈주의가 실험되는 현장이다.

외부 판매자들이 맞닥뜨리는 위험 요소는 바로 이런 사업 모델에 달려 있다. 소매 차익 거래자들은 대개 상품 재판매 승인을 받지 않았기 때문에, 브랜드가 나서서 아마존에 상품을 내리라고 요구할 수 있다. 도매 차익 거래자들은 만약 어떤 브랜드가 아마존에서 직접 판매하기로 결정하고 더 싸게 팔면 순식간에 재고를 떠안을 수 있다. 자체 개발 판매자들은 수만 가지 방식으로 피해를 입을 수 있다. 상품 목록을 스스로 관리하지 못하거나, 검색 광고에 잘못된 분류로 올라가거나, 자신들의 제품이 섹스토이로 분류될 수도 있다. 「사람들이 공격당하고 있어요.」 아마존 직원 출신으로 현재 판매자들에게 상담을 해주는 크리스 맥케이브의 말이다. 「상품 목록이 사보타주를 당하는 거죠.」

가짜 상품평은 특히 골칫거리여서 연방거래위원회의 관심을 끌고 있다. 아마존은 평점이 높으면 사이트상의 위치를 좋은 쪽으로 옮겨 주기 때문에 웹 사이트 전체가 돈 받고 쓰는 엉터리 상품평으로 뒤덮이고 있다. 「판매자의 페이스북 그룹에 가보면 매일같이 이런 말이 올라와요. 〈중국에 있는 것처럼 보이는 이 판매자는 500건의 평점 5점짜리 상품평을 자랑했다.〉」맥케이브의 말이다. 「이런 일이 생기는 걸 막을 수 있는 도구가 있을 거라고 생각하겠죠.」상품평은 또한 경쟁 상대의 평점을 떨어뜨리기 위한 일종의 사보타주로 활용된다. 판매자들은 돈을 주고 나쁜 상품평을 작성하게 하거나 경쟁 제품을 하나 사서 불을 지른 뒤 연기가 피어오르는 시커먼 덩어리의 사진을 게시한다. 또는 경쟁자의 상품 목록에 별점 다섯 개짜리 가짜 호평을 잔뜩 올려서 경쟁자가 돈을 주고 상품평을 산다는 프레임을 씌운다. 아마존에서 금지하는 행동을 서슴없이 하는 것이다.

특허 괴물 짓도 있다. 「사람들이 얼마나 열심히 일하는지 알면 감명을 받을 걸요.」아마존에서 살아남으려고 노력하는 판매자들에게 상담을 해주는 신시아 스타인의 말이다. 「사람들은 플랫폼을 둘러보면서 어떤 제품이 잘 팔리는 걸 보죠. 그 제품에 디자인 특허를 신청해서 특허나 상표권을 받아요. 그리고 플랫폼에 진출해서 기존 브랜드 소유주를 쫓아 버립니다. 배짱이 좀 필요하죠.」다른 사기꾼들은 그렇게 힘을 들이지 않고 자기한테 특허가 없더라도 특허 침해를 주장한다. 제프 시크는 어떤 사람이 특허 침해를 주장하면서 자기가 그 제품의 개발자라고 나선 사례를 이야기해 주었다. 「그런데 개발자를 찾아보니까 구글에 부고가 올라 있더군요.」

게다가 가짜 의류, 가짜 책, 가짜 다이어트 보충제 등등 싸구려 불법 복제품이 판을 친다. 2018년 미국 의류신발협회는 아마존을 위조품이 판치는 〈악명 높은 시장〉 명단에 추가해야 한다고 권고했다. 아마존에 있는 모든 게 그렇듯이, 위조도 여러 종류가 있다. 판매자들은 경쟁자의 전자우편 계정을 도용한 뒤 아마존에 권리 침해와 관련된 경솔한 주장을 담은 편지를 보낸다. 그러면 경쟁자는 판매가 일시 중단된다. 그런 식으로 판매 중단을 당한 판매자 두 명이 스타인을 찾아왔다. 「한 명은 6개월 중단을 당했어요. 아마존에서 보낸 메시지가 그의 계정에 떠 있었습니다. 〈이렇게 해주셔서 감사합니다.〉 그 사람 입장에서는 황당하죠. 〈뭐라고? 난 그런 적이 없는데. 도대체 무슨 이야기야?〉」

모조품 제조업자들은 루이비통만 괴롭히는 게 아니다. 모든 사람이 영향을 받는다. 오하이오 사람으로 인기 있는 스테인리스강 휴대 전화 충전 케이블을 개발한 존 포셋은 자기 브랜드인 퓨즈 치킨이 아마존에서 판매를 시작하고 몇 년 뒤 연달아 나쁜 상품평이 달리는 것을 눈치 챘다. 자기 제품을 직접 구매해 보니 복제 케이블이 왔다. 반품된 다른 모조품들의 포장을 보니까 〈아마존닷컴 배송·판매〉라는 라벨이 붙어 있었다. 아마존 물류 창고에서 퓨즈 치킨의 진품과 가품이 서로 섞이고 있는 것 같았다. 놀랍게도 이런 일이 부지기수다. 「당신과 내가 각자 휴대 전화 케이블을 판다고 해봅시다.」 외부 판매자들의 컨설턴트이자 대표인 변호사 C. J. 로젠바움의 말이다. 「당신은 시카고에 있으니까 가까이에 있는 시카고 창고로 배송을 하죠. 케이블 하나에 2달러를 매기고요. 나도 같은 케이블을 파는데, 뉴욕 창고로 보냅니다. 나는 케이블 하나에 1달러에 파니까

값이 더 싸죠. 그러니까 내 상품이 구매 상자³ 상단에 뜹니다. 만약 구매자가 시카고 사람이면 당신 케이블로 주문을 하고 판매 인정은 내가 받는 겁니다. 만약 당신 제품이 위조품이면, 내 제품을 주문한 게 아니더라도 구매자는 내 계정을 욕하는 거죠.」

아마존의 한 대표자는 포셋에게 판매 중단에 대응하기 위해 가격을 낮추라고 제안했다. 그는 조언을 받아들이지 않았고, 어찌어찌 중재 협약을 피해서 소송을 제기했다. 하지만 아마존은 자신들에게 유리한 판례가 있었다. 2015년 연방 법원은 위조품 사건에서 아마존의 책임을 면해 주는 판결을 내리면서 아마존은 서로 관계가 없는 구매자와 판매자 사이의 중개자일 뿐이라고 결정했다. 2019년 7월 항소법원이 내린 판결은 아마존에 위조품에 대해 더 많은 책임을 지웠지만, 존 포셋으로서는 너무 늦은 판결이었다. 퓨즈 치킨 사건은 2019년 4월에 비공개 합의로 마무리되었다.

여러 판매자의 제품이 섞이고 위조품까지 끼어들면 아마존을 이용하는 모든 소비자가 위험에 노출된다. 2019년 8월 『월 스트리트 저널』의 조사에서는 4,152개 제품이 〈연방 기관에서 안전하지 못하다고 공표되거나, 가짜 라벨이 붙었거나, 연방 규제 기관에 의해 금지된〉 것으로 확인되었다. 그중 절반 가까이가 아마존 창고에서 배송된 것이었다. 유아를 질식시키는 것으로 알려진 담요, 충격을 받자마자 쪼개지는 오토바이 헬멧, 납 수치가 높은 장난감, 환경보호청에 등록되지 않은 살충제 등이었다. 어떤 상점도 소송의 위험을

---

3 buy box. 아마존닷컴에서 구매자가 상품을 검색해서 구입 단계가 되면 화면 오른쪽에 뜨는 장바구니 담기 칸. 가장 싼 제품이 맨 위에 뜬다.

무릅쓰지 않고는 가짜 제품을 버젓이 진열해 놓지 않는다. 아마존은 책임을 제삼자에게 떠넘기기 때문에 그럴 수 있다. 그 결과, 구매자는 자기가 진품을 사는 것인지 위험한 물건을 사는 것인지 알 도리가 없다. 반면 〈매수자 위험 부담 원칙〉을 좌우명으로 삼는 벼룩시장은 10억 명의 소비자에 접근할 수 없다.

아마존이 사이트를 정화하려는 노력을 주저하면서 더러운 술수가 판칠 기회가 더 많이 생길 뿐이다. 상품평을 관리하거나 특허를 보호하려는 노력은 악당 판매자들이 경쟁자의 이름으로 가짜 고소를 남발하는 결과로 이어졌다. 프로젝트 제로[4] 같은 도구 덕분에 회사들은 어떤 판매자의 상품을 곧바로 상품 목록에서 내릴 수 있다. 물론 사기꾼들은 지적재산권을 도용한 뒤 이 프로그램을 이용해서 상대방을 판매 목록에서 내리기도 한다. 한 판매자는 가짜 로펌으로부터 저작권 침해 통보를 받은 뒤 일방적으로 사이트에서 쫓겨났다.

아마존은 항상 최신 사기 수법에서 한 발짝 뒤처지는 것 같은데, 따라잡으려고 노력하지도 않는다. 자체 정부를 세운 회사로서는 이상하게도, 아마존은 분쟁을 중재하려고 하지 않는다. 아마존은 수동적인 역할만 할 뿐이고, 관료주의에 겹겹이 싸여 있으며, 일관성이나 투명성이 없다. 제임스 톰슨은 다 계산된 것이라고 말한다. 「선제적으로 대응하면 책임 문제가 생기거든요. 변호사들이 우리한

---

4 Project Zero. 2019년부터 아마존이 자사 플랫폼에서 위조품 판매를 근절하기 위해 시행하는 프로그램. 인공지능으로 판매 제품을 검토해서 가품을 걸러 내고, 판매자에게 유사품 판매 금지 권한을 부여하며, 제품에 고유 번호를 부여해서 가품을 원천적으로 차단하는 방식이다.

테 하는 얘기가 있습니다. 〈아무것도 점검하지 말고, 누군가 불만을 제기하면 그때 점검하세요.〉」

아마존 장터가 정말로 옛날 서부 시대냐고 묻자 신시아 스타인은 잠시 생각에 잠겼다. 「상상하는 것보다 훨씬 나빠요.」 마침내 나온 대답이다. 「처음 몇 년 동안은 1년에 두세 번 정도 판매자들을 방해하는 사람을 적발하곤 했죠. 지금은 이런 사례가 거의 매일 생깁니다. 그리고 이 말썽꾼들은 대형 판매자예요. 그러니까 적발돼도 아무 처벌도 받지 않죠.」 다시 말해 아마존 장터는 악화가 양화를 몰아낸다는 그레셤 법칙의 희생양이 된다. 부정직한 판매자들이 규칙을 준수하는 정직한 판매자들을 몰아내는 것이다. 그리고 아마존 같은 거대 정보 기술 기업들은 단지 워낙 규모가 크기 때문에 이런 수준의 사기를 야기한다. 전혀 관리가 불가능한 수준이 된 것이다.

OECD에 따르면, 위조품의 85퍼센트 가까이가 중국이나 홍콩에서 들어온다. 중국 기업들은 아마존 사이트에서 가장 빠르게 늘어나는 판매자 집단이다. 아마존은 중국 판매자들을 모집하면서 자금을 지원해 주고 심지어 중국에서 직접 오는 선박도 제공한다. 중국 판매자들은 미국 법률이 적용되는 범위 밖에 있기 때문에 아마존이 그들을 규율할 수 있는 방법은 계정을 일시 정지시키는 것뿐이다. 그런데 판매자가 불법으로 하나 이상의 계정을 보유하고 있으면 이 방법이 통하지 않는다. 「어떤 친구가 중국의 업무용 빌딩을 동영상으로 찍었는데, 직원 2,000명이 아마존 계정 3,000개를 관리하고 있습니다.」 제프 시크의 말이다. 「한 회사가 규정을 위반하면서 그렇게 많은 돈을 버는 거죠.」

아마존의 주요한 규율 방법인 계정 정지를 당하면 판매자는 아마존 세계의 유령 구역으로 들어간다. 아무 경고도 없이 한밤중에 서비스 조건을 위반했다고 퉁명스럽게 말하는 전자우편이 온다(이후로 정책이 바뀌어서 판매자에게 30일간 계정 정지에 관한 통고를 주지만, 허점이 워낙 많아서 아마존은 사실상 내키는 대로 할 수 있다). 판매자에게 전화도 하지 않는다. 아마존에서는 인간하고 이야기를 나누는 게 거의 불가능하다. 어떤 판매자가 계정 정지를 당하면, 아마존은 판매자의 상품 목록을 비활성화할 뿐만 아니라 그전에 판매된 금액을 인출하지도 못하게 한다. 수천 달러에 달할 수도 있는 금액이다(워런 버핏의 유명한 보험 유휴 자금처럼 이 돈은 아마존이 투자할 수 있는 돈줄이 된다). 정지를 당한 판매자의 재고 상품이 다른 누군가의 제품과 뒤섞이면, 아마존은 보상도 하지 않고 계속 판매를 한다. 그리고 정지를 당한 판매자가 아마존 풀필먼트를 이용하고 있는 경우에 아마존이 계속 재고를 보유하고 보관료를 매긴다. 판매자가 자기 상품을 돌려받으려면 철수 주문을 하고 비용을 내야 한다. 소매 마진이 많지 않기 때문에 사이트에서 몇 주만 밀려나도 정리해고와 파산, 압류로 이어질 수 있다. 컨설턴트들은 덫에 걸린 채 절망에 빠져 전화로 울부짖는 판매자들이 많다고 이야기해 주었다.

판매자들이 반드시 따라야 하는 규정집은 끊임없이 업데이트된다. 「아마존은 변경 사항이 있어도 굳이 널리 알릴 필요가 없어요.」 크리스 맥케이브의 말이다. 「판매자가 알아서 챙겨 봐야 한다고요.」 아마존은 판매자들이 전문성을 갖고, 적절한 사업·제품 자격증을 보유하며, 항상 충분한 재고를 유지하고, 제때에 배송을 하기를 기대한다. 하지만 계정 정지 사건에서 사실상 판사 노릇을 하는 아마존은 전문성의 수호자라고 보기 어렵다.

계정 정지 통고문은 특정한 내용 없이 광범위한 위반 범주들만 나열한다. 한 이용자가 쓴 상품평에 조금 안 좋은 내용이 있어도 계정 정지를 당할 수 있다. 장난감을 물어뜯는 개 한 마리 때문에, 또는 고객이 원하는 핏이 나오지 않는 옷 한 벌 때문에 수많은 업체 전체가 순식간에 초토화되고 있다. 판매자들은 무엇 때문에 아마존의 센서가 울리는지를 파악하는 탐정이 되어야 한다. 〈고객이 왕이다〉라는 철학이 고통스러운 극단까지 치달은 결과다.

컨설턴트들이 보기에도 몇몇 계정 정지는 카프카 소설처럼 부조리하다. 제프 시크는 〈지금까지 총 두 번 계정 정지를 당했다〉. 첫 번째 사연은 이렇다. 누군가 제프가 판매하는 상품 중 하나인 캔으로 된 개 간식 한 개를 반품했다. 아마존이 제프의 반품을 처리했는데, 반품을 재포장해서 다른 고객에게 보내는 게 기본 절차다. 포장 발송 담당자가 뚜껑이 열려 있는 걸 보지 못하고 개 간식을 발송했다. 상품을 받은 고객은 상자가 재사용된 것이라고 불만을 제기했다. 순전히 아마존이 잘못한 것이었지만 시크가 계정 정지를 당했다. 두 번째 계정 정지는 시크가 로스쿨에 재학 중일 때 은행 계좌를 변경할 일이 있었는데 그 때문에 당한 것이다. 시크는 로스쿨 컴퓨터실에서 계좌 변경을 했는데, 그곳은 IP 주소가 임의로 부여되었다. 아마존은 임의의 IP 주소에서 은행 계좌가 변경되는 것을 보고 시크의 계정을 1주일 동안 정지시켰다.

시크와 같은 로펌의 파트너이자 외부 판매자 연합체 온라인 머천트 길드의 창립자인 폴 라펠슨이 들려준 이야기는 아마 가장 터무니없는 계정 정지 사건일 텐데, 역시 IP 주소와 관련된 일이다. 판매자들은 페이스북 그룹과 실제 모임을 통해 종종 서로 밀접하게 접촉하며, 인간 본성이 그러하듯 일부 판매자들은 커플이 된다. 라펠슨의 고객 한 명은 이런 행사에서 여자 친구를 만나서 같이 살기 시작했다. 그런데 하루인가 이틀 만에 두 사람은 계정 정지를 당했다. 「IP 주소가 같았거든요. 같은 집에서 두 계정을 사용하려면 아마존의 승인을 받아야 했습니다. 결혼을 하려면 아마존한테 허락을 받아야 하는 셈이죠.」

계정 정지를 당한 판매자가 실제로 의지할 수 있는 유일한 방법은 통고문 아래쪽에 있는 〈이의 제기〉 버튼이다. 컨설턴트들이 여기에 끼어들어 변호사와 판매자, 아마존 전(前) 직원들로 이루어진 생태계가 사람들을 아마존 감옥에서 빼내 준다. 스타인은 25명으로 이루어진 팀이 있고, 시크는 준법률가와 보조원들에게 일을 맡긴다. 심지어 아마존 세계판 앰뷸런스 변호사[5]도 있다. 200~300달러만 주면 계정 정지를 풀어 주겠다고 장담하는 할인 조언자가 그들이다. 「도난 차량 해체 판매업자 같은 컨설턴트들이 있어서 싸구려 상담을 해주죠.」 크리스 맥케이브의 말이다. 「수사관들이 쫓아냅니다.」

대다수 컨설턴트는 이의 제기를 신앙고백처럼 작성해 준다. 여기에는 판매자가 무슨 잘못을 했고, 앞으로 어떻게 규정을 준수할 건

---

5 ambulance chaser. 교통사고 현장이나 병원 응급실 등을 쫓아다니며 소송을 부추기는 변호사를 비하하는 표현.

지를 설명하는 행동 계획이 포함된다. 판매자가 실제로 잘못된 일을 〈했는지〉 여부는 중요한 게 아니다. 계정 정지의 근거를 반박한다고 해서 보통 고객 편을 드는 아마존이 순순히 받아들이지는 않는다. 아마존의 판사들은 장터에서 벌어진 사기에 관한 이야기를 듣고 싶어 하지도 않는다. 컨설턴트들은 판매자의 계정을 샅샅이 뒤져서 신앙고백의 근거를 찾는다. 아마존이 선호하는 언어로 이의 제기를 작성한다. 「〈우리 고객을 돕기 위해 최선을 다하겠습니다〉 같은 식으로 말하면 당장 퇴짜를 당하죠.」 시크의 말이다. 「아마존 고객이라고 말해야 하거든요.」

컨설턴트가 모든 일을 제대로 해서 곧바로 이의 제기 문서를 제출한다고 해도 아마존은 몇 주일이 지나서 대답하기도 한다. 라펠슨은 이렇게 말한다. 「이 아마존 법원 체계는 공정성과 투명성에서 북한하고 맞먹습니다.」 한 가지 문제는 업무량이 강조되면서 이의 제기 팀이 저임금 나라들로 아웃소싱되고 있다는 것이다. 「이 친구들이 한 시간에 이의 제기 17건을 살펴보기를 바라거든요.」 스타인의 말이다. 「그러니까 3분 정도 시간이 주어지는 겁니다. 남들보다 뒤처지면 이런 생각이 들죠. 〈맙소사, 앞으로 5분 안에 세 건을 해야되네.〉」 그러면 스타인이 미식축구식 〈걷어내기 punt〉라고 부르는 답이 돌아온다. 〈정보가 더 필요합니다〉 같은 식으로 퉁명스럽고 모호하게 답하는 것이다. 이미 이의 제기에 첨부된 문서를 달라고 요청하는 경우도 많다.

판매자들은 이의 제기 과정이 끝나기 전에 사과를 몇 입 베어 물 뿐이다. 계속 무반응에 부딪히면서 상황이 고조되지만 어디로 고조

될지는 아무도 모른다. 판매자들은 판매자 지원 부서에 연락할 수 있지만, 사건 파일을 입수해서 무엇이 잘못됐는지 설명할 수는 없다. 아마존에는 안전이나 품질을 다루는 전문 그룹들이 있지만, 그들에게 이의 제기를 하면 미궁에 빠지기 십상이다. 아마존 법률 부서에 문의할 수도 있지만, 그 부서는 변호사 말고는 누구에게도 답변하지 않는다. 제프 시크는 계정 정지를 당했을 때 아마존 주식을 사서 투자자 홍보 부서에 전자우편을 보내기도 했다. 판매자들은 아마존을 상대로 중재 신청을 할 수 있지만, 이 경우에는 강제로 쓴 신앙고백이 부메랑이 되어 돌아온다. 「만약 판매자가 뭔가 잘못된 일을 했다고 인정하면, 중재 신청에서 성공할 가능성이 제로가 되죠.」 컨설턴트 C. J. 로젠바움의 말이다.

아마존 장터가 이렇게 거대하고 판매자들이 궁지로 몰리기 때문에 부패가 생길 수밖에 없다. 들리는 바로는 아마존 직원들이 돈을 받고 금지되지 않은 계정을 내줄 뿐만 아니라 악평을 삭제해 주고 판매 정보를 내주기도 한다. 컨설턴트들은 모두 그런 이야기를 들어 알고 있다. 「100퍼센트 성공률을 자랑하는 계정 정지 〈전문가〉가 하나 있습니다.」 제프 시크의 말이다. 「계정을 살리려면 이 친구한테 1만 달러를 주면 돼요. 아마 아마존에 있는 친구한테 돈을 먹여서 곧바로 계정을 활성화해 주나 봅니다.」

마지막 단계는 제프 베조스에게 전자우편을 보내는 것이다. 그렇다. 수천 개 업체의 생명줄이 세계 최고의 부자를 설득할 수 있는 메시지를 작성하는 데 달려 있다. 물론 베조스는 전자우편을 읽지 않는다. 최고 경영자 직속 판매자 담당팀이 답변을 보낸다. 하지만 스타인이 『버지*The Verge*』에 베조스에게 보내는 편지를 최후의 수단으로 활용하는 법에 관해 밝힌 뒤로 이제 이 방식도 잘 통하지 않는다. 전에는 이틀 정도면 답변이 왔는데 이제는 몇 주가 걸린다. 스타인은 전자우편 답변을 늦게 보내는 게 의도적인 대응 전술이라고 생각하지만, 그동안에 판매자들은 아무것도 하지 못한다. 「그 시간 동안 우리 모두 다른 전자우편에 답장을 받기 위해 여기저기 막 뒤져 보죠.」 스타인이 자기 고객들을 풀어 주는 데 도움이 될 만한 회사 내부의 새로운 사람들을 끊임없이 찾아다닌다며 말했다. 「항상 메일을 보내는 전자우편 주소 10개를 리스트로 만들어 놨어요.」

아마존이 자신들이 사업을 도와주고 있다며 번지르르하게 자랑하는 소상공인 수백만 명이 불가능한 과정 앞에서 속수무책의 상태에 빠진다. 가격과 품질을 놓고 경쟁을 해야 할 뿐만 아니라 사보타주와 계정 정지라는 징벌을 피해야 한다. 판매자들은 장터가 아니라 교전 지역의 일부인데, 여기서는 누구도 같은 군복을 입지 않는다. 사기업이 변덕스럽게 급조하는, 압도적인 동시에 기묘하게 초연한 법률을 준수해야 한다.

신시아 스타인은 이렇게 말한다. 「사람들이 우리한테 와서 답을 내놓으라고 합니다. 아마존에서는 확실한 대답 같은 건 없는데 말이죠. 책임을 물을 사람이 아무도 없다고요.」

판매자들이 복잡하게 얽힌 기만과 혼돈을 헤쳐 나가는 데 성공한

디고 해도 고객의 돈을 놓고 다투는 성가신 경쟁자를 또 하나 발견하게 된다. 아마존의 자체 브랜드인 아마존베이직스 라인은 2013년 봄까지 138개 제품 라인으로 성장했는데, 일부는 도매업체들로부터 라이선스를 받고 나머지는 아마존 자체 제조품이다. 상표명이 없는 건전지, 메모장, 벨벳 옷걸이, TV 벽걸이, 아이폰 케이블, 개침대 등이 있다. 아마존 이름을 붙이지 않은 자체 브랜드들도 있다. 가령 아마존은 고객들이 가장 많이 검색하는 성분들을 바탕으로 스킨케어 제품 라인인 벨리Belei를 만들었다.

이런 행동을 옹호하는 이들은 슈퍼마켓에서 판매하는 상표명 없는 제품에 비유한다. 하지만 아마존은 슈퍼마켓 브랜드들에 비해 지식이라는 엄청난 우위를 갖고 있다. 아마존은 사이트에서 이루어지는 모든 구매를 꼼꼼히 추적하는데, 사업가라면 누구나 이런 추적이 결정적인 우위를 안겨 준다고 말할 것이다. 아마존은 키보드를 몇 번 두드려서 무엇이 얼마에 팔리고 있는지, 누가 그걸 제일 많이 사는지, 누가 검색했는지 알 수 있다. 게다가 웹 사이트 관리자로서 아마존은 자체 브랜드에 검색, 경쟁자보다 낮은 가격, 구매상자 관리 등에서 특별대우를 해줄 수 있다. 또한 상품평을 많이 올리는 사람들에게 자체 브랜드 제품을 경품으로 제공하면서 판매에 결정적으로 중요한 메커니즘을 자극한다. 외부 판매자의 상품 목록 〈내에서〉 자사 제품을 판촉하기도 한다.

이런 자기거래self-dealing가 항상 이루어지는 건 아니다. 아마존은 대체로 판매자들한테 받는 임대료 수입이 더 많다. 가장 수익성 좋은 품목에 유리하게 알고리즘을 조정했을 때 아마존은 어떤 브랜드를 내세울지에 관해 불가지론자였다. 자체 상품이나 외부 판매자 상품 가운데 어느 것을 내세울지 확신하지 못했다. 하버드의 연구 자들인 펑 주와 치홍 류는 2014년 논문에서 아마존이 붙박이 고객을 활용할 수 있는 성공적인 틈새 상품을 목표로 삼는 경향이 높다는 사실을 발견했다. 키니스 사무용품의 스티브 스턴은 이렇게 말한다. 「아마존은 모든 고객의 관심사를 확보하는 데 관심이 없는 것 같습니다. 그들이 원하는 건 수익성을 높이는 거죠.」 노련한 낚시꾼이 돈 되는 물고기에만 관심이 있고 잔챙이는 놔주는 것과 비슷하다.

하지만 팔 만한 물건이 생기면 아마존은 최선의 노력을 다한다. 제프 시크는 중국 제조업체로부터 아마존 창고로 제품을 직접 운송받던 한 판매자에 관해 말해 주었다. 몇 주일 만에 그 제조업체는 아마존을 위해 직접 일하게 되었다. 「아마존이 우리 회사 선화증권을 보지 못하게 할 겁니다. 그걸 보면 누가 내 물건을 만드는지 알게 될 테니까요.」 시크는 아마존이 수년간 판매 제품 박람회를 찾아다니면서 공급업체들을 설득해서 외부 판매자와 관계를 끊고 자기들과 일하게 만들려 한다고 덧붙였다.

소매 체인점 윌리엄스-소노마는 2018년 12월 아마존이 자체 브랜드 리벳Rivet이라는 이름으로 자사 제품과 〈놀라울 정도로 유사한〉 물건을 제조해서 고객들로 하여금 모조품을 사게 만들고 있다고 아마존에 소송을 제기했다. 소송에 따르면, 아마존은 구글 키워드 검색 광고를 활용해서 자사 가구를 홍보했는데, 한 광고는 〈윌리엄스앤소노마를 아마존에서 사세요〉라는 문구였다. 아마존이 이와 같이 검색 광고를 무단으로 점유하는 일은 흔히 일어난다. 전하는 말로 구글은 아마존이 베끼는 브랜드들보다 아마존에 더 높은 검색 순위를 부여한다고 한다. 과두 지배자들끼리 서로 도와주는 컨트리 클럽 독점의 한 사례. 아마존은 자신들은 아무 잘못도 하지 않았다면서 혐의를 부정하려 했지만, 캘리포니아주 연방 판사는 2019년 5월 사건이 성립된다고 인정하면서 다음과 같이 결정했다. 〈지금까지의 진술로 볼 때, 아마존이 단순히 윌리엄스-소노마 제품을 재판매하는 것이 아니라 아마존닷컴에서 이루어지는 이 판매가 윌리엄스-소노마의 승인을 받았다는 부정확한 인상을 풍기고 있다는 그럴 듯한 추론이 성립된다.〉

아마존은 또한 대형 브랜드들이 아마존에 직접 판매하도록 유도하기 위해 장터 안에서 미승인 판매와 모조품 판매를 대대적으로 활용한다. 요구에 따르지 않으면 브랜드 상품에 불리하게 장터가 지저분해진다고 암암리에 위협을 하는 것이다. 미승인 판매자들은 일종의 징벌적 기능을 하면서 브랜드들이 아마존에 상품을 올리거나 모조품과 경쟁하기 위해 가격을 낮추는 데 압력으로 작용한다. 일부 브랜드는 체념하고 경기에 참여한다. 다른 브랜드들은 반란을 일으키고 있다. 버켄스탁은 2016년에 아마존에서 철수했는데, 최고 경영자는 아마존을 만연한 〈현대판 해적 행위〉의 공범자라고 지칭했다. 나이키 또한 아마존에 직접 판매하는 것을 중단했다.

저술가 브래드 스톤은 아마존의 권력을 보여 주는 가장 악명 높은 사례를 설명했다. 다이애퍼스닷컴을 운영하는 신생 기업 퀴드시의 이야기다. 이 사이트는 부모가 기저귀를 비롯한 생필품을 날짜를 정해 예약 구매하는 편리한 방식을 개발했다. 아마존이 여기에 주목했다. 아마존은 퀴드시 사무실에 간부를 보내 창립자들에게 회사를 사겠다고 제안했지만 거절당했다. 그 후 아마존은 자체 기저귀 가격을 30퍼센트까지 내렸다. 퀴드시가 가격을 조정할 때마다 아마존도 곧바로 대응했다. 다이애퍼스닷컴의 판매량이 폭락했다. 결국 퀴드시 중역들은 2010년 9월 아마존과 만나기로 결정했고, 회동한 바로 그날 아마존은 아마존맘Amazon Mom이라는 이름으로 할인율이 훨씬 더 큰 신규 서비스를 개시한다고 발표했다. 도매 비용과 운송 비용을 계산한 결과, 퀴드시는 아마존이 단지 자신들을 망하게 하기 위해 기저귀로 무려 1억 달러의 손실을 기꺼이 감수한다는 결론을 내렸다. 몇 달 뒤 퀴드시는 아마존에 회사를 팔아넘겼다. 믿기 어렵지만, 아마존은 이 사업을 끝까지 지켜보지도 않고 몇 년 뒤 퀴드시를 폐업했다.

아마존 사람한테 물어보면, 이렇게 밀어붙이는 행태가 모두 고객을 위한 것이라는 답이 돌아온다. 고객에게 가장 편리하고 값싼 서비스를 제공하기 위해서라는 것이다. 하지만 아마존의 지배는 실제 서비스에 관한 냉혹한 사실을 감춘다. 아마존 서비스는 서서히 나빠지는 중이다. 심지어 배송일 준수를 보장하는 아마존 프라임에서도 많은 상품이 제때 배송되지 않는다. 실제 인간과 통화하거나 대화하기가 너무 어려워서 아마존 사이트 자체에서 고객 서비스에 연결하는 법에 관한 책을 팔 정도다. 온라인 배송을 신청한 홀푸드 고객들은 아무 예고도 없이 주문 물품이 이상한 제품으로 대체 배송되는 경험을 한다. 2일 배송이 제대로 지켜지지 않는데도 아마존은 당일 배송을 시행하겠다고 발표하고 있다. 배송 시스템에 더욱 과부하가 걸릴 게 빤하다. 외부 판매자와 배송 기사, 항공기 조종사 등 수백만 명을 관리하는 일은 어떤 사업에서도 벅찬 일일 수 있다. 연방대법원 판사로 반독점 영웅이었던 루이스 브랜다이스가 한때 〈규모의 저주〉라는 말을 만들어 낸 데에는 다 이유가 있었다.

심지어 우리는 아마존이 고객들에게 내세우는 것처럼 물건을 가장 싼 값에 판다고 안심할 수도 없다. 아마존은 하루에도 몇 번이나 가격을 변경하며, 심지어 개별 고객마다 다르게 매기기도 한다. 아마존은 가짜 최고 가격을 올려놓고 빨간 줄을 그어 할인을 하는 것처럼 위장하고 있다. 구매자가 거주하는 지역에 따라 킨들 가격을 올리기도 한다. 또한 구매자들을 외부 판매자의 저렴한 상품이 아니라 더 수익이 많이 나는 비싼 상품으로 유도하기도 한다. 아마존이 추구하는 목표는 개인별 가격 책정으로, 고객별로 기꺼이 낼 의지와 능력이 있는 가격을 정확히 매기는 것이다. 홀푸드는 이런 행동공학을 현실 세계에서 실험하는 연구실이 되었다.

아마존은 또한 판매자들에게 다른 판매처에 올리는 가격을 인상하라고 강요한다. 요구에 따르지 않으면 아마존 검색에서 상품이 뜨지 않게 하는 식이다. 아마존이 문서화한 정책은 판매자가 다른 판매처에서 더 낮은 가격으로 상품을 파는 경우에 〈고객의 신뢰를 해친다〉고 규정하면서 징계한다고 공공연하게 위협한다.

물론 아마존은 창립 이래 계속 머니게임을 벌이고 있다. 수십 년 동안 아마존은 물리적 시설을 보유하지 않은 주에서 판매세 부과를 거부하면서 오프라인 경쟁자들보다 낮은 가격을 확보하고 조세 회피를 바탕으로 하는 사업 모델을 구축했다. 일찍부터 엄청난 규모의 연간 손실을 기록했기 때문에 지금도 그런 손실을 적용해서 수십억 달러의 수입에 대해 연방 세금을 전혀 내지 않는다. 아마존은 〈수익 실현 불가can't realize a profit〉 상품, 줄임말로 CRAP을 잔뜩 쌓아 놓고 있다.

잠시 이 문제를 검토해 보자. 어떤 회사가 수익을 실현할 수 없는 제품을 판매할까? 아마 약탈 가격predatory pricing을 매기는 경우, 즉 경쟁자보다 가격을 낮춰서 시장 점유율을 높인 다음에 나중에 손실을 메우려는 기업일 것이다. 아마존은 이런 전술을 구사한다고 끝없이 비난을 받았는데, 이제는 태세를 전환하는 것 같다. 〈수익 실현 불가〉 상품을 장터에서 몰아내면서 공급업체들에게 아마존은 수익을 창출할 수 있는 제품만 광고할 것이라고 통지하는 중이다. 아마존은 판매자들에게 〈오늘의 상품〉 프로모션에 포함되기 위해 할인을 감수하거나 마케팅 지출을 늘리도록 강요한다. 공급업체들에게는 운송료를 인상하면서 포장재를 바꾸도록 강요한다. 이런 공급업체들을 외부 판매자로 전환시키면서 판매 수수료를 챙긴다. 아마존은 상품 가격을 올리는 게 아니라 파트너들을 쥐어짜는 식으로 지배력을 활용하려고 한다. 이제 파트너들은 온라인 사업을 성공적으로 시작할 만한 다른 공간이 없기 때문에 속수무책으로 당한다.

「아마존은 모든 사람을 자기네 플랫폼으로 유인했습니다.」아마존이 이런 수법을 쓰고 있다는 내용으로 관심을 사로잡은 논문을 쓴 포드햄 대학교 로스쿨 학생 샤울 서스맨의 말이다. 「아마존이 여러 활동에 보조금을 주었지만, 이제 공급업체들은 비용을 떠안아야 힙니다.」쇠락하는 스타트업 기업의 시대에 이제 기업가 정신은 가상 공간의 벼룩시장에 노점을 차리고 옆 노점 주인을 어떻게 골탕 먹일지를 궁리하는 한편, 사장이 자기를 포도처럼 짓밟아 으깨는 일이 없기를 바라는 태도로 변질되었다. 하지만 이제 사장이 추구하는 전략은 자기 수익을 높이면서 다른 모든 이들의 수익을 떨어뜨리는 것이다. 전갈이 개구리를 함정에 빠뜨렸다. 어쨌든 그게 전갈의 본성이니까.

한때는 이런 수법이 월마트 효과라고 불렸는데, 지금은 아마존 게임이라고 한다. 한 회사가 온라인 장터를 개설했는데, 수백만 명이 사실상 여기서 벌어지는 어떤 거래에 참여하기 위해서든 세금을 내야 한다. 게다가 마진이 점점 줄어들어 월급봉투도 얇아지고 삶이 팍팍해진다. 「아마존은 미국의 기업가 정신을 죽이고 있습니다.」 온라인 머천트 길드의 폴 라펠슨이 하는 말이다. 「유니언 퍼시픽 철도가 이렇게 말하던 시대가 있었죠. 〈화물 운송료를 매기려면 당신네 장부부터 봐야겠는데요.〉 아마존은 전자 상거래판 유니언 퍼시픽입니다.」

이 수법이 통했기 때문에 경제 전반에서 아마존의 〈가격 할인에서 독점으로underpricing-to-monopoly〉 전략을 모방하는 기업들이 우후죽순처럼 생겨났다. 우버, 위워크[6], 버드[7] 등은 모두 아마존의 동생격이다. 서비스 가격을 낮춰서 스스로 자본을 소각하는 것 같지만, 경쟁자들을 몰아낸 뒤 대중을 낚아채려는 시도다. 이 기업들 중

6 WeWork. 공유 오피스 서비스.
7 Bird. 전동 스쿠터 공유 서비스.

어느 것도 돈을 벌지 못한다. 지금까지 모두 기껏해야 지나치게 낙관적이고 최악의 경우에는 노골적인 사기임이 드러나고 있다. 우리 앞에 펼쳐진 무비패스[8] 경제는 가치를 바탕으로 경쟁하려고 애쓰는 정직한 기업들을 파괴하고, 사기 행각이 드러나기 직전까지 사기꾼들이 판을 치는 세상을 만든다. 아마존은 아직 그 정도까지는 아니며, 어쩌면 대마불사 같이 끄떡없는 기업이 될지도 모른다. 하지만 아마존의 사업 모델은 삼류 모방작들과 더불어 세계를 망치는 중이다.

어쩌면 아마존의 독점 전망을 입증하는 가장 확실한 증거는 버핏의 움직임일 것이다. 수십 년 동안 정보 기술 주식을 거부한 끝에 워런 버핏은 아마존 주식을 8억 6000만 달러어치 사들였다.

---

8 MoviePass. 9.95달러의 월 회비를 내면 한 달에 세 번 영화 티켓을 예매할 수 있는 서비스. 2011년 서비스를 시작해서 2019년에 중단했다.

　성공을 거둔 정보 기술 기업을 생각할 때 사람들은 보통 아마존, 애플, 구글, 페이스북 등을 떠올린다. 하지만 미국에서 가장 수익성이 좋은 정보 기술 기업이자 전 세계에서 가장 높은 수익성에 근접하는 기업은 아마 당신이 들어 본 적이 없는 회사일 것이다. 1년에 10달러도 되지 않는 제품 하나를 주로 파는 기업이다.

　베리사인VeriSign이라는 이름의 이 기업은 당신이 .com이나 .net 같은 주소로 끝나는 웹 사이트를 등록할 때 돈을 받는다. 2019년 6월 현재 그런 웹 사이트가 1억 5610만 개가 존재했다. 웹 사이트 제작자가 베리사인에 직접 돈을 내는 게 아니라 중간에 중개업체가 있다. 하지만 베리사인의 수익 거의 전부가 비영리 기구인 인터넷주소관리기구(ICANN)와 독점 계약을 체결해 확보한 .com과 .net 운영에서 나온다는 사실을 밝히는 것으로 충분하다.

　2006년 .com 협약 덕분에 베리사인은 일정한 성과 분석을 충족시키기만 하면 자동적으로 계약을 갱신할 수 있어서 영원한 독점 체제를 확립했다. 2018년 베리사인이 2012년 이래 동결되었던 .com 가격을 인상하는 승인을 받자 하루 만에 주가가 17퍼센트 뛰었다. 그 이유는 분명하다. 시간이 흘러도 웹 사이트 도메인을 관리하는 비용이 더 많이 들지 않는다. 실은 일단 전산 인프라를 구축해 놓으면 도메인당 비용이 더 저렴해진다. 〈가격이 떨어지지 않는 산업 부문에서 독점에 가까운 지위를 부여하면, 가격을 낮추기 위한 계약에서 발언권이 생긴다고 생각할 것〉이라고 진보적 경제학자 딘 베이커는 말했다.

한 계산에 따르면, .com 가격을 인상하는 협약으로 베리사인은 10억 달러에 달하는 공돈을 손에 넣었다. 그 결과 2019년 1사분기에 베리사인의 전체 수입 대비 영업이익(수익률의 기준)은 65.3퍼센트를 기록했다. 분기 수입 2억 달러는 비교적 크지 않은 액수이지만, 65퍼센트라는 수익률은 〈바가지 가격으로 고발할 만한〉 수준이다. 물론 어느 누구도 바가지 가격으로 베리사인에 소송을 걸지 않을 것이다. 웹 사이트 소유주들이 서비스 요금으로 내는 돈은 매달 1달러도 안 되기 때문이다. 많은 고객들에게 조금씩만 더 내게 하면 갑자기 세계에서 가장 수익성 좋은 기업이 된다.

워런 버핏이 베리사인 주식 1300만 주를 보유하고 있는 것도 이런 이유 때문이다. 지난여름 기준으로 그 평가액은 23억 달러에 달했다. 하여간 그 친구 실력은 알아줘야 한다. 미국 최고의 독점 판별사이니 말이다.

베리사인의 경쟁자가 되려고 하는 기업들은 연간 무려 1달러의 이용료로 동일한 서비스를 제공하겠다고 일관되게 선전하고 있지만, 계약이 경쟁 입찰로 진행된 적이 한 번도 없다. 2016년에 적어도 일정한 경쟁이 이루어질 기회가 있었다. ICANN이 새로운 도메인 명칭인 .web을 제안한 것이다. web은 인터넷 자체와 동음이의어이기 때문에 .com의 경쟁자로 유력해 보였다. 베리사인의 경쟁사로 .email, .church, .restaurant, .plumbing 등을 보유하고 있는 도너츠는 .web의 보유권을 놓고 경쟁한 7개 도메인 등록업체 중 하나였다. 대체로 이런 경쟁은 당사자들 사이에서 비공개로 해결됐지만, 누닷코 LLC라는 관련 신생 기업이 비밀 협약을 거부하면서 공개 경매를 촉발시켰다. 도너츠의 공동 창립자인 존 네빗은 누닷코에 전화를 걸어 재고를 요청했다가 이런 말을 들었다. 「우리가 결정할 일이 아닌 것 같습니다.」

네빗은 곧바로 회의에 빠졌다. 경매 규칙은 도메인 등록업체들이 중간에 의사 결정권자를 교체하는 것을 허용하지 않았다. 〈우리가 누구에게 도전하는 것인지에 관해 투명성이 전혀 없었다〉고 네빗은 말했다. 경매에서 경쟁 상대가 제한된 자원을 갖고 있는지, 아니면 자금력이 풍부한지에 따라 입찰 전략이 달라진다. 네빗은 ICANN이 조사할 것을 요구했지만, ICANN은 누닷코가 위반 행위를 했다는 〈근거가 전혀 발견되지 않았다〉고 응답했다. 물론 ICANN은 경매 수익을 챙길 권리가 있었기 때문에 계속 밀어붙일 동기가 충분했다. 도너츠는 최후의 시도로 경매를 중단시키는 임시 제한 명령을 해달라고 신청했지만 수포로 돌아갔다.

.web 경매는 입찰 가격을 비공개로 해서 전혀 투명성이 없이 2016년 7월 28일에 진행되었다. 누닷코가 기록적인 1억 3500만 달러로 낙찰을 받았다. 3일 뒤, 베리사인은 간략한 보도자료를 공개해서 자사가 〈누닷코의 입찰에 자금을 제공했다〉고 발표했다. 이미 .com과 .net을 장악하고 있는 베리사인은 유일한 현실적인 대안을 손에 넣음으로써 자신의 지배권에 도전하려는 경쟁자들의 시도를 무력화했다. 〈도메인 산업에서 시장 지배력을 가진 한 기업이 그것까지 차지하는 건 문제가 많다〉고 네빗은 말했다.

도너츠는 .web의 판매를 막기 위해 소송을 걸었지만 실패로 돌아갔다. 법무부는 경매를 조사한 뒤 아무 행동도 취하지 않고 조용히 정리했다. 또 다른 회사가 경매를 독립적으로 심사해 달라고 신청했는데, 아직까지 오리무중이다. 하지만 베리사인이 .web를 사들여서 땅에 파묻어 두었다는 게 중론이기 때문에 지연되는 건 전혀 방해가 되지 않는다.

네빗은 이렇게 결론을 내렸다. 「베리사인을 조금 다르게 대한 오랜 역사가 있습니다. 〈그렇다고 말했잖아요〉라고 말하는 건 도움이 되지 않죠.」

하지만 네빗은 이런 경험에서 교훈을 얻은 것 같다. 2019년 11월 에토스 캐피탈이라는 신생 사모펀드 회사가 비영리 단체가 사용하는 도메인인 .org를 소유한 퍼블릭 인터레스트 레지스트리를 사들인다고 발표했다. ICANN은 바로 직전에 .org의 가격 상한을 폐지했는데, 따라서 새로운 소유주들은 원하는 대로 가격을 매길 수 있게 되었다. 비영리 기구였다가 이제는 사모펀드에 흡수된 퍼블릭 인터레스트 레지스트리의 최고 경영자는 누굴까? 존 네빗이다.

9
의료 산업

독점 기업 때문에 병원은 인공심장은 줄 수 있어도
식염수액 주머니는 주지 못한다

처음에 벤 보이어는 알지도 못했다. 보통 전문 간호사[1]가 부인 지
니어에게 정맥주사를 놓고 항암제 주입을 시작하고는 의자에 앉혀
둔 채 나가곤 했다. 그런데 이번에는 나가지 않았다. 「제가 가는 데
잠깐 시간이 걸려서 물었죠. 〈뭐 하시는 거예요?〉」벤의 설명이다.
「간호사가 무미건조하게 대답하더군요. 〈정말 황당한 일인데요, 정
맥주사용 수액백이 다 떨어졌어요.〉」

벤과 지니어가 이 소식을 들은 장소로, 풍경이 그림 같은 라호야
에 있는 UC샌디에이고 병원의 무어스 암 센터는 미국에서 손꼽히
는 치료 시설이다. 사방에 대형 스크린 TV가 있고, 바카라운저 안
락의자, 바닷가 전망이 보이는 줄줄이 이어진 대형 유리창, 깨끗하
고 번쩍번쩍하는 장비들이 인상적이다. 2017년 크리스마스 다음 날
로 병원이 분주하지 않았다. 최소 인원이 환자들을 돌보고 있었다.

---

1 nurse practitioner. 병을 진단하고 치료하는 방법에 대해 추가 교육과 훈련을
받은 등록 간호사. 의사의 동의하에 일정한 수준의 진단과 치료를 수행한다.

그런데도 벤과 지니어는 환자들한테 돌아갈 식염수액이 모자란다는 말을 듣고 있었다.

벤은 그런 상황에 대해 별로 심각하게 생각하지 않았다. 전문 간호사가 주사기를 잡고 약물이 가득한 주머니에 꽂을 때 아무 말도 하지 않았다. 서서히 주입되도록 약물이 떨어지는 속도를 손으로 조절하는 것 같았다.

「그냥 잡담을 하고 있었죠. 좀전에 〈라스트 제다이〉를 봤거든요.」 벤이 말했다. 「그런데 제가 말했죠. 〈잠깐만요. 왜 정맥주사용 수액백이 없는 거죠?〉」 그러자 간호사는 병원에서 쓰는 정맥주사용 수액백이 전부 푸에르토리코에서 온다고 말해 주었다. 그런데 몇 달 전에 강타한 허리케인 마리아 때문에 심각한 물품 부족 사태가 생겼다는 것이었다.

정맥주사용 백은 식염수를 채운 튼튼한 비닐 주머니일 뿐이다. 항생제 투여에서부터 탈수 환자에 대한 수분 공급에 이르기까지 수많은 조치에서 사용된다. 병원 병실에 앉아 있는 벤의 눈앞에 라호야의 절벽 아래로 태평양이 펼쳐졌다. 사방에 소금물이 널려 있는데, 정작 필요한 소금물은 없었다. 지구 표면의 4분의 3 정도가 소금물인데, 소금물 주머니가 부족하다고? 사방 천지에 물이 가득한데, 링거 주사용 물이 없다고?

벤은 약간 충격을 받은 채 간호사가 수액 주머니를 쥐어짜면서 튜브를 통해 지니어의 팔에 연결된 주사로 약물이 들어가게 천천히 유도하는 모습을 지켜보았다. 일시적 정맥주사IV push라는 방식이다. 5초마다 간호사는 기계처럼 정확하면서도 조심스럽게 밀대를 눌러야 했다. 적절한 양의 약물이 들어가야 하기 때문이다. 30분 정도 시간이 걸렸는데, 간호사는 내내 서 있었다.

벤이 그때 기억을 떠올렸다. 「이런 생각이 들었죠. 〈이게 말이 되나, 미친 짓이야, 한심하기 짝이 없네.〉」 푸에르토리코와 연결되면서 이중으로 초현실적인 느낌이 들었다. 벤의 아버지는 푸에르토리코에 주둔한 해군에서 의료 전문가로 일했다. 벤은 그 섬에서 몇 년 동안 어린 시절을 보냈고, 여동생도 거기서 태어났다. 하지만 부모님이 의료계에서 일했는데도 ─ 어머니는 간호사였다 ─ 벤은 푸에르토리코가 미국 의료 시스템에서 중심적 역할을 한다는 사실을 이해할 수 없었다. 푸에르토리코는 수십 년 동안 제약 회사들의 도피처였고, 미국 정맥주사 용액의 절반가량을 생산하는 백스터 인터내셔널은 이 섬에서 생산 시설 두 곳을 이런 목적으로 활용한다. 그런데 두 곳 모두 허리케인 마리아 때문에 마비되어 병원들이 몇 달간 아우성을 치게 만들었다.

이런 상황은 기업 통합이 야기하는 고전적인 결과다. 한 회사가 어떤 제품의 점유율이 너무 높으면 공급 연쇄의 파열이 극대화된다. 하지만 이런 단순한 설명을 혼란스럽게 만드는 한층 지저분한 비밀은 정맥주사 용액이 2013년 이래 식품의약청의 부족 물품 목록에 올라 있다는 것이다. 푸에르토리코에 있는 백스터의 생산 시설이 허리케인에 강타당하기 〈4년〉 전부터다. 법무부는 이미 그전부터 이 문제를 조사하고 있었다. 다시 한번 말하지만 ─ 도대체 얼마나 더 강조해야 할지 모르겠는데 ─ 지금 우리는 소금과 물과 주머니에 관해 이야기하고 있다.

완강한 자본주의 옹호론자들은 물품 부족은 중앙계획식 공산주의 나라들에서나 일어나는 일이라고 비웃는다. 그런데 이 나라 민간 부문 기업들이 수요를 충족시키지 못해서 공중보건에 잠재적으로 심각한 영향을 미친다. 도대체 어떻게 이런 일이 벌어진 걸까? 복잡하고 다면적인 대답은 미국 보건의료 시스템을 구성하는 독점의 숲을 트레킹하면서 병원과 의료 시설만이 아니라 의료를 제공하는 데 필요한 모든 것들 사이에서 발견할 수 있다. 경쟁이 사라지면서 터무니없는 가격이 매겨지고 의료 노동자의 임금이 낮아지며 기준 이하의 결과로 이어졌다.

미국의 보건의료를 둘러싸고 벌어지는 토론은 참으로 협소하다. 모든 국민에게 의료보험을 제공하는 선진국 세계에서 뒤처진 채 우리는 단일 보험자 체제single-payer insurance(국민의료보험)가 좋은지 아니면 엄격하게 규제하는 민간 보험 시장이 좋은지를 놓고 싸우는 한편, 강경 보수주의자들은 행동을 통해 의료 접근권이 감당할 여력이 되는 사람은 누구나 누릴 수 있는 특권이라는 신호를 보낸다. 하지만 우리는 대체로 보험의 주체가 공공인지 민간인지 여부를 제외하면 보건의료에서 무엇이 중요한지에 관해서는 여전히 침묵을 지킨다. 우리가 세계 어느 나라보다 더 많은 돈을 내면서 덤으로 가장 열악한 결과를 손에 쥐는 주된 원인은 바로 독점 체제에 있다. 고펀드미2 사이트가 미국에서 손꼽히는 보험 제공자로 부상하게 된 것도 독점 체제 때문이다. 또한 병원의 의료 과실이 미국의 사망 원

2 GoFundMe. 2010년 창립한, 사람들이 기부금을 직접 모금할 수 있는 영리형 크라우드펀딩 플랫폼.

인 3위로 올라선 것도 독점 체제 때문이다. 그리고 2차 세계 대전 시절에 마지막으로 널리 사용된 방법으로 부인이 암 치료를 받는 가운데 벤 보이어가 불신으로 고개를 절레절레 흔들게 만든 것도 바로 독점 체제다. 「정말 눈이 번쩍 뜨이더군요. 이 모든 게 거즈처럼 얇아서 금방이라고 끊어질 듯한 사업 거래의 가닥들로만 연결돼 있다니요.」

2015년, 의료보험 산업을 뒤바꾸기 위해 두 건의 합병이 준비되었다. 애트나가 휴매나를 340억 달러에 인수한다고 발표했고, 시그나는 480억 달러에 앤섬을 인수한다는 계획을 마련했다. 규모나 가입자 수에서 유나이티드헬스만이 이 기업들과 경쟁하는 가운데 두 합병이 이뤄지면 영리형 보험사가 빅3만 남게 될 터였다(앤섬이 계열사로 포함된 비영리형인 블루 크로스 블루 실드도 보험 시장에서 주요한 행위자다). 그러자 보험사들의 횡포 아래 제 기능을 하지 못하는 의료 시스템을 걸핏하면 비난하던 부모들과 그 대변인들은 두려움에 사로잡혔다. 역사를 보면, 보험회사들이 합병하는 순간 뒤이어 보험료가 올라간다는 사실을 알 수 있다. 1999년 애트나가 프루덴셜의 의료보험 사업을 사들인 뒤 가격이 7퍼센트 뛰었고, 2008년 유나이티드헬스가 시에라를 인수한 뒤에는 14퍼센트가 급등했다. 많은 이들이 선택권이 줄어들고, 생사를 좌우하는 결정권이 극소수의 수중에 집중될 것이라는 생각에 움찔했다.

하지만 보험회사들이 내세운 논리는 표면적으로만 보면 설득력이 있었다. 첫째, 적정 부담 의료법Affordable Care Act(일명 오바마 케어로 알려진 의료보험 개혁법)은 보험사의 이윤에 상한선을 두어 보험료의 일정 비율을 실제 치료 용도로 적립해 두도록 했다. 이 규제는 통째로 무효화될 수도 있었지만, 수입을 늘리는 주된 변수는 내부 관리 비용이 될 것이었다. 따라서 보험회사들은 규모의 효율을 으뜸가는 선택지로 보았다. 더욱 중요한 점으로, 보험회사들은 의사, 병원, 외래환자 진료과 등과 매일같이 수천 건의 거래를 교섭하며, 최선의 가격을 확보하기 위해 이런 교섭에서 권력을 유지할 필요가 있다.

이와 대조적으로 의료 공급자가 통합되면 교섭 테이블에서 더욱 유리한 조건을 강제할 수 있다. 어림짐작으로 하는 말이 아니다. 2010년 당시 매사추세츠주 법무장관 마사 코클리(지금은 줄의 로비스트)가 작성한 표준 보고서는 주립병원들의 보험 청구 데이터를 살펴본 것인데, 가격 편차가 의료의 질이나 환자 집단의 건강과 아무 상관이 없음을 발견했다. 그보다 가격은 〈병원이나 의료 제공자 집단(제약 회사, 의료기기 업체 등)이 같은 지역 내의 다른 병원이나 의료 제공자 집단과 비교해서 상대적으로 차지하는 시장 비중으로 측정되는 시장 지배력〉에 좌우된다. 병원 네트워크들이 점점 몸집을 키움에 따라 보험회사들도 덩치를 키울 필요성을 절감했다. 다시 한번 〈기업 통합의 연쇄 반응〉이 나타난다. 양쪽이 마주보는 시장에서 한쪽에서 합병 활동이 나타나면 다른 쪽에서도 합병 활동이 생길 수밖에 없다. 정상을 차지하기 위한 경주라고나 할까? 아니

소비자 입장에서는 바닥을 향한 경주라고 해야 한다.

의료에서 일반인들은 이 양쪽과 아주 다른 방식으로 상호작용을 한다. 병원과 의사는 당신을 치료하고, 약을 처방하고, 부러진 다리를 고쳐 준다. 대체로 병원과 의사는 환자들 사이에서 따뜻한 감정을 불러일으킨다. 반면 보험회사는 어떤 돈을 내야 하는지, 그리고 어떤 치료가 제한되는지를 말해 준다. 대체로 보험회사는 탐욕이나 비정한 태도 때문에 분노를 불러일으킨다. 이런 분노는 많은 경우에 정당한 것이다. 「중개인을 혐오하는 건 정말 쉽죠.」 하버드 경영대학원의 리모어 대프니 교수의 말이다. 「개인들은 의사와 연결되지 보험회사와 연결되는 게 아니니까요.」

시그나가 간 이식수술 보험 적용을 거부한 뒤 사망한 백혈병 환자 네이털린 사키시안의 비극은 적정 부담 의료법이라는 의료보험 개혁에 추진력을 제공했다. 그리고 매년 오바마 케어 보험을 가입해야 하는 사람이라면 누구나 지역의 개인 의료보험 시장이 초통합 상태임을 안다. 카이저 가족 재단이 수집한 데이터에 따르면, 전체 카운티의 42퍼센트에서 선택지가 두 개 이하다. 이런 여러 시장에서 경쟁 저해 행위가 벌어진다는 고발이 점점 늘어난다. 2018년, 신생 보험사 오스카는 플로리다의 블루 크로스 블루 실드가 경쟁자들을 배제하기 위해 브로커들과 오바마 케어 보험 조정 독점 계약을 맺었다고 고발했다.

따라서 일반 대중과 선출직 대표자들이 의료보험 산업을 추가로 통합하자는 제안에 강경하게 반대하는 것도 놀랄 일은 아니다. 결국 2017년 초, 그러니까 버락 오바마의 법무부가 1년 전에 네 보험

회사의 합병 계획을 저지하기 위해 소송을 제기했던 바로 그날 보험사들은 계획을 포기했다. 치료를 거부함으로써 수익을 올리는 영리형 보험 산업이 통합되면 공중보건의 위험이 커진다는 점을 감안할 때, 아마 좋은 결과로 보인다.

하지만 거래의 반대쪽에서도 위험이 슬금슬금 다가온다. 우리를 돌보고 치료해 주는 이들이 치료비 지불 협상에서 우위를 차지하려는 노력이 환자에게 중대한 함의를 갖기 때문이다. 이런 의미에서 환자와 치료자 사이의 상호작용은 의료보험 시장의 합리화를 가로막는 장애물이 되고 있다. 누가 고통을 야기하는지에 관한 진실을 가리기 때문이다.

의료기관은 관리의료[3]의 전성기인 1990년대 말에 통합하기 시작했다. 주식 시장 호황을 등에 업은 기업들이 그렇게 손에 넣은 현금으로 상호 연결된 시스템을 구축하기 위해 종합병원, 외래환자 진료소, 개인병원 등을 사들였다. 어떤 이들은 합병 물결이 점차 잦아들기를 기대했지만, 그런 일은 없었다. 연방거래위원회 경제국장을 지낸 카네기멜론 대학교의 마틴 게이너는 1998년부터 2018년까지 1,667건의 병원 합병이 확인됐는데, 그중 540건이 2013년 이후에 이루어졌다고 밝혔다. 그 가운데 상당수가 같은 지역에 있는 병원들 사이에 이루어져서 지역 시장에서 선택권이 줄어들었다.

모든 이들이 오바마 케어가 시행되면 병원 이용률이 높아질 것이라고 가정했기 때문에 시장은 병원을 매력적인 자산으로 판단하면

---

3 managed care. 보험회사, 의료기관, 의사 사이에 진료 내용이나 치료비 등에 가이드라인을 설정해서 그에 따라 치료하는 시스템.

서 새롭게 합병 시도에 나섰다(덧붙여 말하자면, 이런 시도는 성공을 거두지 못했다. 적정 부담 의료법이 통과된 이래 실제로 입원율이 떨어졌기 때문이다). 몇 가지 이유에서 신생 병원의 경쟁은 실제로 존재하지 않는다. 적정 부담 의료법을 통과시키기 위한 교섭의 일부로 오바마의 백악관은 미국병원협회의 요청을 받아들여 의사 소유 병원에 대해 채무 지불 유예를 연장해 주었다. 그리고 대다수 주는 병원이 장비 구입에 착수하기 전에 규제 기관의 승인을 받도록 요구하는 〈필요성 인증certificate of need〉 관련 법규를 두고 있다. 병원이 설립 허가를 받아야 하는 타당한 이유가 여럿 있지만, 실제로는 이 때문에 시장이 얼어붙으면서 대형 병원 시스템들끼리 투기적 저가주처럼 시설물을 거래하게 용인하고 있다.

UC버클리의 브렌트 풀턴이 발표한 연구에 따르면, 2016년에 이르러 전체 대도시 지역의 90퍼센트가 병원 시장의 통합 증대를 경험했다. 대다수 지역에 한두 개의 병원 네트워크가 있어서 대부분의 환자를 치료한다. 보스턴은 파트너스 헬스케어가, 피츠버그는 UPMC가, 샌프란시스코는 서터 헬스가 지배하는 식이다. 이 병원들 가운데 일부는 명목상 비영리 네트워크이지만, 여러 연구에서 드러난 것처럼, 병원이 시장 지배력을 강제하는지 여부를 따질 때 비영리 지위는 별 의미가 없다. 확실히 병원 인수 건수 증가와는 아무 관련이 없다. 2019년 가톨릭 헬스 이니셔티브와 디그니티 헬스가 합병해서 커먼 스피리트 헬스가 탄생했다. 21개 주 700개 병원에 직원 수가 15만 명이다. 미국 최대의 비영리 의료기관이 된 것이다. 중서부의 비영리 네트워크 두 곳, 오로라 헬스와 애드버킷 헬스

게어도 2018년에 하나로 합쳤다.

또 다른 주인공도 통합을 향한 이런 행진 대열에 합류하고 있다. 사모펀드 회사가 그들이다. 베인 캐피탈과 콜버그 크래비스 로버츠는 2006년 헬스케어 코퍼레이션 오브 아메리카(HCA)를 사들였는데, 당시에 최대 규모의 차입 매수였다. 이 거래가 성공작임이 드러나자 병원이 수익성 좋은 도박임을 눈치 채고 모방 산업이 등장했다. 사모펀드는 지역 시장을 장악하는 대신 차입 자금으로 전국 각지의 병원들을 주워 담으면서 다양한 전국 네트워크를 만들어 내고 있다. 대체로 사모펀드 회사는 우선 〈플랫폼〉 병원 시스템을 매입한 뒤 반독점 조사 기준에 미치지 않는 수준에서 소규모 인수를 추가한다. 잔챙이 100마리를 집어삼킨 뒤 갑자기 대물 물고기로 변신하는 것이다. 사모펀드 산업 연구자로 『일하는 사모펀드*Private Equity at Work*』의 공저자인 아일린 애플바움은 이렇게 말했다. 「그들은 전국적으로 시장을 지배하려고 노력하고 있습니다.」

애플바움은 2000년대에 시골 병원들을 연달아 사들이고 2014년에 대형 병원 체인인 헬스 매니지먼트 어소시에이츠를 매입한 사모펀드 합병 기업 커뮤니티 헬스 시스템(CHS)을 두드러진 사례로 든다. 「CHS는 재정적으로 힘겨운 상황이었는데, 역시 재무 상태가 좋지 않은 또 다른 병원 체인을 매입하는 승인을 받았습니다.」 애플바움의 설명이다. 「과연 어떤 일이 벌어졌을까요?」 상장 기업이었던 CHS는 주가가 곤두박질친 한편, 병원을 폐쇄, 매각하고 수익성이 좋지 않은 서비스를 감축했다. 거대 사모펀드 서버러스가 소유한 스튜어드 헬스 케어는 10개 주에서 병원을 집어삼켰는데, 최근

IASIS 헬스케어와 합병으로 미국 최대의 영리형 민간 병원 그룹이 되었다. 이렇게 병원을 사들이기 위해 빌린 현금 부채는 병원들의 몫이 되어 이제 각 병원은 신규 설비나 기술, 환자 치료 개선에 투자할 수 없는 처지다.

사모펀드가 의료 부문에서 최악의 역할을 한 최근의 사례는 하네만 대학병원과 관련된 것이다. 필라델피아 센터시티에 있는 171년 역사의 이 병원은 환자 대부분이 저소득층 유색인이다. 사모펀드계의 거물 조엘 프리드먼이 2018년 병원을 사들여서 18개월 동안 전혀 시설 개선을 하지 않다가 부동산으로 매각하기로 작정하고 병원 문을 닫았다. 젠트리피케이션으로 이어지는 관문인 셈이다. 「걸핏하면 환자들이 찾아와서 하소연을 합니다. 〈이제 저는 어디로 가야 하나요?〉」 17년 동안 병원에서 일한 정규 간호사 로런 맥휴의 말이다. 「이 모든 게 (프리드먼의) 계획인 것 같아요. 이 병원을 매입해서 망하게 방치한 다음에 문을 닫아 버리는 거죠.」 이런 방식은 또 다른 추세가 될 수 있다. 그리고 부동산 수익을 내기 위해 병원이 문을 닫을 때마다 의료기관 시장은 더욱 통합된다.

종합병원들의 규모가 커짐에 따라 개인병원의 전통과 대조적으로 종합병원마다 상임in-house 의사를 받아들이고 있다. 2012년에 대형 병원은 전체 의사의 26퍼센트만을 고용했지만, 불과 3년 뒤에는 그 수치가 38퍼센트로 뛰었다. 대형 병원에 소속되지 않은 개업 의사들도 결합되는 중이다. 풀턴의 연구에 따르면, 전문의 시장의 거의 3분의 2가 상당히 통합되어 있다. 일종의 수직적 통합으로, 종합병원에 환자의 수술이나 기타 치료를 의뢰할 수 있는 내과의사나 외과의사가 그냥 종합병원에 들어가서 일을 한다. 그렇게 이상한 일이 아닌 것이, 진료 의뢰는 계열 병원들 사이에서만 이루어지며, 여기에 따르지 않는 의사들은 질책을 받는다.

외래환자 의료 시설 역시 대단히 통합되어 있다. 가장 악명 높은 사례는 투석 센터인데, 이 시설의 70퍼센트 정도가 프레제니우스와 다비타 두 기업의 소유다. 투석 치료는 인공 신장기를 이용해서 환자의 혈액을 걸러 주는데, 최대 1주일에 3회까지 필요한 힘든 과정이다. 신장 이식 수술을 받으면 환자는 정상적인 생활을 할 기회를 얻는다. 하지만 프레제니우스와 다비타는 이식에 적합한 환자에 대해서도 항상 성공 가능성을 낮게 잡는다. 투석 환자로 잡아 두지 않으면 자기들 네트워크에서 빠져나가기 때문이다.

메디케어는 1972년 법률을 통해 50만 명 가까운 신부전 환자에게 연령에 상관없이 투석 치료 비용 전액을 대준다. 하지만 민간 보험이 최초 30개월 동안 환자 치료비를 부담하다가 메디케어로 넘기기 때문에 프레지니우스와 다비타는 상대적으로 싼 메디케어 치료비보다 4배나 많은 액수를 민간 보험사에 청구한다. 실제로 보험사에서 지불하는 치료비가 투석 회사들의 수익 전체를 차지한다. 그리고 이 회사들은 매년 2억 5000만 달러를 미국신장기금이라는 자선기금에 집어넣는데, 이 기금은 환자들에게 보험료를 내주겠다면서 민간 보험사로 유도한다. 이렇게 관용을 베푸는 것은 기업의 수익을 촉진시키기 위한 연막이다. 한편 2010년의 한 연구에서 밝혀진 것처럼, 영리형 투석 센터는 비영리형 투석 센터에 비해 사망률이 더 높다. 비판론자들은 프레제니우스와 다비타가 직원을 제대로 훈련시키지 않고 그나마도 인력이 부족하며 위생 상태도 불량하다고 비난하고 있다.

그런데 워런 버핏이 다비타의 큰손 투자자이며, 이 회사가 외래 환자 외과센터와 의사 집단 부문을 보험사인 유나이티드헬스에 매각했을 때 그가 하루 만에 2억 3100만 달러를 벌어들였다는 사실을 언급했던가?

간단한 시장 경제학은 기업이 집중될수록 가격이 올라간다고 말한다. 한 연구는 병원 선택지가 줄어든 지역에서 입원료가 최대 2,000달러까지 증가하는 현상을 발견했다. 또 다른 연구에 따르면, 독점 병원이 지역 경쟁 병원이 세 곳 이상 있는 경우에 비해 평균 의료비가 12퍼센트 이상 비싼 한편, 가까이에 있는 두 병원이 하나로 합병되면 6퍼센트 급등했다. 환자들은 다니던 병원이 병원 네트워크에 매입되면 같은 의사에게 같은 치료를 받으면서도 비용이 4배 올랐다고 말한다. 캘리포니아주 솔라노 카운티를 장악한 병원 네트워크는 투자자들에게 〈경쟁이 없이 아주 돈벌이가 좋은 계약을 유지〉할 수 있다고 자랑했다. 사모펀드가 소유한 병원 체인 같은 전국적 네트워크들은 심지어 보험회사와의 지불 계약에서 영향력을 쥐고 있다.

캘리포니아 북부에 있는 서터 헬스는 2019년 가을에 보험회사들과 전부 아니면 전무라는 교섭 모델을 둘러싼 소송에서 합의를 보왔다. 서터 계열 병원들이 전부 환자 네트워크로 들어가든지 아니면 한 곳도 들어가지 않는다는 것이었다. 서터는 베이에어리어 지역의 경쟁 병원들을 대다수 집어삼켰기 때문에 의료비를 높게 유지할 수 있다. 어떤 보험회사도 자신을 네트워크에서 배제하지 못한다고 확신하기 때문이다. 북부만큼 병원 체인이 통합되지 않은 캘리포니아 남부보다 북부가 입원 환자가 내는 비용이 70퍼센트 많다는 것은 이미 알려진 사실이다.

이런 현상은 의사들에게까지 영향을 미친다. 상위 1퍼센트 소득자들 가운데는 은행가와 변호사보다 의료 전문가가 더 많으며, 모든 치료 단계에서 다른 나라 의사들보다 훨씬 소득이 많다. 이렇게 된 이유 중 하나는 미국의사협회가 의과대학의 수를 제한하는 카르텔 같은 행동으로 의도적이고 인위적으로 의사 부족 현상을 조장한다는 것이다. 〈통합의 연쇄 반응〉을 보여 주는 또 다른 사례다. 통합된 병원 네트워크는 의사들 사이의 통합으로 이어지며, 의사들은 의료 서비스의 선택지가 축소되는 가운데 자격 인정을 활용해서 자기를 내세운다.

어디서 치료를 받을지 선택권이 있다고 하더라도 환자들은 대체로 다리 골절을 치료하기 위해 여기저기 비교하며 돌아다니지 않는다. 환자들은 지배적인 의료기관을 찾아가게 마련인데, 이런 기관은 치료비를 크게 써놓지 않는다(트럼프 행정부는 투명성을 강제하겠다는 제안을 해서 병원 중역들을 당황하게 만들었고, 중역들은 소송을 하겠다고 위협하고 있다). 보험료, 개인 지불 비용 한도, 현장 지불 본인 부담금[4] 외에도 새로운 비용이 아무 경고도 없이 발생할 수 있다. 응급실을 찾는 경우에 거의 다섯 번에 한 번꼴로 느닷없이 〈네트워크 이외 병원 이용〉[5] 청구서가 나온다. 환자가 다른 의사를 선택할 기회가 전혀 없었더라도 마취과 의사나 보조 외과의사는 더 높은 별도의 보수를 받고자 하기 때문이다. 이런 문제가 너무도 심각해지자 2019년에 심지어 하원이 나서서 대책을 검토했다. 그때까지 〈의외의 비용 청구〉[6]에서 가장 많은 수익을 올린 두 기업이 광고에 2800만 달러를 쏟아부었다.

하지만 독점 의료기관은 치료비 말고도 환자에게 피해를 준다. 효율성과 규모의 경제라는 독점 옹호론자들의 주장과 정반대로, 여러 연구에서 경쟁이 부족하면 결과도 더 나쁘게 된다는 점이 속속 밝혀지고 있다. 2018년 『헬스 서비스 리서치』의 한 보고서는 심장전문의들이 지역 시장을 통합하면 환자에게 심장마비가 발생할 가능성이 5~7퍼센트 높아질 뿐만 아니라 응급실 방문 횟수, 재입원, 사망 건수도 증가한다는 사실을 발견했다. 다른 연구들에서는 메디케어 가입자와 민간 의료보험 가입자 양쪽 모두에서 비슷한 결과가

4 미국의 민간 의료보험에서는 보험에 가입할 때 보험료, 개인 지불 비용 한도 deductible, 현장 지불 본인 부담금co-pay 등을 정해 둔다. 〈개인 지불 비용 한도〉는 이 한도까지는 가입자가 병원비 전액을 지불하는 것이며, 〈현장 지불 본인 부담금〉은 병원이 결정하는 일정 비율의 본인 부담금이다.

5 out-of-network. 의료보험 가입시에 보험사와 네트워크로 연결된 병원에서 치료를 받는 경우와 네트워크에 속하지 않은 병원에서 치료를 받는 경우는 본인 부담 비율이 다르다. 당연히 후자가 비율이 더 높다.

6 surprise billing. 본문에서 설명하는 것처럼, 보험사 네트워크 병원인 줄 알고 가서 치료를 받았는데, 담당 의사가 그 병원 소속이 아니라 예상치 못한 추가 비용이 발생하는 경우를 말한다.

나타났다.

병원 통합이 이루어지면 주민들이 가장 가까운 병원에서 멀어질 수 있다는 분명한 사실은 특히 인구 밀도가 낮은 지역에서 의료 성과를 결정하는 한 요소다. 많은 아픈 사람들이 휴가를 받거나 육아 도우미를 구해서 한 시간 거리를 차로 달려 의사를 보러 가지 못한다. 오직 휘발유만이 건강에 매기는 세금이다. 하지만 독점 병원들은 농촌 주민들의 이런 생명줄을 보호하려고 하지 않는다. 지난 20년 동안 전국 각지에서 500개가 넘는 병원이 사라졌고, 농촌 지역에서는 2010년 이래 최소한 85개 병원이 문을 닫았다. 농촌 병원 20개 중 하나가 사라진 것이다. 이제 환자들은 가장 가까운 다른 의료기관이 32킬로미터 이상 떨어진 곳에 산다. 메디케이드[7]를 확대하지 않아서 새로운 환자를 지원해 줄 잠재력이 없는 주들은 상황이 더욱 열악해지고 있다.

병원은 전문가를 끌어들이는 자석과도 같은데, 이 전문가들은 한 곳이 문을 닫으면 언제든 짐을 싸서 떠난다. 전체 농촌 카운티 가운데 산부인과 전문 개업의가 있는 곳이 절반도 되지 않기 때문에 외진 지역에 사는 임신부는 분만을 하러 멀리까지 가야 한다. 이런 상황은 더욱 악화될 전망이다. 아이밴티지 헬스 어낼리틱스가 내놓은 한 연구에 따르면, 673곳의 다른 농촌 병원과 의료 시설이 위험에 처해서 1170만 환자에게 영향을 미치고 있었다. 농촌 병원의 폐업은 미국 전역에서 의료 사막medical desert이 우후죽순처럼 생겨나는 결과로 이어진다. 가까운 곳에 괜찮은 의료 시설이 없으면 가뜩이

7   Medicaid. 저소득층 의료보험.

나 분투하는 지역 사회는 더욱 황폐해진다. 소득과 고용에 미치는 효과가 명백하다. 그리고 이런 현상은 선진 산업국 세계에서 가장 심각한 건강 격차를 더욱 확대시킨다.

의료 사막과 지역 사회 의료 독점은 〈노동력 고용 비용을 높이고 지역 경제를 고갈시킨다〉고 리모어 대프니는 말한다. 「이 때문에 중소기업의 성장이 저해되고 경제의 발목을 잡습니다.」 대프니는 스틸 오브 웨스트버지니아의 본사가 있는 헌팅턴에서 병원 두 곳이 합병하던 바로 그 순간에 회사 최고 경영자와 전화로 대화를 나눈 기억을 떠올렸다. 그는 합병 이후 병원비가 올라서 자기 사업이 위협을 받을까 봐 걱정했다. 「그가 전화를 걸어서 말했습니다. 〈대프니 교수님, 정치인들은 하나같이 병원과 이런 관계를 맺고 있고, 주지사, 주 법무장관, 어느 누구도 그들에게 반대하려고 하지 않습니다. 그런데 병원 통합은 경제를 질식시키고 있어요. 제 목을 조르고 있단 말입니다.〉」

이 병원들에서 일하는 노동자들은 다른 어디에도 자신들의 업무를 위해 교섭할 상대가 없기 때문에 종종 싸움에 나선다. 일라이 새슬로가 오클라호마주 페어팩스에 있는 어느 망해 가는 농촌 병원에 관해 『워싱턴 포스트』에 설명한 글에는 11주 연속으로 급여 한 푼 받지 못하고 일하는 노동자들이 등장한다. 그리고 병원들이 죽어 가지 않을 때에도 통합된 네트워크는 임금을 압박하는 힘을 발휘한다. UCLA와 노스웨스턴 대학교에서 2019년 내놓은 한 연구는 합병 이후 병원에서 일하는 숙련 노동자들의 임금 인상 속도가 느려지는 현상을 발견했다.

병원 통합은 대기업 외주로 이어진다. 병원을 대신해서 응급실 운영을 담당하는 응급실 외주 회사 가운데 다섯 손가락 안에 드는 엠케어는 〈의외의 네트워크 이외 병원 이용 청구〉 추세를 야기한 주범이다. 또 다른 응급실 도급업체인 팀헬스는 네트워크 병원 치료비 인상을 교섭하기 위해 네트워크 이외 병원 이용 청구 위협을 활용한다. 둘 다 사모펀드 산업과 연루된 과거 기록이 있다. 사모펀드가 소유한 또 다른 하청업체인 애질런 헬스는 메디케이드 환자들을 위해 치료를 주선하는데, 걸핏하면 부적절한 이유를 들어 보험 적용을 거부하거나 지연한 사실이 드러났다.

독점 병원들은 또한 경쟁을 막기 위해 애쓴다. 『월 스트리트 저널』이 2018년에 폭로한 비밀 계약 조항들을 보면, 병원들은 보험회사를 배타적 거래로 몰아넣고, 비용 감사를 제한하며, 환자도 모르는 새에 비용을 부과한다. 캘리포니아와 노스캐롤라이나에서 최근 벌어진 두 건의 반독점 소송에서는 계약을 앞세워 보험회사들이 환자를 더 저렴한 병원으로 보내는 것을 막은 사실이 밝혀졌다. 그 대신 함구령을 적용해서 보험회사가 환자들에게 어떤 정보도 제공하지 못하게 막았다. 병원들은 또한 임상 데이터가 병원 네트워크 밖으로 유출되지 않게 막고 있다.

실제로 건강 데이터는 전 지구적으로 거래되는 대규모 사업이다. 2016년 IMS 헬스와 퀸타일즈의 합병으로 230억 달러의 시장 지배자가 탄생하면서 사업은 더욱 몸집을 키웠다. 이제 아이큐비아라고 불리는 이 기업은 연구자와 제약 회사에 환자 5억 명의 의료 기록을 사고판다. 데이터의 집중은 언제나 프라이버시를 위협한다. 하지만

통합이 통합을 낳는 의료 산업에서는 놀랄 일이 아니다. 교차 통합
도 무수히 진행되고 있다. 병원이 복제약 회사를 창설하고, 보험회
사가 호스피스 사업에 뛰어들며, 거대 정보 기술 기업들이 의료 시
스템의 일부를 낚아채고 있다.

　여러분은 이 정도로 시장 지배력을 장악했다면, 병원과 의사 집
단, 외래환자 진료소 등이 지금쯤이면 최소한 공급업체를 뒤흔들어
서 의료 장비와 거즈, 혀 누르개, 그밖에 사용하는 모든 장비의 가격
인하를 강제했을 것이라고 생각하기 쉽다. 하지만 천만의 말씀이다.

　〈의약품 부족에 대응하는 의사 모임〉의 사무총장은 의사가 아니
다. 『아메리칸 뱅커』, 『월 스트리트 저널』, 『비즈니스 위크』에서 수
십 년간 탐사보도를 한 필 즈와이그는 지금도 언론인을 자처한다.
그는 1980년대 초에 펜 스퀘어 은행에 관한 기사를 내보냈는데, 오
클라호마시티의 작은 쇼핑센터를 기반으로 생겨난 이 소규모 은행
은 석유 생산 호황이 최고점일 때 사기를 치는 유전 소유자들에게
무분별하게 25억 달러를 대출해 주었고, 이 대출의 리스크를 다른
여러 은행에 넘겼다. 대출이 모두 휴지조각이 되자 펜 스퀘어가 타
격을 받았다. 규제 담당자들은 1982년에 은행을 폐업시켰다. 하지
만 다른 은행들도 타격을 받았는데, 당시 미국 7위 은행이었던 컨티
넨털 일리노이도 그중 하나였다. 결국 1984년 정부가 개입해서 컨
티넨털을 구제해야 했다. 연방 구제금융 45억 달러는 그때까지 역

사상 최대 규모여서 코네티컷주 하원의원 스튜어트 맥키니는 청문 회에서 정부가 〈대마불사〉라는 새로운 금융기관 집단을 창조했다 고 빈정거렸다.

즈와이그는 1985년 펜 스퀘어에 관한 책을 썼고, 오클라호마시티 에서 알게 된 사람들과 계속 연락을 했다. 1990년대 말 어느 날 그 는 펜 스퀘어 형사 사건에서 일했던 전직 연방 검사와 만나 아침식 사를 했다. 「지금은 무슨 일을 하고 있는지, 어떤 사건을 맡고 있는 지 잡담을 나눴죠.」 즈와이그의 말이다. 「리트랙터블 테크놀로지라 는 텍사스 회사에 관해 이야기하기 시작했어요.」

리트랙터블은 텍사스주 리틀엘름의 엔지니어로 1980년대 말에 보건의료 노동자들 사이에서 HIV와 C형 간염 감염률이 급증하는 현상에 관한 뉴스 보도를 접한 토머스 쇼가 떠올린 아이디어였다. 언론은 이 문제를 〈주사바늘 찔림needle stick〉이라고 지칭했다. 보건 의료 노동자들이 사용한 주사기에 실수로 찔리는 경우가 있었던 것 이다. 매년 38만여 명이 주사바늘 찔림 사고를 경험했다. 쇼는 기계 엔지니어였는데, 이 현상을 새로운 설계를 시험해 볼 기회로 보았 다. 「어려서부터 알고 지낸 친구 커플이 있는데 에이즈에 걸렸거든 요.」 쇼의 말이다. 「생물학 쪽은 제가 어떻게 하지 못해도 제 전공 분 야에서는 해볼 수 있겠다 싶었죠.」

쇼는 가까운 약국에 가서 주사기를 한 움큼 샀다. 그 후 몇 년간 주사기를 분해해서 몇 가지 시험을 하다가 어느 순간 해결책이 떠 올랐다. 쇼가 배니시포인트라고 이름붙인 주사기는 볼펜과 작동 원 리가 비슷했다. 주사바늘이 환자 몸에 삽입되면 스프링 고리에 걸려 저절로 바늘이 주사기 안으로 들어가기 때문에 간호사가 안전하게 주사바늘을 빼낼 수 있다. 쇼는 이 발명품 덕분에 이제 주사바늘에 찔리는 사고가 영원히 사라질 것이라고 생각했다. 그러고는 발명품을 판매하려고 했다.

알고 보니 벡턴 디킨슨이라는 한 회사가 미국에서 사용되는 주사기의 대부분을 팔고 있었다. 게다가 벡턴 디킨슨은 공동구매그룹(GPOs)이라는 기관을 통해 병원을 확고하게 틀어쥐고 있었다. 1910년에 협동조합 구매 그룹으로 설립된 이 기관은 병원들이 보험회사에 대해 영향력을 확보하기 위해 합병하는 것과 똑같은 추진력 덕분에 급격히 커졌다. 비슷한 동학이 의료기기 공급업체에서도 확고해질 수 있었다. 대형 병원 연합체는 대량 주문 할인을 확보함으로써 가격 인하를 교섭할 수 있었다.

병원들은 공급업체와의 교섭을 이 과정을 전문으로 삼는 공동구매그룹 기업들에 외주를 주었다. 하지만 모든 거래에 기묘한 조항이 하나 있었다. 병원이 소수의 몇몇 판매자로부터 독점 구매하는 한 판매자가 공동구매그룹의 관리 비용을 지불한다는 것이었다. 많은 계약서에 〈90-10〉이나 〈95-5〉 요건이 포함되었다. 주사기를 예로 들면, 만약 어떤 병원이 1년에 벡턴 디킨슨으로부터 주사기 1,000개를 구매하면, 이듬해에 최소한 900개나 950개를 사야 했다. 만약 그렇게 구매하지 않으면 관리 할인 자격을 상실하고 벌금을 내야 한다. 결국 지배적 공급자 지위가 굳어졌다.

공급업자가 고정되면 가격이 오르게 마련이다. 척추 수술에서 사용되는 금속 나사는 이베이 가격이 1달러인데 공동구매그룹 계약으로 사면 무려 800달러가 된다. 그리고 공동구매그룹 회사들은 공급업체로부터 돈을 받았기 때문에 이런 폭리를 공유했다. 즈와이그의 말이다. 「만약 당신이 주요 공동구매그룹이라면 연말에 수표를 한 장 받아요. 의도적으로 가격을 높게 매긴 걸 일부분 환불해 주는 거죠.」이 액수는 대체로 생산비의 일정한 퍼센트였다. 가격이 올라갈수록 공동구매그룹이 사례금을 더 많이 받기 때문에 가격 인상 유인이 생겨났다. 실제로 경제학자들이 이 문제에 관해 시험해 봤을 때, 경쟁 시장에서 팔리는 공급품은 공동구매그룹을 통해 팔리는 물품보다 가격이 10~15퍼센트 쌌다. 물론 이런 과다 지불의 대부분은 병원에서 환자로 다시 떠넘겨진다.

어떤 이는 왜 병원이 자신의 영향력을 행사해서 더 공정한 조건을 받아내지 않는지 물을지 모른다. 그 답은 병원들 역시 공범이라는 것이다. 병원에, 때로는 최고 관리자에게까지 수표가 돌아간다. 즈와이그는 결국 공동구매그룹과 병원이 작성한 계약서에서 이 수표가 〈후원 배당금〉이라고 서술된 내용을 찾아낼 수 있었다. 지금은 폐간된 의료산업 간행물인 『헬스케어 매터스Healthcare Matters』는 2013년에 공동구매그룹들이 병원 중역을 포함한 회원 병원들에 〈성과 배분〉을 제공한다는 건 〈기본 상식〉이라고 퉁명스럽게 언급했다. 병원 중역들은 〈연간 보수의 필수적인 일부분으로 그 성과 배분에 의존하는 법을 배웠다〉. 즈와이그가 설명한 것처럼, 〈최고 경영자들이 이 관행을 하나로 뭉치게 만드는 접착제〉다. 따라서 병원들은 결국 의도한 대로 물품을 더 싸게 구입하지 못하지만, 중개인인 공동구매그룹 회사와 중역들은 두둑한 돈을 챙긴다. 개선된 주사기를 만든 리트랙터블의 토머스 쇼 같은 기업가들은 자사 제품을 시장에 내놓을 수 없었다.

쇼는 법무부의 반독점 부서가 이런 계약상의 봉쇄를 조사하는 데 관심을 기울이도록 애를 썼지만 별 성과가 없었다. 즈와이그는 『비즈니스 위크』에 「병원을 뚫고 들어가지 못하다」라는 제목으로 기사를 쓰기로 결정했다. 즈와이그는 얼마 뒤 직접 쇼를 찾아가서 기사가 도움이 됐는지 물어보았다. 쇼는 크게 변한 것은 없다고 말하면서 그에게 언론 일을 잠시 쉬고 리트랙터블의 홍보 책임자로 일하는 게 어떻겠느냐고 제안했다. 즈와이그는 제안을 받아들이고 몇 년간 그 자리를 지켰다.

리트랙터블에 유리한 결과는 전혀 없었다. 국립보건원으로부터 지원금 65만 달러를 받았고, 하원에 로비를 해서 〈주사바늘 찔림 안전·방지법〉을 통과시켜 병원들이 위험한 주사기 사용을 줄이도록 만들었다. 또한 벡턴 디킨슨을 경쟁 저해 행위 혐의로 두 차례 고발해서 합의금과 배심 재판 배상액으로 4억 4000만 달러를 받아 냈다. 어떤 감독은 리트랙터블의 싸움을 「주사Puncture」라는 제목의 영화로 만들기도 했다(즈와이그가 영화 자문을 맡았다). 하지만 리트랙터블은 파산 위기를 모면하는 이상으로 나아가지 못했다. 여전히 시장을 뚫고 들어가지 못했다. 전체 판매의 3분의 2 가까이를 장악하는 벡턴 디킨슨 때문에 시장은 가뜩이나 쪼그라든 상태다. 2000년, 질병통제센터(CDC)는 해마다 병원에서 38만 건의 주사바늘 찔림 사고가 발생한다고 추산했다. 요즘은 38만 5,000건으로 추산한다. 「기술적 부분은 다 해결했다고 생각하면서 시장에 진출했고, 이제 정부가 기술의 활용도를 높이는 데 관심을 갖게 만드는 데 성공할 수 있습니다.」 쇼의 말이다. 「지금 이 자리에 앉아 있지만 우리가 병원에 들어갈 거라는 희망은 전혀 없어요. 가격이 싸고 기술이 좋은 건 중요하지 않아요.」

리트랙터블 이야기의 주요한 결과는 필 즈와이그를 움직이게 만든 것이다. 그는 공동구매그룹에 반대하는 목소리를 높여서 2000년대 초반에는 의회가 잇따라 청문회를 열게 만들기도 했다. 청문회는 공동구매그룹이 원래 병원의 비용을 절감하기 위해 만들어진 것이지만 실제로는 정반대의 일을 하고 있다고 결론지었다. 즈와이그는 1987년에 통과된 안전 항구 조항[8]이 의료기기 공급업체와 공동구매그룹 회사들 사이의 사례금을 합법으로 만들어 준 게 문제라고 지적했다. 전에는 병원들이 공동구매그룹에 돈을 주었는데, 그 후로는 공급업체들에서 돈이 나왔다. 병원의 비용 절감을 위해 마련된 안전 항구 조항은 인센티브와 구매 가격을 완전히 바꿔 놓았다. 즈와이그의 계산으로는, 이 조항 때문에 비용이 수천억 달러 늘어났다.

공동구매그룹에 주어지는 수수료는 법적으로 3퍼센트 제한이 있지만, 즈와이그는 공동구매그룹 노베이션(지금은 비지언트로 이름이 바뀜)에서 일하는 주요 중역의 이력서에서 이 회사가 1년에 13억 달러어치를 판매해서 9500만 달러를 벌어들인다고 주장하는 것을 발견했다. 계산해 보면 7.3퍼센트에 달한다. 이런 추가 요금은

---

8 safe-harbor provision. 불법 행위 처벌법을 적용할 때 특정한 조건이 충족되면 책임을 면제해 주는 조항.

대개 〈마케팅〉 비용이나 〈선금〉 지불의 형태를 띠기 때문에 공동구매그룹은 3퍼센트 수치 이하를 준수한다고 계속 거짓말을 할 수 있었다. 이런 초과 수수료를 보면 독점적인 구매 그룹과 연결해 주는 대가로 공급업체를 벗겨먹는 공동구매그룹의 전략이 드러난다. 즈와이그는 1998년의 한 보고서를 꺼내 보여 주었다. 벤 베뉴 래버러토리가 고혈압 치료제인 딜티아젬의 전체 판매액의 56.25퍼센트에 해당하는 금액을 주요 공동구매그룹인 노베이션과 계약하기 위해 지불했음을 보여 주는 보고서였다. 「판매업체가 계약을 따내기 위해 더 많은 돈을 낼수록 시장 지배력이 더 커지거든요.」

이 모든 상황은 법무부와 연방거래위원회가 공동구매그룹들에게 〈예외적인 환경〉을 제외하고 사실상 반독점 규제를 면제해 준 1996년에 악화되었다. 구매그룹들의 규모를 키움으로써 병원에도 도움이 된다는 논리였지만, 대규모 통합으로 이어졌을 뿐이다. 오늘날 네 회사 — 비지언트, 프리미어, 헬스트러스트, 인탈레어 — 가 공동구매그룹을 통한 구매의 압도적 다수를 장악하고 있다. 각기 다른 5,000개 의료기관이 약 3000억 달러어치를 구매하는 것이다. 2018년에 나온 한 보고서에 따르면, 전체 병원 가운데 98퍼센트가 공동구매그룹을 이용하며, 4대 회사가 시장의 90퍼센트를 차지한다.

즈와이그는 안전 항구 조항을 폐지하는 법안을 작성하는 데 조력했지만, 병원과 공동구매그룹이 힘을 합쳐 법안을 무력화했다(병원도 사례금 게임의 수혜자였음을 기억할지어다). 그 후 오바마 행정부 시기에 즈와이그는 기록적인 의약품 부족 사태를 방지하라고 식품의약청에 지시하는 대통령령에 관한 기사를 보았다. 병원에서 일상적으로 사용하는 주사약 같이 오래되고 이윤이 낮은 복제 의약품이 대부분인 수백 종의 의약품에 품귀 현상이 생기면서 병원과 환자가 아우성을 쳤다. 박테리아 감염, 소아 백혈병, 수많은 암 치료제가 구하기 어려워졌고, 입수가 어려워지자 무수히 많은 환자들의 생명이 위태로워졌다. 치료 가능한 질병에 걸린 이들조차 효과가 떨어지고 결과도 불확실한 다른 치료법에 의존할 수밖에 없었다(오바마가 의약품 부족 사태에 관심을 기울이면서 한동안 부족 현상이 완화됐지만, 2019년 현재 의약품 부족은 대통령령 이전의 고점에 근접한 상태다).

기사 속에는 즈와이그의 머리를 쭈뼛하게 만드는 문장이 하나 숨어 있었다. 〈불과 다섯 개의 대형 병원 구매그룹이 필요한 의약품의 90퍼센트 가까이를 구매하며, 겨우 일곱 개 회사가 공급품의 절대 다수를 제조한다.〉 공동구매그룹에 관해 언급하는 내용이었다(2011년에 이 기사가 나온 이래 5대 공동구매그룹은 4개로 줄어들었다). 「이전과 똑같이 경쟁을 저해하는 계약 관행과 터무니없이 높은 수수료 때문에 부족 사태가 일어나고 있다는 걸 깨닫는 데 5분도 안 걸리더군요.」

경제학자들은 온갖 상충하는 설명을 내놓았지만 즈와이그는 단순한 문제라고 생각했다. 만약 공동구매그룹이 의약품을 병원에 공급하는 유일한 수단이라면, 복제약 제조업체들은 4대 회사 가운데 한 곳으로부터 독점 공급 계약을 따내지 못하면 문을 닫아야 했다. 마진이 너무 낮기 때문에 제조업체들은 몸집으로 승부하기 위해 통합해야 했다. 경쟁이 존재하지 않으면 조금만 차질이 생겨도 부족 사태로 이어질 수 있다. 2014년 회계감사원이 내놓은 보고서는 이를 뒷받침한다. 보고서는 품질 문제와 일시적인 제조 시설 폐쇄가 의약품 부족 사태의 주요 원인이라고 주장하면서도 다음과 같은 말을 덧붙였다. 〈공동구매그룹의 사업 구조 때문에 복제약을 생산하는 제조업체의 수가 줄어들고, 다시 이 의약품들의 공급 연쇄가 더욱 약해지는 결과가 초래된다.〉 충분히 예상할 수 있는 것처럼, 연구 보고서는 공동구매그룹의 중역들은 이런 평가에 동의하지 않는다고 지적했다.

즈와이그는 〈의약품 부족〉에 관한 구글 알리미를 시작했는데, 세계 각지에서 기사가 쏟아져 들어오기 시작했다. 이 문제는 미국에만 국한된 게 아니었다. 그는 미국마취과의사협회 모임에서 의약품 부족 사태에 관한 위원단에 참여했다. 식품의약청 간부들은 이번에도 역시 원인을 논의하는 중에 말을 이리저리 돌리면서 단일한 한 요인에 책임을 돌릴 수 없다고 주장했다. 「이 의사 바로 옆에 앉아 있었는데, 벌떡 일어서더니 이렇게 말하더군요. 〈여러분은 헛소리만 하고 있는 겁니다.〉」 즈와이그의 설명이다. 「그는 공동구매그룹의 역할에 관해 이야기합니다. 그런데 식품의약청에서 나온 여자는 이렇게 말해요. 〈글쎄요, 경제학과 관련이 있는 거 아닐까요?〉」

의사는 조엘 지보트라는 사람으로, 2012년에 그와 즈와이그는 주로 공동구매그룹에 초점을 맞춰 활동하는 〈의약품 부족에 대응하는 의사 모임〉을 결성했다. 즈와이그가 자비로 자금을 대는 소규모 단체다. 그리고 병원이 바가지를 쓰고 있다는 모호한 문제보다는 의

약품 부족 사태라는 알려진 문제에 초점을 맞추면서 최소한 사람들의 이목을 끌 수 있었지만, 여전히 힘겨운 싸움을 벌이고 있다. 「심지어 의사협회들로부터도 많은 저항을 받고 있습니다. 구매그룹들이 협회를 매수했거든요.」 즈와이그의 말이다. 「말 그대로 매수를 한다니까요.」

이 산업은 실제로 일정한 권력을 행사하는 것 같다. 예를 들어, 의약품 부족 현상에 관해 학계에서 손꼽히는 전문가인 유타 대학교의 에린 폭스는 슬라이드 발표에서 자기가 공개하는 정보는 시장을 주도하는 공동구매그룹인 비지언트에서 나오는 것이라고 밝힌다. 즈와이그는 또한 2018년 11월 하루 동안 워싱턴에서 열린 약품 부족 사태의 근본 원인에 관한 학술회의를 지적한다. 듀크 대학교의 마골리스 보건정책 센터가 주최한 회의였다. 회의는 식품의약청이 마골리스 센터가 무입찰로 받은 420만 달러의 지원금을 취소한 지 몇 달 뒤에 열렸다. 센터장인 전 식품의약청장 마크 맥클릴런이 또한 세계 최대 규모의 제약 회사인 존슨앤존슨에서 보수를 받는 이사라는 사실도 지원금 취소의 한 이유였다. 그렇다 하더라도 마골리스 센터의 행사는 식품의약청과 협력적인 합의를 통해 소집되었고, 식품의약청장 스콧 고틀리브가 기조연설을 했다.

행사 연사들 가운데는 2위의 공동구매그룹인 프리미어의 홍보 담당 수석 부회장 블레어 차일즈, 비지언트의 마케팅 담당 중역 출신으로 현재 제약 회사들의 로비스트로 일하는 데이비드 가우프, 비지언트와 데이터를 공유하는 관계인 에린 폭스 등이 있었다. 고틀리브는 전에 공동구매그룹의 중개업자들을 의약품 부족 사태의 요인으로 거론한 적이 있었지만, 연설에서는 그런 이야기를 꺼내지 않았다. 「우리한테는 아주 좋은 질문들이 많지 않고, 분명 손쉬운 해법도 없습니다. 그런 해법이 있었다면 이미 오래전에 이 문제를 해결했을 테지요.」

이 말에 즈와이그가 폭발했다. 패널들이 의약품 부족 사태를 야기하는 막연한 원인에 관한 익숙한 주장을 되풀이하는 가운데 그는 속이 부글부글 끓었다. 마침내 질의응답 시간이 되자 그가 일어섰다. 「오늘 이분들이 하는 얘기를 듣다 보면, 이런 의약품들이 부족한 게 풀리지 않은 우주의 거대한 수수께끼라는 생각이 들겠습니다.」 그가 입을 뗐다. 「그런데 그렇지 않습니다. 아주 간단한 문제에요. 돈과 관련된 문제죠.」 그가 몇 분간 말을 이어가자 자리에 앉은 패널들이 거북해했다. 그의 입에서 아무 질문도 나오지 않자 마침내 사회자인 마골리스 센터의 그레고리 대니얼이 말을 끊으려 했다. 「난 직접 경비를 대서 이 자리에 왔고, 이제 그만 마칠 생각입니다!」 즈와이그가 목소리를 높이며 말했다. 「이 문제를 푸는 유일한 방법은 공개 경쟁 시장을 복원하는 겁니다. (……) 사례금과 뇌물, 리베이트, 매수를 없애면 됩니다.」 박수갈채가 이어졌다. 즈와이그는 발언을 끝내자 사람들이 다가와서 감사 인사를 했다고 그때 기억을 떠올렸다.

화면을 보니 또 다른 흥미로운 슬라이드가 눈에 들어왔다. 〈부족 사태의 원인: 자연재해〉라는 제목이 붙은 슬라이드에는 카리브해를 덮치는 허리케인의 사진이 중간중간 삽입되었다. 하지만 밑에 있는 자막이 아주 인상적이었다. 〈**2014년에 시작된** 정맥주사용 수액 부

족 사태는 푸에르토리코에 있는 백스터 시설이 피해를 입으면서 더욱 악화되었다.〉(고딕 강조는 인용자)

❖

1931년 이래 상업용으로 구할 수 있게 된 식염수액 주머니는 보통 병원에 1달러 정도에 팔리는데, 병원은 끊임없이 수액을 사용한다. 정맥주사를 거는 것은 보통 간호사가 환자를 대할 때 처음 하는 행동이다. 주요 생산자인 백스터는 매일 100만 개가 넘는 수액을 운송한다. 그러려면 마진이 낮은 제품을 끊임없이 제조해야 한다. 식품의약청의 의약품 부족 데이터베이스에는 2014년 1월 정맥주사용 수액이 부족하다고 처음 게시되었다. 포도당 수액 또한 만성적으로 공급 부족을 겪는다. 미국은 실제로 정맥주사용 식염수액 — 지금까지 너무 많이 언급해서 독자 여러분이 짜증이 날지도 모르겠는데, 뭐 대단한 게 아니라 소금물 주머니다 — 을 스페인, 노르웨이, 독일에서 수입하고 있었다. 그리고 물론 그런 부족 사태 때문에 주요 제조업체는 가격을 5~6배 인상했다. 필 즈와이그가 하소연했다.「원래 시장 경제에서는 부족 사태란 게 없어야 하잖아요.」

어떤 이들은 식염수액이 부족한 현상을 특히 독감철 수요 증가 탓으로 돌렸다(독감철에는 수액을 새로 보충할 필요성이 커진다). 하지만 여전히 단순한 사실은 세 회사 — 백스터, ICU 메디컬, 비브라운 — 가 미국 식염수액의 86퍼센트 정도를 생산한다는 것이다. 그리고 리콜 사태든 제조 공장 폐쇄든 어떤 문제가 생겨도 이미 빡빡한 공급이 축소될 수 있다. ICU의 식염수액 부문은 당시 명칭이 호스피라였는데, 2015년 수액 주머니 하나에서 사람 머리카락 한 가닥이 나온 뒤 해당 시점에 같은 라인에서 만들어진 제품 전체를 리콜했다. 수액에서 미세 물질이 발견되면 공장이 문을 닫고, 일상적인 유지 보수를 할 때에도 생산에 차질이 생긴다.

분명 사람 정맥에 주사하는 의료 제품을 생산하는 것은 100퍼센트 위생적이어야 하고, 정확한 품질 수준에 따라 이루어져야 한다. 수백 가지 규제 점검이 존재하기 때문에 제조업체들은 볼멘소리를 한다. 하지만 여기에는 더 큰 문제가 있다. 식염수액을 생산하는 각회사는 공동구매그룹을 통해 병원과 공급 계약을 맺는다. 그리고 공동구매그룹은 제조업체에 문제가 생길 때 제2의 공급자가 개입하는 것을 허용하지 않는다. 따라서 병원들은 사실상 식염수액 공급원이 세 개가 아니다. 하나뿐이다.

실제로 즈와이그가 2018년에 『월 스트리트 저널』에 설명한 것처럼, 시장을 주도하는 공동구매그룹 비지언트는 아직 회사 이름이 노베이션이던 2007년 이래 백스터와 〈정맥주사용 수액 확대 독점 공급〉 계약을 유지하고 있다. 비지언트와 거래 관계인 병원은 백스터에 공급 문제가 생기면 다른 통로로 식염수액을 공급받을 수가 없다. 게다가 갑자기 새로운 식염수액 공급업체가 생기지도 않는다. 진입 장벽 때문만이 아니라 공동구매그룹들이 이미 얼마 되지 않는 판매 수익을 먹어치우기 때문이다. 또한 백스터 같은 회사들은 공동구매그룹 계약을 확보하기 위해 높은 수수료를 지불하기 때문에 식염수액 생산량을 늘리기 위해 신규 공장 건설에 투자하기가 어려위진다.

노골적인 경쟁 저해 행위가 벌어진다는 주장도 여기저기서 제기된다. 푸에르토리코에 허리케인이 덮치기 몇 달 전, 법무부는 반독점법 위반 혐의로 백스터를 조사하기 시작했다. 가격을 올리려는 의도로 정맥주사용 식염수액 공급 부족 현상을 인위적으로 조성하기 위해 다른 생산업체들과 공모했는지 여부와 관련된 혐의였다. 펜실베이니아에서 연방 대배심이 선정되었고, 병원들은 결과를 기다리지 않은 채 백스터와 ICU를 공모 혐의로 고발했다. 그와 별도로 연방거래위원회와 뉴욕주 법무장관실은 백스터가 펌프나 튜브같이 수익이 많은 물품을 장기 계약으로 구매하지 않으면 정맥주사용 식염수액을 꾸준히 공급받지 못할 거라는 식으로, 식염수액 구입을 다른 의약품 공급과 불법적으로 묶어서 병원을 압박했는지 여부를 조사하고 있었다.

이런 중대한 조사들이 진행되는 가운데, 2017년 9월 20일 허리케인 마리아가 푸에르토리코를 강타했다. 가뜩이나 열악한 상황이 더욱 나빠졌다. 백스터가 만드는 소형 정맥주사용 식염수액은 대략 미국에서 사용되는 수액 주머니의 절반에 해당하는데, 전부 푸에르토리코에서 생산된다. 9월 22일, 백스터는 병원과 고객들에게 폭풍우 때문에 〈며칠 동안 공장을 가동〉할 수 없어서 포도당과 식염수 생산에 차질이 생겼다고 밝혔다. 다음 날에는 공급을 유지하기 위해 정맥주사용 수액 공급을 배급제로 해야 할 것이라고 병원들에 통고했다. 백스터는 고객들에게 보낸 편지에서 이렇게 말했다. 〈귀 병원의 일상 업무에 이렇게 차질을 빚게 해서 유감이며 공급망을 다시 세우는 데 인내심을 갖고 협조해 주셔서 감사드립니다.〉 몇 달 뒤, 백스터는 브라질과 멕시코로부터 식염수액을 수입하는 허가를 받았다.

어떻게 보면, 허리케인은 백스터 같은 회사와 제품 공동구매대행사를 곤경에서 면하게 해주었다. 이제 그들은 이윤을 위해 의도적으로 부족 현상을 초래한 시스템이 아니라 허리케인을 부족 사태의 원인으로 지목할 수 있었다. 모든 뉴스 헤드라인 ─ CBS뉴스, 『워싱턴 포스트』, AP통신, 『월 스트리트 저널』, 심지어 미네소타와 필라델피아, 그리고 벤 보이어의 고향인 샌디에이고에 있는 지방 언론들까지 ─ 이 푸에르토리코를 부족 사태의 근접 원인으로 언급했다. 언론 대부분은 〈확실히 문단〉[9]에서 허리케인 이전에도 공급이 달리기는 했다고 말하면서도 그 이유를 설명하지는 않았다. 언론은 독감 환자들이 필요한 수액을 구하지 못하면 사망할지 모른다면서 특유의 위기감을 전달했다. 하지만 전반적으로 언론 보도는 부족 사태가 사업 모델이 아니라 불운 때문에 생긴 사례라는 인상을 주었다.

간호사가 푸에르토리코에서 정맥주사용 수액이 오지 않고 있다면서 아내 지니어에게 정맥주사 링거 대신에 화학요법 치료제를 직접 주사로 놓겠다고 말했을 때 벤 보이어는 이런 사실을 전혀 알지 못했다. 덧붙여 말하자면, 정맥주사 대신에 주사기 사용이 늘어나

---

9 to-be-sure paragraph. 기사나 글의 결론부에 지은이의 결론과는 반대되는 입장을 소개하는 문단을 가리키는 표현. 〈확실히~하기는 하다〉라는 문장으로 반대 입장을 서술한 뒤 지은이의 주장을 펴기 때문에 이런 명칭이 붙었다.

면서 주사기도 부족 사태가 벌어졌다. 또한 간호사가 주사를 놓는 30분 동안 다른 환자를 돌보지 못해서 사실상 인력 손실이 나타났다. 하지만 푸에르토리코와 관련된 벤의 가족사와 허리케인에 제대로 대처하지 못한 것에 대한 그의 분노를 감안할 때, 이 사건이 직접적으로 미친 효과는 소셜 미디어에서 쏟아진 불벼락이었다.

〈미국 대륙에 정맥주사용 수액이 거의 하나도 남아 있지 않아서 아내의 담당 간호사는 30분 동안 서서 주사기로 서서히 약을 주입해야 했습니다.〉 벤이 트윗에 쓴 글이다. 〈보세요, 그게 전부 다 푸에르토리코 공장에서 만들어지는데 지금도 수리가 되지 않았답니다. 그런데도 저 멍청한 뚱땡이는 골프나 치러 다니죠.〉(우리는 마지막 문장이 도널드 트럼프를 가리키는 말이라고 생각할 수 있다.)

벤이 보통 트윗에 쓰는 이야기가 아니었다. 그는 BBC에 이어 스카이뉴스에서 작가 겸 프로듀서로 일하느라 런던에 살다가 얼마 전에 샌디에이고로 돌아온 상태였다. 지니어는 2009년에 수술이 불가능한 뇌종양 진단을 받고 영국에서 1차 화학요법을 받았다. 부부가 미국으로 이주했을 때 지니어는 추가로 치료를 받아야 해서 벤에게 서둘러서 미국 의료보험에 들라고 재촉했다. 「그때만 해도 샌디에이고에 아는 사람이 하나도 없어서 건강에도 안 좋게 대다수 사람들보다 소셜 미디어에서 훨씬 더 많은 시간을 보냈죠.」 그가 설명하는 말이다. 「특히 화학치료를 받는 동안 아내가 잠이 많아졌는데, 그러면 저는 핸드폰만 계속 들여다봤어요.」 하지만 보통 벤이 트윗에 쓰는 글은 정치와 무관한 농담과 개그가 대부분이었다. 그냥 긴장을 풀려는 것이었다.

「그 글은 그냥 즉흥적으로 쓴 거죠.」 그런데 갑자기 관심을 끌기 시작했다. 특히 팔로워 수가 많은 방송 쪽 친구들이 몇 명 관심을 보였다. 하루인가 이틀 만에 〈좋아요〉가 10만 개가 넘게 달리고, 6만 2,000번 리트윗되었다. 트럼프를 겨냥한 분노는 온라인에서 아주 잘 퍼져 나간다. 『뉴스위크』와 스놉스[10] 기자들이 이 이야기에 주목했고, 곧이어 으레 그렇듯이 정치적 논쟁이 오갔다. 벤이 말했다. 「정말 굉장히 매혹적이더군요. 그전이나 후에는 그런 일이 전혀 없었거든요.」 하지만 그는 결국 정맥주사용 수액에 대한 자신의 분노가 부분적으로 정확하기는 해도 그 뒤에 거대한 내막이 있다는 것을 알게 되었다. 「일단 시야를 확대하자 정말 그렇게 느껴지더군요.」 벤이 말했다. 「더 커다란 문제가 낳은 비상식적인 부작용인 거죠.」

지니어가 크리스마스 주에 화학요법을 받고 2주일 뒤, 부부는 병원으로 돌아갔다. 정맥주사 수액 부족 사태는 여전히 진행 중이었다. 지니어가 그 전 주에 주사기로 맞아야 했기 때문에 이번에는 기계로 맞는다는 이야기를 들었다. 다시 간호사 손으로 천천히 주사액을 넣는 경험을 하는 일은 없었다. 하지만 결국 종양이 무지막지한 위력을 발휘했다. 지니어는 2018년 어머니날에 남편과 딸을 남겨 두고 세상을 떠났다.

「아내의 투병과 죽음을 지켜보는 경험 자체는 어느 누구에게도 일어나지 않았으면 하는 일이죠.」 벤이 슬픔을 참으며 말했다. 「그런데 보건의료 시스템에 대처해야 하는 처지가 되면, 모든 게 제대

10 Snopes. 1994년에 시작된 미국의 팩트 체크 웹 사이트.

로 작동한다거나 크게 개선할 게 없다는 의견을 갖기 어려워요.」

　문제는 의료를 공급하고 관리하는 산업에서 권력의 집중과 교묘한 책략을 바로잡지 않고 어떻게 그런 해법에 다다를 수 있는가 하는 것이다. 동네 병원들은 국민의료보험에 반대하는 주요한 세력 가운데 하나이며, 정치인들은 국민의료보험을 추진하기를 꺼린다. 동네 병원들이 환자를 치료하고 다수의 사람들을 고용하기 때문이다. 「정치인들하고 이야기를 해봤습니다. 병원에서 사용하는 기기들이 놓인 테이블에 기술자들하고 앉아서 그걸 제조하는 데 얼마가 들고 구입 비용이 얼마인지 물어보면, 모든 게 바뀔 거라고 말했지요.」 리트랙터블 테크놀로지 팀에 있다가 오바마의 백악관에서 일하고 하원의원에 출마한 릴리언 살레르노의 말이다. 「비용을 낮추면 국민의료보험을 시행할 수 있다는 걸 국민들이 알아야 한다고 생각해요.」 하지만 아무도 손해를 보려고 하지 않으며, 병원과 공급업체, 중개업체들의 경우에는 특히 덩치가 커서 강제하기가 쉽지 않다.

나는 글을 많이 읽지만, 리스테린 병에 빨간색 대문자로 쓰인 문구를 알아채는 데는 잠시 시간이 걸렸다. 〈이 제품은 소매업체의 자체 브랜드로 판매되지 않습니다〉라고 분명하게 씌어 있었다.

구강세정제는 기업 통합도가 높은 산업이며, 리스테린, 아니 그 모기업인 존슨앤존슨은 확고한 선두 주자로 전체 판매량의 41퍼센트 정도를 차지한다. 프록터앤갬블이 그다음이고, 콜게이트-팜올리브가 3위다. 이 세 기업이 시장의 64퍼센트 정도를 장악하고 있다. 하지만 리스테린 용기에는 중요한 선언이 담겨 있다. 만약 당신이 슈퍼마켓이나 약국에 들어가서 자체 브랜드*의 구강세정제를 집으면, 그 병에 담긴 내용물은 리스테린이 아니라는 것이다.

당신은 굳이 이런 경고문이 필요한 건지 의아해할지 모른다. 리스테린은 으뜸가는 구강세정제 브랜드다. 왜 존슨앤존슨이 대형 할인마트인 타깃이나 월그린에서 이 제품을 자체 브랜드로 판매하면서 더 싼 가격으로 리스테린과 경쟁하는 걸 허용하겠는가? 하지만 잠깐만 생각을 해봐야 한다. 월그린은 열심히 일하는 노동자들이 자사의 특별한 구강세정제 혼합물을 브랜드 병에 담는 제조 공장을 보유하고 있는가? 없다. 일반적으로 말하자면, 슈퍼마켓과 약국은 독자적인 제조업체가 아니다. 월그린은 다른 제조업체가 만든 제품을 자체 브랜드로 판매하기 위해 승인해 준다. 다른 소매업체들도 대부분 그렇게 한다.

동네 슈퍼마켓에 가보면, 이렇게 승인된 자체 브랜드가 유명 브랜드와

---

* 　store brand. 우리나라에서는 PB(private brand) 상품이라는 표현을 사용한다.

나란히 진열돼 있다. 몇몇 중소기업이 마트나 약국 체인점의 자체 브랜드를 전문적으로 만들지만, 유명 브랜드들도 이 사업에 참여한다. 소매업체는 대기업으로부터 제품을 받아서 자체 브랜드를 붙여 포장한다. 2016년 코스트코의 최고 경영자 크레이그 젤리넥은 자사 매장에서 파는 커클랜드 브랜드 건전지는 시장의 선두주자인 듀라셀에서 받는 것이라고 인정했다. 또한 커클랜드 커피는 스타벅스에서 로스팅한 것이며, 커클랜드 참치캔은 범블비에서 만든 것이다. 월마트의 자체 브랜드 그레이트 밸류 제품 중에는 사라 리와 콘아그라에서 제조, 포장하는 식품이 있다. 각 제조사가 제품 리콜을 책임지면서 이런 사실이 드러난다. 리스테리아균에 오염된 한 생산 시설이 그린 자이언트, 시그너처 팜과 나란히 트레이더 조에서 자체 브랜드로 파는 채소의 리콜을 맡아야 했던 것과 마찬가지다. 트레이더 조에서 인기가 많은 자체 브랜드 제품들은 대부분 펩시, 콘아그라, 원더풀 피스타치오, 스낵 팩토리 같은 외부 회사들에서 만든다. 때로는 제품에 사소한 차이가 있기도 하다.

이 시나리오에서 모두가 이득을 본다. 소매업체는 싼값에 제품을 받아서 사람들을 상점으로 끌어모을 수 있다. 제조업체는 자기네 브랜드에 충성하는 소비자와 싼 제품을 찾아다니는 소비자 두 집단을 동시에 확보할 수 있다. 소비자들은 여러 가지 선택지 가운데 고를 수 있는 환상을 만끽한다. 하지만 현실을 보면, 하나는 브랜드 이름이 있고, 다른 하나는 이름은 달라도 사실상, 또는 말 그대로 똑같은 제품이다.

나는 작년에 리스테린에 전화를 걸어 싹싹한 소비자 응대 전문가에게 왜 리스테린 병에 그런 경고문을 붙인 거냐고 물었다. 「마트에서 파는 자체 브랜드들이 병에 〈비교해 보세요〉나 〈똑같은 제품〉이라는 표시를 하는 게 아주 흔하거든요.」 상담원의 설명이다. 「그래서 저희는 이 제품이 어느 마트의 자체 브랜드에도 납품되지 않는다고 설명하는 겁니다.」 나는 어떤 브랜드가 자사의 구강세정제를 마트 자체 브랜드로 사용하게 판매하는지 물었다. 상담원은 알지 못하는 것 같았다. 솔직한 여자인 것 같아서 그대로 믿기로 했다.

일반인보다 구강세정제에 관해 훨씬 아는 게 많은 어느 진취적인 과학 팟캐스트 진행자는 리스테린 세정제를 월그린 자체 브랜드와 비교해 보고는 리스테린의 4가지 주요 활성 성분(유칼립톨, 티몰, 살리실산메틸, 멘톨)이 월그린 세정제와 0.001퍼센트까지 일치한다는 사실을 발견했다. 월마트에서 파는 이퀘이트 브랜드도 마찬가지다. 알코올 농도가 약간 다르지만, 이것은 별로 큰 차이가 아니다. 리스테린 자체는 아니더라도 — 다시 한번 말하지만, 나는 싹싹한 소비자 응대 전문가의 말을 믿는다 — 리스테린의 경쟁자들 가운데 하나가 이 세정제 성분을 살짝 바꿔서 다른 병에 담은 다음 소매상점 상품 진열대에 있는 많은 선택지 가운데 하나로 판매하지 못할 이유는 없다.

대형 식품, 가정용품 제조업체는 자사 제품을 자체 브랜드용으로 승인을 내주는 부서가 있어서 자사 제품을 깔보는 소비자들로부터 돈을 벌어들인다. 강박적으로 집착하는 사람들을 위해 이런 자체 브랜드 품목을 모아 놓은 storebrands.com이라는 웹 사이트가 있을 정도다. 자체 브랜드 로비 단체인 자체라벨제조사협회는 워싱턴에서 약간 싼 가격에 대동소이한 제품을 판매할 권리를 얻기 위해 싸우고 있다.

협회는 소비자가 생각하는 선택권을 시스템 안으로 도입한다. 유니레버, 네슬레, 프록터앤갬블, 크래프트 하인즈를 비롯한 대기업들이 만든 수십 개 제품이 여러 대안 제품이 존재한다는 인상을 풍기는 것과 같은 방식이다. 2017년, 소비재 부문에서는 15년 만에 가장 많은 합병이 이루어졌다. 라벨만 가지고는 알아보기 힘들 정도다.

10
사모펀드와 임대업

독점 기업 때문에 어떤 여자는
자기 집이 부동산 임대 명단에 오른 것을 보았다

데이나 치섬은 사모펀드에 관해 아무것도 아는 게 없었다. 그녀
가 아는 것이라곤 2년 동안 샌디에이고에 있는 집에서 두 시간 거리
인 라미라다에 있는 복음주의 기독교 대학인 바이올라 대학교까지
일주일에 두 번 통학한 끝에 이제 지쳤다는 사실뿐이었다. 운전을
하느라 정신 건강이 나빠졌다. 이사를 해야 했다.

고속도로로 둘러싸이고 운송 트럭과 창고가 어지러이 널려 있는
라미라다는 로스앤젤레스 동남쪽의 불규칙하게 뻗은 지역에 자리
한다. 오렌지카운티 바로 북쪽이다. 바이올라 대학교에는 학생이 입
주할 수 있는 아파트 단지가 있었는데, 2016년 2월 데이나는 여기
로 이사했다. 다문화 교육 박사학위를 마무리하는 중이었는데, 중국
과 태국에서 공부한 적이 있어서 여러 나라의 학생과 연구자들과 유
대관계를 유지하고 있었다. 친구나 친구의 친구에게 잠시 머물 곳을
제공해서 도와주는 일이 자주 있었다. 아파트가 너무 좁았고, 대학
당국은 아파트에 여러 사람이 같이 사는 것에 난색을 표했다. 월세

주택 길이 방이 더 많고 별로 제약을 받지 않는 집이 필요했다.

집을 찾던 데이나는 샌 펠리치아노 드라이브까지 갔다. 조용한 단층 주택 동네 한가운데에 있는 막다른 길이었다. 붉은 갈색 지붕을 인 연갈색 집 앞마당에는 야자나무 열 그루가 점점이 서 있었다. 깔끔하게 관리된 동네는 탄탄한 중산층 분위기를 풍겼지만, 차로 돌아다니다 보니 오래되어 낡은 곳들이 눈에 띄었다. 정면 판자벽이 떨어져 나가고, 울타리가 무너지고, 앞마당 잔디밭에 온수기가 나앉아 있었다.

집을 처음 본 순간 데이나의 입에서 저절로 말이 새나왔다. 〈다 부서졌네.〉 하지만 위치가 아주 좋아서 몇 주 뒤에 다시 방문했는데, 장식장이 모두 교체돼 있는 걸 발견했다. 들어와 살겠다고 제안하기에 충분히 좋아 보였다. 6월에 임대차 계약을 했다.

샌 펠리치아노 드라이브에 있는 집은 사모펀드의 지원을 받는 부동산 회사인 스타우드 웨이포인트가 2014년에 입수한 압류 부동산이었다. 데이나가 말했다. 「그냥 단순한 임대 회사라고 생각했어요. 대기업 임대 사업자라는 건 전혀 몰랐죠.」 나중에야 스타우드 웨이포인트가 그 집을 사들인 이래로 자기가 세 번째인가 네 번째 임차인이라는 사실을 알았다. 이웃들이 그 집은 왜 그렇게 세입자가 자주 바뀌느냐고 물었기 때문이다. 데이나는 금세 그 이유를 알게 되었다. 식기세척기가 고장 난 상태고, 냉장고 온도가 제멋대로 바뀌어서 음식이 상하고, 싱크대에 수돗물이 나오지 않고, 수영장 물이 하루에 2.5센티미터씩 새고, 쥐하고 바퀴벌레가 집 안팎을 들락날락했다. 데이나가 계속 수리를 해달라고 전화를 해도 문제를 해결하는 데 몇 달이 걸렸다. 회사의 임대 주택 유지관리 담당자인 스티브(데이나는 만나는 사람마다 성이 아니라 이름으로 부른다)는 완벽하게 수리를 하지 않으려고 어떤 구실이라도 갖다 댈 수 있다고 말했다. 「스티브가 그러더군요. 〈우리한테는 정말 뛰어난 변호사가 많아요. 빠져나갈 길이 있으면 그 친구들이 찾아 줄 겁니다.〉」

끊임없이 불만을 호소하면 스타우드 웨이포인트 직원들의 마음을 일부 돌렸을지 모른다. 입주하고 불과 한 달 뒤인 7월에 데이나는 임대 담당자인 길버트에게 전화를 받았다(앞서 말한 것처럼 데이나는 모든 사람을 이름으로 부른다). 「길버트가 그러더군요. 〈방금 전에 회의를 했는데요, 당신 집 임대에 관해 이야기했는데, 1년간 사신다고 알고 있습니다.〉 그래서 대답했죠. 〈맞아요. 방금 임대료를 냈어요.〉」 한 달 뒤, 데이나는 한창 집을 구할 때 새로운 집이 매물로 나오면 알려 주게 질로우[1]를 통해 설정해 놓은 전자우편 알림장을 받았다. 그런데 그 매물이 자기가 사는 집이었다. 「질로우 알림장을 이메일로 받았는데, 내가 살고 있는 집이더라고요. 〈이게 도대체 무슨 일이야?〉라는 생각이 들었죠.」 데이나가 흥분해서 말했다. 「내가 여기 살고 있다고요! 수리 요청에는 묵묵부답으로 아무것도 해주지 않았어요. 그냥 내 집을 임대하려고 내놨다니까요.」

2008년 서브프라임 주택담보 대출 압류 사태 이후 월 스트리트 자금을 등에 업고 새로운 종류의 임대 사업자가 등장한 이래 이와 같은 임대 주택 공포 경험담이 널리 퍼지고 있다. 세계 최대의 사모펀드 회사인 블랙스톤이 창립한 임대 사업체 인비테이션 홈스가 규

1 Zillow. 2006년 창립한 미국의 온라인 부동산 중개 플랫폼.

모가 가장 크다. 2017년, 인비테이션 홈스는 당시 부동산 임대 시장 순위 3위인 스타우드 웨이포인트와 합병해서 전국 각지에 8만 2,000여 개 부동산을 보유한 기업이 되었다. 압류 사태의 직격탄을 맞은 지역이 주요 기반이었다. 인비테이션 홈스는 새크라멘토에서 가장 규모가 큰 임대 사업자이며, 애틀랜타, 휴스턴, 피닉스, 샬럿, 그리고 플로리다주의 몇몇 도시도 사모펀드가 소유한 임대 주택이 많이 집중되어 있다. 전국 각지의 세입자들은 대다수가 이전 압류 사태의 피해자들인데, 대폭 인상된 집세와 수리 지연, 무자비한 퇴거 조치, 정기 보수 비용 〈떠넘기기〉 등에 불만이 많다.

데이나 치섬은 인비테이션 홈스 세입자들을 위해 직접 만든 페이스북 페이지에 이런 이야기를 여럿 기록해 둔다. 부동산 임대 산업을 굴복시키는 게 소원이다. 「나는 아들들을 키울 때 어떤 일을 하든 동등한 결과를 안겨 줬어요.」 데이나의 말이다. 「우리는 에너지, 수도, 무엇이든 규제합니다. 철도 독점을 해체했고, 제철소와 공장을 규제했죠. 이 주택 임대 문제에 개입하지 않을 이유가 뭐죠?」 캘리포니아 여자의 입에서 나오는 전형적인 반응처럼 들렸다. 그런데 알고 보면 데이나는 골수 트럼프 지지자다. 수십 년 동안 낙태 반대 운동에서 활동했고, 철두철미한 보수주의자로서 근본을 유지한다. 한편 인비테이션 홈스를 창립한 블랙스톤의 최고 경영자인 스티븐 슈워츠맨은 대통령의 가장 가까운 동맹자 가운데 하나다. 「아직도 트럼프를 지지하지만 대통령한테 화가 납니다.」 데이나의 말이다. 「내가 하고 싶은 말은 이거예요. 〈나는 당신의 열성 지지자인데, 왜 당신은 나를 지지하지 않나요?〉」

미국 역사상 정치적 양극화가 가장 심한 시대에 오직 사모펀드만이 좌파와 우파를 하나로 모을 수 있다. 사모펀드 산업은 엄청난 규모의 독점화를 추진하는 한편, 노동자와 소비자, 경제 전반에 피해를 입히면서 기업의 잔해들로부터 가치를 뽑아내는 기술에 통달하고 있다. 소매업의 죽음을 초래한 주범으로 아마존보다 오히려 사모펀드를 지목할 수 있다. 사모펀드는 월마트보다도 광범위한 슈퍼마켓 폐업을 낳은 책임이 있다. 조금이라도 자존감이 있는 사람이라면 손도 대지 않을 음흉한 사업을 살펴보면, 사모펀드를 발견하게 될 가능성이 높다. 사모펀드는 고객의 충성과 성공까지도 조작하는 사업 모델이다. 이런 금융화된 악순환을 바탕으로 스스로 살을 찌우는 탐욕으로 가득한 거인들은 오늘날 독점 시대의 설계자들이다.

처음에 사모펀드의 기업 거래는 차입 매수라고 불렸다. 1980년대 정크본드 열풍에서 생겨난 현상이었다. 고수익 증권에서 수익을 긁어모으는 마이클 밀컨의 설계는 기업 사냥꾼들을 끌어모았고, 이 사냥꾼들은 기존의 탄탄한 회사들에 적대적 매수 제의를 내놓았다. 밀컨의 드렉슬 버넘 램버트는 후순위 차입금으로 기업 인수의 자금을 댔다. 언론은 드렉슬이 매년 여는 정크본드 회의에 〈포식자의 무도회〉라는 별명을 붙였다.

기업 사냥꾼들은 차입 자금(차입 매수의 그 〈차입〉)을 활용해서 사산이 많고 부채기 적은 기업의 주식을 사들였다. 지배 지분을 확보하거나 소유 주식을 지렛대로 활용해서 기업을 곧바로 사들였다. 때로는 표적이 된 회사가 사냥꾼에게 돈을 주고 철수하게 했다. 경제 언론은 이런 식으로 울며 겨자 먹기를 강요하는 것을 블랙메일blackmail(공갈 또는 협박)을 뒤집어서 〈그린메일greenmail〉이라고 지칭했다. 기업이 인수되는 경우에 기존의 중역에게 지급되는 보수에 거액의 퇴직금, 스톡옵션 등 두둑한 〈황금 낙하산〉을 포함시키는 것 같은 다른 방어 전술이 독약 조항으로 구상됐지만, 실제로는 부를 널리 분배함으로써 인수 시도를 부추겼다.

이 시기에 이루어진 가장 큰 규모의 기업 인수는 1988년 콜버그 크래비스 로버츠(KKR)가 250억 달러에 대기업 RJR 내비스코를 사들인 것이었다. 이전 기록의 두 배 가까운 규모였다. KKR이 보유한 현금은 1500만 달러에 불과했고, 나머지는 채무였다. 브라이언 버로와 존 헬리어가 쓴 『문 앞의 야만인들Barbarians at the Gate』 덕분에 생생한 기억으로 남은 RJR 내비스코 인수로 KKR은 카멜, 윈스턴, 살렘 담배; 라이프 세이버, 베이비 루스, 버터핑거 사탕; 플랜터스 땅콩; 델몬트 과일 통조림; 리츠와 트리스킷 크래커; 슈레디드 휘트 시리얼; 오레오와 애니멀 크래커 등을 손에 넣었다. 이 시기의 어느 시점에 KKR은 또한 내비스코 제품을 판매하는 슈퍼마켓 체인 세이프웨이와 스톱앤숍과 나란히 샘소나이트 가방, 트로피카나 오렌지주스, 듀라셀 건전지 등을 소유했다.

기업 사냥꾼은 기업을 손에 넣은 뒤 채무를 기업의 대차대조표로 이전시켰다. 기업 사냥꾼의 서류 가방 안에 들어 있는 많은 회사 가운데 하나로 존재하기 때문에 포트폴리오(서류철) 회사라는 이름이 붙은 이 회사는 갑자기 대규모 차입 비용을 관리해야 했다. 게다가 새로운 소유주에게 관리 수수료를 내고, 급여를 지불하고, 사업을 운영해야 했다. 기업 인수 과정을 안내한 고문, 은행가, 펀드 매니저도 자기들 몫을 챙겼다. 포트폴리오 회사들은 종종 재무 부담을 견디지 못하고 파산했다. 기업 사냥꾼 입장에서 보면 파산은〈중요한 일이 아니었다〉. 사냥꾼들은 다른 사람의 돈으로 포트폴리오 회사를 매입했고, 청산을 해야 할 시점에 이르면 이미 비용을 충당할 만큼 충분한 수수료와 자산을 챙겼다. 기업 사냥꾼들은 금융공학을 통해 대규모 자산 이전을 고안해서 우호적인 부문으로 가치를 옮겨 놓았다. 은행 강도들은 이런 행위를 약탈이라고 부른 반면, 기업 사냥꾼들은 차입 매수라고 불렀다.

기업들이 기업 사냥꾼들에 맞서 자신을 보호하는 유일한 방법은 부채를 잔뜩 져서 형편없는 재무제표를 만들거나 기어오를 수 없는 요새를 세우는 것이었다. 따라서 차입 매수는 기업들을 기업 사냥꾼들의 지붕 아래로 잡아당겼을 뿐만 아니라 지배력을 기업 인수에 대응하는 유일한 해독제로 만듦으로써 경제의 다른 영역에서도 독점을 촉진했다.

너무 오래지 않아 이런 상황 자체가 잦아들었다. 언론과 대중은 수많은 기업이 도산하는 와중에 적나라하게 드러나는 탐욕에 기겁했다. 밀컨은 장차 이뤄질 차입 매수에 관한 정보를 이용해 이득을 취한 내부자 거래 집단을 운영한 사실이 적발되었다. 기업 인수 타이밍을 예상해서 투기를 한 뒤 주가 차익으로 돈을 번 이반 보스키도 내부자 거래로 기소되었다. 둘 다 실형을 선고받고 교도소로 갔다. 1980년대 말에 이르면, 1990년 2월 드렉슬 버넘 램버트가 파산 신청을 하면서 정크본드 시장이 폭락했다. 기업 매수 종자 자금이 고갈되고 관련된 범죄 행각이 드러남에 따라 기업 사냥꾼들은 종적을 감췄다. 하지만 완전히 사라진 게 아니라 이름을 바꾸었다.

차입 매수는 사모펀드라고 알려지게 되었다. 하는 행동은 똑같은데 한결 점잖은 이름을 얻었다. 사모펀드 기업들은 투자자들이 인출할 수 없는 돈을 모으는 폐쇄형 펀드를 활용한다. 펀드 투자자들은 특별 배당금과 〈배당 자본재구성〉[2]을 통해 보상을 받기는 한다. 한편 배당 자본재구성 때문에 포트폴리오 기업들은 채무 부담이 가중된다. 펀드 관리자들은 〈2와 20〉을 받는데, 투입된 전체 자본의 2퍼센트를 관리 수수료로 받고, 펀드 수익의 20퍼센트를 추가로 받는다. 최근에 일부 펀드에서는 이 두 수수료가 자본의 2퍼센트와 수익의 30퍼센트까지 늘어났다. KKR, TPG 캐피탈, 넬슨 펠츠의 트라이아크 같은 똑같은 주역들이 사모펀드 호황을 연 무대에 복귀했다. 밀컨도 수감 생활을 끝내고 명예를 회복해서 현재 경제연구소를 운영하면서 비벌리힐스에서 재계 엘리트들을 상대로 거대한 연례 총회를 연다.

실제 운영하는 사람들과 마찬가지로, 사모펀드 사업도 달라진 게 없다. 차입한 돈으로 기업을 사서 채무를 잔뜩 진 뒤 정리해고와 청산을 통해 비용 삭감을 강요하고, 운영 수수료와 자산 급매 처분 수

2　dividend recapitalization. 기업이 배당금을 지불하기 위해 신규 차입을 하는 행위.

익금으로 현금을 챙긴다. 사모펀드 관리자들은 자신들이 악전고투하는 회사를 도와 경영 문제를 바로잡아 성장하게 해준다고 주장한다. 하지만 비용 삭감은 보통 노동자를 희생시키면서 이루어진다. 사모펀드는 노동에서 자본으로 부를 직접 이전하는 과정이라고 보면 된다. 몇 년 뒤, 포트폴리오 회사들은 본사에서 분리되거나 파산에 처해진다. 어느 쪽이든 승자는 사모펀드다. 투자자들이 실제로 받는 수익은 보통 수준인데, 관리자들은 돈을 가진 누구도 그 사실을 알아내기를 바라지 않는다.

세계 흐름을 주도하는 KKR, 블랙스톤, 아폴로, 칼라일이 이끄는 가운데 2019년 중순에 이르러 사모펀드가 끌어 모은 펀드는 2조 5000억 달러라는 기록적인 액수로 급증했다. 2012년의 두 배에 달했다. 사용되지 않은 돈은 드라이 파우더dry powder(실탄)라고 불린다. 연기금과 각국의 투자 자원에서 끌어온 돈이다. 다시 말해, 노동자들은 기업 인수라는 현대판 노다지의 자금 조성에 기여하고 있다. 이런 엄청난 액수에도 불구하고, 사모펀드의 기업 인수는 여전히 채무를 통해 자금을 조달한다. 세금상으로 이점이 있고(이자는 대개 공제된다) 수익을 짜내는 데서 차입하는 게 이득이 되기 때문이다. 만약 어떤 사모펀드 기업이 100달러를 투자하기 위해 80달러를 빌리는데 이 투자가 10퍼센트 수익이 난다면, 자체 자금 20달러를 가지고 모험을 해서 10달러를 번 셈이므로 수익률이 50퍼센트다. 하지만 만약 그 투자를 위해 95달러를 빌린다면, 5달러만 모험을 걸어서 10달러를 벌었으므로 수익률이 200퍼센트다. 이 수치를 확대해 보면 차입이 얼마나 큰 돈벌이가 되는지 알 수 있다. 저술가이자 사모펀드 전문가인 이일린 애플바움은 〈채무는 차입 매수 모델의 원동력〉이라고 말했다.

사모펀드가 활약하지 않는 경제 부문을 찾기란 쉽지 않다. 의료에서 언론, 교도소에 이르기까지 이 책에서 논의한 여러 독점화된 산업 가운데 대다수에서는 사모펀드가 유력한 역할을 한다. 이런 산업은 훨씬 더 많다. 카지노는 어떨까? 사모펀드가 지배한다. 헬스클럽 체인인 크런치 피트니스는? 사모펀드 소유다. 공항에 널려 있는 운반용 카트인 스마트 카트는? 사모펀드 소유다. 최대 규모의 전자투표기 제조업체인 일렉션 시스템 앤 소프트웨어는? 사모펀드 소유다. 스쿼밸리, 알파인메도스, 매머스마운틴, 애스펀, 스팀보트, 디어밸리를 비롯한 십여 곳에 있는 스키 리조트들은? 2017년에 이르러 한 사모펀드 기업이 이 리조트들을 전부 집어삼켰다. 전 세계 럭비 리그들은? 사모펀드가 이 산업을 장악하기 위해 분투하고 있다. 테일러 스위프트가 부른 노래 전곡도 2019년에 한 사모펀드 기업이 사들였다.

대개 미국에서 가장 지저분한 산업은 사모펀드 기업이 키를 잡고 있다. 사모펀드는 최대 규모의 소액 대부업체 다수를 소유하고 있다. 소액 대부업체는 생활비가 필요한 취약한 대출 이용자를 먹잇감으로 삼아 부채의 악순환에 빠뜨린다. 60세 이상의 미국인을 대상으로 돈세탁과 신용 사기를 사주한 혐의로 끊임없이 거론되는 머니그램 인터내셔널은 사모펀드의 소유다. 오바마 행정부에서 재무장관을 지낸 티머시 가이스너가 운영하는 사모펀드 기업인 워버그 핑커스는 매리너 파이낸스라는 회사를 통해 수상쩍은 대출 운용을

412

지휘했다. 매리너 파이낸스는 사람들에게 수표를 발송해서 이율이 높은 대출로 옭아맸다.

사모펀드 기업 DC 캐피탈 파트너스는 플로리다주 홈스테드에서 한때 이주민 아동을 수용하는 유일한 영리형 구금 시설이었던 곳을 소유하고 있다. 미국은 세계에서 현금 보석금 산업을 보유한 단 두 나라 가운데 하나로서(다른 하나는 필리핀이다), 감옥행을 피하려는 피의자들에게 보석 보증서 대행기관에 높은 수수료를 내도록 강요한다. 사모펀드는 이 시장에도 지분을 갖고 있다. 미국 최대의 보석 대행기관과 전담 보험회사를 소유한 인데버 캐피탈은 이 사업을 금지하는 캘리포니아 주법을 무효화하는 주민투표안을 통과시키기 위해 기금을 모으기도 했다. 같은 회사인 인데버는 영리형 대학과 대부업체의 네트워크를 운영하면서 학위를 남발하는 한편 대졸자들에게 채무를 떠안겼다. 사모펀드는 약탈적인 영리형 대학에 많은 지분이 있다.

상대적으로 점잖은 사업 분야에서도 사모펀드 사업 모델은 불가피하게 고통으로 이어진다. 네코라는 이름으로 더 유명한 뉴잉글랜드 과자 회사는 19세기부터 클라크 초코바, 스윗하트 사탕, 네코 웨하스 등을 만든 유서 깊은 회사다. 사모펀드 기업 아메리칸 캐피탈은 2007년 네코를 5700만 달러에 사들였다. 파산 관재인에 따르면, 아메리칸 캐피탈이 네코에 부채를 안기면서 자산을 가로채는 가운데 손실이 늘어나 10년 뒤에 1억 5000만 달러까지 치솟았다. 이후 이루어진 비용 삭감으로 해충 구제업체의 방문 횟수도 줄어들었다. 네코 공장에는 쥐가 우글거려서 한 노동자가 주말 동안 112마리를 발견했다. 노동자는 이렇게 말했다. 「나라면 우리 회사 사탕은 먹지 않을 겁니다.」 또 다른 사모펀드 기업이 2017년에 네코를 매입, 건물을 분할한 뒤 다시 네코의 사탕 제조공장에 임대했다. 〈매각-재임차〉라고 불리는, 자산을 현금으로 전환하는 흔한 수법이었다. 1년 뒤 네코는 파산 신청을 하고 나서 제조 시설을 폐쇄했다. 익숙한 방식이다. 차입 매수에 관한 연구를 보면, 기업 파산 확률이 10배 증가한다는 사실을 알 수 있다.

거대 사모펀드 칼라일은 2만 5,000명이 넘는 환자를 보유한 요양원 체인 HCR 매너케어를 인수했는데, 직원이 모자라서 터무니없는 방치 사태가 이어졌다. 환자들이 침상에서 떨어져 골절상을 입고, 화장실까지 데려다주기를 기다리다가 실수를 하는 등 의료법 위반 건수가 늘어났다. 투자자들은 회사로부터 13억 달러를 뜯어냈다. 무엇보다도 매너케어는 보유 부동산을 전부 매각한 뒤 재임차할 수밖에 없었다 — 손놓고 기다려야 했다. 「사모펀드는 수달이라고 보면 됩니다.」 오래전부터 사모펀드 감독을 강화할 것을 요구한 하원의원 빌 패스크렐(민주당-뉴저지주)의 말이다. 「조개껍데기를 벌려서 알맹이를 빼먹고는 던져 버리죠. 이 경우에는 사람들이 내동댕이쳐지는 거죠.」

사모펀드 기업은 절대 자신이 사들이는 기업의 재정 건전성을 회복시키는 법이 없다고 말하고 싶지는 않다. 성공은 사실 별 의미가 없으며 따라서 분명 가능하기는 하다. 하지만 우리는 사모펀드가 주도하는 경제의 금융화가 경쟁을 한 거대 기업으로 통합하는 방식으로든, 아니면 소모전을 통해 경쟁을 파괴하는 방식으로든 독점과 집중으로 향하는 경향이 있다고 말할 수 있다.

❖

금융 데이터 분석 기관 피치북에 따르면, 사모펀드 기업들은 2010년부터 2015년까지 이뤄진 모든 인수합병 가운데 4분의 1을 주도했으며, 2018년에는 그 비율이 3분의 1로 치솟았다. 거래 규모도 커졌다. 2018년 사모펀드의 인수합병 거래 중간값은 1억 4000만 달러로, 비사모펀드 거래 가치의 3배에 육박했고, 다수가 100억 달러가 넘는 초대형 인수합병이었다. 게다가 이 모든 게 2조 5000억 달러의 드라이 파우더를 동원하기 전이다. 실제로 합병 붐은 사모펀드 붐을 반영한다.

사모펀드가 조금만 전략을 변경해도 그대로 기업 인수에 반영된다. 대체로 사모펀드는 경영진을 개편해서 몇 년 안에 다시 민간 시장에 분할 매각할 수 있다고 기대하면서 회사를 사들이고 있다. 하지만 사모펀드 경영진이 수익을 뽑아내는 또 다른 방법으로 〈인수 후 통합buy-and-build〉 전략이 부상하고 있다. 포트폴리오 회사들이 사모펀드 경영진이 기업 인수에 들인 시간을 포함해서 거래 비용 전부를 부담하는 것이다.

덩치가 커진 포트폴리오 회사들은 종종 그 자체가 다른 회사의 인수 대상이 된다. 2017년 합병 대상의 42퍼센트가 사모펀드를 등에 업은 기업이었다. 2019년 맥그로힐과 센게이지가 합병해서 미국 2위의 대학 교재 출판사가 탄생한 게 한 예다. 인수자와 인수 대상 둘 다 사모펀드 소유였다. 사모펀드가 안팎에서 합병을 추진하고, 양쪽에서 돈을 받는다.

사모펀드가 다수를 손에 넣은 레스토랑 체인 산업은 이런 추세를 고스란히 반영한다. 로어크 캐피탈은 햄버거 체인 아비스, 앤티앤스 프레즐, 패스트푸드 체인 칼스 주니어, 아이스크림 체인 카블, 시나본, 코너 베이커리 카페, 하디스, 이탈리아 레스토랑 체인 일 포르나이오, 샌드위치 체인 지미 존스, 그리고 아비스가 2017년에 인수한 버펄로 와일드 윙 등의 지배 지분이나 주요 투자를 보유하고 있다. 아비스/버펄로 와일드 윙의 새로운 이름인 인스파이어 브랜드는 나중에 드라이브인 패스트푸드 체인 소닉, 그리고 이미 로어크 캐피탈이 다수 지분을 보유하고 있던 지미 존스를 사들임으로써 한회사가 사실상 자기 자신과 합병한 또 다른 사례를 남겼다.

2014년 버거킹과 캐나다 커피/도넛 체인 팀 호턴스가 119억 달러에 합병했다. 버거킹의 소유주인 브라질의 사모펀드 기업 3G 캐피탈이 이 거래를 실행했는데, 워런 버핏의 버크셔 해서웨이로부터 자본 30억 달러를 지원받았다. 합병된 회사는 나중에 프라이드 치킨 체인 파파이스를 사들였다. 3G는 또한 버핏과 손을 잡고 크래프트와 하인즈를 하나로 묶어서 미국 3위의 식품 회사를 만들었다(버거킹에서 주는 소포장 소스를 확인해 보라. 어떤 브랜드인지 맞춰보라). 3G는 또 앤호이저부시와 인베브를 합쳐서 세계 최대의 맥주 회사를 탄생시켰다. 햄버거, 치즈, 케첩, 맥주. 한 사모펀드 기업에서 독립기념일 메뉴가 전부 나온다.

3G는 경영자들이 매해 모든 비용을 심사하는〈백지 상태 예산 편

성)을 시행한다. 현실에서 이 방식은 가차 없는 비용 삭감과 정리해고로 이어진다. 앤호이저부시 본사에서 1,400명, 하인즈에서 600명 이상(최고위 중역 12명 중 11명 포함), 팀호턴스에서 350명이 정리해고되었다. 전체 부서가 해를 넘기지 못하고 날아갈 수 있다. 패스트푸드 부문인 레스토랑 브랜드 인터내셔널에서 3G는 메뉴에 있는 가격의 1달러당 45센트의 수입을 거둬들인다. 오로지 비용을 대폭 삭감했기 때문에 가능한 엄청난 수익률이다. 3G의 공동 창립자 중 한 명인 카를로스 시쿠피라는 이렇게 말했다. 「비용은 손톱 같은 겁니다. 항상 깎아야 하죠.」 프린트 용지와 쓰레기 수거까지 비용 삭감의 대상이 되었다.

최종적인 집중 삭감 대상인 노동자들이 날아가자 3G는 월 스트리트의 총애를 받았다 ― 하지만 결국 투자자들은 이런 무차별적 삭감으로 어떤 가치도 창출되지 않고 실제로는 관련된 기업들의 상황이 악화됐음을 깨달았다. 몬델레즈와 유니레버를 인수한다는 안을 발표한 뒤, 크래프트 하인즈의 수익이 요동을 쳐서 손실로 바뀌었다. 이제 더는 삭감할 대상이 남아 있지 않았기 때문이다. 소비자들의 입맛이 바뀌는 가운데 제품을 개선하기 위한 투자가 전혀 이루어지지 않자 3G는 잘하는 게 하나밖에 없는 기업임이 드러났다. 증권거래위원회가 크래프트 하인즈의 회계 장부를 조사하면서 상황은 더욱 나빠졌다. 결국 3G는 2019년 9월에 크래프트 하인즈 주식 2500만 주 이상을 매각했다. 비용 삭감이라는 지상 과제는 한때 전설로 불리던 여러 브랜드에 손상을 입혔다.

슈퍼마켓 부문에서는 사모펀드의 목조르기 때문에 더욱 심한 고

롱이 야기되고 있다. 2015년에서 2018년 사이에 7개 대규모 지역 슈퍼마켓 체인이 파산 신청을 했다. 모두 사모펀드 소유 체인이었다. 한때 미국 최대의 슈퍼마켓 체인으로, 전성기인 1930년에 점포 수가 1만 6,000곳에 육박했던 A&P도 이 대열에 포함되었다. 사모펀드 아래서 A&P는 채무의 늪에 빠져 결국 문을 닫았다. 이 일곱 건의 파산으로 노동자 수만 명이 일자리를 잃고 연금이 줄어든 반면, 사모펀드 경영자들은 자산을 뽑아내서 승승장구했다. 많은 슈퍼마켓 체인이 〈매각-재임차〉 이후에 — 당연히 — 파산했다. 슈퍼마켓 회사들은 이전에 소유했던 부동산에 임대료를 내야 했다. 가장 황당한 사례를 꼽아 보자면, 소규모 사모펀드가 소유한 워싱턴주의 슈퍼마켓 체인인 헤이건은 앨버트슨/세이프웨이가 합병 과정에서 처분한 웨스트코스트 슈퍼마켓 점포 146곳을 인수했다. 채무에 짓눌리는 상황에서 그 정도 규모로 몸집을 키울 방법을 알지 못했던 헤이건은 결국 9개월 만에 파산했다. 헤이건은 파산 과정에서 점포를 매각했는데, 그중 36곳을 어디서 샀을까? 앨버트슨, 그러니까 9개월 전에 점포를 처분해야 했던 바로 그 회사였다. 앨버트슨은 원래 매각 가격보다 훨씬 싼값에 이 점포들을 다시 매입했다.

이런 학살극으로 지역 슈퍼마켓 체인이 여럿 문을 닫으면서 규모가 큰 몇 곳으로 산업이 집중되었다. 2019년의 한 연구에 따르면, 오늘날 200곳이 넘는 지역에서 월마트가 전체 슈퍼마켓 매상의 50퍼센트 이상을 차지한다고 한다. A&P는 전성기 시절에 전국 시장의 겨우 16퍼센트를 장악했는데, 이런 지배력을 축소하기 위해 일련의 법률과 독점 단속이 이루어졌다. 아폴로가 스마트앤파이널을 사들이고 서버러스가 이끄는 앨버트슨이 분투하는 가운데 향후에도 도산하는 체인이 나올 수 있다. 슈퍼마켓 부문에서 독점 심화로 이어지는 경로는 사모펀드의 계속적인 채무 증가와 경영 실패에 있다.

하지만 사모펀드의 파괴력을 여실히 보여 주는 사례는 다른 산업이다. 이 산업이 초래한 현상을 가리키기 위해 아예 별명이 만들어졌을 정도다. 〈소매업의 종말retail apocalypse〉이 그것이다.

캘리포니아주 온타리오의 로머릭 앤더슨은 2013년 휴가철에 토이저러스에서 일을 시작해서 그 후에는 파트타임으로 일을 계속했다. 부점장까지 승진해서 2017년 5월에는 토이저러스 익스프레스 매장을 새로 여는 일을 도왔다. 1년 뒤 상점이 문을 닫고 로머릭은 퇴직금도 받지 못하고 정리 해고되었다. 「아무도 제 말을 듣지 않는 것 같아요.」 뉴욕시 토이저러스에서 해고된 다른 노동자들과 항의 시위를 벌인 뒤인 2018년, 로머릭이 한 말이다. 「미국 중산층이 모든 돈을 내는데 정작 아무 혜택도 받지 못하죠. 권력자들은 살인을 저지르고도 멀쩡하게 돌아다닙니다.」

많은 사람들이 아마존 때문에 소매 경제가 파멸의 길을 걸었다고 생각한다. 그런데 토이저러스 같이 소멸하는 소매업체들의 기업 소유 현황을 살펴보면, 사모펀드가 어떤 역할을 하는지가 극명하게 드러난다. 「아마존이 (소매업을) 망가뜨렸다는 생각…… 소매업은 끊임없이 망가지고 있죠.」 아일린 애플바움의 말이다. 「자라Zara가 등장하면서 2주마다 하이패션이 바뀌었어요. 차이점이 있다면 소매업은 전통적으로 부채가 낮다는 겁니다. 그래서 따라잡기 위해 숨 돌릴 여유가 있죠.」 여유 자금이 있고 운영 상태가 좋은 회사는 시장의 변화에 대응할 수 있다. 반면 사모펀드 소유로 부채를 잔뜩 진 소매업체는 상점에 재투자하거나 전자 상거래 플랫폼을 구축할 만한 자원이 부족하다. 사모펀드가 이런 회사들에 강요하는 구조는 그들의 몰락을 알리는 신호탄이었다. 특히 대불황 시기에 판매량이 급감하면서 몰락이 재촉되었다. 한편 관리 수수료와 배당 자본재구성, 자산 벗겨먹기를 통해 부를 쌓은 사모펀드 경영자들과 투자자들은 결국 이득을 보았다.

웹 사이트 리테일 다이브는 2018년에 내놓은 보고서에서 2002년 이래 사모펀드의 소매업체 거래 전체를 살펴봤는데, 그 가운데 15퍼센트 이상이 결국 파산으로 끝난 사실을 발견했다. 2007년 이래 최상위 규모의 기업 인수 가운데 절반 이상이 채무 불이행이나 파산, 심각한 재무 위기에 빠졌다. 2016년과 2017년 소매업체 파산의 3분의 2 이상이 사모펀드가 소유하거나 지배하는 회사에서 일어났다. 노동조합의 지원을 받으면서 소매업체 노동자들을 대변하는 단체인 유나이티드 포 리스펙트는 2019년에 펴낸 보고서에서 지난 10년간 사모펀드 소유 기업의 도산으로 59만 7,000개의 소매업 일자리가 직접적으로 사라지고 다른 72만 8,000개 일자리가 간접적으로 피해를 입었다고 밝혔다. 「그들은 생존 가능한 소매업체를 만드는 데 아무 관심이 없어요.」 유나이티드 포 리스펙트에서 조직 담당자로 일하는 릴리 왕의 말이다. 「그들이 관심을 기울이는 건 단기 이윤인데, 결국 노동자 가족이 고통을 받고 지역 사회에서 쇼핑몰과 슈퍼마켓이 사라지는 대가를 치르죠.」

리넨앤싱(아폴로), 스포츠 오소리티(레너드 그린), H. H. 그렉(프리먼 스포글리), 루21(어팩스), 더 리미티드(선 캐피탈), 트루 릴리전(타워브룩), 클레어(아폴로), 나인 웨스트(시커모어), 웨트 실(버사), 그리고 2014년(J. W. 차일즈)과 2018년(세일링 파워) 두 번 파산한 브룩스톤 등이 대표적인 피해자다. 애드벤트 인터내셔널이 소유한 샬럿 루스와 선 캐피탈의 샵코는 둘 다 지난해에 파산 신청을 했다.

〈챕터 22〉(11+11)[3]라는 별명이 붙은 이중 파산이 추세가 되고 있다. 페이레스 슈 소스는 2017년 골든게이트와 블룸 캐피탈이 소유한 상태에서 파산했는데, 2012년과 2013년에 두 사모펀드가 7억 달러의 배당금을 챙기는 동안 페이레스는 휘청거렸다. 페이레스는 올던 글로벌 캐피탈에 매각되었다가 2년 뒤 다시 파산했고, 모든 점포가 문을 닫았다. 회사는 폐업을 발표하기 직전에 퇴직금 정책을 변경해서 퇴직금을 1년에 1주일분 급여로 제한했다. 파산 이후 올던 글로벌은 퇴직금을 무보증 채권으로 전환해서 노동자들이 다른 채권자들과 자기 몫을 챙기기 위해 싸우게 만들었다.

아동복 체인 짐보리 또한 이중 침체 파산을 겪었다. 처음에는 2017년 베인 캐피탈이 이끄는 가운데 파산했고, 두 번째는 아동복 라인을 완전히 재편한다는 어리석은 결정을 한 끝에 2019년에 파

3 미국 파산법 11장은 파산 보호 신청에 관한 장이다.

산해서 결국 사라졌다. 파산을 신청한 바로 그날, 짐보리는 퇴직금 정책에 자폭 조항을 작동시켜서 〈어느 때, 어떤 조건에서든〉 퇴직금 지급을 종료할 수 있게 했다. 그로부터 며칠 전에 짐보리 고위 중역 팀 8명은 퇴직금에 맞먹는 〈잔류 보너스〉[4]를 수표로 받았다. 헤지펀 드와 사모펀드 기업의 대표들이 포함된 이사회는 중역들에게 이 수 표를 곧바로 예치하라고 말했다. 고위 중역팀과 동등한 자격인 부 회장 두 명은 퇴직금을 전혀 받지 못했다. 「남들은 다 받는데, 나하 고 다른 여자 한 명은 희생양이 됐죠.」 디자인 담당 부회장 메라 청 의 말에는 자기가 퇴직금을 못 받게 되면서 다른 중역들에게 보너 스를 줄 자금이 생겼다는 암시가 들어 있었다. 파산 신청 며칠 뒤, 청은 보너스를 받은 중역 넷이 항공편으로 선댄스 영화제가 열리는 도시로 갔다는 걸 알게 되었다. 회사의 미래를 좌우하는 중대한 결 정이 내려지던 시점이었는데 말이다. 「넷플릭스의 B급 영화 같아 요.」 청의 말이다. 「그 사람들이 잔류하는 게 정말로 필요하다면, 도 대체 왜 선댄스에 갈 수 있었던 거죠?」

점포에서 일하는 직원들은 처음부터 퇴직금이란 게 없었고, 파산 을 앞둔 몇 달간 마지막 날이 언제가 될지 전혀 듣지 못했다. 「5개월 동안 어느 날 출근을 하면 점포 문 앞에 폐점 통고문이 붙어 있을지 전혀 알지 못했습니다.」 결국 2019년 4월에 그 순간을 맞이한 전 점 장 니콜 쇼어러의 말이다. 「짐보리 브랜드와 우리 엄마들이 사랑하 게 된 아동복을 몰락시킨 윗사람들은 부끄러운 줄 알아야 해요.」

20세기판 전자 상거래인 카탈로그의 선구자 시어스의 사례는 금

---

4 retention bonus. 일정한 기간 동안 계속 재직하는 조건으로 지급하는 보너스.

융공학이 어떻게 소매업의 대들보를 무너뜨렸는지를 생생히 보여준다. 투자펀드 매니저이자 재무장관 스티븐 므누신의 예일 대학교 룸메이트 출신인 ESL 인베스트먼트의 에디 램퍼트는 시어스 최고 경영자, 이사회장, 거래 파트너, 건물주, 은행가 등의 역할을 이례적으로 동시에 맡았다. 비판론자들은 잘못된 경영이 만연한 결과 시어스가 몰락했다고 주장한다. 램퍼트는 점포 투자를 대폭 삭감하는 한편 30여 개 관리 부서를 서로 경쟁시킨다는 묘안을 정식화했는데, 이 경쟁이 결국 재앙임이 증명되었다. 시어스는 점포 수백 곳을 폐점한 끝에 결국 완전한 파산을 모면했고, 램퍼트는 여전히 회장이자 대주주로 남아 있다. 하지만 파산으로 수십만 노동자가 직장을 잃었고, 시어스 공급업체들은 재고품 대금을 떼이면서 일생 동안 모은 재산을 잃었다.

자본주의의 논리에 따르면, 그렇게 많은 부와 투자금을 날려 버린 사람은 개인적으로 고통을 받게 마련이다. 하지만 에디 램퍼트는 이 과정 내내 시어스에서 많은 현금을 우려냈다. 그는 개인적으로 시어스에 26억 달러를 빌려주었는데, 2018년 10월 파산 당시에 전체 부채의 절반가량이었다. 그리하여 해마다 2억 달러에서 2억 2500만 달러의 흥미로운 현금 흐름이 생겨났다. 이 채무의 대부분은 보증된 것이어서 시어스가 파산했을 때 램퍼트는 첫 번째로 상환을 받았다. 그는 또한 크래프츠맨 공구나 랜즈엔드 같은 시어스의 장수 브랜드를 팔아치웠다. 랜즈엔드의 의류 라인은 ESL이 3분의 2를 지배하는 컨소시엄으로 넘어갔다. 2015년, 램퍼트는 〈매각-재임차〉를 실행해서 시어스에서 가장 수익성이 좋은 점포 235곳과 그 밖에 시어스가 보유한 부동산 31곳을 세리티지라는 트러스트로 분리했다. 세리티지는 램퍼트의 헤지펀드가 주요 소유주로, 그가 회장이었다. 2015년에서 2017년까지 시어스는 세리티지에 임대료와 기타 경비로 거의 4억 달러를 지불했다. 시어스가 임차를 종료한 것은 램퍼트가 최고 경영자이자 회장으로 관여한 결정이었는데, 그 후 세리티지는 이 부동산을 재개발했다. 미국 전역에 입지가 좋은 곳에 자리한 이 부동산은 수십억 달러의 가치가 있다. 자산 매각은 또한 채무를 상환하는 데도 사용되었다. 램퍼트에게 진 빚이었다. 이 모든 과정이 끝난 지금도 그는 억만장자인 반면, 25만 명이 넘는 시어스 노동자가 일자리를 잃었다. 예전 시어스 지주사는 2019년에 20억 달러의 자산을 무차별적으로 약탈한 혐의로 램퍼트뿐만 아니라 이를 승인한 이사회도 고발했다. 재무장관 므누신도 그중 한 명이었다.

다음으로 2005년에 베인 캐피탈, KKR, 보네이도 리얼티 러스트등 거대 투자기업 세 곳에 의해 차입 매수의 표적이 된 유서 깊은 소매업체 토이저러스가 있다. 이 거래로 토이저러스는 53억 달러의 채무를 강제로 떠안았다. 관리 및 자문 수수료 외에도 연간 이자만 4억 5000만~5억 달러에 달하는 수준이었다. 토이저러스는 실제로 마지막 3년간 영업이익이 증가해서 채무 부담을 제외하면 순수익이 늘어났다. 2017년 미국에서 판매되는 장난감 다섯 개 중 하나가 토이저러스의 물건이었다. 하지만 시장 점유율은 산더미 같은 채무에서 구원해 주지 못했다. 몇 차례 새로 자금을 조달하는 한편, 직원을 줄이고 점포, 운영, 정보 기술에 대한 투자를 최소화한 끝에 2017년 9월 토이저러스는 파산 신청을 했다. 그로부터 6개월 뒤 미국에 있는 점포 800곳을 모두 폐점했다. 회사는 구조조정 이후에 계속 유지할 수 있었겠지만, 양대 채권자인 헤지펀드 앤젤로 고든과 솔러스 얼터너티브 애셋 매니지먼트는 청산을 요구했다. 『월 스트리트 저널』의 표현을 빌리자면 토이저러스를 〈살려 두느니 죽이는 게 더 가치가 있다〉고 결정한 것이다.

다시 말해, 고전적인 사모펀드의 사기 도박판이 벌어진 것이다. 베인과 KKR은 수수료, 공제, 세금 감면 등으로 투자금을 회수하면서 투자한 파트너들에게 손실을 떠넘겼다. 그리고 시어스의 경우와 마찬가지로, 파산 전에 중역 보너스가 지급되었다. 하지만 소매 노동자 3만 3,000명은 생계 수단을 잃었다. 토이저러스에서 29년을 일한 부점장 데비 비어드와 로머릭 앤더슨도 일자리를 잃었다. 데비는 앞선 감량 경영 때와 달리 아무도 퇴직금을 받지 못한 사정을 설명해 주었다. 「우리가 회사를 만든 주역이고 여태까지 중추였거든요.」 데비의 말이다. 「항상 느끼는 거지만 소매나 식품 서비스 노동자는 이류 시민으로 간주됩니다. 회사를 운영하는 사람들 입장에서 우리는 숫자에 불과했던 거죠.」 텍사스주 웨이코 출신으로 다섯 아이의 엄마이자 20년 근속 직원인 메리제인 윌리엄스는 토이저러스에서 일하는 게 좋았다고 말했다. 「내 덕분에 우리 가족이 의료보험이 있어요. 생명보험도 부어야 하는데. 이제 쉰 살이 됐는데 직장이 없어요. 월 스트리트가 이 점포들을 매입하게 할 수 없거든요.」

로머릭, 데비, 메리제인은 2018년 내내 대규모 행동에 참여해서 사모펀드 소유주들에게 퇴직금 지급을 요구했다. 베인 캐피탈 사무실 앞에 가짜 묘비명을 세웠다. 〈월 스트리트의 탐욕에 살해당한 제프리[5], 여기 잠들다.〉 연기금 비판으로 탄탄해진 항의 시위는 어느 정도 성과가 있었다. KKR과 베인이 2000만 달러를 퇴직금으로 떼어 둔 것이다. 노동자들이 받아야 한다고 말하는 퇴직금 7500만 달러의 일부였다. 계속해서 노동자들은 최종 청산에서 채권자로서 200만 달러를 더 받아 냈다. 하지만 토이저러스는 마지막으로 모욕을 주었다. 새로운 헤지펀드 소유주들이 전 세계 라이선스 협약을 위해 이 브랜드를 되사서 새로운 점포 대여섯 곳을 개점한 것이다. 물론 노동자들은 이 과정에서 생겨난 이득을 전혀 공유하지 못했고, 옛날 일자리를 돌려받는다는 보장도 받지 못했다. 수십 년 동안 토이저러스를 떠받쳤던 이들은 금융가들이 토이저러스의 사체에서 마지막 몇 달러까지 쥐어짜는 모습을 지켜보았다.

사모펀드 금융가들은 미국 최대의 직업 집단 가운데 하나를 수많은 불안정한 덩어리로 뒤바꾸면서 속사포 같이 파산이 잇따르는 가운데 시장을 집중시키고 무수히 많은 노동자를 산산이 흩뜨리고 있다. 「믿기 어렵겠지만, 이런 말을 하는 여자를 숱하게 만났어요. 〈여기가 내가 일해 본 유일한 직장이에요.〉」 유나이티드 포 리스펙트의 또 다른 조직 담당자 캐리 글리슨의 말이다. 「그들이 원하는 건 자기들이 어떤 일을 겪고 있는지 알아주었으면 하는 것뿐입니다.」

데이나 치셤은 2016년 8월 스타우드 웨이포인트가 자기한테 알

5   Geoffrey. 토이저러스의 마스코트 — 원주.

리지도 않고 세 들어 살고 있는 집을 시장에 내놨을 때 조용히 이사 가지 않았다. 그녀는 부동산 관리 회사가 집세로 보낸 수표를 숨긴 사실을 알아냈다. 집세를 내지 않았다는 구실로 퇴거시킬 작정이었던 것이다. 데이나는 자기가 끊임없이 수리를 요구한 것에 진력이 나서 자기를 쫓아내려 한다고 추측했다. 그래서 상황을 바로잡기 위해 소액 사건을 청구했다. 「제가 월세가 너무 많이 밀렸다는 이유로 판사가 기각했는데, 회사에서 제 돈을 받는 걸 거부했거든요.」 데이나의 말이다. 「판사가 저한테 물었어요. 〈왜 집주인이 월세 받는 걸 거부하겠습니까?〉 그래서 제가 말했죠. 〈이 사람들은 정상적인 집주인이 아니에요.〉」

데이나는 그해 내내 온갖 수수료를 청구받았다고 주장한다. 「1년 내내 내 집에 있지도 않은 자물쇠 값을 청구하더군요.」 이 싸움이 벌어지는 동안 옆집 이웃이 이사를 가고 새로운 세입자가 들어왔다. 나중에 알고 보니 그 집도 사모펀드의 지원을 받아 인비테이션 홈스가 소유한 임대 단독주택이었다. 새로운 세입자가 키우는 개 한 마리가 두 집 사이에 있는 울타리를 망가뜨려서 데이나는 인비테이션 홈스에 수리를 요청했는데, 이번에도 거절당했다. 몇 주 뒤 개가 허물어진 울타리를 넘어와서 데이나의 개에 상처를 입혔다. 데이나는 인비테이션 홈스, 스타우드 웨이포인트, 시 법률 집행기관, 동물 관리기관 등 온갖 곳에 전화를 했지만 아무도 도와주지 않았다. 울타리 수리 비용 700달러면 〈이 모든 일이 끝났을 것〉이라고 데이나는 말했다. 「우리 개가 상처를 입는 일이 없었다면 거기서 나와서 그냥 끝냈을 거예요.」

그 시점부터 데이나는 이 회사들의 전력을 찾아보기 시작했다. 스타우드 웨이포인트와 인비테이션 홈스는 압류 사태의 고통을 돈벌이 기회로 삼았다. 데이나가 직접 겪은 일이다. 거품이 끓어오르던 2005년에 집을 산 그녀는 몇 년 뒤 비영리 단체 자금이 고갈되자 집을 팔아야 했다. 혼전 순결 성교육을 하며 정부 지원금을 받는 단체였다.

데이나는 2006년에서 2014년까지 집을 잃은 미국인 930만 명의 대열에 합류했다. 사모펀드 기업들은 인간의 고통에 눈 감은 채 수익으로 전환할 수 있는 부동산 목록만 보았다. 그들은 거액의 자본을 모아서 주택을 사들였는데, 압류 사태로 가장 큰 고통을 입은 지역이 집중 공략 대상이었다. 〈어떻게 보면 그 기업들은 아주 영리하다.〉 이 과정을 다룬 책『주택 파괴자들 *Homewreckers*』의 저자인 언론인 애런 글랜츠의 말이다. 〈그들은 약탈적 담보 대출을 해주는 이들이 아니다. 방관자처럼 지켜보면서 모든 상황이 악화되면 덮치려고 때를 기다린다. 결국 이런 식으로 대대적인 부의 이전이 이루어진다.〉

사모펀드 기업들은 차입한 돈으로 살 수 있는 저렴하고, 종종 허름한 주택을 표적으로 삼았다. 그리고 주택을 신속하게 리모델링해서 임대주택으로 바꾸었다. 투자자들에게는 6~10퍼센트의 연간 수익을 약속했다. 400억 달러 규모의 사태를 거치면서 주택 24만 채가 투자자들 손에 들어갔다. 대부분 사모펀드 기업이었다.

곤란에 빠진 시장들에 주택 매입이 집중됐다는 사실이 중요하다. 가장 저렴한 주택이 대부분이었고, 한 지역에서 공급이 상당히 제한되면 임대료가 오를 수 있었다. 당시 인비테이션 홈스의 모회사였던 블랙스톤은 2012년에 탬파베이 한 지역에서만 10억 달러를 쏟아부었다. 2011년 투자자들이 전체 주택 구입의 27퍼센트를 차지했는데, 오클랜드에서는 그 수치가 42퍼센트로 치솟았다. 임대 관련법이 무척 느슨해서 주요한 표적이 된 애틀랜타에서는 2011년부터 2012년까지 18개월 동안 한 우편번호 지역에서 팔린 주택의 90퍼센트가 민간 투자자들에게 넘어갔다. 이런 열풍으로 동네의 성격이 자가 거주자에서 잠시 살다 떠나는 세입자 동네에 가까운 쪽으로 바뀌었다. 투자자들이 공급량을 시장에서 빼내간 탓에 주택가격이 상승하면서 젊은 가구가 밀려났다. 그리고 여러 보고서에따르면, 세입자의 다수는 전 집주인으로, 금융가들이 그들이 빼앗긴 집을 차지한 뒤 압류 때문에 임대 시장으로 밀려난 이들이었다. 가난한 지역 사회는 이런 대규모 실험을 진행하는 시험장이 될 터였다.

정부 관리들은 처음에 사모펀드를 구원자로 보았다. 주택 가격의 바닥을 떠받쳐서 시장을 구제하고 압류의 상처가 남은 동네를 황폐하지 않게 지켜 준다고 본 것이다. 실제로 연방주택청(FHA), 그리고 준공공 대형 주택담보 금융기관인 패니 메이와 프레디 맥은 압류 주택을 기꺼이 사모펀드 산업에 매각했다. 하지만 이 시점 이전에 전형적인 집주인은 부동산 관리에 관한 아무런 경력도 없이 엄격한 최저 수익 보장만 고수하는, 수천 마일 떨어진 월 스트리트 투자자가 아니라 동네에 이해관계가 있는 개인 사업자였다.

이 모델의 문제점은 곧바로 나타났다. 기준 이하의 압류 부동산을 살기 좋은 임대주택으로 바꾸려면 실질적인 노력을 기울여야 하지만, 투자자들은 비용을 제한했기 때문에 세입자를 혹하게 할 만한 피상적인 부분만 바꾸었다. 세입자는 일단 입주하고 나면 담당자와 통화하기가 너무 어렵고 집수리를 받기는 더욱 어렵다. 사모 펀드 임대업자들은 전화 상담 센터를 자신들이 소유한 주택들에서 먼 곳에 두고, 부동산 관리 단위에 충분한 직원을 두지 않으며, 애당초 수리가 필요한 문제들에 대처할 능력이 없다. 애틀랜타 지역의 한 예전 세입자는 임대주택에서 겪은 일에 관해 말해 주었다. 위층 샤워기가 물이 새서 건물의 토대까지 집안 전체에 물이 흥건했다. 누수, 쥐똥, 곰팡이 등이 겹치면서 집에 사람이 살 수 없었다. 「옷하고 다른 물품 가방 열두 개 분량을 버리고, 8일 넘게 침실을 쓸 수 없었죠.」 또 다른 애틀랜타 사람은 인비테이션 홈스 임대주택에서 건강에 유해한 검은 곰팡이를 발견했다. 캘리포니아의 한 집은 시 건축 조사관에 의해 안전성 문제가 있다는 판정을 받았다.

배관 문제, 누수, 곰팡이, 동물 출몰 등은 압류 이후 몇 달간 빈집으로 방치된 주택들에서 아주 흔한 현상이다. 하지만 월 스트리트 임대업자들은 페인트를 한번 덧칠하고 막무가내로 수리를 밀어붙인 뒤 최악의 문제점은 세입자가 발견하게 내버려 둔다. 그들의 주택 제국은 허물어지고 있는데, 그들이 내놓는 해법은 고의적인 모르쇠다. 2019년 『애틀랜틱』의 한 기사에 따르면, 한 관리 회사의 관리자들은 현장 직원들에게 수리 요청을 무시하고 세입자의 전화에 답신 전화를 하지 말라고 지시했다.

2014년, 나는 월 스트리트 임대 사업의 온상인 사우스로스앤젤레스에 가서 지역 사회와 세입자들의 모임에 참가했다. 「정말 누구하고도 통화가 안 돼요. 진짜 어려워요.」 사우스로스앤젤레스의 세입자 어슐라가 말했다. 「그런데 돈을 내야 할 게 있으면 바로 전화를 해서 괴롭히고, 문에 쪽지를 붙여 놓고, 계속 이메일을 보낸답니다.」 표준 임대차 계약서에 작은 글씨로 된 조항은 수도 요금, 가스 요금, 조경 비용을 세입자에게 부담시킨다. 일부만 납부하면 연체료가 많이 나오고, 상대적으로 액수가 적은 애완동물 비용이나 전기 요금도 부과된다. 세입자들은 단기 임대에 임대료를 더 많이 내야 하고 보증금이 월세의 두 배가 넘는다(캘리포니아 주법 위반이다)고 이야기했다. 자녀 넷을 둔 독신모로 세입자인 저넷은 갑자기 부과되는 요금을 내기 위해 몇 번이나 대부업체를 이용해야 했다고 말했다. 「점점 빚더미에 올라앉는데도 집세 내는 만큼 받는 게 없는 것 같아요.」

세입자들은 또한 부동산을 매각해야 하는 경우에 인비테이션 홈스가 〈경고 없이 세입자를 퇴거시킬 수 있다〉는 문구를 지적했다. 2016년 애틀랜타 연방준비은행은 기관 투자자들이 개인 임대업자보다 18퍼센트 높은 비율로 세입자를 퇴거시킨 사실을 발견했다. 인비테이션 홈스의 한 젊은 직원은 페이스북에 〈축 30일 내 퇴거 통고문Happy 30 Day Eviction Notice〉이라는 농담을 올리면서 이런 코멘트를 덧붙였다. 〈엄밀히 말하면, 퇴거 통고문은 서면으로《보여 주어야》합니다.〉 데이나가 이 게시물을 비판한 뒤 해당 직원은 해고됐지만, 그녀는 이 사건을 계기로 사모펀드 임대업자들이 조성한 문화에 관해 의미심장한 교훈이 드러났다고 생각했다.

퇴기 통고문은 종종 세입자를 쫓아내는 게 아니라 퇴거 관련 수수료를 챙기기 위해서 작성된다. 이런 수수료가 수익의 핵심 원천이기 때문에, 이 회사들은 투자자에게 자동화된 수수료와 청구 요금(수익 보고서에서 〈기타 부동산 수입〉으로 분류된다)이 수입의 추동력이라고 선전한다. 「내가 관찰한 바로는 이런 집에 살면 사람 대접을 받지 못해요.」 애런 글랜츠의 말이다. 「하나의 경제 단위로 간주되거든요.」

투자자들에게 보여 주는 마케팅 자료에서 사모펀드 기업들은 수익을 극대화하기 위해 〈월세 경쟁〉을 붙이겠다고 약속한다. 2018년 세입자 지원 단체가 펴낸 보고서에서 몇몇 세입자는 한 달에 월세가 수백 달러 급증했다고 밝혔다. 주택담보부 증권이 금융 위기를 일으킨 것과 기묘할 정도로 비슷한 방식으로 사모펀드 기업들은 임대료 수입 흐름을 담보로 하는 채권을 만들어서 팔았다. 2018년 현재, 이 시장에 나와 있는 미지불 채권이 175억 달러 규모다. 투자자들에게 수익을 안겨 주어야 하는 의무감 때문에 임대료와 수수료를 징수하고 인상하려는 집요한 괴롭힘이 생겨난다. 주택, 그리고 그 안에서 사는 사람들의 생활은 삼겹살처럼 거래 가능한 또 다른 자산에 불과하다.

불가피하게 이 시장은 통합되었다. 사모펀드계의 거물이자 트럼프 세력의 일원인 톰 버락이 만든 콜로니 아메리칸 홈스가 스타우드 웨이포인트와 합병했는데, 이 회사는 다시 블랙스톤의 인비테이션 홈스와 합병했다. 다른 거물인 아메리칸 홈스 포렌트는 2015년에 아메리칸 레지덴셜 프로퍼티를 인수했다. 사모펀드의 손에서 탄

432

생해서 상장회사로 분리된 이 두 기업이 현재 투자자가 소유한 임대주택 시장의 60퍼센트를 차지한다. 세입자 지원 활동가들은 다시 경기가 침체되면 세입자들이 어떻게 대처할지 의문을 던진다. 「세입자 입장에서는 주택 소유자들에게 닥쳤던 것과 똑같은 사태가 벌어질 겁니다.」 전국 지역사회 안정 트러스트에서 일하는 줄리아 고든의 말이다. 「심지어 어떤 사람과 이야기하고 싶어도 이제 주택 임대 안정은 노르웨이 연기금의 몫이 되었어요. 누구하고 교섭해야 하나요?」

블랙스톤은 마침내 2019년 11월에 인비테이션 홈스에 투자한 돈을 현금화했는데, 처음에 주식에 투자한 액수의 두 배 이상을 벌었다. 그리고 이 기업은 체코공화국, 덴마크, 아일랜드, 스페인, 스웨덴 등으로 임대 사업 모델을 확대했다. 미국의 경험은 다른 나라에서 경고로 받아들여야 마땅하다. 2019년, 필라델피아 연방준비은행은 투자자가 소유한 임대 주택 때문에 임대료가 올라가고 주택 소유율이 떨어진다고 비난했다. 같은 해에 적절한 주거에 관한 유엔 특별 보고관 레일라니 파르하는 블랙스톤이 임대 시장을 통합하고 〈저소득층과 점차 중산층까지 주택에서 밀어내면서〉 국제 인권법을 위반하고 있다고 공식적으로 비난했다. 이런 금융화 때문에 〈사람들이 안전하고 존엄하게 들어가 살 장소를 제공한다는 본래의 사회적 목적으로부터 주거가 단절되고 있다〉.

데이나 치섬이 월 스트리트 임대 회사들과 싸움을 벌일 무렵이면, 이 산업은 이미 5년간 성업 중이었다. 초창기 싸움 이후에 임대업체들이 문제를 해결했다고 생각하면 오산이다. 데이나의 소액 사건은

1년이 걸려서야 해결되었다. 4일에 걸친 배심원 재판 일정이 잡혔지만, 임대업체가 합의안을 제시하면서 전날 밤에 재판이 취소되었다. 「그쪽에서 비공개 합의서에 서명하라고 했지만, 나는 절대 안 된다고 했어요.」 데이나의 말이다. 「내가 원하면 언제든지 당신들을 고소할 수 있기를 바랍니다.」 2017년 6월 1년 임대 기간이 끝나자 데이나는 그 집을 떠났지만, 법적 다툼이 벌어지는 1년 동안 돈을 한 푼도 내지 않았다. 하지만 그 집은 여전히 투자자 보고서에 세입자 거주 주택으로 올라가 있었다.

데이나는 임대주택에서 나온 뒤에 떠나 버리지 않았다. 세입자를 위한 페이스북 페이지를 만들었는데, 이 지원 공간은 2019년 10월 현재 1,400명이 넘는 회원 수를 자랑했다. 회원들은 여러 끔찍한 이야기를 공유한다. 임대업체들이 세입자가 이사 나갈 때 있지도 않았던 손상을 이유로 보증금을 챙기는 일, 세입자들이 몇 달간 끈질기게 요구해서 인비테이션 홈스로부터 수리를 받은 일, 인비테이션 홈스가 수수료를 아끼기 위해 세입자들에게 요금 징수를 시키는 일 등. 데이나는 이런 이야기를 인비테이션 홈스의 최고 운영 책임자 찰스 영 같은 고위 중역들에게 직접 전달하면서 세입자들을 위해 문제 해결을 요구한다. 데이나가 처음 이야기를 접한 사람들 중 하나는 자기가 살던 집의 세입자였다. 수영장 누수, 울타리 손상, 쥐와 바퀴벌레 등등 데이나가 겪은 것과 똑같은 문제를 전해 주었다. 데이나에 따르면, 그가 인비테이션 홈스에 문제를 알렸을 때 그런 불만은 들어 본 적이 없다는 답변이 돌아왔다고 한다.

2018년 5월, 데이나의 활동은 인비테이션 홈스의 연체금 정책에 대한 집단소송 제안으로 이어졌다. 소송에 따르면, 인비테이션 홈스의 접속이 불안정한 온라인 입금 포털 때문에 집세를 1분만 늦게 내도 정액 연체료가 95달러였다. 데이나가 보여 준 한 지불 원장에는 4개월 안에 다섯 건의 연체료가 있었는데, 그중 세 건이 결국 취소되었다. 원고 측 주장으로는 또한 인비테이션 홈스는 추가 연체료를 〈늘리기〉 위해 납입금 수령 방식을 체계화하고 퇴거 통지문을 발송한다. 인비테이션 홈스는 이런 부당 행위 주장을 대체로 부인하면서 세입자들이 작성한 우호적인 평가를 지적했다.

월 스트리트의 탐욕을 호되게 물어뜯고 MIT가 블랙스톤의 슈워츠맨으로부터 받은 3억 5000만 달러의 선물을 〈노동자 가정으로부터 징발한 자금〉이라고 비난하는 사람이 또한 자신이 운영하는 인비테이션 홈스 세입자 트위터 모임에 올린 글에서 〈사소한 싸움은 그만두고 우리 국경을 지키기 위해 장벽을 세우자〉고 말하는 사실은 쉽게 이해하기 어렵다. 나는 데이나에게 이 점에 대해 답을 재촉했다. 데이나의 적인 슈워츠맨은 트럼프 대통령의 경제자문위원회를 주관하고, 대통령 취임식에 기여했으며, 대통령에게 중국 정책에 관해 조언을 한다. 「백악관에 매일 이메일을 보내요.」 데이나가 트럼프 조직의 관리들에게도 계속 전자우편을 보낸다며 말했다. 「세입자이거나 전에는 자기 집이 있었지만 지금은 셋집에 살아야 하는 트럼프 지지자들의 이야기 열 개를 모았어요. 언젠가 그중 한 명이라도 제대로 된 이야기를 보게 되겠죠.」

하지만 그럴 가능성은 없어 보인다. 트럼프 자신이 부동산 거물이다. 2017년 세법에서 사모펀드는 실제로 이자 지출의 과세 공제에 한도가 정해지면서 한 방 먹었다. 채무에 대한 세금 우대에 의존하는 그들의 사업 모델이 직접적으로 공격당한 셈이다. 하지만 빠져나갈 구멍이 있었다. 공제 한도는 부동산에는 적용되지 않는 것이다. 따라서 단독주택 임대 같은 사업은 세금 규정상 〈장려된다〉. 그리고 슈워츠맨의 블랙스톤 — 세법이 통과된 직후에 사상 최대 규모인 200억 달러의 부동산 펀드를 조성했다 — 같은 회사는 이점을 누릴 준비가 되었다. 사모펀드 기업들은 2019년 1사분기에만 부실 부동산을 매입하기 위해 80억 달러를 모았고, 자체적으로 임대 시장용 주택과 아파트를 짓기 시작했다. 이 기업들은 현재 최소한 아파트 100만 채를 소유하고 있다. 월 스트리트가 당신 집주인이 되는 게 좋다고 생각하면, 세법 때문에 이런 방향으로 더 많은 돈이 몰릴 때까지 기다리기만 하면 된다.

블랙스톤의 임대 사업은 주택을 직접 매입하는 것에서 다른 투자자들이 주택 구매를 하도록 펀드를 조성하는 쪽으로 바뀌고 있다. 어떤 부정적인 결과가 나오든 안전하게 한 발 떨어져 있는 것이다. 「하락세가 되어 시장이 내려앉을 겁니다.」 줄리아 고든의 말이다. 「블랙스톤은 상대적으로 평판이 떨어질 위험이 없는 비상장 회사들이 위기에 빠진 동네로 진출할 수 있게 해주고 있어요. 우리 나라는 이제 그런 문제에 신경 쓰지 않기로 마음먹은 것 같아요.」

블랙스톤은 또 다른 사모펀드 기업 집단들과 손을 잡고 별도의 부동산 사업에 나섰다. 트레일러 주택촌trailer park 사업에 뛰어든 것이다. 2018년 이 부문에서 거래된 6달러 가운데 1달러를 사모펀드가 제공했다. 대부분이 빈곤층인 조립식 주택 거주자들은 자기 집은 소유하지만 그 집을 지은 땅은 그들의 소유가 아니다. 사모펀드 기업들은 다른 데로 이사 갈 여력이 없는 사람들에게 부지 임대료를 인상해서 꾸준히 수익을 올릴 수 있다. 단독주택 임대 사업과 마찬가지로 패니 메이가 이 사업도 지원해 준다. 이동식 주택 부지를 매입하는 이들에게 부대 조건이 없는 대출금을 150억 달러 제공하는 것이다. 단독주택 임대 사업의 경우처럼, 이 사업도 임대료 인상과 대규모 퇴거의 물결로 이어지고 있다. 최근 몇 년간 블랙스톤, TPG, 칼라일, 아폴로, 센터브리지, 브룩필드 애셋 매니지먼트 등이 모두 이 부문에 몰려들었다. 흥미롭게도, 이 시점 전에 조립식 주택 부문은 이미 대단히 통합되어 있었다. 버크셔 해서웨이 — 다시 워런 버핏이 등장한다 — 가 소유한 회사들이 시장의 절반을 차지했던 것이다.

데이나에게 이 모든 사정을 들려주고 슈워츠맨과 트럼프의 관계를 알려 주자 그녀가 고개를 끄덕이며 입을 연다. 「여기에는 선량한 사람들이 하나도 없군요.」 데이나의 말로는 광범위한 운동만이 고통을 막을 수 있다. 「사회운동이 어떻게 만들어지고 움직이면서 발전하는지 지켜보고 있어요. 슈워츠맨한테 말하고 싶어요. 〈나는 이제 더는 통제받지 않습니다. 그들이 활동가를 길러내고 있어요.〉」 나는 보수주의자가 대기업을 해체하고 경쟁을 꽃피우게 하자고 주장한다고 해도 하나도 이상하지 않다고 대답했다. 시어도어 루스벨트는 〈독점 파괴자〉라는 별명을 얻은 최초의 대통령이라고 말하자 데이나가 미소를 지었다. 「그건 기억해 둬야겠네요. 나는 루스벨트 공화당원이에요.」

　나는 직업상 언론 보도자료를 많이 읽어야 하고, 나 자신이, 어 그러니까 언론계 종사자다. 2019년 1월에 소비자 금융 보호국(CFPB)에서 나온 보도자료는 처음 봤을 때 특별히 주목할 만한 점이 없었지만, 독점 판별 반지monopoly decoder ring를 끼고 나니 달라 보였다.

　스털링 보석은 고객에게 알리지 않고 고객의 신용카드 계좌를 개설하고 지급보장보험에 등록시킨 혐의로 소비자 금융 보호국과 뉴욕주 법무장관실에 의해 1100만 달러의 과징금을 부과받았다. 스털링은 또한 이 제품의 비용이 얼마인지에 관해서도 그릇된 정보를 제공했다. 이 사건은 사소한 금융 거래 관련 사기를 보여 주는 전형적인 사례였다. 이런 비행은 스털링 보석의 회사 이미지와 어긋난 것도 아니었다. 10년 넘도록 스털링은 수만 명의 여성 직원들과 임금과 승진 차별, 성희롱과 성폭력 문화가 만연해 있다는 주장을 놓고 기나긴 법적 싸움에서 헤어나지 못하고 있기 때문이다.

　하지만 내가 흥미를 느낀 건 바로 아래에 있는 보도자료의 이 구절 때문이다.

　스털링은 오하이오주 애크런에 본사가 있으며, 미국 전역에서 사업을 진행 중이다. 스털링은 케이 보석, 재러드 더 갤러리아 보석, JB 로빈슨 보석, 마크앤모건 보석, 벨든 보석, 굿맨 보석, 르로이 보석, 오스터맨 보석, 로저스 보석, 쇼 보석, 와이스필드 보석 등 여러 이름으로 1,500곳이 넘는 귀금속 매장을 운영하고 있다.

귓가에 아른거리는 아주 유명한 브랜드 몇 개(「모든 키스는 케이로 시작되죠」, 「그이가 재러드에 갔어요」)를 포함해서 11개 귀금속 매장이 알고 보면 모두 스털링 계열이다. 하지만 소비자 금융 보호국의 폭탄 투하는 끝난 게 아니었다. 결국 드러난 것처럼, 스털링 보석 자체가 더 큰 대기업의 일부였다.

스털링은 미국, 캐나다, 영국에서 가장 큰 규모의 고급 귀금속 소매업 체인 시그넷 보석이 100퍼센트 소유한 자회사다.

각주 하나에 참 많은 역사가 담겨 있다! 이 부분을 보면서 나는 토끼굴로 미끄러져 들어갔다.

무엇보다도 소비자 금융 보호국은 미국에 있는 시그넷의 매장 목록 전체를 보여 주지 않고 스털링 보석과 관련된 매장만을 나열했다. 스털링 자체가 러시아 전통 인형처럼 더 큰 시그넷 인형 속에 숨어 있는 작은 인형인데 말이다. 시그넷은 1987년에 스털링 계열 매장을 매입했다. 나중에 시그넷은 영국 기업인 어니스트 존스와 H. 사무엘을 집어삼켰고, 2014년에는 제일Zale을 사들였는데, 여기에는 제일스, 피플스, 피어싱 파고다 등이 모두 포함된다.

소비자 금융 보호국은 스털링과 특별히 관계가 있는 1,500개 매장을 언급했지만 시그넷의 2019년 연례 보고서에 따르면, 이 브랜드는 3개국에서 3,334개 매장을 운영한다. 전국 소매업 연맹이 2017년에 발표한 수치에 따르면, 홈디포, 타깃, 로우* 매장보다 거의 두 배 많은 숫자다. 소닉

* Lowe's. 철물점으로 시작해 주택 수리용품과 가전제품, 가정용품 전반을 판매

레스토랑이나 엑손모빌 주유소 숫자와 비슷하다. 그리하여 시그넷은 연간 총 판매액이 62억 5000만 달러에 달하는, 미국과 세계에서 최대 규모의 귀금속 판매업체다. 이 액수에는 2017년 시그넷이 매입한 온라인 소매업체 제임스 앨런의 3억 2800만 달러가 포함되지 않았다.

그렇다면 시그넷은 독점 기업인가? 사실은 그렇지 않다. 귀금속은 여전히 대체로 개인 사업이다. 노동부 통계에 따르면, 미국의 오프라인 귀금속 매장의 14퍼센트 정도가 시그넷과 관련이 있고, 수입으로 보면, 시그넷은 시장 점유율이 7퍼센트에 가깝다고 주장한다. 산업 정보 조사기관인 아이비스월드는 시그넷의 시장 점유율을 15.3퍼센트로 평가한다. (다른 3대 기업은 어디일까? 지금은 루이비통과 디올, 불가리를 아우르는 대기업의 일부인 티파니, 카르티에와 반클리프아펠 같은 브랜드를 소유한 리치몬트 그룹, 그리고 미국 전역에 3개 브랜드로 귀금속 매장 300개를 보유한 워런 버핏의 버크셔 해서웨이이다.)

하지만 중요한 점은 매장 전면을 화려하게 장식하는 이 모든 전국적 유명 브랜드(나는 어릴 적에 쇼핑몰에서 이 매장들 사이를 걸은 기억이 있다)가 지금은 다 같은 회사의 일부라는 사실이다. 이 브랜드들은 사람들에게 선택의 자유를 누린다는 환상을 심어 준다. 한때는 각 보석 상점마다 독특한 역사가 있었다. 해리엇 사무엘(H. 사무엘)은 1862년 잉글랜드 맨체스터에서 가게를 열었고, 케이는 1916년 펜실베이니아주 레딩의 한 백화점에서 출발했으며, 제일스는 1924년 텍사스주 위치토폴스에서 생겨났고, 헨리 쇼는 1910년 오하이오주 애크런 근처에서 르로이 보석(왜 헨리 보석이 아니었을까?)을 창립했다. 하지만 차입 매수, 인수, 기업하는 소매점.

연합, 제휴 등을 통해 이 모든 역사와 지역적 차이, 개인적 특징이 모두 사라졌고, 결국 우리 앞에 놓인 것은 시그넷이라는 대기업의 차가운 시선 뿐이다.

11
교도소

독점 기업 때문에 어느 가족은
지난 2년간 사랑하는 사람의 정수리만 볼 수 있었다

그날 노스캐롤라이나주 샬럿에는 억수같이 비가 쏟아지고 있었고, 제니퍼 해밀턴은 약속에 늦었다. 근처에 하나 남은 주차 자리에는 앞에 〈직원 전용〉이라는 표시가 있었다. 제니퍼는 잠시 그 자리에 차를 대고 안으로 뛰어 들어가면서 비도 퍼붓고 하는데 잠깐 차를 세워 봐도 되느냐고 물었다.

무뚝뚝한 답이 돌아왔다. 「안 됩니다. 길 건너편에 주차하세요.」

제니퍼가 흠뻑 젖어 뚱한 채로 돌아왔을 때는 약속 시간에 5분 정도 늦은 상태였다. 카운티 보안관이 있는 행정 서비스 건물은 이름에 함축된 것처럼 그저 일반적인 건물 같았다. 금속 칸막이로 방이 분리돼 있었는데, 플라스틱 스크린이 붙은 네모난 금속 칸막이 앞에는 불편해 보이는 의자가 있었다. 「이 스크린을 봤더니 조그마하더군요.」 제니퍼가 말했다. 「광고에 나오는 사진에서 보여 주는 걸로는 화면도 크고 아주 선명하게 나오던데요.」

제니퍼는 아이 아버지인 파트너 제레미와 화상 대화를 하려고 자리에 앉았다. 제레미는 길 건너편 메클런버그 카운티 구치소에 있는 독방에서 연결할 참이었다. 직접 제레미를 찾아가는 대신, 그의 눈을 들여다보고, 얼굴 표정을 읽고, 그의 손을 만지는 대신, 둘은 오로지 이 작은 금속 칸막이를 통해 연결될 수 있었다. 집에서 전화를 거는 영상 통화는 분당 50센트였지만, 면회는 비용이 들지 않았다. 하지만 제니퍼는 비용 때문에 행정 서비스 건물에 온 게 아니었다. 거기 간 건 동영상이 실제로 작동하기를 바랐기 때문이었다. 어쨌든 제레미는 불과 몇 걸음 거리에 있었고, 이 건물은 화상 대화에 최적화된 곳이었으니까.

그건 중요하지 않았다. 번호를 누르면 바로 연결이 되는 전화 통화와 달리, 수감자 가족은 미리 잡힌 시간이 되어야 화상 면회가 시작된다 — 그리고 대부분의 경우에 요금이 부과되기 시작한다. 제니퍼는 5분을 까먹은 셈이었다. 연결이 되자 제레미가 입을 움직이고 몇 초 후에야 그의 말이 들렸다. 비디오폰은 독방 한가운데 벽에 고정돼 있어서 다른 수감자들이 내는 소음과 감방 문이 쾅 하고 닫히는 소리를 뚫고 겨우 목소리를 들을 수 있었다. 그리고 화면이 자꾸 멈추고 끊기고 흐릿해졌다. 유튜브가 등장하기 전 시절 다이얼 방식 모뎀으로 계속 끊기는 동영상을 보는 것 같았다. 「그 사람들이 화상 대화를 위해 만들어 놓은 길 건너편 이 장소는 전혀 좋지가 않았어요.」

글로벌텔*링크(GTL)라는 회사가 메클런버그 카운티와 계약을 맺고 카운티 구치소의 화상 면회를 운영 중이다. 화상 면회는 전국적으로 유행하는 추세다. GTL의 운영 기술은 끔찍한 수준인데 그래도 교도소 통신과 송금을 도맡아 하는 양대 회사로 성장하고 있다(나머지 하나는 시큐러스다). 둘이 합쳐서 미국 수감 시설 80퍼센트에 전화와 영상을 공급한다. 형편없는 품질 때문에 독점이 심화된다고 말할 수 있다. 실제로 좋은 서비스를 제공하는 데 돈을 낭비하지 않고, 그 대신 추가 계약을 위한 로비에 돈을 쓰는 게 훨씬 수익성이 좋기 때문이다.

우리 시대 대기업 권력이 계속되면 어떤 논리적 종착점에 다다를지 알고 싶다면, 교정 시설을 찾아가 보면 된다. 교도소와 구치소에는 말 그대로 잡혀 온 사람들이 있는데, 수감자들은 음식, 은행, 의료, 전화 회사, 인터넷 서비스 등 어느 것에도 선택권이 없다. 그리고 그 결과로 생기는 것은 끔찍한 품질, 만연한 착취, 끝없는 부패, 충분히 피할 수 있는 죽음, 그리고 이 모든 상황에 대한 투명성 부족이다. 전화와 영상 통화의 경우에 수감자들을 두 번 가두는 효과를 발휘한다. 일단 감방에 가두고, 가족들이 유료 통화 교환원에게 돈을 내지 않으면 다시 한번 외부 세계와의 접촉이 차단당하는 것이다. 「그 사람들은 〈고립〉이라는 말을 정말 즐겨 쓰죠.」교도소 정의 활동을 벌이는 비영리 단체 워스 라이즈Worth Rises에서 일하는 비앙카 타일렉의 말이다. 「사람들한테 이런 말을 들었어요. 〈애들을 2년째 못 보고 있답니다.〉」

이렇게 되면 경직된 수감 생활에서 유일한 탈출구가 사라질 수 있다. 결국 고독감과 소외감이 생겨난다. 그리고 범죄 성향이 더욱 굳어져서 수감 체계를 통해 이론상 장려하고자 하는 사회 복귀 기능 자체가 아무 효과를 내지 못한다. 물론 이런 결과는 교도소 독점 기업들에게는 쌍수를 들어 환영할 일이다. 수감자가 출소했다가 다시 교도소로 돌아오면 잠재적 수입이 늘어나는 셈이기 때문이다. 우리는 인간을 가두는 일을 영리형 사업으로 바꾸고 있기 때문에 이 사업이 인간을 계속 가둬 두는 경향이 있다고 해서 놀라서는 안 된다. 이 기구의 먹잇감이 되는 가족은 유색인이 압도적으로 많고, 미국에서 가장 가난하고 취약한 계층이다.

하지만 우리 모두 조심해야 한다. 어쩌면 당신은 범죄를 저지르는 사람들은 처벌을 받아 마땅하고 교도소가 컨트리클럽 같아서는 안 된다고 생각할지 모른다. 아마 당신은 교도소 음식이 형편없고 전화요금이 비싸도 아무 상관이 없을 것이다. 하지만 수감자와 그 가족들이 이런 푸대접과 절망을 겪는 이유는 독점과 많은 관계가 있다. 선택권이 없으면 학대와 절망이 악순환할 가능성이 생겨난다. 그리고 우리는 점점 독점화되는 세계에 살고 있기 때문에 교도소의 환경은 언젠가, 어쩌면 조만간 우리의 생활이 어떤 모습이 될지를 알려 주는 조기 경보 신호일 수 있다.

미국 최초의 주립 교도소가 민간 시설이기는 했지만, 예전에는 공무원들이 교도소를 운영했다. 1790년 펜실베이니아주 필라델피아에서 퀘이커 교파가 월넛 스트리트 교도소라는 이름의 시 감옥을 인수해서 수감 시설을 수감자들을 갱생시키는 수단으로 재창조했다. 이유는 잘 모르겠지만, 그들은 최선의 갱생 방법은 각자 독방에 가두어 거의 완전히 홀로 가둬 두는 것이라고 생각했다. 정신을 집중시키고 회개하는 사람이 바깥세상으로 복귀하도록 준비할 수 있게 고독이 강요되었다(〈교도소penitentiary〉라는 단어는 후회를 뜻하는 라틴어에서 유래한 것이다). 그런데 독방 감금이 사람을 미치게 만들기 때문에 이 방식은 효과를 보지 못했고, 죄수들이 유입되자 월넛 스트리트는 퀘이커 교도들이 개혁하고자 했던 더럽고 과밀한 시설과 똑같은 곳으로 바뀌었다. 지금은 도서관으로 변신했다.

　뉴욕주 오번의 작은 수감 시설은 〈펜실베이니아식〉 형사 사법 시스템과 정반대로 교도소를 일종의 노동수용소로 구상했다. 수감자들은 1주일에 6일 10시간 교대로 일했다. 관리들은 그런 노동을 통해 자존감과 규율을 익히게 된다고 믿었다. 오번 시스템이 성공을 거둔 주된 이유는 민간 기업이 이를 저렴한 노동력을 채용할 기회로 여겼기 때문이다.

　그리하여 남부에서는 이른바 죄수 임대가 생겨났다. 여러 주가 수감자를 탄광이나 철도 건설 현장에 임대한 것이다. 수정헌법 제13조에서 〈정식으로 기소되어 판결로 확정된 범죄에 대한 형벌〉로 비자발적 노역을 허용한 덕분에 기업들은 아무 문제없이 수감자들을 노예로 삼으면서 위험천만한 업무를 맡겼다. 죄수 임대는 1898년 앨라배마주 수입의 4분의 3 가까이를 차지했다. 물론 수감자들은 아무 대가도 받지 못했고, 죄수 임대의 처참한 환경과 사회적 소요, 주기적 반란 때문에 주들은 결국 이 사업을 단계적으로 줄여 나갔다.

　〈단계적으로 줄여 나갔다〉라고 말해야 한다. 오늘날 수감자들은 여전히 교도소 주방, 세탁실, 창고, 금속 가공 작업장 등에서 일할 뿐만 아니라 홀푸드의 농장 노동자로, 소방대원과 고객 서비스 담당자로, 마이크로소프트 제품 포장 전문가와 빅토리아 시크릿 속옷 제작공으로도 일한다. 시간당 고작 2센트를 받고 지루한 작업을 한다. 심지어 법무부 차원의 유니코어라는 연방 재소자 프로그램도 있어서 최저 가격에 2만 명에 달하는 죄수 노동력을 빌려 준다고 고객 기업들에게 선전한다. 그러면서 〈국내 노동력 활용의 이점〉이라고 내세운다. 이런 선전에는 호소력이 있어 보인다. 국내 노동력 전체를 교도소에 가두기만 하면 어쨌든 일자리를 미국으로 다시 들여올 수 있는 것이다.

하지만 몇몇 대기업은 수감된 노예를 빌리는 것이 직접 수감자와 그 가족들을 영리용으로 활용하는 것보다 수익성이 떨어진다는 것을 깨달았다. 특히 수감자 수가 40년 만에 다섯 배 늘어나서 220만 명이 넘어서자 입장이 달라졌다. 범죄에 강경한 판결을 내리는 법률을 부담으로 떠안으면서 필사적인 상황에 처한 정부 관리들은 폭발적으로 증가하는 수감자들을 수용하고 의복과 식사를 제공하는 일에 도움을 받아야 했다.

민간 기업들은 이미 형사 사법 시스템을 비집고 들어와서 보안 수준이 낮은 시설의 계약을 따낸 상태였다. 레이건 행정부는 대통령 직속 민영화 위원회에서 내놓은 1988년 보고서를 통해 기업들에 교도소 운영까지 요청했다. 교도소 운영을 외주로 돌리면 〈운영을 개선하고 효율을 높일 수 있다〉고 보고서는 말했고, 헤리티지 재단 같은 보수적 기관들도 그런 정서를 되풀이하면서 정부가 운영할 때 수감자당 하루에 40달러가 소요되는 반면, 민간 기업은 25달러 이하의 비용으로 교도소를 운영할 수 있다고 주장했다.

448

10년 안에 27개 주에서 민영 교도소가 만들어지면서 10억 달러 규모의 사업이 되었다. 그리고 제2의 도금 시대를 구가하는 미국에서 대규모로 운영되는 것은 무엇이든 독점으로 나아간다는 사실을 보여 주는 또 다른 증거로서, 1997년에 이르면 코렉션 코퍼레이션 오브 아메리카(CCA)와 와켄헛 코렉션 코퍼레이션 두 회사가 미국 전체 민영 교도소의 75퍼센트를 운영했다. 두 회사는 자신들의 활약에 자부심이 대단했던지 결국 이름을 바꾸었다. CCA는 코어시빅으로, 와켄헛은 GEO 그룹으로 변신했다.

알렉스 프리드맨은 1990년대에 수감됐을 때 처음 민영 교도소에 관해 알게 되었다. 「민영 교도소로 갈 사람을 뽑았는데, 식당에서 청량음료를 공짜로 준다는 소문이 돌아서 큰 인기였어요. 교도소에 있으면 사소한 것에도 큰 차이를 느끼거든요.」 그는 무장 강도와 살인 미수로 10년을 복역하면서 거의 법률 전문가이자 작가가 되었고, 출소하고 20년이 지난 지금은 형사 사법에 관한 월간지 『프리즌 리걸 뉴스』를 운영한다. 「거기 가보니 진짜로 식당에 음료수 자판기가 있더군요. 그런데 청량음료가 뭔지 알아요? 몸에 좋은 다른 음료보다 싼 설탕물이죠. 사이다 종류는 많았는데 우유는 별로 없고 주스는 아예 없었지요.」

프리드맨이 새로 옮겨간 곳은 테네시주 웨인 카운티에서 CCA가 운영하는 사우스 센트럴 교도소였는데, 싸구려 생활용품 개념을 교도소 전체에 퍼뜨렸다. 수감자들은 담요 두 장이 아니라 한 장씩 받았다. 무제한 화장지 대신에 배급제가 시행되었다. 적당한 난방은 커녕 감방 창문에 성에가 끼었다 — 밖이 아니라 안쪽에. 원래 식당에 교도관 네 명이 있었는데, 이제는 두 명이 서 있었다. 민영 교도소가 운영비를 낮추면서도 일정한 수익을 뽑아내는 비결이 여기에 있다. 모든 것을 삭감하면서 교도소 내부의 삶을 끔찍하고 위험하게 만드는 것이다.

민영 교도소 교도관의 임금은 공영 시설 교도관에 비해 한참 낮은 수준이다. 『마더 존스』 기자 셰인 바우어가 루이지애나에 있는 CCA 교도소에 4개월간 잠입했을 때 시급이 9달러밖에 되지 않았다. 급여 수준이 이렇게 낮기 때문에 경험 없는 직원이 모여들고, 이직률이 높아지며, 트럭으로 암거래 물품을 반입하면서 돈을 받는 등 부패 가능성이 커진다. 훈련이 줄어들고 장비가 부족한데다가 교도관도 줄어서(바우어가 일한 시설은 수감자 176명당 교도관 한 명이었다) 이런 문제들은 더욱 커진다. 2012년, 아이다호주의 회계 감사 결과 밝혀진 바에 따르면, 보이시의 CCA 교도소에서 일하는 교도관들은 빈 최루가스 스프레이를 지급받으면서 소동이 일어날 경우에 〈분사하는 시늉만 하라〉는 말을 들었다. 시설 관리도 교도관 대우와 별반 다를 게 없었다. 여러 보고서에 벽이 곰팡이로 뒤덮이고, 문과 자물쇠가 부서지고, 어떤 곳에서는 변기 물이 내려가지 않는다는 내용이 나온다. 열악한 시설 때문에 분노가 쌓이는데 가뜩이나 적은 인원으로 제대로 대처하기 힘들다. 흔한 방법은 그냥 수감자들을 독방에 집어넣는 것이다. 2014년 미국 시민자유연맹(ACLU)이 수감자 수백 명과 인터뷰해서 작성한 보고서는 이런 관행을 자세히 기록했다. 새 신발을 지급해 달라고 요구해도 독방에 갇힐 수 있었다.

공영 교도소 또한 훌륭한 본보기는 아니다. 앨라배마 교도소에 관한 법무부의 한 보고서는 헌법상 권리가 〈심각하게 무시된다〉고 지적했다. 하지만 민영 교도소는 이런 참혹한 현실을 대기업 중역들, 배당금을 열망하는 주주, 수백만 달러 상당의 〈정부 간 서비스 협약〉이라고 알려진 사례금을 챙기는 도시들을 위한 이윤으로 뒤바꾼다. 게다가 민영화의 유용한 특징 때문에 우리는 민영 교도소에 관해 마땅히 알아야 할 내용을 제대로 알지 못한다. 민영 교도소는 공공 기록 요건에 따른 정보 공개에 맞서 손쉽게 싸울 수 있다.

GEO 그룹과 코어시빅은 법무부가 민간 기업이 연방 교도소 시설을 사용하는 것을 중단하는 데 동의한 뒤로 오바마 행정부 말기에 잠시 주춤거렸다. 두 기업은 도널드 트럼프에 내기 돈을 걸어서 결국 승리했다. GEO의 한 자회사는 트럼프를 지지하는 대형 정치 활동위원회(PAC, 정치 자금 기부 단체)에 22만 5,000달러를 제공했는데, 이는 연방 정부 도급업체가 정치 기부금을 내는 것을 금지하는 법률을 위반하는 행위였다. 트럼프가 승리한 뒤, 코어시빅은 트럼프 취임식 기금에 25만 달러를 후원했다. GEO 그룹은 제프 세션스 상원의원의 전 참모인 데이비드 스튜어트와 라이언 로비쇼 둘을 로비 담당자로 영입했다. 법무장관을 맡은 세션스는 오바마 시대의 지침을 철회했다.

하지만 민영 교도소는 주와 연방 재소자의 8.5퍼센트 정도만을 수용한다. 코어시빅과 GEO가 활동가들이 제기하는 비난을 대부분 받지만, 독점 서비스 공급업체들이 교도소에서 훨씬 더 큰 위협이 된다.

「교도소들은 대부분 독점 계약을 맺습니다.」 내시빌의 와플하우스 레스토랑에서 만나 아침을 먹는 자리에서 알렉스 프리드맨이 말했다. 그는 코어시빅이 탄생한 주인 테네시를 좋은 예로 들었다. 「센추리언에서 치료를 받고, 정신 치료는 코라이즌에서, 구내식당은 아라마크에서, 송금은 J페이에서, 전화는 GTL에서 받죠.」 형사 사법 시스템의 생활 주기 전체가 이윤을 챙기는 기회가 되었다. 체포되자마자 이 과정이 시작된다.

미국의 보석금 중간값은 1만 달러 정도로 평균적인 피고인의 8개월 소득에 해당한다. 대부분은 상업적인 보석금 보증 대행사에 비용을 지불해서 보증채권을 발행받고 재판 출석 보장을 받는다. 보석금 대행사는 엄청난 권력을 활용해서 재판 전 감독이나 감시 비용을 청구하는 식으로 피고인에게 돈을 받아 낸다. 만약 피고인이 제때에 비용을 지불하지 못하거나 석방 조건을 위반하면, 대행사는 심지어 다시 구치소에 들어가게 할 수도 있다. 이렇게 위반 사항이 생기면 보석금이 더 올라가서 보석금 대행사의 수입이 늘어난다. 이 시스템은 부당 가격 청구를 부추긴다. 보석금 회사들은 언뜻 보면 개인 사업자 같지만, 9개 보험사가 미국의 보석금 보증채권 140억 달러의 대부분을 인수한다. 보험사들은 절대 손실을 보는 법이 없도록 사업 구조를 만들어 놓았다. 보석금이 몰수되는 경우에 보석금 대행사가 피해를 보고, 대행사는 다시 피고인에게 손실을 떠넘긴다. 대형 보험사로서는 순전히 남는 장사다.

미국 최대의 재소자 운송업체인 수감자 이송 서비스(PTS)는 기결수를 구금 시설로 실어 나르거나, 교도소 이감을 시키거나, 외부 근로 시 출퇴근을 담당한다. 거리에 따라 수감자당 비용을 받는데, 경험이 많지 않은 저임금 운전사들이 자비로 숙박비를 부담하기 때문에 휴식 없이 밤낮으로 달리고 정원을 빼곡하게 채운다. 교통사고, 성폭력, 차내 배변, 부주의로 인한 사망(고속도로 주행 중에 재소자가 질병 치료를 받지 못해 사망하는 경우가 있다) 등이 보고된 바 있다.

일단 교도소에 수감되면 재소자는 더러운 비밀을 알게 된다. 공영이든 민영이든 교정 시설은 사실상 모든 업무를 각기 다른 독점 업체에 재하청을 준다. 2019년 워스 라이즈에서 펴낸 보고서에 따르면, 연간 수감 시설에 지출되는 800억 달러 가운데 절반 이상이 민간 판매업체의 수중으로 들어간다. 사모펀드 산업이 이 공간에 커다란 그림자를 드리운다. 워스 라이즈의 비앙카 타일렉은 이렇게 말했다. 「그들은 기업들이 공공사업을 내켜 하지 않는 영역에서 활동할 수 있습니다.」

교도소 독점의 〈막후 인물〉로 알려진 HIG 캐피탈을 보라. 이 기업은 트랜스포머 방식으로 교도소 세계에서 가장 규모가 큰 식품·매점 기업인 키프 그룹을 만들었다. HIG는 트리니티 서비스 그룹을 사들여서 스완슨 서비스 코퍼레이션 인수를 통해 성장시킨 뒤 다시 〈트리니티를〉 키프와 합병했다. 식료품, 의류, 데오도란트나 샴푸 같은 생활용품을 판매하는 교도소 매점 전체 수입의 절반 이상이 키프를 거쳐 간다. 물품 가격은 바깥 세계와 많이 다르다. 「커뙤 한 봉지에 10에서 11달러 정도예요.」 파트너가 버지니아와 플로리다의 연방 교도소에서 수감 생활을 한 제니퍼 해밀턴의 말이다.

매점 수입은 종종 구내식당을 운영하는 회사에 의존한다. 대개 같은 회사가 식당과 매점을 운영하는데, 계약업체 입장에서는 이런 방식이 수익이 좋다. 「식사가 형편없으면 사람들이 매점에 가거든요.」 비앙카 타일렉의 설명이다. 「식사가 잘 나오면 그 질을 떨어뜨려서 사람들이 매점을 찾아가게 만들 수 있어요. 식사의 질이 나빠도 상관없어요. 어차피 정해진 비용을 받는 거니까.」

아라마크는 가장 규모가 큰 교도소 구내식당 운영업체로 하루에 100만 명분이 넘는 음식을 만든다. 교도소 이외에도 병원, 대학, 경기장, 문화 행사 등에서 대규모 구내식당을 운영하지만, 교도소 안에서는 양질의 식사를 우선 과제로 삼지 않는다. 2013년 미시건에서 아라마크는 주립 교도소 구내식당을 인수하면서 비용을 절감하겠다고 공언했다. 회사는 주방에 상한 식재료를 쌓아놓고 구더기가 들끓는 장비를 사용했다. 노동자들은 끊임없이 식재료를 질 낮은 것으로 바꿨다. 땅콩버터로 햄버거를 만드는 식이었다. 미시건주 세인트루이스에서 노동자들은 쥐가 조금 파먹은 케이크에 설탕으로 겉을 입혀서 재소자들에게 제공했다. 새기노에서는 배급할 음식이 모자라자 쓰레기통에 버렸던 고기를 재가열해서 제공했다.

미시건주 교정부는 2014년 7개월 동안 아라마크가 식품 품질 및 위생과 관련된 위반 사항이 2,945건이라고 지적했다. 당시에 아라마크는 밀수품 운반원 같이 행동했다면서 부정행위를 이유로 직원 74명을 미시건 교도소에서 퇴출시켰는데, 급여를 절반으로 줄인 것

454

이 아마 그런 행동의 원인이 됐을 것이다. 수감자들도 주방에서 일했기 때문에 아라마크는 공짜 노동으로 수익을 올렸다. 재소자들은 연좌 농성을 비롯한 소요 행위로 구내식당의 상태에 항의했다. 결국 미시건주는 아라마크와의 계약을 2년 만에 종료하고 트리니티 서비스 그룹에 계약을 넘겼는데, …… 트리니티는 사모펀드 기업 HIG 캐피탈의 한 부문이었다. 그리고 트리니티가 구내식당 운영 비용을 더 많이 청구하자 결국 미시건주는 민영화와 관련된 시간 낭비를 끝내 버렸다.

　뉴욕주에서 아라마크는 구내식당, 매점, 그리고 수감자에게 주어지는 음식의 세 번째 원천인 영치품 사업을 운영한다. 사랑하는 사람이 어머니가 만든 바나나빵이나 기타 개인적 영치품을 보낼 수 있었던 시절은 이제 끝이 났다. 아라마크는 뉴욕주로 하여금 외부 영치품 일체를 금지하게 하면서 아라마크의 아이케어 같이 승인받은 판매업체 목록에서 고르도록 요구했다. 다른 영치품 판매업체들로는 유니언 서플라이 그룹, 키프 그룹의 액세스 시큐어팩 등이 있다. 개인별 필요와 취향을 무시하고 영치품을 표준화한 것은 교도소에서 으레 그렇듯이 안전 조치로 선전되었다. 하지만 바가지 가격은 쏠쏠한 부수적 이득이다. 고가공 식품(모든 식품 포장은 쉽게 변경할 수 없어야 하기 때문에 신선 식품은 전혀 포함될 수 없다)을 비롯해서 선택 가능한 모든 물품의 가격이 대폭 인상되었다. 아마존에서 2.79달러에 살 수 있는 오트밀 한 상자가 7달러가 넘기도 한다. 배송료와 수수료가 제멋대로 덧붙여진다. 「29.99달러짜리 스페셜 라면을 주문하면 배송 수수료가 더해져서 36달러 넘게 내야 해요.」 세니퍼 해밀턴의 말이다. 「물품이 비쌀수록 배송 수수료도 올라가죠. 거의 사기예요. 바가지를 씌우는 거죠.」

수감자가 매점이나 다른 서비스를 이용하려면 돈이 필요한데, 일해서 버는 돈은 거의 없다. 전자 송금 시장을 주도하는 J페이는 미국 전체 재소자의 약 70퍼센트가 이용한다. 제니퍼의 경우에 버지니아로 200달러를 송금하는 데 수수료가 13달러 들었다. J페이의 수수료 일람표를 자세히 보면, 20달러를 송금하는 데도 5.95달러의 수수료가 발생할 수 있다. 어떤 수감자가 잔금이 남은 계좌를 가지고 형기를 마치면, J페이 출소자 카드를 받는데, 카드를 사용하지 않더라도 1주일에 2.50달러의 〈계좌 유지 수수료〉 같은 각종 요금이 부과된다. 출소자 카드를 발행하는 또 다른 대기업은 어디일까? JP모건 체이스다.

의료는 특히 교도소에서 수익성이 좋다. 재소자들은 치료를 받는 경우에 현장 지불 본인 부담금을 내야 하는데, 종종 감당하기 힘든 액수가 나온다. 2011년 합병으로 탄생해서 사모펀드 기업 블루마운틴 캐피탈이 소유한 코라이즌헬스는 현재 17개 주 220개 교정 시설에서 의료 서비스를 제공하지만, 직원 수 부족, 장비 고장, 수준 이하의 치료 등을 이유로 수천 건의 소송이 진행되고 계약이 취소되는 와중에 그 수가 줄어들고 있다. 이런 문제가 워낙 심각한 나머지 아이다호의 한 특별 감독관은 2012년에 이런 부실 의료가 비인간적이고 이례적인 처벌에 해당한다고 판단했다. 애리조나에서는 한 재소자가 온몸에 난 상처에 〈파리가 들끓는다〉면서 도와 달라고 소리를 지르다가 사망했다. 조지아에서는 한 재소자가 안약을 제때

456

받지 못해서 결국 실명했다. 앨라배마 공영 교도소에서 벌어지는 야만적 처우는 대부분 코라이즌의 불합리한 의료가 낳은 결과다. 어느 교도소에서는 재소자가 1,600명인데 의사는 한 명뿐이었다.

교도소 의료 산업이 독과점 상태임을 감안하면, 코라이즌과 계약을 취소한다고 해도 큰 의미는 없다. 뉴멕시코는 2016년에 코라이즌을 탈락시키고 주요한 경쟁자인 센추리언으로 갈아탔다. 「사람들이 죽어 나간다고 마음에 안 드는 코라이즌 대신에 센추리언을 들여오는데, 이 회사도 과거 전력이 끔찍해요.」『프리즌 리걸 뉴스』의 알렉스 프리드맨이 말했다. 「사업 모델이 똑같으니까요. 교도소에 의료를 제공해서 돈을 벌고 싶으면, 그만큼 많은 의료를 제공하면 안 되죠.」신흥 강자 대기업인 웰패스는 HIG 캐피탈이 만들어 낸 또 다른 기업으로, 코렉트 케어 솔루션과 코렉셔널 메디컬 그룹 컴퍼니를 합병한 결과물이다. 예상 가능한 얘기지만, 웰패스 또한 여러 건의 소송을 당한 바 있다(다수가 기각되긴 했지만 2003년 이래 최소한 1,395건이다). 의료 담당자들이 꾀병이라고 치료를 거부하면서 죽어 가는 환자를 방치한 사건, 임신한 재소자에게 진정제를 준 사건, 플로리다의 한 여성에게 감방에서 혼자 출산하게 강요한 사건 등이 있다. 우리는 분명 이런 부실 의료가 정확히 어느 정도인지 알지 못한다. 하청업체들은 기록 공개 요청에서 훨씬 더 차단되어 있다.

각 주들이 단지 비용을 절감하기 위해 약탈적 금융 기업들에게 교도소를 내주는 것은 아니다. 주 정부도 한몫 노리는 게 있다. 거의 모든 하청업체들이 교도소에 수수료를 돌려주는데, 어떤 경우에는 총 수입에서 대단히 높은 비율이 된다. 하청업체들은 수익을 벌기 위해 터무니없는 가격을 부과해야 하는데, 그 비용을 대부분 부담하는 재소자 가족들은 유감스럽게도 그런 재정적 압박을 견딜 만한 처지가 아니다. 2015년 교도소 정책 이니셔티브(PPI)가 내놓은 보고서에 따르면, 수감되기 전 재소자의 평균 소득은 1만 9,000달러 정도다. 그 사람이 가족의 수입원에서 빠져 나가면 대체로 가족의 경제적 부담이 더욱 가중된다.

우리의 오랜 친구들인 코어시빅과 GEO 그룹이 인정한 것처럼, 재소자들이 교도소 바깥으로 나가도 수익 챙기기는 계속된다. 두 독점 기업은 중간 거주 시설1, 보호관찰, 사회 복귀 지원 서비스, 약물 치료 시설 같은 〈지역 사회 교정〉으로 부문을 확장하면서 인수를 통해 사업 규모를 키우고 있다. 가령 GEO 그룹은 전자 감시와 가택 연금 관련 제품의 최대 공급업체인 BI 인코퍼레이티드를 사들였다. 대개 출소자가 이런 감시 비용을 직접 지불한다. 수감자 수를 줄이기 위해 입법부에서 〈스마트 범죄 예방smart on crime〉 정책을 내놓는 가운데 똑같은 회사들이 〈치료-산업 복합체〉를 만드는 방향으로 움직이면서 투옥과 투옥의 대안 양자 모두로부터 수익을 거둬들였다. 『프리즌 리걸 뉴스』의 알렉스 프리드맨은 이렇게 말했다. 「산업 전체가 그런 방향으로 움직이고 있습니다.」

미등록 이주 노동자를 둘러싼 교착 상태와 강력한 국경 보안을

---

1 halfway house. 모범 재소자나 출소가 얼마 남지 않은 재소자들이 사회 복귀를 준비하는 시설. 교도소 외부에서 24시간 생활하는 유형도 있고, 낮에는 외부의 직장에서 일하고 밤에는 교도소에서 생활하는 유형도 있다.

증명하기 위한 정치적 군비 경쟁이 벌어지고 있는 가운데 독점 기업들 입장에서 진짜 성장 영역인 이민자 구금 시설의 경우에는 이 모든 상황이 증폭된다. 워스 라이즈의 연구에 따르면, 감옥의 경우에는 8퍼센트만이 민간에서 운영하는 반면, 이민 세관 단속국(ICE)의 구금 시설의 경우에는 그 비율이 72퍼센트로 치솟는다. 세 민간 기업이 또한 연방 범죄 유죄 판결을 받은 비시민권자를 수용하는 이민자 전용 교도소를 운영하며(이 시설은 특히 환자들에게 치명적이라고 비판받고 있다), 2차 세계 대전 당시의 일본인 수용소와 비교되는 텍사스 남부의 대규모 이민자 가족 구금 시설도 운영한다. GEO 그룹은 또한 이민자 전자 감시 계약을 맺고 있다.

이민자 보호소는 거의 모두가 민간 운영 시설인데, 사우스웨스트키 같은 기업들이 폐점한 월마트나 빈 사무용 건물에서 운영한다. 그리고 식사, 의료, 수송 등도 교도소에서 이런 서비스를 운영하는 바로 그 기업들이 도맡는다. 한 민간 기업은 〈ICE 에어〉라는 브랜드를 내걸고 강제 송환 비행편을 독점하고 있다. 국경 수용소, 천막촌 도시, 샤워 시설이나 담요 한 장 없는 인간 우리human cage, 득실거리는 이에 시달리는 어린이들, 강제 투약, 입에 넣기 힘들 정도로 형편없는 식사, 걸핏하면 독방에 감금하는 정책, 성폭력과 아동 사망이 난무하는 환경 등 이 모든 것이 말쑥한 정장 차림의 사람들에게는 수익의 원천이 된다. 미국에서 우리 대신 더러운 일을 하는 사람들이다. 이런 독점 기업들이 없으면 이민 기구가 삐걱거리면서 가동을 멈출 것이다.

❖

    사모펀드에 영향을 받은 교도소 관행 가운데 가장 착취적이고 큰 사회적 폐해를 유발하는 것은 양대 기업인 시큐러스와 GTL이 지배하는 통신 독점에서 나온다. 재소자를 위한 전화, 동영상, 전자우편, 디지털 서비스 등이 여기에 포함된다. 그리고 수감자와 가족들에게 이런 독점이 무슨 짓을 하고 있는지를 알려면 직접 경험해 본 사람들의 이야기를 들어 봐야 한다.

    제니퍼 해밀턴은 샬럿의 어느 커피숍에서 제레미 레먼드를 처음 만났다. 제니퍼는 재가 간호 일을 했고, 제레미는 주택 건설 일을 했다. 두 사람 다 푸르스름한 회색 눈동자였다. 둘은 전화번호를 교환했고, 차츰차츰 친해졌다. 제니퍼가 말했다. 「그이를 사랑했어요. 언제나 사랑했죠.」

    하지만 대불황은 주택 건설업자에게 끔찍한 시간이었다. 제니퍼는 직장을 잃은 데다가 의료보험까지 상실했다. 이 때문에 무엇보다도 제니퍼는 피임약 복용을 중단할 수밖에 없었다. 그리고 몇 달 뒤 아들 케일럽을 임신했다. 「아이가 태어나면서 내 인생이 영원히 바뀌었죠. 아이가 옆에 있어서 너무 행복해요.」 제니퍼가 말했다. 「그렇지만 여러 일이 벌어지면서 참 어려운 시간이었죠.」

    제니퍼는 얼마나 어려울지 알지 못했다. 그 무렵 제레미가 코카인을 복용하기 시작했다. 절망적인 경제적 곤경과 약물 중독이 겹치면 머릿속으로는 정당하게 느껴지지만 실제로는 전혀 정당하지 않은 생각이 떠오르게 마련이다. 제레미한테는 은행을 털자는 생각이 떠올랐다. 2009년 현장에서 체포된 그는 메클렌버그 카운티 구치소의 유치장에 수감되어 재판과 선고를 기다렸다. 제레미는 체포된 직후에 태어난 아들 얼굴도 보지 못했다. 사법 정의가 제대로 작동하지 않은 데다가 노스캐롤라이나주의 선고 지침까지 바뀌면서 그는 2년 동안 계속 구치소에 있었다.

그 시간 동안 메클렌버그 카운티는 영화에서 보는 것처럼 유리창을 사이에 두고 면회를 허용했다. 면회객은 유리벽을 통해 재소자와 전화로 이야기를 나눈다. 「솔직히 말하자면 직접 얼굴을 맞대고 사람을 만나면 느낌이 다르죠.」 제니퍼가 말했다. 「눈을 맞추고, 얼굴을 구석구석 훑어보고, 대화를 나누잖아요. 바로 직전에 생긴 일 때문에 많은 대화를 나눠야 했죠.」 제니퍼는 제레미가 체포된 직후에 태어난 케일럽을 자주 데려오지 못했지만, 어쩌다 데리고 오면 제레미는 유리창을 통해 아들을 볼 수 있었다. 「2년 동안 화상 면회를 했더라면 그이를 기다리거나 뒷바라지해 주지 않았을 거예요.」 제니퍼의 솔직한 고백이다. 「그이하고 그렇게 연결되고 싶었어요.」

마침내 선고를 받은 제레미는 다섯 시간 떨어진 버지니아주 리 카운티의 연방교도소로 이감되었다(은행 강도는 연방 범죄다). 장거리 여행은 돈도 많이 들고 힘이 들었다. 호텔에서 자야 하고, 기름값에 면회 당일에는 밥을 사먹을 데도 없었다(자판기 음식뿐이었다). 제니퍼는 몇 번 장거리 면회를 갔고 한 번은 케일럽도 데리고 갔다. 그때 아버지와 아들이 유리창 없이 처음 만났다. 「보고 있자니 정말 믿기지 않더군요. 아빠가 얼마나 좋은 사람인지 애한테 계속 얘기했거든요.」 제니퍼의 말이다. 「아이가 아장아장 걸어서 바로 아빠한테 가더라고요. 아빠 손을 잡아 볼 수 있다는 건 대다수 사람들은 당연하게 여기는 거잖아요.」

리의 연방교도소는 위험한 수감자를 주로 수용한다. 강간범, 살인자, 조직폭력배, 백인 우월주의자 등등. 이런 환경 때문에 제레미가 변했다는 게 제니퍼의 생각이다. 「말 그대로 매일같이 생존 게임을 벌이는 거예요. 두뇌 활동이 다른 차원에서 기능하기 시작하죠.」 제레미는 일촉즉발의 상황에서 싸움과 위협에 휘말리지 않으려고 애쓰면서 생활했다. 조금이라도 깔본다고 생각하면 분노를 폭발하는 사람이 사방에 우글거렸다. 「워낙 험악한 환경에 노출된 탓에 처음 들어갈 때와는 딴판으로 사람이 변하더군요.」 제니퍼가 씁쓸하게 말했다. 「사람을 동물처럼 대접하니까 동물처럼 행동하게 되는 거예요.」

제레미가 이런 환경에서 벗어나 숨을 돌릴 수 있는 유일한 통로는 제니퍼의 목소리였는데, 전화를 지배하는 독점 기업가들은 이런 사실을 잘 알았다. GTL이 리 카운티에서 전화 서비스를 관리했는데, 무제한 통화의 시대에 미국 대다수 지역과 달리, 회사는 여전히 장거리 요금을 부과했다. 제니퍼는 머리를 굴려서 구글 토크 지역 번호를 만든 다음 자기 휴대 전화로 연동시켰다. 하지만 송금으로 전화 요금을 내는 특별 계좌가 필요한 이 서비스는 여전히 15분 통화에 3달러 정도 요금이 나온다.

제니퍼는 큰 손해를 보지 않았다. 현재 연방교정국을 통해 15분 통화를 하면 3.75달러가 드는데, 요금이 5.70달러로 시장을 선도하는 켄터키주보다 싸다. 재소자와 가족들은 20년간 애를 쓰고 나서야 그만큼 요금을 낮출 수 있었다. 각 주에서 법을 제정하고 연방통신위원회가 요금 상한제를 시행한 덕도 보았다(그중 일부는 2017년 항소법원에서 철회되었다). 하지만 지금도 아칸소주에서는 지역 구치소의 전화 요금이 15분당 무려 24.82달러에 이른다. 게다가 이 요금에는 계좌를 개설하고 해지하는 수수료, 돈을 입금하는 수수료, 종이 영수증을 받는 수수료가 포함되지 않는다. 미국에서는 모든 게 그렇지만, 이민자들에게는 상황이 더 나쁘다. 2018년 하원의원들은 국경을 몰래 넘다가 적발되어 그 자리에서 자녀와 헤어진 부모들이 자녀와 통화를 하려면 분당 8달러를 내야 한다고 개탄했다.

이런 높은 요금은 역시 위탁 수수료 모델에서 기인한다. 교정 담당 부처들이 도급 계약에서 거액의 사례금을 벌어들이는 가운데 기업들은 자기 몫을 챙기기 위해 요금을 인상해야 한다. 2015년 암사니 유슬리는 재판에서 증언하면서 전화 요금 청구서를 제출했다. 한 달 통화 요금이 130.20달러였다. 〈이 액수는 그달에 슈퍼마켓에서 쓴 돈과 맞먹는다〉고 유슬리는 말했다. 「가진 게 많지 않으면 아이 밥을 먹일지…… 아니면 아이들한테 아버지 소식을 알게 할지 선택을 해야 합니다.」 하지만 유슬리를 비롯한 수천 명은 전화 요금을 냈다. 인간에게서 깜박이는 불꽃이 어둠 속에 갇힌 사랑하는 사람에게 불빛을 비춰 주고, 자기가 원래 속한 공동체와 희망에 연결해 주었기 때문이다. 2019년 오랫동안 교도소 전화 개선 활동을 한 율랜디스 포트는 이렇게 말했다. 「내가 갇혀 있는 내내 가족이 뒷바라지해 준 덕분에 많은 게 바뀌었다.」 지금은 고인이 된 포트의 할머니 마사 라이트리드는 처음으로 소송을 제기해서 연방통신위원회의 요금 상한제를 이끌어 냈다. 하지만 오늘날 활동가들은 정부의 도움을 기대해서는 안 된다. 연방통신위원장 아지트 파이가 오래 의지한 로펌은 시큐러스를 고객으로 여긴다.

잠깐, 게다가 모든 통화가 감청된다. 「가끔 감청에 관해 장난을 치곤 했어요. 〈있잖아〉 하고 아무 말도 안 하는 거죠.」 제니퍼 해밀턴의 말이다. 「울지 말고 웃어야 해요.」 하지만 울기도 해야 한다. 교도소들이 디지털화된 통화 내용을 이용해서 성문(聲紋)을 만든 다음 생체 인증 데이터베이스에 집어넣기 때문이다. 새로운 형태의 지속적인 감시다.

이런 바가지 가격의 기계를 설계한 사람들을 추적하다 보면 이번에도 역시 마이애미와 HIG 캐피탈 사무실이 등장한다. 2002년, HIG는 유명한 교도소 통신사인 에버컴과 티네틱스를 인수했다. 두 회사 자체가 수십 건의 소규모 합병을 거치면서 탄생한 산물이었다. 2년 뒤, HIG는 두 회사를 합병해서 시큐러스를 만들었다. 더 많은 기업 인수가 뒤를 이었고, 다른 사모펀드들에 몇 개를 매각하기도 했다. 오늘날 시큐러스는 플래티넘 에퀴티의 수중에 있는데, 그 창립자이자 최고 경영자인 톰 고어스는 디트로이트 피스톤스 농구단도 소유하고 있다.

시큐러스는 북아메리카 전역에서 120만 명이 넘는 재소자에게 서비스를 제공한다. 역시 사모펀드의 포트폴리오 기업(아메리칸 증권이 소유하고 있다)인 GTL은 시장 점유율이 훨씬 커서 2,300개 교정 시설에서 180만 명의 재소자를 고객으로 보유하고 있다. 시큐러스와 마찬가지로 GTL도 기업 인수를 통해 몸집을 불렸다. 버라이즌, AT&T, 퀘스트, MCI 등의 교도소 전화 서비스 자회사를 인수했다. 시큐러스나 GTL이 도급 계약을 따내지 않는 경우에 시큐러스는 종종 특허권을 행사해서 소규모 경쟁자들에게 값비싼 라이선스 협약을 강제한다. 이름 빼고 모든 사업을 가로채는 내용의 협약이다. 경쟁자가 내켜 하지 않으면 시큐러스는 기꺼이 소송을 걸어서 명실상부한 독점 기업이자 특허 괴물 행세를 한다.

비앙카 타일렉은 양대 기업의 전체 시장 점유율이 80퍼센트 정도라고 추산한다. 2018년에 시큐러스가 3위의 교도소 전화 회사(이자 HIG 캐피탈 속하는 키프 그룹의 한 부문)인 인메이트 콜링 솔루션을 3억 5000만 달러에 사들이려고 했을 때, 그 수치가 90퍼센트까지 올라갈 뻔했다. 보통 협박에 굴복하고 마는 연방통신위원회가 이번에는 합병을 가로막아서 오명을 피할 수 있었다.

하지만 시큐러스와 GTL의 독점을 향한 노력은 가차 없이 계속된다. 타일렉의 말을 들어 보자. 「지난 10년간 시장 현황을 살펴보면서 누가 입찰에 참여하고 누가 계약을 따내는지를 보면, 입찰자는 그 두 회사뿐입니다.」 타일렉은 GTL이 입찰을 따낸 적도 없으면서 10년 넘게 전화 서비스 계약을 유지한 뉴욕주의 기묘한 상황을 설명했다. 「그들은 입찰을 따낸 회사를 계속 인수했어요.」 타일렉이 자기 컴퓨터로 스프레드시트 화면을 보여 주면서 한 말이다. MCI가 2001년에 계약을 따낸 뒤 버라이즌에 흡수되었다. 2005년에 버라이즌은 교도소 통신 사업을 매각했고, 2007년에 GTL이 그 사업을 인수했다. 2008년, 뉴욕주는 사업 계약을 유니시스에 내줬는데, 유니시스는 밸류 애디드 커뮤니케이션이라는 회사와 파트너를 맺어 시비스를 제공했다. 이듬해 GTL이 밸류 애디드 커뮤니케이션을 인수했다. 2017년, GTL은 호적수를 만났다. 자신이 사들일 수 없는 회사에 계약을 빼앗긴 것이다. 시큐러스가 그 주인공이다.

2012년 이래, 시큐러스는 각기 다른 17개 회사를 인수하면서 교도소 통화 요금 인하를 요구하는 운동이 벌어진 직후에 제품 라인을 다변화하고 있다. 인수한 기업 가운데는 인간 위성 추적(STOP)이라는 노골적인 이름의 감시 모니터 회사도 있는데, 이 회사의 업무에는 전자 모니터링, 알코올 검사, 전화 모니터링 서비스 등도 포함된다. 경찰은 법원 명령서도 발부받지 않고 비재소자를 추적하기 위해 이런 방법을 활용한다. 하지만 시큐러스 최대의 기업 인수는 재소자 가족의 지갑을 노리는 것이다.

송금을 관리하는 J페이라는 회사가 기억나는가? 시큐러스는 2015년에 이 회사를 사들였다. 같은 해에 GTL은 J페이의 최대의 경쟁자인 터치페이를 사들였다. 「이 사업을 소유하면서 그들은 사람들이 계좌에 돈을 보내는 데 수수료를 부과할 수 있었습니다.」비앙카 타일렉의 말이다. 「그들은 1년도 안 되는 시간에 양대 송금 회사를 수중에 넣었어요. 어딘가에서 이런 대화가 이루어지지 않았다고 믿기가 쉽지 않죠. 〈당신네가 하나 챙길 테니, 우리가 나머지를 챙기지.〉」

J페이는 광범위한 통신·디지털 선택권을 제공한다. 이 사업 모델은 어머니라면 어떤 비용을 치르고라도 아들하고 연락을 하며, 아들이 하루라도 밝게 살게 해줄 수 있다면 어떤 부담이라도 감당할 것이라는 사실을 지렛대로 삼는다. 수감자와 가족들은 미국에서 유일

하게 우표가 있어야 전자우편을 보낼 수 있다. J페이의 전자 메시지는 한 페이지마다 35센트짜리 우표가 필요하며, 사진이나 동영상도 마찬가지다. 그리고 어머니날 같은 중요한 날을 전후해서는 우표 가격이 올라간다. 재소자들은 사동 주변에 설치된 키오스크나 J페이 전용 태블릿으로 이런 전자우편을 읽는다. 전용 태블릿으로는 책이나 음악, 팟캐스트, 게임도 다운받을 수 있는데, 전부 바깥 세계와 비교해서 요금이 더 비싸다(앨범 한 장 다운받는 데 최대 46달러까지 든다). 태블릿을 손에 쥔 수감자들은 사회 복귀에 유용한 교육 자료 대신 오락에 몰두하기 때문에 독점 기업들로서는 또 다른 수익 기회가 생기는 셈이다.

콜로라도주가 GTL과 체결한 태블릿 계약에 따라 회사는 어느 때든 이런 서비스의 비용을 인상하는 한편, 충분한 수입을 거두지 못하면 언제든 계약을 종료시킬 수 있다. 서비스를 이용하려면 GTL 계좌에 예치금을 넣어야 하는데, 이 과정에서도 수수료가 발생한다. 이런 강매를 통해 수감자들은 더욱더 돈벌이 대상으로 바뀌는데, 사모펀드 관리자들로서는 하늘이 준 선물인 셈이다. 가끔 태블릿 이용료가 〈무료〉일 때가 있는데, 마약 밀매업자들이 어쩌다 공짜 주사를 놔주는 것과 비슷하다. 대개 태블릿 무료 이용은 전자우편이나 기타 서비스의 요금 인상으로 이어진다. 「그들이 부를 축적하는 수단이죠.」 타일렉의 말이다. 「주 당국은 자기들이 요청을 들어 준다는 식으로 확신하죠. 그런데 한번 고정 가격으로 이용한 다음에 평생 동안 인상된 요금을 내야 하는 이유가 뭐죠?」

유능한 독점 기업이 으레 그렇듯이, 시큐러스와 GTL은 자신들이 제공하는 서비스에 대한 경쟁을 최대한 제한하며, 이 과정에서 교정 부서의 도움을 받는다. 2017년 인디애나주에서는 교도관들이 크리스마스카드와 색깔 있는 편지 봉투, 타자한 종이 등을 보안상의 이유를 들먹이며 금지했다(들리는 말로는 색지에는 진통제 펜타닐을 가미할 수 있다는 이유도 있었다). 미시건주와 아이다호주에서도 비슷한 제한이 등장했는데, 이런 조치 때문에 사람들은 전자우편을 더 많이 이용하게 되었다. 2018년 펜실베이니아주는 도서와 잡지 배송을 금지했는데, 이번에도 역시 보안을 구실로 삼았다. 읽을거리는 모두 GTL이 보유한 전자책 8,500권에서 골라야 했는데, 일단 147달러짜리 GTL 태블릿을 구입해야 이용할 수 있었다. 조엘 아켄바크의 『바다 밑바닥에 뚫린 구멍 A Hole at the Bottom of the Sea』은 24.99달러에다가 〈디지털 다운로드세〉가 추가되었다. 다른 책들도 한 권 전체를 다 보려면 킨들에 있는 전자책보다 훌쩍 비싼 가격을 내야 했다. GTL은 재소자들에게 바가지를 씌울 뿐만 아니라 통신 수단을 통제하면서 수감자들이 스스로를 위해 사고하도록 만들 법한 〈급진적인〉 내용은 무엇이든 차단한다. 대중적인 항의가 벌어진 뒤 펜실베이니아주 교정부는 이 정책을 철회했다. 하지만 다른 주들은 중고 서적 반입 금지를 밀어붙이고 있다. 그래야 수익을 벌어들일 기회가 생기기 때문이다.

최악의 사례는 딱 어울리게도 플로리다주에서 나왔는데, 원래 수감자들은 소규모 공급업체인 액세스 코렉션에서 MP3 플레이어를 구입하고 가격이 높게 매겨진 음악과 전자책 파일을 다운받을 수 있었다. 그런데 2018년에 플로리다주는 서비스 공급업체를 바꾸면서 J페이를 들여왔다. 교도소 관리들은 기존의 플레이어를 압수하고, 1130만 달러 상당의 음악을 갖추었다(그 대가로 교도소들은 140만 달러를 커미션으로 챙겼다). 수감자들이 음악을 들으려면 처음부터 다시 다운을 받아야 했다. 교도소 당국은 J페이의 시스템은 단순한 MP3 플레이어가 아니라서(수감자들에게 전자우편도 판매할 수 있다는 의미였다) 호환이 불가능하기 때문에 기존 음악 파일을 이전할 수 없다고 말했지만, 초등학교 1학년도 정보 기술을 조금만 알면 헛소리라고 콧방귀를 뀔 만한 핑계였다. 2019년 2월, 수감자들이 이 시스템은 〈구금 상태에 있는 수감자들에게서 수백만 달러 상당의 디지털 음악과 도서를 사실상 훔쳐 간 행위〉라고 주장하면서 소송을 제기했다. 사건은 아직 진행 중이다. 미국에서는 물건을 훔치고도 무사할 수 있는 가장 좋은 방법은 교도소를 운영하는 것이기 때문이다.

제니퍼 해밀턴의 파트너 제레미는 플로리다의 교정 시설로 이감됐다가 2017년 중간 거주 시설로 석방된 뒤 마침내 가족의 품으로 돌아왔다. 하지만 반가운 만남은 오래가지 못했다. 「그이는 교도소에서 중독 치료를 전혀 받지 못해서 약물 문제가 악화됐어요.」 출소하고 몇 달 뒤, 정기적인 약물 검사에서 드러난 것처럼 제레미는 다시 중독에 빠졌다. 보호관찰 규정을 어긴 것이어서 제레미는 메클렌버그 카운티 구치소로 돌아갔다. 처음에 선고를 기다리면서 2년을 보낸 곳이었다.

　인권 운동가들은 대체로 직접 면회로 보완되고 비용이 비싸지 않으면 화상 면회를 지지한다. 수감자들의 사회 복귀를 위한 현대 이론들은 최대한 가족과 접촉을 많이 하는 것을 장려한다. 형사사법 전문가 조안 피터실라가 쓴 『죄수들이 집에 올 때*When Prisoners Come Home*』에 따르면, 수감자들에 관한 주요한 연구들을 보면 〈집에서 환영받는 느낌과 교도소 밖 사람과의 유대가 주는 힘은 출소 이후의 적응을 예측하는 데 도움이 된다〉. 2011년 미네소타 교정부에서 발표한 연구는 가족이 한 번만 면회를 와도 재범률이 13퍼센트 줄어든다고 밝혔다. 화상 면회는 직접 면회보다는 못할지 몰라도 교도소에서 멀리 떨어진 가족들이 추가로 얼굴을 맞댈 수 있는 기회가 된다.

　하지만 현실을 보면, 화상 면회 시스템을 활용하는 46개 주 600여 교정 시설 가운데 주요한 시행 기관은 가족들이 가장 쉽게 면회를 올 수 있는 지방 구치소들이다. 그리고 화상 면회 장비를 설치한 구치소 가운데 약 4분의 3에서 직접 면회가 줄어들었다. 시간이 흐르면서 지방 구치소들은 직접 면회 기회를 가로막으면서 화상 면회를 대체물로 만든다. 가족이 구치소에 오더라도 사랑하는 사람을 직접 보지 못하고 화면으로만 봐야 한다. 그리고 무려 분당 1달러에 달하는 비용은 화상 면회도 쉽사리 못 하게 만든다. 메클렌버그 카운티에서는 대면 면회를 없애는 계약에 서명한 전 보안관이 계약 조건을 넘어서 일주일에 두 번 무료 통화를 제공했지만, 전화를 하려고 해도 구치소에 직접 와야 했다. 「그러니까 결국 직접 찾아가야 하는

470

거죠.」워스 라이즈의 비앙카 타일렉이 한 말이다. 「어떤 문제를 해결하려고 하면서 결국 그 문제도 해결하지 않는 거잖아요.」

카운티 교정 시설들은 이번에도 화상 면회로 전환하는 것을 보안 문제로 내세운다. 면회 중에 금지 물품 반입을 막고, 재소자들이 시설에서 이동하는 것을 방지하고, 면회실에서 근무하는 교도관을 다른 업무로 이동시키는 방편이라는 것이다. 「있는 그대로 말할게요.」 제니퍼가 입을 열었다. 「무엇보다도 유리창을 사이에 두고 전화로 이야기를 해요. 게다가 그건 방탄유리라 아무것도 통과할 수 없습니다. 둘째로, 교도소하고 구치소 안에 몰래 반입되는 건 대부분 교도관들한테서 나오는 거예요. 그 사람들이 재소자한테 거액의 돈을 받고 들여오는 거죠.」보안 문제라는 변명으로 가려지는 건 교정부가 어떤 식으로 인력 비용을 절감하면서 화상 면회 커미션으로 돈을 버는가 하는 현실이다.

하지만 제니퍼에게 가장 중요한 것은, GTL이 공급하는 메클렌버그 카운티 구치소의 비디오가 제대로 작동하지 않는다는 사실이다. 「머릿속으로 스카이프 같은 거라고 생각했죠.」일단 시도해 봤는데, 동영상 신호가 오래 지체되고, 계속 화면이 정지되고, 비디오와 오디오가 싱크가 맞지 않는 경험을 했다. 「아마 와이파이 문제일 거라고 생각하는데, 우리 집 인터넷은 초고속이거든요.」제니퍼가 하소연했다. 「다른 사람들하고 말해 보니 그 사람들도 똑같은 문제를 겪었더라고요.」화상 면회 회사들은 교도소, 구치소와 독점 계약을 맺기 때문에 그들로서는 시스템이 제대로 작동하도록 보장할 이유가 전혀 없다.

제니퍼는 회당 12.50달러에 25분 화상 면회를 할 예정이었는데, 한번은 신호가 너무 약해서 3분 만에 끊었다. GTL 고객 서비스는 화상 면회 프로그램만큼이나 실망스러웠다. 「〈당신이 비디오를 시작했잖아요〉라는 말만 계속 늘어놓더군요.」 제니퍼가 말했다. 「그래서 대답했죠. 〈맞아요, 화상 면회가 얼마나 끔찍한지 보려면 일단 시작을 해야 했다고요!〉 그쪽에서는 내가 3분 동안 사용한 25분 면회에 관해 알고 싶지 않아 하더군요.」

메클렌버그 카운티의 비디오가 깨끗하게 작동한다 하더라도 화상 면회는 문제가 된다. 남자 사동에 있는 화상 전화는 복도 한가운데에 있는데, 전화기 세 대가 나란히 있어서 사생활 보호가 전혀 되지 않는다. 구치소의 배경 소음이 마이크에 전부 잡혀서 가족들이 대화를 하기가 어렵다. 「이 시스템을 설명하면서 재소자들에게 이에 관해 이야기하는 동영상을 찍었습니다.」 타일렉의 말이다. 「한 친구는 제일 큰 불만이 카메라가 너무 높이 붙어 있다는 거였어요. 아이들이 자기 정수리만 볼 수 있다더군요.」 화면 각도가 위쪽으로 되어 있기 때문이다. 그 사람은 2년 동안 카운티 구치소에서 생활하고 있는데, 아이들은 아버지 정수리에다 얼굴을 대고 이야기를 할 수 있었을 뿐이다.

메클렌버그 카운티의 여자 사동에 있는 화상 전화는 교도관 대기실 바로 앞에 있어서 교도관들이 쉽게 통화 내용을 들을 수 있다. 통화는 감청된다. 교도관이 학대를 했다는 내용이 언급되면, 교도관들이 개입해서 통화하는 사람들에게 대화 주제를 바꾸라고 말한다. 대면 면회와 달리, 비디오는 녹화하고 다운로드해서 데이터 센터로 보낼 수 있다. 해당 지역 검사실로 전송될 가능성도 있다.

아마 가장 중요한 문제는, 대면 면회를 화상 면회로 대체하면 수감자들이 자기 자신과 자신의 미래를 응원해 주는, 자기 삶에서 유일한 사람들과 인간적 접촉을 할 기회를 빼앗긴다는 사실일 것이다. 다른 모든 문제와 결합되지만, 제대로 작동하지도 않는 화상 면회에 통신 비용을 내는 것은 가족이 수감된 많은 이들에게 감당하기 어려운 사치다. 엘라 베이커 인권 센터는 2015년 펴낸 보고서에서 수감자 가족의 절반 정도가 실형 선고 이후에 발생하는 비용을 감당할 수 없고, 셋 중 한 가족은 전화 통화와 면회 비용을 대느라 빚을 졌다고 밝혔다. 미국 수감자의 현황을 감안할 때, 전화와 화상 면회 비용을 치르는 절대 다수의 사람들은 여성이며, 대개 유색인 여성이다. 알렉스 프리드맨은 이렇게 말했다. 「돈을 낼 능력이 가장 없는 사람들이 고통받고 있죠. 역진세나 마찬가지예요.」 비용은 제쳐두고라도 디지털 격차 자체가 장벽이 될 수 있다. 컴퓨터나 고속 인터넷이 없다면 화상 면회는 아예 선택지가 되지 못한다.

실제로 화상 면회만 허용하는 것은 옛날 월넛 스트리트 교도소의 몰락과 비슷해서 재소자들을 뒷바라지 네트워크와 연결해 주는 직접적인 사회적 상호작용을 차단해 버린다. 우리는 가족과 건강한 관계를 유지하면 재범률이 떨어진다는 사실을 알지만, 끊기기 일쑤인 화상 대화로만 그런 관계를 유지하기란 불가능에 가깝다. 면회가 없으면 수감자의 심리적 트라우마가 깊어지고 절망이 자라난다. 수감 시설 내부의 생활이 그들이 아는 유일한 삶이 된다. 부당 이득 행위는 수감자들이 다시 감옥으로 돌아올 가능성을 높이는데, 이는 부낭 이득을 챙기는 이들에게 유리하다. 수많은 건강한 남녀가 자기 자신을 위한 삶을 살 수 있는데도 교도소로 다시 돌아온다. 시큐러스와 GTL이 승승장구하는 동안 사회는 패배한다.

시큐러스는 홍보 비디오에서 화상 면회가 〈자녀들과 연결을 유지할 수 있는〉 방법이라고 왜곡하지만, 비앙카 타일렉이 이끄는 워스 라이즈는 메클렌버그 카운티 구치소 수감자들을 대상으로 이 시스템에 관해 조사를 진행하고 있다. 「대면 면회를 하는 게 수감자들에게 어떤 의미인지를 물으면 이런 답이 돌아옵니다. 〈아이들이 잘 지내고 있다는 걸 정말 알 수 있죠.〉 화상으로 만나서는 알지 못해요. 제일 흔한 대답이 그런 거죠.」

전국 각지의 지역 사회가 대면 면회 폐지에 맞서 싸우고 있으며, 매사추세츠주와 텍사스주에서는 그런 조치를 금지했다. 캘리포니아주는 2017년 이래 대면 면회를 허용하도록 요구하고 있지만, 그전에 화상 면회로 전환한 시설들은 예외를 인정했다. 비용 인하를 요구하는 운동도 벌어지고 있다. 텍사스주는 2018년에 재소자 전화 요금을 75퍼센트 인하했고, 샌프란시스코와 뉴욕시는 모든 통화를 무료로 바꿨다. 뉴욕에서 승리를 거둔 뒤, 워스 라이즈는 악명 높은 라이커스 아일랜드 교도소에서 통화량이 38퍼센트 급증했다고 보고했다. 기존 요금이 얼마나 경제적으로 부담됐는지를 보여 주는 사례다. 코네티컷주도 선례를 따라 2019년에 전화 통화를 무상으로 전환하려 했는데, 시큐러스가 로비를 하는 가운데 통신 회사 중역 출신인 민주당 소속 주지사 네드 러몬트가 전환 방침 지지를 망설였다. 주 입법부는 2020년에 다시 시도할 계획이다.

테네시주 녹스 카운티는 화상 면회만 허용한다는 방침에 대해 수년간 대중 집회와 소송을 통해 항의하는 중이다. 「내가 보기에 이건 일종의 노예제나 다름없어요. 형벌 체제에 갇혀 있다는 이유로 인간적 접촉을 원하는 사람들의 필사적인 요구를 착취하는 겁니다.」 녹스 카운티의 국선 변호인으로 대면 면회를 지지하는 풀뿌리 단체 〈얼굴을 맞대자 녹스Face to Face Knox〉를 이끄는 줄리 고트로의 말이다. 「내 생각에 이런 조치는 모든 존엄한 인간에게 도덕적 분노를 야기합니다. 개인적 차원에서 수감자와 대화해 본 사람이라면 누구나 그 파괴적인 효과를 말해 줄 거예요.」 고트로는 녹스 카운티 보안관실의 테리 윌셔 경위가 경찰을 그만두고 시큐러스의 자회사인 테크 프렌드에 취업한 사실을 알려 주었다.

정말로 정의를 되찾으려면 전화요금을 둘러싸고 산발적으로 거둔 승리를 넘어서 재소자와 가족의 주머니를 털려는 모든 시도에 맞서 싸워야 한다. 교도소 생활은 사회의 다른 어떤 분야를 훌쩍 넘어서 독점화되어 있으며, 독점화의 누적된 참사는 철창 안에 고스란히 존재한다. 「내가 자주 하는 말이 누구도 구타나 강간을 당하는 형을 선고받지는 않는다는 겁니다.」 알렉스 프리드맨의 말이다. 「그건 교도소 경험의 일부일 뿐이죠. 당신하고는 별 상관없다는 이유로 그들이 돈 벌어 주는 상품으로 활용되면서 독점 기업의 착취를 당하는 건 또 다른 문제죠.」

메클렌버그 카운티에서 2019년에 새로 취임한 보안관은 곧바로 주 1회 대면 면회를 다시 도입했을 뿐만 아니라 행정 서비스 건물에서 2회 무료 화상 면회도 시행했다. 그 밖에 화상 통화는 25분에 10달러, 또는 10분에 4달러로 예전 요금보다 싸졌다. 하지만 화상 통화를 하려면 안드로이드 휴대 전화나 웹캠과 고속 인터넷이 필요하다.

직접 재가 간호 사업을 차려서 꽤 성공을 거두고 있는 제니퍼는 이제 더는 화상 통화 때문에 골치를 썩지 않는다. 돈 낭비라고 생각하고 만다. 또한 카운티 구치소로 제레미를 보러 가지도 않는다. 「내 삶을 꽉 붙잡기 위해 좀더 확실한 뭔가가 필요해요.」 제니퍼가 입을 열었다. 「그이의 행동을 적극적으로 부추기고 싶지 않아요. 전화로 대화하는 걸로 충분히 좋다고 생각해요.」 두 사람은 여전히 거의 매일 이야기를 나누지만, 아직 불편한 관계다. 「그이의 좋은 면이 보이지만, 중독이 그 모든 걸 앗아 가고 있다는 걸 받아들이기는 어려워요.」

제니퍼는 자신의 결정 때문에 제레미가 한층 더 고립되고 있다는 걸 안다. 그가 삶을 이어가는 데 의지가 될 만한 외부의 지원이라는 깜박이는 불빛을 꺼버린 셈이기 때문이다. 슬픈 마음이 들지만 그래도 앞으로 나아가야 한다고 느낀다. 그리고 인생에서 밑바닥에 떨어졌을 때 자기를 먹잇감으로 삼은 GTL을 비롯한 회사들로 이 상황에서 느끼는 분노를 돌린다.

「그들은 인간적 접촉을 해야 하는 우리의 사정을 아주 잘 활용하죠.」 제니퍼가 말했다. 「가족을 데려다가 사랑하는 사람이 한 일에 대해 벌을 주는 거예요. 전화를 하려고 그 돈을 송금할 때면 그런 느낌이 들죠.」 나는 GTL 중역들을 만나면 무슨 말을 하고 싶으냐고 물었다. 「난 그냥 평범한 남부 여자예요.」 대답하는 목소리가 떨렸다. 「나는 자기가 대접받고 싶은 대로 남을 대접하라는 말을 믿어요. 그냥 이렇게 말하겠어요. 〈당신들은 스스로 다른 가족들한테 하는 짓을 겪는 일이 절대 없으면 좋겠어요. 당신이 사랑하는 사람하고 그런 경험을 할 일이 없기를 바라요.〉」

만약 당신이 여기까지 모든 내용을 읽은 뒤에 죽음이라는 감미로운 해
방을 맞으면 적어도 대기업 권력 아래서 살아가는 짐을 벗어던지게 될 것
이라는 생각으로 위안을 삼는다면, 급격히 성장하는 죽음 산업에 대해 잠
깐 소개할까 한다.

서비스 코퍼레이션 인터내셔널(SCI)이라는 밋밋한 이름의 회사는
2019년 여름 현재 장례식장 1,478곳과 묘지 481곳을 소유하고 있다. 이
기업의 시설 절반 이상이 겨우 7개 주에 있다. 사업 모델의 핵심은 시장
을 집중하는 것이다. 1962년에 창립된 SCI는 인수를 통해 성장한다.
2013년 스튜어트 엔터프라이즈 매입으로 정점에 달한 2000년대의 활발
한 활동으로 죽음 산업의 괴물이 탄생했다. 디그니티 메모리얼, 어드밴티
지 퓨너럴, 넵튠 소사이어티, 퓨네라리아 델 앙헬, 내셔널 크리메이션 등
의 브랜드는 모두 SCI 계열사다. 바로 지금 SCI는 미국 장례 서비스에서
나오는 수익의 5분의 1 이상을 차지한다.

SCI가 연례 보고서에서 섬뜩하게 표현한 것처럼, 성장에는 이유가 있
는 법. 보고서에서 SCI는 〈미국 인구의 노령화에 편승해서 이익을 볼 준
비〉가 되어 있다고 뿌듯한 어조로 말한다. 〈현재 베이비붐 세대가 이미
우리 사업에 영향을 미치고 있다.〉 향후에 더 많은 〈전략적 기업 인수〉에
나설 예정이기 때문에 당신이 사는 곳에 아직 SCI의 장례식장이 없다면,
인근 도시에 조만간 생길 것이다. 화장 수요의 변화에 대한 투자자들의
관심 때문에 SCI는 화장 사업부의 규모를 키웠다.

슬픔에 빠진 가족들은 SCI를 들어 본 적이 없을 것이다. 유족이 이용하

는 각종 시설 어디에도 이 이름이 붙어 있지 않기 때문이다. SCI는 업체를 매입할 때마다 장례식장이나 묘지의 원래 이름을 그대로 유지한다. 예를 들어, 조지 H. 루이스 앤 선스 장례 지도는 SCI에 매입된 뒤 조지 H. 루이스 앤 선스 디그니티 메모리얼 장례 회사로 이름이 바뀌었다. 고객 입장에서는 디그니티 메모리얼이 무슨 뜻인지 알지 못하므로 대기업 계열사가 아니라 가족이 운영하는 업체를 이용한다고 철석같이 믿는다.

SCI는 소규모 업체보다 장례식장당 다섯 배가 넘는 총수익을 벌어들인다. SCI 사업 전략 가운데 하나는 장례 지도사가 가족에게 영수증을 건네기 전까지는 매장, 염습, 관 등의 가격을 현실 세계 어디에서도 보여 주지 않는다는 것이다. 사랑하는 사람의 죽음에 넋이 나간 사람들은 대체로 이것저것 가격을 따지면서 살펴보려 하지 않는다. 미국 소비자 연맹은 SCI의 가격이 일반적인 장례식장보다 47~72퍼센트 비싸다는 사실을 발견했다.

죽음 산업의 제조업 부문도 기업 집중으로 비용이 뛰면서 일반적인 매장 비용이 비싸졌다. 힐렌브랜드와 매튜스 두 회사가 미국에서 소비되는 전체 관의 82퍼센트를 제작한다. 하지만 SCI는 이 비용을 한 차원 더 높여서 가짜 〈2차 매장 비용〉과 기타 추가 요금을 습관적으로 떠안긴다. 어쩌면 망자에게 더 중요한 사실일 텐데, 독점 기업은 품질을 신경 쓸 필요가 없다. 2018년 텍사스주 브라운스빌에서 벌어진 한 소송은 많은 교훈을 준다. 메리 루이스는 SCI의 한 시설을 이용해서 남동생 에르네스토 에퀴아의 장례를 치렀다. 장례식 날 관에 다가간 루이스는 동생의 시신이 〈각다귀처럼 보이는 벌레, 어쩌면 작은 파리일 수도 있는 벌레에 뒤덮여 있는〉 걸 발견했다. 에어컨이 없는 장례식장에 곤충이 우글거렸는데, 망자 주변에 한 무리가 윙윙거리며 날고 있었다. 장례식이 끝난 뒤, 루이스는 부검이 끝났을 때 동생의 장기를 옆에 두었다가 깜빡하고 몸 안에 다시 집어넣지 않았다는 사실을 알게 되었다. 루이스는 이 문제에 대해 고소를 했는데, 그 후 SCI가 소비자 계약서에 중재 조항을 끼워 넣어서 법적 해결을 봉쇄하고 있음을 발견했다. 중재 조항을 무효화하려는 시도는 실패로 돌아갔다.

2019년 연방거래위원회는 장례업체를 규제하는 유일한 주요 법규인 장례 규정을 다시 검토할 예정이라고 발표했다. 현재의 규정이 너무 낡아서 조롱거리이기 때문이다. 시민 사회 전문가들은 가격 투명성을 높여서 유족들이 장례업체를 찾아가기 전에 매장 비용이 얼마인지 알 수 있게 해야 한다고 주장한다. 하지만 SCI는 과거에도 교묘하게 규제를 피했다. 회사는 장례 비용을 인터넷에 공개해야 한다는 캘리포니아주 규정을 슬쩍 빠져나갔다. 〈요구 사항에 따른 가격〉이라는 문구로 대체할 수 있게 빠져나갈 구멍을 만든 것이다.

우리 대부분이 지상에서의 마지막 순간에 독점화된 장례 지도사에 의해 독점 기업이 만든 관에 조용히 안치되고, 독점 기업이 소유한 공동묘지의 한 자리에 들어간다는 사실은 기묘하지만 별로 이상할 게 없다. 어차피 살아 온 대로 죽는 셈이니까.

12
우리는 답을 알고 있다

독점 기업 때문에 나는 이스라엘까지 가서
독점 기업을 저지하는 법을 배웠다

우리는 독점 기업을 어떻게 다뤄야 하는지 안다.

우선 반독점법 해석을 복원해서 단순한 소비자 복지를 넘어서 독점 기업이 야기하는 폐해의 스펙트럼 전체를 다룬다. 그런 다음 위험한 경제력 집중을 해체하고, 시장을 과도하게 통합하는 합병을 저지하고, 자연독점을 공익사업으로 규제하고, 필요한 경우에 기능을 구조적으로 분리하고, 시민을 보호하고 시민에게 권한을 부여할 수 있도록 공익을 위해 개입하고, 독점 기업이 다시 생겨나는 상황에 대비하기 위해 주의 깊게 시장을 살펴본다.

아마 이렇게 추상적으로 말하면 불가능하게 들릴 것이다. 하지만 기존 법률 아래서도 전적으로 가능하다. 다만 지난 수십 년간 시행되지 않았거나 그릇되게 해석됐을 뿐이다. 우리는 한 세기 넘는 시간 동안 불필요한 경제력 집중을 성공적으로 방지한 경험과 그런 방지에 실패한 경험을 둘 다 해보았다. 작동 방식은 분명하다. 정치 엘리트들이 반독점법을 시행하게 만드는 게 무엇보다도 넘어서야 할 장애물이다.

예를 들어, 우리는 〈슈퍼마켓〉 스타일 은행의 출현을 가로막는 법률 덕분에 50년 동안 금융 재앙에서 안전할 수 있었음을 안다. 우리는 도매업체가 소매업체의 시장 지배력에 관계없이 같은 가격으로 소매업체에 물건을 팔도록 한 1936년 로빈슨-팻맨법 덕분에 가격 차별이 억제되고 경쟁이 장려된 사실도 안다. 민간항공위원회 덕분에 전국 곳곳에서 항공 여행의 혜택을 보장받았다는 사실도 안다. 우리는 오늘날 겪은 경험 덕분에 노스다코타주의 주립 은행과 지역 차원의 약국 소유, 채터누가를 비롯한 여러 지역의 공영 무선 인터넷 회사, 오클라호마주 털사의 1달러 상점 제한 등을 통해 지역 사회가 독점 기업의 최악의 본능으로부터 보호를 받는다는 사실을 안다. 또한 로버트 보크의 혁명 이전에 만들어진 독점 규제 당국의 지침이 산업에서 탄탄한 경쟁을 확립하는 데서 두드러진 역할을 개척하고(구체적인 시장 점유율 한계를 정해 넘지 못하게 했다) 경제에서 생겨난 이득을 더욱 공평하게 분배하는 것을 도왔다는 사실을 안다.

우리는 1956년 벨 연구소가 AT&T의 연구개발 부문이 보유한 특허 전부에 대해 사용 허가를 강제한 합의안에 동의함으로써 한 독점 기업 내부에 혁신을 쌓아 놓는 대신 미국 전자 산업을 탄생시킨 사실을 안다. 『재빨리 움직여서 무엇이든 파괴하라』의 저자 존 태플린은 〈이 결정을 계기로 실리콘밸리가 시작되었다〉고 말했다. 우리는 IBM을 상대로 한 비슷한 소송으로 당대를 지배하던 컴퓨터 회사가 소프트웨어 옵션 번들을 해제함으로써 또 다른 거대 산업이 탄생한 사실도 안다. 또한 마이크로소프트를 겨냥한 미국 정부의 반독점 소송으로 한 독점 기업의 내부 문화가 바뀌고, 마이크로소프트 브라우저 이외의 선택지를 방문하는 사람들을 통해 구글과 아마존 같은 초창기 스타트업이 번성할 수 있었음을 안다. 마이크로소프트 소송으로 이어진 법률 작업의 토대를 마련한 게리 리백은 이렇게 말했다. 〈그들은 요람에 누워 있는 구글을 죽일 수 있었는데, 마이크로소프트 사람들의 말에 따르면, 그렇게 하지 못한 이유는 이런 공개 재판이 있었기 때문이다.〉 뉴욕주 법무장관실의 일원으로 마이크로소프트를 감시하는 데 힘을 보탠 제이 하임스 변호사도 그의 말에 동의했다. 〈현실적으로 여러 해 동안 모니터링을 진행하면서 한 회사의 운영에 영향을 미칠 수 있다고 생각하기는 어렵다.〉

돈벌이가 좋은 현재 상태를 유지하고자 하는 독점 기업들 역시 이런 역사를 알고 있다. 이 때문에 그들은 싸울 생각이 없다는 것을 아는 동맹자들과 구축한 체제를 유지하기 위해 주도면밀하게 노력하고 있다. 〈우리는 과정 자체가 부패했다고 말할 수 있다.〉 금융 컨설턴트이자 저술가인 조너선 테퍼의 말이다. 〈가장 나쁜 문제는 이 과정이 완전히 합법적인 것이고 그 때문에 더욱 효과적이라는 사실이다. 사람들이 체제에 편입되고 있다.〉

현존하는 반독점법을 집행하는 주요 연방 기관은 법무부 독점 규제국과 연방거래위원회 두 곳이다. 어느 당이 백악관을 차지하고 있는지와 무관하게 대기업 변호사들이 두 기관을 지배한다. 그들은 예전 고객들의 철학을 그대로 신봉한다. 경쟁 정책에 관한 일련의 관념 때문에 좀처럼 공세적인 행동에 나서지 않는다. 그들은 정부 기관에서 소집 해제된 뒤에 대형 로펌의 변호사로 따끈한 자리를 보상으로 받는다. 정부에서 일한 경력을 이력서의 중요한 항목으로 내세우면서 예전 동료들을 설득해서 대기업 고객들을 너그럽게 봐 주게 한다고 큰소리를 칠 수 있기 때문이다. 테퍼의 표현을 빌리자면 일종의 〈소급 적용되는 뇌물〉이다. 공공연한 이동이나 심지어 의식적인 이적이 아니라 해도 독점 해체를 가로막는 강력한 장애물이다.

프랭클린 D. 루스벨트 대통령 시절에 독점 규제 부서 책임자로 일해서 역사상 가장 공격적인 독점 규제 집행자로 손꼽히는 서먼 아놀드가 공동 창립한 로펌 아놀드 앤 포터 케이 숄러가 오늘날 워싱턴에서 대기업 변호사와 정부를 이어 주는 가장 유명한 통로를 운영한다는 사실은 그의 생애에 덧붙은 서글픈 후기다. 오늘날 아놀드 앤 포터의 반독점 대책 그룹에 속한 주요 인사 명단에는 〈전 법무부 독점 규제 담당 차관, 연방거래위원회 경쟁 담당 국장 출신 두 명 (……) 법무부 독점 규제국 민사·형사 사건 담당 차관보, 연방거래위원회 경쟁 담당국 부국장, 법무부 독점 규제국 수석 보좌관 두 명, 연방거래위원회 경쟁 담당국 차장〉이 포함된다. 이 명단은 더 길어질 테지만, 아놀드 앤 포터 출신으로 연방거래위원장을 지낸 로버트 피톱스키가 2018년에 사망했다. 법무부 독점 규제 담당 차관과 연방거래위원회 경쟁 담당 국장을 지낸 윌리엄 베어는 아놀드 앤 포터에서 여러 차례 일했다. 연방거래위원회 경쟁 담당 국장을 지내면서 걸핏하면 부하 직원들의 결정을 파기하고 합의를 밀어붙인 데보라 파인스틴도 마찬가지다. 2013년에 한 연설에서 파인스틴은 합의야말로 〈소송을 통해 얻을 수 있는 것만큼 좋은, 아니 더 좋은 해결책〉이라고 말했다.

아놀드 앤 포터에서 일할 때 파인스틴은 제너럴 일렉트릭, NBC 유니버설, 유니레버, 펩시의 대리인을 맡았으며, 가장 최근에 대리인 역할을 한 넥스테이지 메디컬은 양대 독점 투석 센터인 프레제니우스와 합병을 시도하는 회사다. 현 연방거래위원장 조지프 사이먼스는 폴·와이스·리프킨드·와튼 앤 개리슨 법률사무소에서 일할 때 마이크로소프트, 소니, 샤프, 마스터카드의 대리인 역할을 했다. 공화당 소속 연방거래위원 크리스틴 윌슨은 커클랜드 앤 엘리스에서 일하면서 노스웨스트 항공이 델타와 합병하는 과정에서 대리인 역할을 맡았다. 나중에 윌슨은 델타의 사내 변호사가 되었다. 현 소비자 보호국장 앤드루 스미스는 코빙턴 앤 벌링에 속했을 당시에 무려 120개의 각기 다른 기업을 위해 일했다. 사실상 주요 은행 전부, 페이스북, 제약사 로비업체 파마, 의약품 유통사 카디널 헬스, 우버, 에퀴팩스, 다수의 소액 대부업체, 그리고 — 미국에서 혐오의 대상으로 손꼽히는 몇몇 브랜드를 위해 일한 경력의 마지막을 장식하듯이 — 댈러스 카우보이스 전용 구장(필라델피아 이글스 만세)을 지은 합자회사 등이다.

공화당 소속 연방거래위원을 역임한 조시 라이트는 구글의 주요 로펌과 손을 잡았고 지금은 독점 규제 문제에서 구글을 옹호하는 논문을 쓴다. 법무부 독점 규제 담당 차관 매컨 델라힘은 브라운스틴 하이야트 파버 슈렉에서 화이자, 퀄컴, 앤섬, CVS, 구글을 위해 일했다. 사이먼스의 전임 위원장으로 역시 민주당 소속인 이디스 라미레스는 임기가 끝난 뒤 호건 로블스에 합류해서 2019년에 유튜브의 대리인 역할을 맡았다. 민주당 소속 연방거래위원을 지낸 터렐 맥스위니는 현재 코빙턴 앤 벌링에 적을 두고 2020년 대통령 후보 조 바이든의 핵심 보좌관으로 일하는 중이다. 민주당과 공화당의 다른 반독점법 집행자들은 컴캐스트, 신젠타, 프록터 앤 갬블, 페이스북, 마이크로소프트, IBM, 우버, 오라클, AT&T, 달러제너럴, 제너럴 일렉트릭, 보잉 등등에서 일하고 있다.

정부 소속 경제학자들 또한 법무부와 연방거래위원회에서 컨설팅 기업들로 이동한다. 이 기업들에 자리를 잡고 반독점 소송에서 전문가 증인으로 나서는 것이다. 공익 추구 탐사 언론을 표방하는 프로퍼블리카의 추정에 따르면, 조지 W. 부시 시대에 법무부에서 경제학자로 일한 뒤 현재 시카고 대학교 교수이자 컨설팅 기업 컴퍼스 렉시콘 소속인 데니스 칼턴은 기업 고객을 상대로 1억 달러 이상을 벌어들였다. 경쟁 상대인 민주당의 칼 샤피로는 법무부에서 컨설팅 기업 찰스 리버 어소시에이츠로 자리를 옮겼다. AT&T/타임워너 합병 사건은 샤피로의 경제 모델과 칼턴의 경제 모델이 충돌한 전장이었다. AT&T 편에 선 칼턴이 승리했지만, 경제 모델의 싸움에서 시민들이 어느 자리에 서 있는지는 분명하지 않았다. 2019년 테퍼는 〈컴퍼스 렉시콘에서 급여를 받는 교수 7명이 법무부에서 반독점 경제학자 역할을 하고 있지만, 찰스 리버 어소시

이츠에는 세 명이 있다〉고 말했다.

　이런 견고한 장벽으로도 방어가 되지 않으면, 독점 기업들은 정치인에게 호소할 수 있다. 2017년 하버드 경영대학원에서 나온 한 연구는 하원과 상원의 법사위원회 소속 의원들의 지역구에 본사를 둔 기업들이 합병 소송에서 유리한 결과를 얻는다는 사실을 보여 주었다. 오바마 대통령 시절 내내 행정부 관리들이 일주일에 한 번 이상 구글 인사들과 회동했고, 그 시기 동안 거의 250명이 정부에서 구글로, 또는 구글에서 정부로 자리를 옮기는 회전문 인사가 있었다. 구글은 연구자들도 고용하고 있으며, 자신의 입장을 뒷받침하는 〈독립적인〉 신문 수백 곳에 비용을 대주는 식으로 수백만 달러의 공식 로비를 보강한다.

　마지막으로, 사법부는 수십 년 동안 일관된 의견 형성 과정을 거치면서 합병에 찬성하는 사고를 주입받고 있다. 반독점 연구자인 닐 고서치 같은 보수 성향 대법관들은 걸핏하면 대기업 편을 들고, 진보 성향의 스티븐 브레이어 대법관은 테드 케네디를 설득해서 항공산업 규제를 완화하게 만든 인물이었다. 1976년부터 1999년까지 헤리티지 재단이 연 세미나 프로그램인 〈연방 판사를 위한 경제학 연구회〉는 전성기에 연방 판사의 40퍼센트 이상이 수강했다. 최근의 한 연구 논문은 이 프로그램이 반규제, 친기업적 판결을 낳는 데 성공했음을 보여 주었다. 루스 베이더 긴스버그도 세미나에 참석하고 호평을 남겼다. 비슷한 집단이 운영하는, 법학 교수들을 위한 별도의 연속 세미나에서 엘리자베스 워런은 남편 브루스 맨을 만났다.

기록적으로 활발한 기업 합병의 시대에 이런 식으로 반독점 기관의 예산이 점점 줄어든다. 이런 식으로 법무부와 연방거래위원회는 반독점법을 이용해서 오르간 연주자, 스케이팅 코치, 물리치료사, 그밖에 노동자 연합체가 공모해서 소득을 늘린다고 추적·단속하는 한편, 미국에서 가장 거대한 독점 기업들에는 무임승차권을 나눠준다. 이런 식으로 독점 규제 기관들은 공식 법정 의견서에서 우버 기사가 아니라 우버를, 애플 고객이 아니라 애플을 지지한다. 이런 식으로 대통령은 기회가 있을 때마다 아마존과 구글을 물어뜯는 한편, 독점 규제 기관들은 거대 정보 기술 기업들을 보고 침을 질질 흘리고 그들을 위해 항소 이유서를 써준다. 이런 식으로 2012년과 2013년 몇 달간 연방거래위원회는 직원들의 권고를 무시한 채 독점력을 활용한 혐의로 구글을 기소하기를 거부했으며, 또한 고위 중역이 페이스북이 경쟁자를 제거하려고 한다고 공공연하게 말하는 문서가 버젓이 있는데도 페이스북과 인스타그램의 합병을 봉쇄하기를 거부했다.

독점 규제 기구 — 정부, 학계, 주류 집단 내의 — 는 자기 주변에 요새를 쌓아서 은둔 세계를 만들었다. 이 세계에서는 경제 자체에 아무 문제가 없고, 불평등이나 혁신의 저해, 서비스 품질 저하나 정치권력의 집중이 만연하지도 않으며, 그런 좋지 않은 결과를 부추겼을 법한 독점도 전혀 존재하지 않는다.

독점 기업을 공고화하기 위해 도열한 채 미국인의 삶에 그림자를 드리우는 이런 공식 권력의 결속을 넘어설 수 있는 방법은 하나뿐이다. 그리고 그 방법을 제대로 이해하기 위해 나는 대서양을 건너

488

길을 떠나야 했다.

❖

텔아비브 해변에서 몇 블록 떨어진 바우하우스 양식의 아파트 단지 한가운데에 있는 작은 술집에서 가이 롤닉을 만났다. 몇 년 전 그는 느닷없이 편지를 보내 자신이 시카고 대학교에서 준비 중인 기업 집중 문제에 관한 학술회의에 참석할 생각이 있느냐고 물었다. 시카고 대학교는 미국 민주주의를 강탈하는 친기업적 신념의 중심지가 아니던가. 그런데 2017년에 처음 열린 그 회의는 결국 우리의 경제학과 정치학에서 중요한 의미를 갖는 운동이 새롭게 시작되는 발판이 되었다. 모든 운동은 자라날 씨앗과 묘목이 필요한데, 처음 이 운동의 씨를 뿌린 곳이 이스라엘이다.

롤닉은 연구자가 아니라 이스라엘에서 가장 오래되고 평판이 좋은 일간지 『하레츠 *Ha'aretz*』의 언론인으로 출발했다. 『하레츠』는 팔레스타인 문제를 비롯한 이스라엘 사회의 여러 면모에 대해 확고한 좌파의 목소리를 유지했다. 하지만 롤닉은 『하레츠』에서 비중이 크지 않은 분야인 경제 전문 언론인이었다. 1997년 무렵 롤닉은 경제면 책임자였는데, 이제 막 인터넷이 통신 수단으로 등장하고 있었다. 「기업에 초점을 맞추면서 뭔가 새로운 일을 시작할 절호의 기회라고 생각했죠.」

이스라엘군 라디오에서 2년 의무 복무를 하고 8년간 금융 시장을 다루는 내내 롤닉은 이스라엘에 적용되는 사회에 관한 이론 하나를 발전시켰다. 「은행이나 보험회사를 장악하면 언론을 장악하고, 민주주의를 틀어쥘 수 있다는 거죠.」 미국에서 이스라엘에 관해 접하는 내용은 대개 전쟁과 평화, 요르단강 서안과 가자 지구 이야기다. 하지만 이스라엘은 롤닉이 말하는 이른바 거물들의 나라이기도 하다.

이스라엘에서 엘리트들은 1980년대에, 그러니까 세계은행과 국제통화기금(IMF)이 신흥국들에게 경제의 민영화와 규제 완화를 장려한 워싱턴 컨센서스 시대에 행동에 나섰다. 1983년 이스라엘 은행들이 몰락하고 연금 민영화가 포함된 대대적인 개혁이 이루어졌다. 「내가 폐쇄회로 자금closed-circuit money 이라고 부르는 현상이죠.」 5대 연기금이 이스라엘 국민들의 저축 가운데 97퍼센트를 손에 넣게 되었다. 이 돈은 이스라엘 대형 은행과 보험회사, 그리고 이스라엘 전력 공사 같은 독점 기업에 대출되었다. 그리고 이 기업들은 또한 전부 다른 기업들에 대출을 해주어 연기금을 경제를 장악하는 자금으로 삼으면서 외부의 어느 누구도 이 자금을 이용하지 못하게 했다.

이전에 노동조합연맹인 히스타드루트는 이스라엘 최대 은행인 하포알림을 소유했다. 1983년 몰락 이후 은행은 국유화됐고, 이후 민영화 물결이 이는 가운데 애리슨 가문이 이끄는 투자자 그룹에 매각되었다. 투자자 그룹은 대니 당크너를 회장에 앉혔다. 그의 사촌인 노히 당크너가 운영하는 IDB는 이스라엘 최대의 재벌로 항공사 이스라에어, 휴대 전화 회사 셀컴, 시멘트 독점 기업 네셔, 슈퍼마켓 체인 슈퍼 솔, 2위 보험사 클랄 인슈어런스 등을 거느리고 있었다. 모두 합쳐 20개 대기업이 주식 시장의 절반을 차지했는데, 대개 하나의 지배적인 대주주를 꼭짓점으로 하는 전형적인 〈피라미드식〉 소유 구조였다.

레우미 은행과 하포알림 은행은 시장의 60퍼센트를 장악했다. 두 은행은 이스라엘의 대형 신문사들에 대출을 해주었는데, 롤닉의 말을 빌리자면, 신문사들이 사실상 파산 상태로 채무를 상환할 수 없음을 알고 있었다. 「양쪽으로 위협이 가해졌습니다.」 롤닉의 말이다. 「언론사에 대출을 해주면, 알아서 우호적인 보도를 하게 마련이죠. 양쪽 다 이득인 거죠.」 언론계 거물들은 정치적으로도 힘을 과시했다. 나중에 만들어진 녹음 테이프에서 폭로된 바에 따르면, 거대 신문 『예디오트 아로노트*Yedioth Ahronoth*』의 소유주인 아논 모지스는 베냐민 네타냐후 총리에게 언론 분야에서 경쟁을 제한해 주기만 하면 얼마든지 오랫동안 지도자로 남을 수 있다고 말했다.

정부는 회전문 인사를 통해 이렇게 한통속이 된 엘리트들의 놀음에 끼어들었다. 정부의 금융감독원장 네 명이 연속으로 여러 금융 기관의 고위 중역으로 옮겨갔다. 재무장관도 네 명 연속으로 같은 경로를 밟았고, 재무부 회계감독 책임자 네 명도 연속해서 그 길을 따랐다. 독점 규제 책임자인 요람 투르보위츠는 에너지 거물 이츠하크 추바가 소유한 천연가스 독점 기업 델렉 에너지의 회장으로 변신했다. 그의 후임자들도 교대로 에너지 산업으로 들어갔다. 롤닉은 이런 행태를 이스라엘 경제와 민주주의를 확고하게 틀어쥔 채 모두들 서로의 이익과 자신의 이익만 추구하는 억만장자 가문 클럽이라고 규정했다. 「부패는 우파나 좌파와 연결된 게 아니에요. 부패는 부패일 뿐이에요.」롤닉의 말이다. 「테이블 밑을 보면, 모두들 협력하고 있죠.」

롤닉은 재계 거물들이 이스라엘을 장악하는 현실에 관해 보도하고 싶었고, 인터넷이 적절한 공간이 될 수 있겠다고 생각했다. 스물아홉 살에 400만 달러를 모아서 경제 저널리즘 웹 사이트 더마커를 개설했다. 결국『하레츠』도 그를 지원하기로 했다. 「경제 부문 전반과 기존 신문사들로부터 대단히 공격적인 반발에 부딪혔습니다.」롤닉이 그때를 회상했다. 「제가 좀 순진했죠. 그들이 경쟁을 좋아하지 않는다고 생각했어요. 시간이 흐르면서 그들은 뉴스 언론이 은행과 재벌들의 이해관계와 확실히 제휴하게 만들기를 원한다는 걸 깨달았지요.」

그렇다 하더라도 선구적으로 인터넷을 개척한 롤닉과 더마커는 어느 정도 성공을 거두었다. 사이트에서 활동하는 언론인들은 어떤 한계도 없이 이스라엘 경제와 권력의 여러 문제를 탐구할 수 있었다. 주요 독자층은 주주와 중역이 아니라 소비자와 시민이었다. 2000년에 출범하고 5년 뒤에 더마커는 수익성을 확보해서『하레츠』의 인쇄판 부록을 만들었다. 다만 논조가 조금 신중하게 바뀌었다. 「첫 단계에서는 개혁 지향적이었죠.」더마커의 전 기자인 애셔 섹터의 말이다. 「그래도 고전적인 의미에서 여전히 신문이었다고 생각해요. 일정한 가치와 사명이 있었는데, 뉴스를 주무르는 게 아니라 보도하는 게 목표였죠.」

이스라엘에서 기업 통합이 고조되고, 여러 가지 부패가 더욱 쉽게 드러나자 더마커는 전략을 바꿨다. 운동가를 자처하게 된 롤닉은 저널리즘의 관습을 활용해서 이스라엘에서 실질적인 변화를 이루고자 했다. 경쟁을 증대하기 위해 기업의 수수료 구조를 바꾸려 한 초기의 시도는 실패로 돌아갔다. 「객관적 자세를 지키려고 했습니다.」 롤닉의 말이다. 「그런데 다음 과제가 등장했죠. 은행들이 경제 발전의 발목을 잡는 문제를 해결해야 했습니다. 나 자신한테 물었습니다. 〈영국 신사처럼 행동해야 할까? 아니지!〉」

롤닉은 우드로 윌슨 미국 대통령의 1912년 선거운동에서 자문을 맡은 반독점론자인 루이스 브랜다이스의 사진을 표지로 내세운 주말 특집판을 만들었다. 이스라엘에서 브랜다이스는 다른 면모, 즉 최초의 유대인 대법관이자 열렬한 시온주의자로 유명했다. 롤닉은 특집판의 사설을 썼다. 〈100년 전 권력에 굶주린 재계의 거물들과 대결하면서 루이스 브랜다이스는 세계 최고의 자본주의 국가에서 사회적 양심이 되었다. 누가 과두 지배자들에게 사로잡힌 이스라엘의 구원자가 될 것인가?〉 그는 브랜다이스의 사상을 활용해서 재계의 거물들이 이스라엘 경제 모든 부문을 독점화하는 현실을 공격했다. 필자들은 이런 독점이 어떻게 정치권력으로 전환되면서 정치인들을 포획하는지를 보여 주었다. 체제가 어떻게 작동하고, 여러 현상이 어떻게 맞물리는지를 설명하는 가운데 일상적인 뉴스 기사들이 맥락 안에 자리를 잡았다. 이스라엘에서는 대단히 새로운 이런 보도 방식은 사회에 활기를 불어넣기 시작했다. 독자 수는 많지 않았지만, 영향력은 작지 않았다. 더마커는 어울리는 독자들에게 가 닿았고, 애초에 인터넷을 기반으로 만들어졌기 때문에 기사가 입소문으로 퍼져 나갔다.

첫 번째 캠페인은 순식간에 성공을 거두었다. 정부가 이스라엘 은행들에 자산관리 사업체를 매각하도록 강요한 것이다. 이 이스라엘 은행들은 금융 위기 당시에 붕괴할 가능성이 낮았기 때문에 탈집중화는 금융 시스템을 안정화하는 데 기여했다. 나중에 통신부 장관은 통신사 소유주들에게 문제를 제기했다. 거물이 운영하는 세 대기업이 구성한 카르텔은 휴대 전화 요금으로 무려 한 달에 500달러를 부과하고 있었다. 더마커는 이 캠페인도 지지했다.

거물들은 반격에 나섰는데, 손꼽히는 대기업들이 더마커의 인쇄판에 광고를 주지 않았다. 더마커는 파산 일보 직전까지 갔다. 당크너 가문은 이스라엘에서 두 번째로 큰 신문인 『마리브 *Ma'ariv*』를 사들였고, 더마커 기자들에게 두둑한 연봉을 제시하며 자기네 쪽으로 넘어오라고 유혹했다. 『마리브』는 한 면을 통째로 할애해서 「더마커 패거리」라는 기사를 실었고, 재계의 동료 거물들은 우호적이지 않은 기사들에 대해 걸핏하면 소송으로 위협하고 실제로 고소를 남발했다. 「실제로 그들은 가이 롤닉의 아버지에 관한 탐사보도 기사를 내보냈어요.」 애셔 섹터의 말이다. 「그러니까, 그 사람이 왜 표지 기사에 실려야 하죠? 그래서 아주 격렬한 반응이 나왔죠. 그런데 이스라엘에서 물가가 급등하기 시작하면서 사회적 항의 운동으로 이어졌습니다.」

2011년, 석유, 가스, 수도, 식료품, 주택 가격이 급등했고, 어떤 경우에는 두 배까지 뛰었다. 경제 전반은 탄탄해지고 있었지만, 그 혜택은 이스라엘의 보통 사람들, 특히 젊은이들에게까지 돌아가지 않았다. 그 와중에 재계 거물들은 주주 배당금을 삭감하는 한편 수익을 계속 쌓아두었고, 더마커는 이런 내용을 보도했다. 7월, 다프니 리프라는 텔아비브의 젊은 영화감독이 이웃나라 이집트의 타흐리르 광장에서 벌어진 시위에 공감하면서 이스라엘 사람들도 거리로 나올 것을 호소하는 페이스북 메시지를 올렸다. 당시 이스라엘 젊은이들이 곤경에 처한 상황에 관해 기사를 쓰고 있던 섹터는 로스차일드 불르바드에 있는 국립극장 근처 하비마 광장에 소규모 그룹이 천막을 세운 광경을 보았다. 「첫날 밤부터 볼 수 있었는데, 그 물결이 엄청나게 거세졌습니다.」 섹터가 그때 기억을 떠올린다. 「한 시간 만에 전국적인 뉴스가 됐어요.」 텔아비브 시장이 천막을 찾아갔지만 시위대에게 쫓겨났다. 몇 주일 만에 광장과 인근 대로의 중앙분리대는 천막으로 뒤덮였고, 결국 이스라엘 각지에서 수백 개의 천막이 세워졌다. 전국학생연합 의장은 〈이 나라에서는 생활 자체가 불가능해지고 있는데, 우리는 이런 현실을 받아들이지 않겠다〉고 선언했다.

첫 달에는 일반적인 반정부 구호와 복지국가를 강화하라는 요구가 나왔을 뿐 항의 시위 지도자들이 탄탄하게 조직되지 않았다. 의도적인 전략이었다. 시위 지도부는 재계 거물들이 운영하는 언론에 실리기 위한 열쇠는 항의 시위의 표적을 정치권 지도부로 집중시키는 것임을 알았다. 하지만 실제 거리에서는 재계 거물들에 대한 자각과 독점 반대 캠페인이 존재했다. 한 천막은 재계 거물들이 주주들의 머리를 깎아 준 셈이라면서 천막에 〈당크너의 이발소〉라는 이름을 붙였다. 8월에 이르러 시위대는 무려 43만 명으로 늘어났고 (인구가 800만에 불과한 나라로서는 믿기 어려운 숫자다. 이스라엘 전체 성인 인구의 10퍼센트에 육박하는 셈이다), 시위대는 빈번하게 더마커의 언어를 구사하면서 재계 거물과 과두 지배자들이 이스라엘을 장악했다고 저주를 퍼부었다. 시위자들은 더마커에 실린 기사와 통계 자료를 천막에 붙였다. 재계 거물들이 특정한 언론을 소유하고 있는 상황을 극명하게 보여 주는 피라미드 모양의 거대한 표지판이 우후죽순처럼 생겨났다. 또 다른 표지판에는 네타냐후가 노히 당크너와 이츠하크 추바 바로 옆에 선 그림에 〈두 주인을 섬기는 하인〉이라는 말풍선이 달렸다.

항의의 정서가 정부에서 재계 거물들로 옮겨가자마자 주요 언론사들은 시위 보도를 중단했다. 시위대가 언급된다고 해도 생각 없는 아나키스트들이라는 딱지가 붙을 뿐이었다. 후에 이 언론사들에서 일한 언론인들은 시위 보도를 중단하고 모인 군중의 숫자를 줄여 잡으라는 지시를 받았다고 토로했다. 더마커만이 보도를 계속했고, 시위대와 한 몸이 된 섹터가 앞장섰다. 「우리한테는 시위대를 여러 쟁점으로 인도할 수 있는 통로가 있었습니다. 그게 없었다면 시위대가 그만큼 많은 정보를 얻지 못했겠죠.」

그해 8월 롤닉은 사무실에서 전화를 한 통 받았다. 비비 네타냐후의 전화였다. 네타냐후가 직접 만나자고 해서 롤닉도 동의했지만 편집가들과 함께 가겠다는 단서를 달았다. 「바로 이 사무실에서 말도 안 되는 회동을 한 거죠.」 롤닉의 말이다. 「네타냐후가 그러더군요. 〈내가 어떻게 하면 되겠습니까?〉 우리는 이구동성으로 대답했습니다. 〈왜 이러십니까, 다 아시면서.〉」 다음 날 아침 기자회견장에서 네타냐후는 1년 전에 소리 소문 없이 만들어진 기업 집중 위원회가 서둘러 움직여서 과업을 완수해야 한다고 촉구했다. 재계 거물 가운데 몇몇이 네타냐후의 정적이었기 때문에 독점 반대 세력은 운 좋게도 양자의 분열을 활용할 수 있었다.

위원회는 중간 보고서에서 공식 문서로는 처음으로 이스라엘에 기업 집중 문제가 존재한다는 것을 인정했다. 2012년, 통신회사법 이 시행되어 최고 월 500달러의 요금이 90퍼센트까지 내려갔다. 2017년 이스라엘에 머무르는 동안 텔아비브의 휴대 전화 광고에서 월 15달러에 모든 서비스를 이용할 수 있다는 내용을 보았다. 휴대 전화 요금이 대폭 인하되면서 당크너의 대기업 IDB에서 가장 수익 성이 좋은 사업 부문 하나가 타격을 입었다. 섹터는 일종의 연쇄 반 응 같았다고 설명했다. 몇몇 재계 거물들이 곧바로 파산하고, 더 많 은 개혁을 요구하는 압력이 생겨났다는 것이다. 2013년에 이르러 기업 집중 규제법이 크네세트(이스라엘 의회)에서 만장일치로 통 과되었다. 피라미드식 소유 구조를 제한하고 상당히 많은 금융기관 을 상업과 분리하는 법이었다(주요 금융회사 소유자도 실물 경제에 서 대기업을 지배할 수 없었다). 극적인 효과가 나타났다. 이스라엘 증권 감독원에서 나온 보고서에 따르면, 2010년에는 거물이 소유 한 기업들이 이스라엘 경제의 55퍼센트를 장악한 반면, 2017년에 이르면 그 수치가 37퍼센트까지 떨어졌다.

나중에 크네세트는 식료품 시장에서 소규모 공급업체를 지원하 기 위해 만들어진 차별금지법과 중역 급여 상한제를 승인했다. 더 마커는 두 법의 제정을 위한 캠페인을 벌였다. IDB는 지급 불능 상 태에 빠졌고, 당크너는 회사 지배력을 상실했다. 다른 거물이 운영히는 대기업들도 해체되었다. 당크너 사촌형제 둘 다 실형을 선고 받았다. 다니는 뇌물공여죄, 노히는 주식 사기 혐의였다. 노히 사건에서 최초 정보 출처는 더마커였다. 독점 기업가들 편으로 다시 돌아선 네타냐후도 부패 혐의로 기소당하게 된다. 롤닉이 입을 열었다. 「무소불위의 계급이 감옥에 가거나 가는 중이죠.」

롤닉은 이스라엘판 퓰리처상을 받았다. 그는 이스라엘에서 벌어진 캠페인에서 배운 가장 중요한 교훈은 의제를 설정하는 힘이라고 말했다. 더마커는 이스라엘 사람들이 한 번도 들어보지 못한 방식으로 독점에 관해 이야기했다. 그를 비롯한 한 무리의 언론인들은 미치광이 급진파라는 오명을 뒤집어썼지만, 보통 사람들의 삶과 연결되는 이야기를 들려주는 언론은 그들뿐이었다. 그리고 그들은 개혁의 시기가 무르익은 쟁점을 주류로 끌어들일 수 있었다. 생생한 이야기는 정치적 환경을 조성하는 데 기여할 수 있고, 뒤이어 벌어지는 운동은 이 이야기를 연료로 삼아 민주주의를 재건할 수 있다.

롤닉은 캠페인이 성공을 거두는 가운데 이스라엘 바깥으로 눈을 돌리기 시작했다. 「미국은 경쟁이 꽃을 피우는 위대한 나라라고 생각했습니다.」 그가 말했다. 「지금 모습을 보면, 경쟁 수준이 이스라엘보다도 못하죠.」

2017년 3월 시작된 독점 규제와 경쟁에 관한 시카고 대학교 학술회의는 시카고 경제학파의 지도자 가운데 한 명의 이름을 딴 스티글러 센터에서 탄생한 것이다. 시카고학파는 정치 엘리트들에게 독점의 이익을 설파함으로써 미국에 독을 풀었다. 『이코노미스트』가 말한 것처럼, 〈최근까지만 해도 윈디 시티[1]에서 독점 규제를 지지하는 회의를 여는 것은 뉴올리언스에서 술 끊기에 관한 심포지엄을 개최하는 것이나 마찬가지였다〉. (사실 『이코노미스트』가 독점 규제 정서에 공감을 표하는 것 역시 어울리지 않기는 마찬가지다.)

롤닉은 바로 전에 이 대학에 교수로 합류한 상태였다. 그는 경제학계의 이단아 루이지 징갈레스와 팀을 이뤄 상아탑, 특히 시카고에서는 이례적으로 이런 문제들을 상세하게 밝혀 내려고 했다. 그들은 이런 사고가 얼마나 빠르게 확산될지 미처 깨닫지 못했을 것이다. 〈미국에 기업 집중 문제가 존재하는가〉라는 제목이 붙은 첫 번째 회의에는 신브랜다이스 운동이라는 깃발 아래 모이게 된 많은 사람들이 운집했다. 언론인, 싱크탱크 연구원, 역사학자, 이전부터 독점 규제의 현 상황에 조심스럽게 이의를 제기했으며 이제는 더 넓은 세계의 지지를 얻게 된 학계 인사 등이었다. 새미국재단에서 한 무리의 저술가와 사상가들을 모아서 독점 기업과 그 비호 세력을 비난해 온 배리 린도 그 자리에 있었다. 그의 동료 참석자 가운데 한 명인 리나 칸은 최근 역사에서 가장 유명한 법 평론으로 손꼽히는 「아마존의 반독점 역설」에서 이 온라인 소매업체는 현대 경쟁 정책의 실행으로 적절하게 대처할 수 없는 리바이어던의 상징이라고 주장한 바 있었다. 제2의 도금 시대에서 대기업 권력 문제를 다루는 주요 저서의 저자와 장래 저자들이 모두 한자리에 모였다.

1 Windy City. 시카고의 별명.

보수파도 그 자리에 있었다. 나는 『네이션』에 쓴 글에서 이 회의 장이 사상들이 전면 충돌하는 전장이 된 과정을 설명했다. 〈미국은 노예 상태로부터 스스로 보호할 수 있는 수단을 국민에게 제공하기 위해 만들어진 나라입니다〉라고 린이 특유의 고함을 지르자 칼 샤피로가 응대했다. 「정치권력 때문에 합병을 가로막는다는 사고는 이제 흔적조차 없어졌습니다.」 샤피로는 월마트의 저가 정책이 소비자들에게 큰 이익이 되었다는 말도 덧붙였다. 데니스 칼턴은 〈기업 집중은 사실 낮은 수준〉이라고 주장하면서 한 마디 덧붙였다. 「기업 집중 때문에 문제가 생겨난다고 보지 않습니다.」 기조 연사인 전 항소법원 판사 리처드 포스너는 퉁명스럽게 말했다. 「독점 규제는 옛날 얘기입니다. 그렇지 않습니까?」

어떤 이는 시민들이 서서히 독점의 무게 아래로 가라앉는 가운데 한 무리의 지식인들이 주장하는 내용이 아무런 도움이 되지 못했다고 생각하면서 포기할 수도 있었다. 그렇지만 2년 뒤 다시 열린 학술회의는 전에 기업 집중 문제가 존재하는지에 관해 탐구한 것과 달리 눈앞에 분명히 존재하는 기업 집중 문제를 다루는 강령을 작성하는 방향으로 형식이 바뀌었다. 실제로 수십 년 만에 처음으로 시카고학파의 사상에 이의를 제기하는 것만으로도 그들을 약화시키는 효과가 있었다. 이제 시카고학파의 사상은 변함없는 철칙이 아니라 하나로 묶인 일련의 추측으로, 너무도 인간적이고 오류 가능성이 있는 사고에 가까워 보였다.

한편 신브랜다이스 운동은 놀라운 추진력을 얻었다. 이 운동은 경직된 경제를 보며 대중이 느끼는 분노의 물결과 그 밑바탕에 놓인 힘들을 이해하고자 하는 열망을 사로잡았다. 학술회의로 이어지는 몇 년간, 엘리자베스 워런 상원의원부터 오바마 행정부의 경제 자문위원회에 임명된 사람들, 공화당이 이끄는 상원 법사위원회 위원들에 이르기까지 다양한 이들이 독점 기업이 우리 삶을 지배하려고 서서히 옥죄어 드는 현상에 관해 우려를 표명했다. 린이 유럽에서 구글에 부과된 과징금에 찬성하는 보도자료를 보낸 뒤 새미국재단에서 쫓겨났을 때(구글은 새미국재단의 주요 기부자이며, 재단의 워싱턴 사무실에 있는 대회의실 이름은 구글의 전 회장 이름을 따서 〈에릭 슈미트 아이디어 랩〉이다), 달갑지 않은 사고를 질식시킬 수 있는 독점 기업의 권력이 분명하게 드러났다. 거대 정보 기술 기업들이 이용자의 프라이버시를 함부로 다루고 2016년 선거에서 노골적으로 한쪽 편에 선 것을 폭로하는 보도가 잇따르는 동시에 갑자기 더 많은 반대파가 나타났다. 초창기 IT 자금 조달자였던 로저 맥나미는 플랫폼 기업을 해체할 것을 호소했고, 페이스북 공동 창립자 크리스 휴즈도 어깨를 나란히 했다. 버즈피드의 벤 스미스는 독점 기업에 대한 새로운 반발을 보여 주는 수십 건의 기사 중 하나에서 실리콘밸리의 〈강물에는 피가 흐른다〉고 선언한 것으로 유명하다.

전 세계가 IT 플랫폼을 사용하기 때문에 반독점 운동을 오로지 거대 정보 기술 기업에 대한 공격과 융합하려는 유혹이 존재한다. 하지만 신브랜다이스 운동 지지자들은 실제로 경제의 광범위한 재구조화에 관해 이야기했다. 농업, 금융, 의료 등의 수많은 분야에서 시장이 과두 지배자들이 아니라 민중을 위해 작동하도록 만드는 게 목표였다. 반독점 지지자들은 불평등이 고조되고 기회가 줄어드는 가운데 최근에 사회가 앓고 있는 질병을 폭로했다. 그리고 독점에 맞서 싸우기 위한 법적 장치가 이미 존재했기 때문에 이처럼 다시 의지를 충전하는 것은 댐을 터뜨리는 효과를 발휘했다.

2020년 민주당 예비선거는 2012년 이래 어느 때보다도 독점에 관한 토론이 두드러지게 많았다. 서로에 대해 공공연하게 반감을 표하는 후보자들조차 — 버니 샌더스에서 존 히켄루퍼에 이르기까지 — 독점 문제에 뭔가 조치를 취해야 한다는 데는 뜻을 모았다. 우파에서는 미주리주 출신 연방 상원의원 조시 하울리가 표적 광고에 맞서기 위한 〈추적 금지do not track〉 선택권을 제안했다. IT 플랫폼에 대한 폭발적인 반감에 편승한 제안이었다. 하원 법사위원회는 양당이 지지하는 가운데 기술 집중이 사회에 미치는 영향을 연구 중이다. 수십 년 만에 처음으로 의회 차원에서 독점에 관한 충실한 조사에 나선 것이다. 의회의 질의에 압박을 받은 아마존은 경쟁자들은 접근하지 못하는 공간에 걸어 놓던 자체 브랜드 특별 광고를 내렸다. 시민들이 아래로부터 압력을 가하자 정치 체제가 응답할 수밖에 없다.

기업법과 경제학 분야의 국외자와 그 동맹자들이 모여 있는 독점 규제 기관들은 처음에 규제법을 시행하겠다고 입에 발린 말을 하면서 별 의미 없는 현장 공청회를 열고 공기보다도 가벼운 발언을 쏟아냈다. 매컨 델라힘은 2018년 시카고 학술회의까지 찾아와서 현재 상태보다 별로 나을 것도 없는 독점 규제 기구를 옹호했다. 그러는 사이에 규제 기관들은 CVS/애트나, 아마존/홀푸드 같은 초대형 합병을 통과시켰다. 이 기관들이 지배적인 IT 플랫폼을 둘러싼 사법적 쟁점을 가려내지 않은 채 법무부가 구글과 애플에 대한 조사를 책임지고, 연방거래위원회가 페이스북과 아마존을 맡았다. 거대 정보 기술 기업을 규제하라는 압력은 일정한 조사의 결실을 맺을 수 있었다. 잡지와 단행본(이 책과 같은)을 발행하는 두 주요 기업인 LSC커뮤니케이션과 쿼드/그래픽스의 합병을 가로막는 것은 제대로 된 독점 규제 집행기관이라면 당연한 일이었다. 하지만 법무부가 소송을 불사하겠다고 발표한 뒤 두 기업이 2019년에 합병을 포기한 사건은 흡족하면서도 놀라운 일이었다. 아마 반독점 운동이 제대로 된 기관의 깜박이는 불꽃을 어둠 속에서 끄집어 낸 듯하다.

법원 또한 이따금 귀를 기울였다. 한 판사는 퀄컴에 대항해서 연방거래위원회의 손을 들어 주면서 이 컴퓨터 칩 제조사는 경쟁하는 공급업체들에 특허 사용권을 부여해야 한다고 판결했다. 대법원은 〈애플 대 페퍼〉 사건을 심리했는데, 앱 개발자들은 애플이 아이폰 앱 시장을 장악하면서 공급업체에게 바가지를 씌우고 소비자 가격을 인상한다고 주장했다. 애플은 자사는 그런 혐의에 책임이 없으며, 단지 가상 몰의 호스트일 뿐이라고 주장하려 했다. 하지만 대법관들이 비록 사업 구조의 기술적 부분을 세세하게 알지는 못해도 다들 스마트폰은 갖고 있었다. 소니아 소토마요르 대법관은 〈최초의 판매는 애플과 고객 사이에서 이루어진다〉고 말했다. 소토마요르는 사건을 계속 진행할 수 있다고 판결한 다수 편에 섰다.

반독점 운동은 해외에서도 도움을 받았는데, 인도는 아마존이 자사 플랫폼에서 외부 판매자와 경쟁하는 제품을 직접 파는 것을 금지했으며, 독일은 페이스북이 불쑥불쑥 띄우는 표저 광고 사업을 불법화했다. 각 주에서는 거대 정보 기술 기업을 겨냥한 수사가 진행되고 있으며, 약값을 올리는 보험 청구 대행업체의 중개상들도 추적 대상이다. 버지니아주에서는 양당이 연합해서 오랫동안 독점 지위를 유지한 에너지 회사 도미니언을 해체하는 중이고, 애리조나주 역시 공익사업 독점을 겨냥하고 있다. 각 주의 법무장관은 패스트푸드 대기업이 노동자들의 산업 내 일자리 이동을 가로막는 경쟁 금지 조항을 시행하는 것을 중단하게 만들었다. 이 조항은 임금을 압박하는 핵심 기법이다. 연방 법무부가 스프린트/T 모바일의 합병을 통과시켜서 미국의 주요 이동통신사가 4개에서 3개로 줄었을 때, 각 주는 하나로 뭉쳐서 합병을 저지하는 소송에 나섰다. 셔먼 반독점법에 따른 주의 권리를 행사한 것이다. 개인 소송 당사자들도 점차 동일한 권한을 행사하고 있다. 애플 앱스토어 사건을 대법원까지 끌고 가서 승리를 거둔 것도 한 법정 변호사였다.

시장도 투박한 방식으로나마 대중과 뜻을 같이했다. 이따금 애널리스트의 보고서나 행동주의 투자자가 나서서 어떤 회사는 합쳐져 있을 때보다 나뉘어 있을 때 더 가치가 높다고 권고한다. 때로 회사들은 그런 조언에 따라 행동한다. 유나이티드 테크놀로지는 2018년에 세 회사로 분할됐는데, 레이시언과 합병을 앞둔 전조였지만 문어발식 대기업은 이제 투자자들의 선호에서 벗어났음을 알리는 신호이기도 했다.

무엇보다도 중요한 점으로, 이제 사람들이 자신의 힘을 깨닫고 있다. 구글 직원들은 처우 개선과 좀더 인간적인 제품을 요구하며 행진에 나섰다. IT 산업의 역사에서 보기 드문 노동자 연대가 펼쳐졌다. 몇몇 지역에서는 노동자들이 승리를 거두었다. 시민들은 대담한 시도를 조직해서 대기업을 물리쳤다. 콜로라도주 포트콜린스의 공용 와이파이 지지자들은 100만 달러를 쏟아부은 민간 기업에 맞서 1만 5,000달러를 들였는데, 그래도 승리를 거뒀다.

또 다른 이야기는 많은 교훈을 준다. 지난 몇 년에 걸쳐 사모펀드 산업이 할리우드 배우 에이전시를 사들이면서 영화와 텔레비전 작가 수입의 70퍼센트를 지불하는 3대 기업에 수십억 달러를 투자하고 있다. 한때 에이전트들은 고객의 이익을 최대한 보장하는 방향으로 일했지만, 이제는 〈일괄 수수료〉를 목표로 삼으면서 한 에이전시에 소속된 작가와 연출자, 배우를 같은 프로그램에 투입하고 스튜디오로부터 직접 커미션을 벌어들인다. 특정한 에이전시에 속하지 않은 작가들을 해당 에이전시의 일괄 거래에서 배제할 뿐만 아니라, 제작 예산에서 일괄 수수료가 나오는데, 작가 급여도 여기서 나온다. 따라서 에이전트들이 자기 고객들과 돈을 놓고 경쟁하게 된다. 스튜디오들은 향후 프로젝트를 위해 배우를 원하기 때문에 에이전트가 유리한 지위를 차지한다. 텔레비전 작가의 급여 중간값은 〈TV 전성시대〉 이래로 줄어든 반면, 에이전시들은 제작 사업에 진출하면서 엔터테인먼트 산업의 자금을 더 많이 차지하고 고객들의 보스 노릇을 하고 있다. 큰 수익을 좇는 금융가들의 재촉을 견디지 못하면 어쩔 수가 없다.

사모펀드는 보통 노동자들에게 교섭력이 전혀 없는 경제 부문들에 뛰어든다. 하지만 미국작가조합(WGA)은 똘똘 뭉쳐 있었다. 작가 7,000명이 자기 에이전트를 해고했다. 그리고 이 산업은 뿔뿔이 흩어지지 않았다. 서부 미국작가조합의 연구·공공정책 책임자인 로라 블룸스미스는 이렇게 말했다. 「최근에 작가들을 조사한 결과, 조합원 가운데 75퍼센트가 가장 근래에 한 작업이 전담 에이전트와의 계약에서 구한 일이 아니라고 답했습니다.」 조합은 작가들이 TV 프로그램 제작자에게 작품을 직접 전달하는 방식을 마련하고 작가들이 계약을 체결하기 위한 만남을 주선했다. 프로그램은 계속 일할 사람을 충원한다. 수익만 뽑아먹는 독점 중개업자들은 전혀 필요가 없다는 사실이 밝혀졌다.

다만 사람들이 이런 상상이 현실이 될 수 있음을 깨달아야 한다. 눈가리개를 벗고 우리의 경제·정치 구조를 자세히 들여다보면, 더 나은 여러 대안을 상상할 수 있게 된다. 우리 나라가 직면한 모든 문제 ─ 전쟁과 평화, 이민자와 국경, 전 국민 의료보험, 금융 안정, 번영을 폭넓게 공유하는 경제 ─ 는 사실상 어떤 형태로든 독점과 상호작용한다. 독점은 가장 근원적인 문제, 즉 권력의 문제이며, 이 문제를 해결하면 다른 모든 문제를 해결할 길이 열린다.

다시 한번 강조하고 싶다. 우리는 독점을 어떻게 다뤄야 하는지 알고 있다. 40년 동안 우리에게 부족했던 것은 단순한 연민을 넘어서는 정의를 향한 열망과 자존감에 바탕을 둔 사회운동이다. 어처구니없이 심한 빈부 격차, 우리의 선택지가 악화되고 우리가 만드는 제품이 점점 싸구려가 되는 현실, 발판을 확보하지 못하는 기업가들의 무능력, 미국 중산층을 포기해 버리는 수치스러운 작태 ─ 이 모든 현상이 결합되어 우리 경제의 균형을 회복해야 한다는 강력한 요청에 에너지가 모아진다. 「국민들이 권력 기관에 실망하고 있다는 걸 압니다.」 독점 문제에 관한 지도자인 하원의원 로 카나의 말이다. 「국민들이 자기 자신의 삶에 대해 주체적 힘을 발휘하지 못한다고 느끼지요.」

우리가 자포자기한 채 우리의 삶을 다른 이의 손에 맡기는 한, 아무리 위대한 인물이라도 혼자서 저항을 지속하지 못할 것이다. 그들 또한 수가 적어서 독점 세력에 압도당하기 때문이다. 리처드 호프스태터는 1964년에 한 연설에서 이런 질문을 던졌다. 「도대체 반독점 운동에 무슨 일이 벌어진 겁니까?」 그는 어떻게 해서 이제 더는 반독점 정서가 대중적 분노의 핵심 주제가 되지 못하는지 의아해했다. 대중이 참여할 때, 미국은 그들을 위해 커다란 일을 할 수 있다. 관심이 초점을 잃고 흩어지면, 무자비한 독점 기업들이 지배하는 세상이 된다. 호프스태터는 선견지명이 있었다. 그가 질문을 던진 뒤 오래지 않아 반독점 운동은 사그라들었고, 독점 기업의 지배는 다시 왕좌에 올랐다.

오늘날의 반독점 운동에는 앞으로 무슨 일이 벌어질까? 선거 유세와 의회 청문회에서 대담한 발언을 이어가고, 법정과 규제 기관에서 환하게 불을 밝히며 존재를 인정받을 수 있을까? 대중의 분노가 커지고, 사람들이 누가 자신들의 힘을 앗아 갔는지 인식하면서 그 힘을 되찾을 수 있을 때만 가능한 일이다.

감사의 말

2015년 『아메리칸 프로스펙트』의 로버트 커트너가 전화를 걸어서 잡지 다음 호에 어떤 글을 싣고 싶으냐고 물었다. 정확한 이유는 기억나지 않지만 나는 독점 기업에 관해 쓰고 싶다고 말했다. 「다시 반독점으로Bring Back Antitrust」라는 기사는 2015년 가을호에 실렸는데, 그때까지 내가 발표한 글 중에 가장 긴 분량이었다. (내 책 『권리의 사슬』은 1년 뒤에 나왔다.) 이 기사 덕분에 나는 독점 문제에 관해 오랫동안 노고를 기울인 언론인과 사상가들의 세계에 발을 들여놓았고, 부끄럽긴 하나 내가 독점 문제를 망각의 늪에서 부활시켰다고 생각한다. 내가 모르는 새에 이제 막 새로운 사고의 돌파구를 열던 이 세계는 신브랜다이스 운동의 중심이 될 터였다. 지금 당신이 읽고 있는 이 책은 그런 초기 보도에서 시작돼 5년간 이어진 작업을 바탕으로 만들어진 것이다.

당시에 나는 또한 내가 『아메리칸 프로스펙트』의 편집장이 되리라는 걸 알지 못했다. 나는 그 자리를 받아들일 준비를 하는 와중에

이 책을 썼는데, 편집장이란 자리는 저자로서 시간 관리 전략을 짜는 데 권할 만한 직책이 절대 아니다! 그래도 사상과 정치, 대기업 권력을 비롯한 권력을 다루는, 전국적으로 인정과 존중을 받는 잡지를 만들기 위해 지치지 않고 애쓰는 『프로스펙트』 식구들에게 감사의 말을 해야겠다. 우리는 2020년에 창간 30주년을 기념했는데, 좌파 포퓰리즘의 이 전초 기지를 다음 세대까지 전하기 위해 애쓰는 중이다. 지혜와 격려를 베풀어 준 공동 창립자 보브 커트너와 폴 스타, 선임기자 해럴드 마이어슨, 발행인 엘런 미니와 이사장 마이크 스턴, 그리고 직원인 조너선 가이어, 게이브리얼 걸리, 수재너 바이저, 알렉산더 새먼, 마샤 브라운, 브리타니 깁슨, 잰도스 로스틴, 스티븐 화이트사이드 등에게 감사한다.

이 책을 쓰면서 활용한 몇몇 기사를 작성할 때 함께 일한 다른 편집가들에게도 감사의 말을 해야 한다. 라이언 키어니, 라이언 그림, 스티븐 미큘런, 조지 조닉, 제시카 스타이츠, 유발 로전버그, 벳시 리드, 맷 테일러, 그밖에 많은 편집가들에게 감사한다.

우리 경제의 구석구석에 거대한 그림자를 드리우고 있는 독점 기업들을 파악하는 데 도움을 준 이들의 목록은 거의 끝이 없어서 틀림없이 여기서 빠뜨린 사람이 있을 것이다. 바로 그 첫 번째의 이야기에 관해 대단히 친절하게 안내해 준 사람들부터 이름을 밝히고 싶다. 배리 린, 앨런 그룬스, 모리스 스터크, 조지프 스티글리츠, 제퍼 티치아웃, 존 쿼카, 다이애나 모스, 그리고 리트랙터블 테크놀로지의 토머스 쇼. 그들은 이 세계로 가는 문을 열어 주었고 그 후로 나는 문을 닫지 않았다.

좀 더 최근에는 리나 칸, 매트 스톨러, 테디 다우니, 데이비드 시걸, 샤울 서스맨, 아일린 애플바움, 오스틴 프레릭, 가이 롤닉, 세라 밀러 같은 사람들이 독점에 관한 생각을 다듬는 데 소중한 도움을 주었다. 로히트 초프라는 언제나 탁월한 생각을 내놓는다. 프랭크 포어와 조너선 태플린, 팀 우는 대단한 저술가들로 그들 덕분에 나는 복잡한 주제를 헤쳐 나가는 길을 수월하게 찾을 수 있었다. 의회를 보면 데이비드 시실라인, 로 카나, 엘리자베스 워런, 빌 패스크렐 같은 지도자들만이 아니라 불굴의 보좌진 가운데서도 반독점 사상의 새로운 자극이 생겨난다. 이 책에는 주석이 너무 많아서 인터넷에 올려놓았는데, 이 주석만 보아도 얼마나 많은 언론인과 작가와 학자들이 이 공간에서 활동하고 있는지 알 수 있다. 그들 모두에게 감사의 인사를 드린다.

위에 거론한 이름들은 이 책이 탄생하기까지 내가 이야기를 나누고, 내 생각에 관한 의견을 구하고, 깨우침을 받은 사람들의 일부분에 불과하다. 이렇게 넓은 영역에 걸치는 작업이라면 무엇이든 팀을 통한 공동의 노력이 필요하다. 가장 중요한 팀플레이어 몇 명만 꼽아 보겠다. 폴 스티븐 뎀프시, 폴 허드슨, 제이슨 킨트, J. 에드 마스턴, 딘 베이커, 고든 애덤스, 폴 라펠슨, 필 즈와이그, 줄리아 고든, 비앙카 타일렉. 이 목록은 샘플에 불과하다. 다른 이들도 비공개를 전제로 자신들의 경험을 들려주었고, 솔직하게 이야기를 해준 이들에게 감사하는 한편으로 그들의 의사를 존중할 생각이다.

이 책은 독점 기업이 지배하는 세상에서 살아가는 사람들에 관한 것이다. 따라서 내가 가장 중요하게 여긴 이들은 자기 시간을 할애해서 이야기를 들려준 사람들이다. 그 사람들이야말로 이 책의 중추를 이루며 이 책이 가치가 있다면 모두 그들 덕분이다. 케이트 해니, 크리스 피터슨, 제이미 피어슨(가명), 캐롤린 호로위츠, 트래비스 본스틴, 돈 네이더하우저, 머리 샌더슨(가명), 신시아 스타인, 제프 시크, C. J. 로젠바움, 크리스 맥케이브, 벤 보이어, 데이나 치섬, 제니퍼 해밀턴에게 감사한다. 이 사람들 덕분에 이 이야기를 전하는 일이 즐거웠고, 나를 믿어 준 그들에게 지금도 빚을 지고 있다. 우리는 하루하루 독점 기업이 떠넘기는 짐을 떠안는 우리 모두로부터 더 많은 이야기를 들어야 하며, 이 이야기들이 하나의 길잡이 역할을 할 수 있기를 바란다.

담당 편집가 칼 브롬리를 비롯해 뉴프레스 출판사의 모든 이들과 다시 함께 일하게 되어 다행이다. 칼의 인도는 여느 때처럼 대단히 중요했고, 그와 함께 일하는 것은 언제나 즐거운 경험이다. 엘런 애들러, 모리 보튼, 데릭 워커, 브라이언 울리키 등의 지원에 감사한다. 내 책의 최초의 독자들인 헬 싱어와 재러드 블랭크, 앤디 로스는 초고를 책의 꼴로 만드는 과정에서 정말 큰 도움을 주었다. 앤디 로스는 내 에이전트이기도 한데, 아무도 거들떠보지 않을 때 나의 가능성에 주목해 주었다. 이 책은 우리가 함께 만든 두 번째 작품이며, 앞으로 더 많은 작업을 함께하기를 기대한다. 고마워요, 앤디.

부모님 닐과 대라, 누이 제시카는 지금의 나와 내가 추구하는 가치관을 형성하는 데 기여한 공로를 인정받을 자격이 있다.

첫 번째 책을 내면서 아내 메리에게 책의 주제와 관련된 좀 어색한 비유를 써서 고마운 마음을 표할 생각이라고 말했다. 〈내 마음을

512

압류해 버린 메리에게〉라는 문구였다. 〈내 마음을 독점해 버린 메리에게〉 같이 이런 빤한 수작을 또다시 쓴다면 턱없이 게으른 짓일 게다. 하지만 다시 한번 쓰겠다. 독점화는 실제로 이 기획과 다른 여러 기획에 내가 쏟아부은 시간의 양을 묘사하기에 좋은 단어이며, 메리는 내게 터무니없을 정도로 무한한 인내심을 발휘해 주었다. 이 장을 마무리하면서 아내와 반려견 소피와 함께 결코 끝나지 않을 긴 산책을 나갈 생각이다.

참고문헌과 출처

출처에 관한 노트

이 책은 전문 보도, 경제 뉴스, 심층 특집기사, 의회 증언, 오디오·비디오 자료, 학술 연구, 싱크탱크 보고서, 정부 보고서, 단행본 등 독점과 대기업 권력에 관한 광범위한 저술을 밑바탕으로 해서 쓴 것이다. 우리는 이 책과 관련된 방대한 출처 주석을 온라인에 올려두기로 결정했다. monopolizednotes.tumblr.com에서 모두 검색이 가능하다.

하지만 이 책을 쓰면서 가장 크게 도움을 받은 몇몇 자료는 출판본에 밝혀 두고 싶었다.

단행본

Eileen Appelbaum and Rosemary Batt, *Private Equity at Work: When Wall Street Manages Main Street* (New York: Russell Sage Foundation, 2014).

Robert Bork, *The Antitrust Paradox: A Policy at War With Itself* (New York: Free Press, 1978)[한국어판: 로버트 H. 보크, 『반트러스트의 모순』, 신광식 옮김, 교보문고,

1991).

Franklin Foer, *World Without Mind: The Existential Threat of Big Tech* (New York: Penguin Books, 2017)(한국어판: 프랭클린 포어, 『생각을 빼앗긴 세계』, 박상현·이승연 옮김, 반비, 2019).

Mark Gerchick, *Full Upright and Locked Position: Not-So-Comfortable Truths about Air Travel Today* (New York: W.W. Norton and Co., 2013).

Aaron Glantz, *Homewreckers: How a Gang of Wall Street Kingpins, Hedge Fund Magnates, Crooked Banks, and Vulture Capitalists Suckered Millions Out of Their Homes and Demolished the American Dream* (New York: Custom House, 2019).

John Kwoka, *Mergers, Merger Control, and Remedies: A Retrospective Analysis of U.S. Policy* (Boston: MIT Press, 2014).

Barry Lynn, *Cornered: The New Monopoly Capitalism and the Economics of Destruction* (New York: John Wiley & Sons, 2010)

Edmund Morris, *Theodore Rex* (New York: Random House, 2001).

Paul Starr, *The Creation of the Media: Political Origins of Modern Communications* (New York: Basic Books, 2004) 186–187.

Matt Stoller, *Goliath: The 100-Year War Between Monopoly Power and Democracy* (New York: Simon & Schuster, 2019).

Brad Stone, *The Everything Store: Jeff Bezos and the Age of Amazon* (New York: Little, Brown and Co., 2013) (한국어판: 브래드 스톤, 『아마존, 세상의 모든 것을 팝니다』, 야나 마키에이라 옮김, 21세기북스, 2014).

Jonathan Taplin, *Move Fast and Break Things: How Facebook, Google, and Amazon Cornered Culture and Undermined Democracy* (New York: Little, Brown and Company, 2017).

Jonathan Tepper and Denise Hearn, *The Myth of Capitalism: Monopolies and the Death of Competition* (New York: Wiley, 2018).

Tim Wu, *The Curse of Bigness: Antitrust in the New Gilded Age* (New York: Columbia Global Reports, 2018) (한국어판: 팀 우, 『빅니스』, 조은경 옮김, 소소의책, 2020).

학계와 싱크탱크의 연구

Penelope Muse Abernathy, "The Expanding News Desert," University of North Carolina Hussman School of Journalism and Media, 2018.

David Autor, David Dorn, Lawrence F. Katz, Christina Patterson, and John Van Reenen, "Concentrating on the Fall of the Labor Share," National Bureau of Economic Research, January 2017.

José Azar, Ioana Elena Marinescu, and Marshall Steinbaum, "Labor Market Concentration," Social Science Research Network, December 10, 2018.

José Azar, Martin Schmalz, and Isabel Tecu, "Anticompetitive Effects of Common Ownership," *Journal of Finance,* 2018.

Simcha Barkai, "Declining Labor and Capital Shares," University of Chicago, November 2016.

John C. Coates IV, "The Future of Corporate Governance Part I: The Problem of Twelve," Harvard Public Law Working Paper, September 20, 2018.

Zack Cooper, Stuart Craig, Martin Gaynor, and John Van Reenen, "The Price Ain't Right? Hospital Prices and Health Spending on the Privately Insured," Health Care Pricing Project, May 2015.

Colleen Cunningham, Florian Ederer, and Song Ma, "Killer Acquisitions," Yale School of Management, November 2018.

Jan De Loecker, Jan Eeckhout, and Gabriel Unger, "The Rise of Market Power and the Macroeconomic Implications," November 22, 2018.

Paul Stephen Dempsey, "Flying Blind: The Failure of Airline Deregulation," Economic Policy Institute, 1990.

Marie Donahue and Stacy Mitchell, "Dollar Stores Are Targeting Struggling Urban Neighborhoods and Small Towns. One Community Is Showing How to Fight Back," Institute for Local Self-Reliance, December 6, 2018.

Brent D. Fulton, "Health Care Market Concentration Trends In The United States: Evidence And Policy Responses," *Health Affairs,* September 2017.

Claire Kelloway and Sarah Miller, "Food and Power: Addressing Monopolization in America's Food System," Open Markets Institute, April 2019.

Lina Khan, "Amazon's Antitrust Paradox," *Yale Law Journal,* January 2017.

Lina Khan and Sandeep Vaheesan, "Market Power and Inequality: The Antitrust Counterrevolution and its Discontents," *Harvard Law and Policy Review,* February 22, 2017.

Robert R. Litan and Hal J. Singer, "Broken Compensation Structures and Health Care Costs," *Harvard Business Review,* October 6, 2010.

Stacy Mitchell, "Walmart's Monopolization of Local Grocery Markets," Institute for Local Self-Reliance, June 26, 2019.

Shaoul Sussman, "Prime Predator: Amazon and the Rationale of Below Average Variable Cost Pricing Strategies Among Negative-Cash Flow Firms," *Journal of Antitrust Enforcement,* March 25, 2019.

H. Trostle and Christopher Mitchell, "Profiles of Monopoly: Big Cable and Telecom," Institute for Local Self-Reliance, July 2018.

Elizabeth Warren, "Reigniting Competition in the American Economy," Remarks at New America's Open Markets Program Event, June 29, 2016.

Council of Economic Advisers, "Benefits of Competition and Indicators of Market Power," April 2016.

Department of Defense, "Assessing and Strengthening the Manufacturing and Defense Industrial Base and Supply Chain Resiliency of the United States," September 2018.

Department of Defense Inspector General, "Review of Parts Purchased From Trans-Digm Group, Inc.," February 25, 2019.

Economic Innovation Group, "Dynamism in Retreat: Consequences for Regions, Markets, and Workers," February 2017.

Government Accountability Office, "DRUG INDUSTRY: Profits, Research and Development Spending, and Merger and Acquisition Deals," November 2017.

Office of Attorney General Martha Coakley, "Investigation of Health Care Cost Trends and Cost Drivers," January 29, 2010.

Open Markets Institute's concentration data, 2019, concentrationcrisis. openmarketsinstitute.org. 대부분의 데이터는 시장 점유율을 추적하는 IBISWorld에서 가져온 것이다.

Private Equity Stakeholder Project, "Private Equity-Owned Firms Dominate Prison and Detention Services," December 2018.

United for Respect, "Pirate Equity: How Wall Street Firms are Pillaging American Retail," July 2019.

Worth Rises, "The Prison Industrial Complex: Mapping Private Sector Players," April 2019.

웹 사이트와 언론인

시카고 대학교에서 만드는 프로마켓ProMarket은 대기업의 집중 현상을 훌륭하게 다룬다.

『워싱턴 먼슬리*Washington Monthly*』(washingtonmonthly.com)와 머라이어 블레이크, 대니얼 블록, 브라이언 펠드먼, 리나 칸, 필립 롱맨, 배리 린 같은 기자들은 어느 누구보다도 오래전부터 독점이라는 주제를 파고들었다.

열린 시장 연구소에서 운영하는 〈식품과 권력(foodandpower.net)〉은 농산물 독점에 관한 훌륭한 자료 창고다. 뉴푸드 이코노미(newfoodeconomy.org) 역시 훌륭하다.

버지, 마더보드, 리코드, 아르스 테크니카 같은 간행물은 디지털 미디어, 광고, 거대 정보 기술 기업, 거대 통신 기업에 관한 뉴스에서 최고로 손꼽힌다.

『스탯 뉴스』는 보건의료에 관한 한 최고다.

『프리즌 리걸 뉴스』(prisonlegalnews.org)는 형사사법 분야를 다룬다.

『뉴욕 타임스』, 『워싱턴 포스트』, 『월 스트리트 저널』, 『로이터』, CNBC, 악시오스, 『블룸버그 뉴스』 등에서 활약하는 경제 전문 기자들은 더없이 소중하다.

기사

Eileen Appelbaum and Rosemary Batt, "Private Equity Pillage: Grocery Stores and Workers At Risk," *The American Prospect,* October 26, 2018.

Jeff Bailey, "An Air Travel Activist Is Born," *New York Times,* September 20, 2007.

Lenny Bernstein and Scott Higham, "'We feel like our system was hijacked': DEA agents say a huge opioid case ended in a whimper," *Washington Post,* December 17, 2017.

The Capitol Forum, "Military Revenues at Risk from Promised Trump Administration Crackdown on Military Contract Costs," January 17, 2017.

Josh Dzieza, "Prime and Punishment: Dirty Dealing in the $175 Billion Amazon Marketplace," *The Verge,* December 19, 2018.

Eric Eyre, "Drug firms poured 780M painkillers into WV amid rise of overdoses," *West Virginia Gazette,* December 17, 2016.

Robin Harding, "How Warren Buffett Broke American Capitalism," *Financial Times,* September 12, 2017.

Allan Holmes, "How Big Telecom Smothers City-Run Broadband," The Center for Public Integrity, August 28, 2014,

Robert Kuttner and Hildy Zenger, "Saving the Free Press From Private Equity," *The American Prospect,* December 27, 2017.

Josh Marshall, "A Serf on Google's Farm," Talking Points Memo, September 1,

2017.

Stacy Mitchell, "Amazon Doesn't Just Want to Dominate the Market — It Wants to Become the Market," *The Nation,* February 15, 2018.

Tim Requarth, "How Private Equity is Turning Public Prisons into Big Profits," *The Nation,* April 30, 2019.

Guy Rolnik, "Democracy or Economic Concentration. Your Choice," *Ha'aretz,* July 6, 2010.

Alana Semuels, "When Wall Street Is Your Landlord," *The Atlantic,* February 13, 2019.

Matt Stoller and Lucas Kunce, "America's Monopoly Crisis Hits the Military," *The American Conservative,* June 27, 2019.

Jonathan Tepper, "Why Regulators Went Soft on Monopolies," *The American Conservative,* January 9, 2019.

Phillip L. Zweig and Wendy Zellner, "Locked Out Of The Hospital," *Businessweek,* March 15, 1998.

지은이의 기사

"Amazon Is One Step Closer To Taking a Cut on Literally Every Economic Transaction," *In These Times,* July 10, 2018.

"Big Tech: The New Predatory Capitalism," *The American Prospect,* December 26, 2017.

"Bring Back Antitrust," *The American Prospect,* November 9, 2015.

"Contractor Whose Business Model Is Price Gouging the Pentagon Has Powerful Wall St. Backers," *The Intercept,* April 13, 2017.

"Google's Remarkably Close Relationship With the Obama White House, in Two Charts," *The Intercept,* April 22, 2016.

"The Hidden Monopolies That Raise Drug Prices," *The American Prospect,* March 28, 2017.

"How Sears Was Gutted By Its Own CEO," *The American Prospect,* October 17, 2018.

"Obama's Agriculture Secretary, Now Working for the Dairy Industry, Urges 2020 Democrats to Be Nice to the Dairy Industry," *The Intercept,* May 6, 2019.

"Special Investigation: The Dirty Secret Behind Warren Buffett's Billions," *The*

Nation, February 15, 2018.

"This Budding Movement Wants to Smash Monopolies," *The Nation,* April 4, 2017.

"Thousands of Amazon Delivery Drivers Won't Be Eligible for the $15 Wage," *In These Times,* October 12, 2018.

"The True Cost," Talking Points Memo, June 2016.

"Unfriendly Skies," *The American Prospect,* November 3, 2017.

"Your New Landlord Works on Wall Street," *The New Republic,* February 11, 2013.

옮긴이의 말

    19세기 말 도금 시대의 풍경을 보여 주는 대표적인 풍자화가 하나 있다. 몸통이 빵빵하게 부푼 돈 자루로 된 세이지, 필드, 밴더빌트, 굴드 네 날강도 귀족이 돈더미에 올라 앉아 있는데, 뱃전에는 의류, 목재, 철강, 제지 등 각 분야 노동자의 주당 임금이 적혀 있다. 숱하게 많은 노동자들이 비대한 몸집의 네 독점 자본가와 돈더미가 실린 배를 떠받치느라 허리가 휘어 있다. 바다에는 〈고난의 시대〉라는 문구가 적혀 있다.

    이 날강도 귀족들의 시대에 대기업의 횡포와 물가 급등, 임금 하락, 독점 경쟁에서 밀려난 자본가의 자살 사태 등으로 사회 문제가 폭발하는 가운데 등장한 공화당 대통령 시어도어 루스벨트는 독점 파괴자라는 별명을 얻었다. 취임 전에 제정된 셔먼 반독점법을 적극적으로 시행해서 독점 대기업의 병폐를 어느 정도 치유했다. 정부가 나서서 악명 높은 독점 기업을 해체시키고 각종 규제를 시행하자 도금 시대는 곧바로 혁신주의 시대Progressive Era로 이어졌다.

독점 해체를 계기로 개혁 운동이 꽃을 피웠고, 혁신과 경쟁은 사회와 문화 전반에 활력을 불어넣었다.

독점 옹호론자들은 효율성과 규모의 경제를 내세우지만 어느 시점을 넘어서면 독점의 폐해가 더 커지면서 〈규모의 저주(브랜다이스)〉가 시작된다. 지은이 데이비드 데이옌은 40년 전 레이건 시대에 셔면 반독점법이 협소하게 해석되어 독점 규제를 손 놓은 이후 지금까지 그 결과로 소비자 물가가 오르고 노동자 임금은 줄어들며, 소비자의 선택지가 점점 좁아지고, 경제의 혁신과 성장이 멈춰 섰다고 진단한다. 바야흐로 제2의 도금 시대가 도래한 것이다. 이 책은 소수의 거대 기업들이 보통 사람의 생활과 노동을 속속들이 지배하게 된 오늘날 미국의 현실을 살펴보기 위해 미국 곳곳의 다양한 현장을 돌아다닌 결과물이다. 〈우리는 모두 아마존 프라임 계정이상의 존재다. 나는 독점 기업이 현대인의 삶을 어떻게 왜곡하는지, 우리 가족과 일자리와 우리의 정신에 어떤 영향을 미치는지 알고 싶었다.〉(본문 31~32면)

지은이는 경제 독점 구조의 거시적 측면보다는 독점 기업이 장악한 일상생활에서 개개인이 겪는 고통의 미시적 차원에 더 관심이 많다. 〈독점 기업 때문에 사람들이 장거리 비행에서 심부정맥혈전증에 걸린다〉는, 호기심을 자아내는 첫 장의 부제에서부터 모든 장의 부제가 〈독점 기업 때문에〉라는 문구로 시작된다. 항공, 미디어, 통신, 제약 등의 각종 산업 분야에서 아마존과 사모펀드 같은 개별 기업들에 이르기까지 갖가지 독점 기업이 보통 사람 한 사람 한 사람의 삶에 어떻게 영향을 미치는지를 보여 주는 생생한 여행기다.

집에서 인터넷 연결이 되지 않아 근처에 있는 스타벅스 주차장에서 숙제를 하는 학생들, 마약성 진통제 오피오이드의 남용으로 자기도 모르게 마약에 중독되는 사람들, 식염수액 주머니가 품절돼서 직접 정맥주사를 펌프질하는 간호사, 민영 교도소의 값비싼 비용을 감당하지 못해 면회도 제대로 하지 못하는 수감자들 등은 모두 독점 기업의 폐해를 극명하게 보여 주는 사례다.

책에 등장하는 몇 가지 수치를 보자. 이유식 시장에서는 애보트 래버러토리(시밀락), 레킷 벤키저(엔파밀), 네슬레가 미국 시장의 95퍼센트를 차지하고, 신용 평가 분야에서는 3대 기관(무디스, 스탠더드 앤 푸어스, 피치)이 95퍼센트를, 군사 무기 분야에서는 5대 기업(노스롭 그루먼, 제너럴 다이내믹스, 레이시언, 록히드마틴, 보잉)이 절대적 비중을, 병원 의료기기 공급 분야에서는 4대 공동구매 그룹(비지언트, 프리미어, 헬스트러스트, 인탈레어)이 시장의 90퍼센트를 차지하며, 민간 의료보험에서는 3대 기업(애트나, 시그나, 유나이티드헬스)이 시장을 전적으로 지배한다. 미국인들의 맥주 선택권은 AB인베브(500개 맥주 브랜드)와 몰슨 쿠어스 둘 중 하나뿐이다.

세계 시장으로 보면 다시 이유식의 경우에 애보트 래버러토리와 레킷 벤키저가 70퍼센트, 네슬레가 10퍼센트로, 세 기업이 80퍼센트를 장악한다. 책에는 나오지 않지만 스마트폰 시장은 5대 기업이 72퍼센트를 차지한다. 검색 시장은 구글이 세계 시장의 90퍼센트를 차지한다면, 네이버는 한국에서 70퍼센트를 차지한다. 한국의 경우에 배달 앱 시장의 절대 강자인 배달의민족, 요기요 2개 업체의 시장 점유율은 99퍼센트에 달한다.

2000년대 이후 정보 기술을 중심으로 독점화 경향은 더욱 가팔라졌다. 구글과 페이스북, 아마존 등은 인터넷 플랫폼의 특성상 경쟁자를 찾아보기 힘들다. 인스타그램은 일찍이 2012년에 페이스북이 사들였다. 정보 기술 스타트업은 오늘날 혁신의 첨병으로 칭송을 받지만, 2010년 이후로 스타트업이 몸집을 키운 사례는 좀처럼 찾기 어렵다. 제대로 성장하기 전에 구글이나 페이스북, 아마존이 서둘러 사들이기 때문이다. 매입을 거부하면 압도적인 시장 지배력을 바탕으로 불공정한 경쟁을 강요해서 말려 죽인다. 혁신의 씨앗이 싹을 틔우자마자 고사해 버리는 것이다.

또한 3장에서 알 수 있듯이 구글과 페이스북은 저널리즘의 소멸을 촉진한다. 신문 광고 지면을 빼앗아 간 디지털 광고 시장은 거대 정보 기술 기업의 싹쓸이 대상이 되었다. 개인별 감시와 맞춤형 표적 광고를 앞세운 수익 극대화를 위해 새로운 언론의 미래로 칭송받던 독립 뉴미디어는 순식간에 나가떨어진다. 구글은 자사의 추적 능력은 유지하면서 디지털 미디어에는 프라이버시의 잣대를 들이대며 가로막고 나선다. 건강한 저널리즘의 위기는 민주주의의 위기를 부채질한다.

책에서 가장 많이 등장하는 비유 중에 하나가 〈사막〉이다. 독점은 소수의 수중에 부를 집중하기 때문에 소득 불평등을 부추길 수밖에 없다. 승자독식 경제는 자연스럽게 승자독식 도시로 이어지고 지역 간 불평등이 심해진다. 그 결과 지역 언론이 씨가 마른 〈뉴스 사막〉, 고속 인터넷에 접속할 수 없는 〈디지털 사막〉, 차로 한참을 달려야 치료받을 수 있는 〈의료 사막〉, 건강에 좋은 채소와 신선식품을 구하기 힘든 〈식품 사막〉 등이 우후죽순처럼 생겨나 일상생활을 피폐하게 만들고, 소외감과 피해의식은 우파 포퓰리즘이 번성하는 토양이 된다. 〈그 결과, 우리는 이 독점의 시대, 금권 정치인들의 시대, 중산층이 절망에 빠지고 번영으로 오르는 사다리가 부러진 이 시대에서 분투하고 있다.〉(본문 11면)

130년 전 존 셔먼 상원의원은 경쟁을 가로막는 관행과 집단에 장악된 미국 경제를 구해 내기 위해 동료 의원들 앞에 섰다. 〈독점 기업은 우리의 정부 형태와 맞지 않습니다. 우리가 정치권력으로서 왕을 용인하지 않는다면, 생필품의 생산과 운송, 판매에 관해서도 왕을 용인해서는 안 됩니다. 우리가 황제에 복종하지 않는다면 거래의 전제군주에게도 복종해서는 안 됩니다.〉 110년 전 브랜다이스 대법관도 독점에 대해 경고했다. 〈우리는 민주주의냐 아니면 소수의 손에 부가 집중되는 것이냐 중에서 하나를 선택해야 한다. 둘 다 가질 수는 없다.〉 지은이가 역설하는 것처럼, 미국은 이미 과거에 독점의 위협과 공정 거래를 가로막는 대기업의 횡포에 직면한 바 있고, 그런 파괴적인 관행을 규제하고 제어하는 방법을 창안했다. 독점을 제어할 수 있는 법률과 제도도 두루 갖추고 있다. 다만 정부가 실행에 나서지 않을 뿐이다. 지은이가 누누이 강조하는 것처럼, 지금 필요한 것은 독점의 힘 앞에 무기력한 정부를 압박할 수 있는 시민의 의식과 행동, 신브랜다이스 운동뿐이다.

2021년 6월 유강은

찾아보기

옮긴이 **유강은** 국제문제 전문 번역가. 옮긴 책으로 『불안한 승리』, 『불평등의 이유』, 『가짜 민주주의가 온다』, 『신이 된 시장』, 『자기 땅의 이방인들』, 『자본주의에 불만 있는 이들을 위한 경제사 강의』 등이 있으며, 『미국의 반지성주의』로 58회 한국출판문화상(번역 부문)을 수상했다.

우리는 독점 기업 시대에 살고 있다

발행일 2021년 6월 25일 초판 1쇄

지은이 데이비드 데이옌
옮긴이 유강은
발행인 홍예빈 · 홍유진
발행처 주식회사 열린책들

경기도 파주시 문발로 253 파주출판도시
전화 031-955-4000 팩스 031-955-4004
www.openbooks.co.kr